Die zivilprozessuale Dokumentenvorlegung im deutsch-englischen Rechtshilfeverkehr nach der deutschen und der englischen Prozessrechtsreform

Studien zum vergleichenden und internationalen Recht -
Comparative and International Law Studies

Herausgeber: Bernd von Hoffmann, Erik Jayme
und Heinz-Peter Mansel

Band 90

PETER LANG
Frankfurt am Main · Berlin · Bern · Bruxelles · New York · Oxford · Wien

Patrick Niehr

Die zivilprozessuale Dokumentenvorlegung im deutsch-englischen Rechtshilfeverkehr nach der deutschen und der englischen Prozessrechtsreform

PETER LANG
Europäischer Verlag der Wissenschaften

Bibliografische Information Der Deutschen Bibliothek
Die Deutsche Bibliothek verzeichnet diese Publikation in der Deutschen Nationalbibliografie; detaillierte bibliografische Daten sind im Internet über <http://dnb.ddb.de> abrufbar.

Zugl.: Köln, Univ., Diss., 2003

D 38
ISSN 0930-4746
ISBN 3-631-51957-5

www.peterlang.de

Meiner Familie

Vorwort

Das europäische Recht überlagert das nationale Recht zunehmend. Die Harmonisierung des Rechts der Mitgliedstaaten der Europäischen Union muss jedoch nicht zugleich auch eine Aufgabe der nationalen Identität bedeuten. In ihr sollte vielmehr die Chance gesehen werden, welche eine erstarkende Europäische Union im politischen und ökonomischen Weltgeschehen eröffnet. In diesem Sinne soll die vorliegende Arbeit einen Betrag leisten, die Unterschiede des englischen und deutschen Zivilprozessrechts mit ihren Auswirkungen auf den internationalen Rechtshilfeverkehr aufzuzeigen, gleichzeitig aber auch die bestehenden Gemeinsamkeiten herauszustellen.

Die vorliegende Arbeit wurde im Juni 2003 von der Rechtswissenschaftlichen Fakultät der Universität zu Köln als Dissertation angenommen. Sie wurde nach Abschluss der Disputation nochmals aktualisiert und in Literatur und Rechtsprechung auf den Stand Oktober 2003 gebracht. Im Rahmen dessen wurde auch das kürzlich verabschiedete und bislang noch nicht veröffentlichte EG-Beweisaufnahmedurchführungsgesetz eingearbeitet.

Mein besonderer Dank gilt meinem Lehrer und Doktorvater Herrn Prof. Dr. Heinz-Peter Mansel. Er hat die Arbeit angeregt, in jedem Entwicklungsstadium mit großem Interesse verfolgt und auch die Aufnahme in die vorliegende Studienreihe vorgeschlagen. Seine stetige Diskussionsbereitschaft und wohlwollende Förderung im Zusammenspiel mit seinem motivierenden Einsatz in der Sache hat einen entscheidenden Beitrag zur Vollendung der vorliegenden Arbeit geleistet und eindrucksvoll vermittelt, dass er die Betreuung von Doktoranden nicht als Pflicht, sondern als wissenschaftliche Herausforderung betrachtet. Schließlich bin ich auch Herrn Prof. Dr. Christian Katzenmeier für die Erstellung des Zweitgutachtens zu herzlichem Dank verpflichtet. Für die Aufnahme der Arbeit in die vorliegende Studienreihe möchte ich Herrn Prof. Dr. Bernd von Hoffmann und Herrn Prof. Dr. Dr. h.c. mult. Erik Jayme ebenfalls danken.

Meine gesamte Familie hat mich in meinem Promotionsvorhaben jederzeit unterstützt und nach allen Möglichkeiten gefördert. Für den starken Rückhalt und den mir überlassenen Freiraum zur Erstellung dieser Arbeit möchte ich mich ganz besonders herzlich bedanken.

Köln, im Oktober 2003 Patrick Niehr

Inhaltsverzeichnis

1. Kapitel: Einleitung

Vor dem Hintergrund der fortschreitenden Globalisierung von Unternehmen und der wachsenden internationalen Handelsbeziehungen gewinnt die Frage der gerichtlichen Durchsetzung von Ansprüchen im internationalen Zivil- und Handelsverkehr eine immer stärkere Bedeutung. Dabei hängt der Erfolg eines zivilprozessualen Verfahrens regelmäßig davon ab, inwieweit der Kläger in der Lage ist, die von ihm vorgetragenen Behauptungen zu beweisen.

Im Hinblick auf die grenzüberschreitende Beweisaufnahme wurde in jüngster Vergangenheit die „EG-Verordnung Nr. 1206/2001 des Rates vom 28. Mai 2001 über die Zusammenarbeit zwischen den Gerichten der Mitgliedstaaten auf dem Gebiet der Beweisaufnahme in Zivil- oder Handelssachen“[1] (EuBVO) erlassen. Die EuBVO steht hierbei in Konkurrenz zu dem „Haager Übereinkommen über die Beweisaufnahme im Ausland in Zivil- oder Handelssachen“[2] (HBÜ) vom 18. März 1970. Daraus resultiert die nachfolgend zu untersuchende Frage, in welchem Verhältnis die EuBVO zum Haager Beweisübereinkommen steht und welche Unterschiede zwischen den beiden Regelungen bestehen.

Hierbei soll insbesondere auf die Vorschriften zur Vorlegung von Dokumenten abgestellt werden. Dokumente sind das sicherste und in der überwiegenden Zahl aller Zivilprozessordnungen auch das wichtigste Beweismittel.[3] Auf Grund ihres objektiv durch das Gericht zu ermittelnden Inhaltes kann die Beweiserhebung anders als zum Beispiel bei einem Zeugenbeweis nicht durch subjektive Einflüsse beeinträchtigt werden. Auch spiegelt sich in einem Dokument keine Vermittlung von Fachwissen wie beim Sachverständigenbeweis wider, die wiederum regelmäßig eine Wertung enthält. Aus diesem Grunde kommt dem Dokument in Zivil- und Handelsprozessen besondere Bedeutung zu. Dies gilt insbesondere im Wirtschaftsverkehr, da Vertragsschlüsse und die in diesem Zusammenhang geführte Korrespondenz regelmäßig schriftlich fixiert werden. Gerade hier besteht für die Unternehmen jedoch auch die Gefahr, dass sie im Zusammenhang mit der Vorlegung von Dokumenten zur Preisgabe von Geschäftsgeheimnissen gezwungen werden. Auf Grund dessen ist das Interesse der Wirtschaft daran, nicht zur Herausgabe bestimmter Dokumente verpflichtet zu werden, oftmals erheblich.

Besondere Unterschiede zwischen den Regelungen der Dokumentenvorlegung im europäischen Raum bestehen hierbei zwischen dem Zivilprozessrecht von Deutschland und England. Auf Grund dessen soll die nachfolgende Darstellung vor dem Hintergrund der Zivilverfahrensordnungen dieser Mitgliedstaaten erfolgen. Die Untersuchung des englischen Zivilverfahrensrechts erscheint hier auch deswegen als sehr interessant, weil dieses im Jahre 1999 insgesamt überarbeitet wurde. So wurde das englische ordentliche Verfahren vor dem High Court bis zu diesem Zeitpunkt überwiegend in den "Rules of the Supreme Court" (RSC) geregelt, welche als Grundlage für alle englischen Verfahrensordnungen dienten.[4] Nunmehr ist das englische Zivilpro-

---

[1] Amtsblatt EG L 174 vom 27.06.2001 S. 1.

[2] BGBl. II 1977, 1472.

[3] Vgl. nur Schaaff S. 33; Michel JuS 1981, 895, 895 f. im Hinblick auf Urkunden.

[4] Hierzu Lang S. 174 ff.

zessrecht weitestgehend einheitlich in den "Civil Procedure Rules" (CPR) von 1998 enthalten, die am 26. April 1999 in Kraft getreten sind. Gerade die Regelung der Dokumentenvorlegung wurde im Rahmen der Reform teilweise erheblich abgeändert.
Auch das deutsche Zivilprozessrecht wurde vor kurzem umfassend reformiert. So ist am 1. Januar 2002 das „Gesetz zur Reform des Zivilprozesses (Zivilprozessreformgesetz - ZPO-RG)"[5] vom 27. Juli 2001 in Kraft getreten. Hier sind im Hinblick auf die Vorlegung von Dokumenten als Urkundenbeweis gemäß den §§ 415 ff. ZPO bzw. als Augenscheinsbeweis im Sinne der §§ 371 ff. ZPO Änderungen eingetreten, die nachfolgend untersucht werden sollen. In diesem Zusammenhang ist auch das „Gesetz zur Anpassung der Formvorschriften des Privatrechts und anderer Vorschriften an den modernen Rechtsgeschäftsverkehr"[6] vom 13. Juli 2001 zu beachten, welches am 1. August 2001 in Kraft getreten ist. Mit diesem hat der deutsche Gesetzgeber die zivilrechtliche und zivilprozessuale Behandlung elektronischer Dokumente umfassend geregelt. Damit stellt sich die grenzüberschreitende Beweisaufnahme im Verhältnis von Deutschland und England gerade im Hinblick auf die zivilprozessuale Vorlegung von Dokumenten als höchst aktuelle Thematik dar.
Im Folgenden soll zunächst die Regelung der Dokumentenvorlegung nach deutschem Zivilprozessrecht dargestellt werden. Hierbei sollen insbesondere die vorgenannten Änderungen der ZPO analysiert und in die Gesamtsystematik der Vorschriften im Bereich der Dokumentenvorlegung eingeordnet werden. Eine besondere Berücksichtigung soll auch die zivilprozessuale Behandlung elektronischer Dokumente finden. Im Anschluss daran werden die neuen Vorschriften der englischen "Civil Procedure Rules" (CPR) dargestellt. Nach einem Überblick zur Verfahrenseinleitung im englischen Zivilprozess soll der Schwerpunkt auch hier auf die Regelung der Dokumentenvorlegung gelegt werden. Relevant werden dabei insbesondere die sogenannten "privileges", die zur Verweigerung der Vorlegung von Dokumenten berechtigen. Schließlich sollen die Vorschriften der zivilprozessualen Dokumentenvorlegung in Deutschland und England gegenüber gestellt und insbesondere die Unterschiede der beiden Rechtsordnungen herausgearbeitet werden. Vor dem Hintergrund dessen soll im Anschluss hieran die Dokumentenvorlegung im internationalen Zivilprozess näher beleuchtet werden. Dazu wird zunächst das Haager Beweisübereinkommen (HBÜ) und dessen Vorschriften im Hinblick auf die Dokumentenvorlegung im deutsch-englischen Rechtshilfeverkehr diskutiert werden. Hieran anschließend soll die Europäische Beweisaufnahmeverordnung (EuBVO) umfassend dargestellt werden. Diesbezüglich konnte bereits das am 1. Januar 2004 in Kraft tretende „Gesetz zur Durchführung gemeinschaftsrechtlicher Vorschriften über die grenzüberschreitende Beweisaufnahme in Zivil- oder Handelssachen in den Mitgliedstaaten (EG-Beweisaufnahmedurchführungsgesetz)"[7] Berücksichtigung finden. Auch hier wird ein Schwerpunkt der Untersuchung darauf liegen, die Regelungen zur Vorlegung von Dokumenten vor dem Hinter-

---

[5] BGBl. I 2001, 1887 ff.
[6] Vgl. BGBl. I 2001, 1542; vgl. hierzu Hänchen NJW 2001, 2831 ff.
[7] Noch nicht veröffentlicht; der Volltext des im Gesetzgebungsverfahren unverändert gebliebenen Regierungsentwurfs ist unter http://www.bmj.bund.de/ger/themen/internationale_zusammenarbeit/10000690/?sid=7fa079fc9f4174f4ae8838cb6577f380 abrufbar.

grund der festgestellten Unterschiede der Zivilverfahrensordnungen in Deutschland und England herauszustellen. Schließlich sollen das Haager Beweisübereinkommen und die Europäische Beweisaufnahmeverordnung verglichen und insbesondere der Frage nachgegangen werden, ob die Verordnung tatsächlich die Zusammenarbeit zwischen den Gerichten der Mitgliedstaaten verbessern, das heißt vor allem vereinfachen und beschleunigen wird.[8]

Letztlich sollen die Auswirkungen der Europäischen Beweisaufnahmeverordnung auf die deutsche Rechtspraxis untersucht werden. In einem ersten Teil soll dabei der Frage nachgegangen werden, wie sich die konkreten Verfahrensschritte der Einführung eines im Ausland belegenen Dokumentes in einen deutschen Zivilprozess nach den Vorschriften der EuBVO darstellen. Hierbei soll dazu übergegangen werden, die zivilprozessuale Dokumentenvorlegung aus der Perspektive der Beteiligten des Verfahrens und unter Berücksichtigung deren möglicher Einflussnahme auf die Beweisaufnahme zu untersuchen. Im Anschluss daran soll geklärt werden, ob die EuBVO auch im Hinblick auf die Entwicklung bzw. Anwendung der ZPO Auswirkungen haben wird. Abschließend soll ein Ausblick auf die zukünftige Entwicklung der EuBVO im Gesamtkontext des europäischen Zivilverfahrensrechts gegeben werden.

---

[8] So die Intention der Verordnung, vgl. Ziffer 2 der Präambel zur EuBVO, Amtsblatt EG L 174 vom 27.06.2001 S. 1.

2. Kapitel: Die zivilprozessuale Dokumentenvorlegung in Deutschland und England

1. Teil: Die Dokumentenvorlegung in Deutschland

I. Die Verfahrenseinleitung

Die Erhebung einer Klage im deutschen Zivilprozess erfolgt gemäß § 253 Abs. 1 der Zivilprozessordnung (ZPO) durch Zustellung der Klageschrift.[9] Damit vollzieht sich die Klageerhebung in zwei Akten: Zunächst muss die Klageschrift mit den nach § 253 Abs. 5 ZPO erforderlichen Abschriften bei Gericht eingereicht werden. Sie muss nach § 253 Abs. 2 ZPO die Bezeichnung der Parteien und des Gerichts sowie die bestimmte Angabe des Gegenstandes der Klage, des Grundes des erhobenen Anspruchs und des Klageantrages enthalten. In einem zweiten Schritt wird eine beglaubigte Abschrift der Klageschrift durch das angerufene Gericht von Amts wegen an den Prozessgegner zugestellt. Die Zustellung der Klage leitet den Prozess ein, begründet das Prozessrechtsverhältnis zwischen den Parteien untereinander sowie zwischen den Parteien und dem Gericht, sie enthält das Gesuch an das Gericht, durch Urteil Rechtsschutz zu gewähren und legt dessen Art und Umfang fest.

1. Der Klagegrund

Als Klagegrund ist der konkrete Lebensvorgang anzugeben, aus dem der Kläger die begehrte Rechtsfolge herleitet.[10] Hingegen ist nicht erforderlich, dass in der Klageschrift die rechtliche Qualifizierung, das heißt die Einordnung des vorgetragenen Lebenssachverhaltes unter eine klagebegründende Norm des materiellen Rechts vorgenommen wird.

Das Erfordernis der Angabe des Klagegrundes lässt sich dabei aus dem das deutsche Zivilprozessrecht leitenden Verhandlungsgrundsatz[11] herleiten. Er ist das prozessuale Korrelat der materiellrechtlichen Freiheit zur Ausübung eines Rechts und zur Verfügung darüber.[12] Nach dem Verhandlungsgrundsatz können nur die Parteien den streitigen Lebenssachverhalt in den Prozess einführen. Dem liegt der Gedanke zugrunde, dass die Beschaffung des Streitstoffes bei einer gegensätzlichen Interessenlage der Parteien im kontradiktorischen Verfahren unter Geltung der Wahrheitspflicht des § 138 Abs. 1 ZPO und des Rechts auf Gehör nach Art. 103 Abs. 1 GG besser gewährleistet ist als bei einer gerichtlichen Untersuchung.[13] Dies bedeutet jedoch nicht, dass den Parteien auch die Herrschaft über das Verfahren überlassen wird. Die Leitung des Zivilprozesses obliegt dem angerufenen Gericht; lediglich die Frage, ob und in wel-

[9] Hierzu grundlegend Jauernig § 38.

[10] LAG Hamm NJW 1981, 887, 887 f.; Baumbach/Lauterbach-Hartmann § 253 Rn. 32; vgl. auch Tief S. 43.

[11] Hierzu eingehend Baumbach/Lauterbach-Hartmann Grundzüge vor § 128 Rn. 20 ff.; zur Terminologie vgl. Prütting NJW 1980, 361, 362 f.

[12] Eingehend Grunsky § 3.

[13] Thomas/Putzo-Thomas Einleitung I Rn. 3.

chem Umfang das Gericht über den streitigen Lebensvorgang zu entscheiden hat, kann durch die Parteien bestimmt werden.
Fehlt die Angabe von konkreten Tatsachen in der Klageschrift überhaupt, ist die Klage bereits unzulässig.[14] Der Kläger muss im Stadium der Klageerhebung Kenntnis von den Tatsachen besitzen, durch die er meint, den Rechtsstreit für sich entscheiden zu können. Hierdurch sollen missbräuchliche Klagen zum Zwecke der Ausforschung des Sachverhaltes bereits im prozessualen Vorfeld abgewehrt werden.[15]
Als weiteres effektives Mittel zur Abwehr missbräuchlicher Klagen stellt das deutsche Zivilprozessrecht den Grundsatz des § 91 Abs. 1 S. 1 ZPO auf, nach dem die Kosten des Rechtsstreits grundsätzlich der unterlegenen Partei aufzuerlegen sind. Hierunter fallen die Gerichtskosten sowie die notwendigen Kosten der Rechtsverteidigung, das heißt die nach der Bundesrechtsanwaltsgebührenordnung (BRAGO) zu berechnenden Gebühren der Rechtsanwälte beider Parteien. Der Kläger, der seine Klage ohne genaue Vorstellung von den Erfolgsaussichten seines Begehrens erhebt, sieht sich damit dem Risiko nicht unerheblicher Kosten ausgesetzt, was ihn regelmäßig dazu veranlassen wird, die Inanspruchnahme gerichtlichen Rechtsschutzes nochmals zu überdenken.

2. Die Darlegungslast

Die erforderliche Detaillierung des Klagegrundes, die sogenannte Darlegungslast, ist vom konkreten Sachverhalt abhängig und lässt sich daher nicht verallgemeinernd darstellen. Grundsätzlich muss der Kläger alle anspruchsbegründenden Tatsachen des von ihm geltend gemachten Anspruchs vollständig vortragen.[16] Die aufgestellten Tatsachenbehauptungen dürfen sich dabei nicht hinter juristischen Formeln verstecken, sondern sollen den streitigen Lebenssachverhalt in der Gestalt schildern, dass das Gericht in die Lage versetzt wird zu überprüfen, ob die Voraussetzungen des geltend gemachten Anspruchs unter Zugrundelegung der behaupteten Tatsachen erfüllt sind.[17]
Der von dem Kläger zu beachtende notwendige Umfang des Vortrags hängt daher von dem der Klage zugrunde liegenden materiellen Recht ab und lässt sich folglich nicht dem Prozessrecht entnehmen.
Die Erforderlichkeit einer näheren Substantiierung des Klagevortrags kann sich insbesondere aus der substantiierten Einlassung des Beklagten ergeben.[18] Das wirksame Bestreiten des Klagevortrags durch den Beklagten zwingt den Kläger zu der Bezeichnung und Zergliederung seiner Tatsachenbehauptungen. Gelingt es dem Kläger nicht, die erforderliche Substantiierung des Vortrags spätestens in seiner Replik auf die Kla-

---

[14] BGH NJW-RR 1989, 396, 396 f.; BAG BB 1981, 1528, 1528 f.; BGH WM 1982, 1327, 1327 f.; Thomas/Putzo-Thomas § 253 Rn. 10; Tief S. 43.

[15] Mössle S. 106; Stürner S. 62 ff., 113 ff.

[16] OLG Düsseldorf AnwBl 1992, 144; LAG Hamburg NJW-RR 1986, 1733; Zöller-Greger § 253 Rn. 12; Lange DRiZ 1985, 247, 248; vgl. zu den Konkretisierungspflichten bei Klageerhebung auch Eschenfelder S. 93 ff.

[17] BGH NJW 1996, 1826, 1827; BGH NJW 1995, 1958, 1959; Lang S. 36.

[18] Zum substantiierten Bestreiten des Beklagten vgl. § 138 Abs. 2 ZPO; hierzu auch BVerfG NJW 1992, 1031; BGH NJW 1992, 2427, 2428; OLG Düsseldorf AnwBl 1992, 144; OLG Hamburg NJW-RR 1990, 63; LAG Hamm NJW 1981, 887, 887 f.

geerwiderung des Beklagten vorzunehmen, droht ihm zu einem späteren Zeitpunkt die Zurückweisung seines dann verspäteten Vorbringens gemäß § 296 ZPO. Gelingt ihm die weitere Substantiierung seines Vortrags überhaupt nicht, wird das Vorbringen insoweit als unerheblich ignoriert oder der Vortrag der Gegenpartei, der bestritten wurde, gemäß § 138 Abs. 3 ZPO als zugestanden angesehen und die Klage des Klägers im Ergebnis als unbegründet abgewiesen.[19] Diese Entscheidung lässt sich den §§ 130 Nr. 3, 253 Abs. 2 Nr. 2, 282 Abs. 1, 331 Abs. 1 ZPO entnehmen. Dabei handelt es sich um eine Darlegungslast des Klägers, also um eine prozessuale Risikoverteilung, für die unerheblich ist, aus welchem Grunde die Partei den gestellten Anforderungen nicht genügt hat und für die auch keine Berücksichtigung findet, welcher Partei die Erfüllung der Behauptungslast leichter möglich wäre.[20] Der Begriff der Substantiierung klärt also letztlich die Frage, wie genau eine Tatsache behauptet oder bestritten werden muss, um eine Beweisbedürftigkeit auszulösen.[21]

Insgesamt ist festzustellen, dass die ZPO die Darlegungslast jedenfalls nach ihrer Grundkonzeption als sehr bedeutsam ansieht.[22] Der der gerichtlichen Entscheidung zugrunde liegende Sachverhalt soll möglichst frühzeitig festgelegt werden.

II. Die Beweiserhebung

Des Beweises bedürfen grundsätzlich alle Tatsachenbehauptungen, die nach den oben genannten Voraussetzungen der Substantiierung nicht als unstreitig gelten und darüber hinaus nicht anerkannt gemäß § 307 ZPO, offenkundig im Sinne des § 291 ZPO, gesetzlich zu vermuten nach den §§ 292, 292a ZPO oder als gleichwertiges, also der anderen Partei günstiges Vorbringen des Prozessgegners zu bewerten sind.[23]

1. Die Beweislast

Ist diese Beweisbedürftigkeit einer Tatsache auf Grund der hinreichenden Substantiierung der Tatsachenbehauptungen gegeben, stellt sich die Frage der Beweislast, welche unmittelbar an die Darlegungslast anknüpft.

a. Der Begriff der Beweislast

Unter dem Begriff der Beweislast versteht man das eine Partei treffende Risiko des Prozessverlustes wegen Nichterweislichkeit der ihr Klagebegehren tragenden Tatsachen.[24] Sie ist eine Folge des Beibringungsgrundsatzes[25], auf Grund dessen es zu den Aufgaben der Parteien gehört, dem Gericht den Tatsachenstoff und die Beweismittel

---

[19] Stürner, ZZP 98 (1985), 237, 251 f.; Mössle S. 110; Rosenberg/Schwab/Gottwald § 98 II 2; Scheuerle JZ 1963, 33, 33 f.

[20] Lang S. 34; Stürner S. 113.

[21] Lang S. 37.

[22] Arens ZZP 96 (1983), 1, 1 f.; Stürner S. 6 f.; Mössle S. 110.

[23] Baumbach/Lauterbach-Hartmann Einf. vor § 284 Rn. 3; Thomas/Putzo-Thomas Übersicht zu § 284 Rn. 2.

[24] Zöller-Greger Vor § 284 Rn. 18 f.; Jauernig § 50 II.

[25] Dieser ist Teil der Verhandlungsmaxime, vgl. nur Baumbach/Lauterbach-Hartmann Grundzüge zu § 128 Rn. 20.

zu liefern.[26] Beweislastentscheidungen können grundsätzlich nur auf Grund nicht erwiesener Tatsachen ergehen, nicht aber im Hinblick auf streitige Rechtsfragen, zu deren Klärung und Entscheidung das Gericht verpflichtet ist.[27]

b. Die Grundregelung der Beweislast

Nach der Grundregelung der ZPO trägt jede Partei für die ihr günstigen Tatsachen die Beweislast, das heißt der Kläger hat grundsätzlich die rechtsbegründenden und rechtserhaltenden Tatsachen zu beweisen, während dem Beklagten die Beweislast für alle rechtshindernden, rechtsvernichtenden und rechtshemmenden Tatsachen obliegt.[28] Im Ergebnis sind daher auch für die Frage der Beweislast die Vorschriften des materiellen Rechts maßgebend.[29] Diese enthalten zum Teil ausdrückliche Beweislastregeln wie zum Beispiel in den §§ 363, 476, 2336 Abs. 3 BGB. Darüber hinaus ergibt sich aus der besonderen Formulierung einzelner Regelungen, dass für bestimmte Fälle von der für den Normalfall bestehenden Beweislastverteilung abgewichen werden soll, so zum Beispiel bei den §§ 122 Abs. 2, 153, 178 S. 1, 179 Abs. 1, 406, 407, 814, 815, 861 Abs. 2, 932 Abs. 1 S. 1, 932a, 1004 Abs. 2 BGB, Art. 17 WG. Dies führt dazu, dass im deutschen Beweisrecht vielfache Abstufungen bestehen, die von den Grundregeln der Beweislast über Beweiserleichterungen bis hin zur Beweislastumkehr reichen.

c. Beweiserleichterungen

Nach Ansicht des Bundesverfassungsgerichts sind die aus dem Gesetz folgenden und von der Rechtsprechung fortentwickelten, in sich abgestuften und den besonderen Interessen- und Verfahrenslagen angepassten Regeln über die Beweisführung, über Beweiserleichterungen und die Verteilung der Beweislast ein wesentlicher Bestandteil des Zivilverfahrens, das die Möglichkeit differenzierter und ausgewogener Anwendung auch nach Gesichtspunkten der Billigkeit und Zumutbarkeit gewährleistet.[30] Demgemäß verteilt die Rechtsprechung die Beweislast aus praktischen Gründen der Billigkeit und eines gerechten Interessenausgleichs zunehmend nach Gefahrenbereichen.[31]

Darüber hinaus stehen dem Gericht tatsächliche Vermutungen und Erfahrungssätze zur Verfügung, mit denen die grundsätzliche Beweislastverteilung modifiziert werden kann. Im Rahmen der tatsächlichen Vermutungen wird davon ausgegangen, dass die Lebenserfahrung häufig die hohe Wahrscheinlichkeit eines gewissen Geschehensablaufs begründet.[32] Erfahrungssätze wie Handelsbräuche oder die Verkehrssitte sind

---

[26] Baumbach/Lauterbach-Hartmann Anh. zu § 286 Rn. 1.
[27] Thomas/Putzo-Thomas Vorbem. zu § 284 Rn. 18.
[28] BGH NJW 1999, 352, 352 f.; BGH VersR 1997, 127; BAG BB 1995, 467, 468; BGH NJW 1983, 2944; Baumbach/Lauterbach-Hartmann Anh. zu § 286 Rn. 10; Zöller-Greger Vor § 284 Rn. 17; Thomas/Putzo-Thomas Vorbem. zu § 284 Rn. 23; vgl. zu den Hintergründen Henniger S. 46.
[29] BGH NJW 1996, 719, 719 f.; Baumbach/Lauterbach-Hartmann Anh. zu § 286 Rn. 3; Thomas/Putzo-Thomas Verbem. zu § 284 Rn. 22 f.
[30] BVerfGE 52, 131, 154; eingehend Paulus ZZP 104 (1991), 397, 405 f.
[31] Thomas/Putzo-Thomas Vorbem. zu § 284 Rn. 25.
[32] Vgl. nur BGH VersR 1995, 805; siehe auch Baumbach/Lauterbach-Hartmann Anh. zu § 286 Rn. 15.

Schlüsse, die man auf Grund seiner Erfahrung aus einer Reihe gleichartiger Tatsachen zieht.[33] Im weiteren Zusammenhang hiermit steht auch der Anscheins- oder prima-facie-Beweis, der als eine Form des Indizienbeweises[34] in das Gebiet der Erfahrungssätze und der Beweiswürdigung fällt, nicht aber der Beweislast.[35] Der Anscheinsbeweis greift bei formelhaften, typischen Geschehensabläufen ein, das heißt in denjenigen Fällen, in denen ein gewisser Sachverhalt feststeht, der nach der Lebenserfahrung auf eine bestimmte Ursache oder einen bestimmten Ablauf hinweist.[36] Der Beweispflichtige muss nur diesen Sachverhalt darlegen und gegebenenfalls beweisen.[37] Es ist dann die Aufgabe desjenigen, der einen vom gewöhnlichen Verlauf abweichenden Gang des Geschehens behauptet, die ernstliche und nicht nur vage Möglichkeit eines solchen durch konkrete Tatsachen darzulegen.[38] Schließlich nimmt die Rechtsprechung für bestimmte, typisierte Fälle eine Beweislastumkehr vor, um einer unzumutbaren Beweisnot der beweisbelasteten Partei Rechnung zu tragen, so zum Beispiel im Rahmen der Arzt-[39] und Produzentenhaftung.[40] Für den Fall der Beweisvereitelung bestehen darüber hinaus besondere prozessuale Regelungen wie zum Beispiel § 444 ZPO für den Urkundenbeweis. Ist eine Urkunde von einer Partei in der Absicht, ihre Benutzung dem Gegner zu entziehen, beseitigt oder zur Benutzung untauglich gemacht, so können die Behauptungen des Gegners über die Beschaffenheit und den Inhalt der Urkunde nach § 444 ZPO als bewiesen angesehen werden. Eine entsprechende Möglichkeit sieht der durch das „Gesetz zur Reform des Zivilprozesses (Zivilprozessreformgesetz - ZPO-RG)“[41] vom 27. Juli 2001 neu eingefügte § 371 Abs. 3 ZPO für den Beweis durch Augenschein vor. Hinter diesen zahlreichen Abstufungen der Beweislastverteilung steht letztlich die Wertung und Zielsetzung der Rechtsprechung, dass für die Frage der Beweislast und Beweiswürdigung generell die aus der Lebenserfahrung gewonnenen praktischen Erkenntnisse zu beachten sind und keine Partei in unerträgliche Beweisnot gebracht werden soll.[42]

---

[33] BGH LM § 286 (B) Nr. 23; BGH NJW 1962, 2149, 2152; Noelle-Neumann GRUR 1968, 133, 134 ff.; Schramm GRUR 1968, 139, 140.
[34] Vgl. Grunsky AcP 186, 523, 525.
[35] BGHZ 100, 31, 34; BFH BB 1989, 2385, 2386; Taupitz ZZP 100 (1987), 287, 295.
[36] BVerfG NJW 1993, 2165, 2165 f.; BGH NJW 1996, 1828, 1828 f.; BFH BB 1989, 2385, 2386; BPatG GRUR 1991, 821, 822; KG VersR 1988, 1127, 1127 f.; OLG Köln NJW-RR 1989, 439, 439 f.; LG Bonn VersR 1988, 937.
[37] OLG Frankfurt a.M. VersR 1978, 828; OLG Karlsruhe VersR 1978, 771; Nack NJW 1983, 1035, 1036 ff.
[38] BVerfG NJW 1992, 224, 226; BGH VersR 1995, 724; BPatG GRUR 1991, 821, 823; OLG Köln VersR 1989, 525.
[39] BGH NJW 1998, 814, 815; BGH NJW 1997, 796, 797 f.; BGH NJW 1995, 778, 779 f.; BGH NJW 1994, 801, 802 f.; OLG München NJW 1992, 2369; OLG Hamm VersR 1994, 729, 729 f.; OLG Düsseldorf VersR 1997, 575, 576 f.
[40] BGH NJW 1999, 1028, 1029; BGH NJW 1996, 2507, 2508; BGH NJW 1993, 538, 539 f.; BGH NJW 1992, 1039, 1040 f.; BGH NJW-RR 1993, 369, 369 f.; BGH NJW-RR 1993, 988; OLG Köln VersR 1988, 580, 581.
[41] BGBl. 2001 I S. 1887 ff.
[42] Ähnlich auch Schneider, Beweis und Beweiswürdigung, Rn. 118.

2. Der Beweisantritt

Grundsätzlich hat jede Partei demnach für alle ihr günstigen und vom Gegner wirksam bestrittenen Tatsachenbehauptungen Beweis anzutreten.

a. Die Substantiierung des Beweisantritts

Dabei haben die Parteien für die von ihnen behaupteten konkreten Tatsachen[43] jeweils ein bestimmtes Beweismittel zu benennen, mittels dessen sie das Gericht von der Wahrheit der zu beweisenden Behauptung zu überzeugen beabsichtigen. Fehlt es an einem hinreichend bestimmten Beweisangebot, ist das Gericht nicht zu einer Beweisaufnahme verpflichtet und lässt die behauptete Tatsache in seiner Entscheidung außen vor. Im Ergebnis wird die Klage wegen Beweisfälligkeit zu Ungunsten der beweisbelasteten Partei entschieden. Liegt hingegen ein rechtzeitiger und hinreichend bestimmter Beweisantrag der beweisbelasteten Partei vor, ist das Gericht regelmäßig zur Beweiserhebung verpflichtet.[44] Nur in Ausnahmefällen kann das Gericht von der Erhebung zulässiger und rechtzeitig angetretener Beweise absehen, wenn das Beweismittel zum Beweis der behaupteten Tatsache völlig ungeeignet ist. In allen anderen Fällen wäre die Ablehnung des Beweisantrages als vorweggenommene Beweiswürdigung unzulässig.[45] Die Entscheidung, ob und zu welcher Behauptung das Gericht einen Beweis erheben darf und muss, unterliegt im Grundsatz der Parteiherrschaft.[46] So ist zum Beispiel auch eine vertragliche Vereinbarung der Parteien über die Beschränkung der Beweismittel grundsätzlich zulässig.[47] Hingegen obliegt die Durchführung der Beweisaufnahme bzw. des Beweisverfahrens nach den §§ 355 ff. ZPO weitgehend der Entscheidung des Gerichts, welches von Amts wegen tätig wird. Demgemäß wird die Beweiserhebung regelmäßig durch einen richterlichen Beweisbeschluss im Sinne des § 358 ZPO angeordnet.[48] Die Parteien dürfen an der Beweiserhebung mitwirken, nicht aber entscheidend eingreifen.[49] Dabei unterliegen die Ergebnisse der durchgeführten Beweisaufnahme nach § 286 ZPO dem Grundsatz der freien Beweiswürdigung.

b. Der Ausforschungsbeweis

Für das Beweisangebot ist maßgeblich, dass sowohl die Beweistatsache als auch das Beweismittel konkret benannt werden.[50] Es ist grundsätzlich unzulässig, Beweis zur Beschaffung einer beweiserheblichen Tatsache als Grundlage für neue Behauptungen anzutreten, also willkürliche aus der Luft gegriffene Behauptungen aufzustellen, wenn tatsächliche Anhaltspunkte für sie gänzlich fehlen.[51] Diese unzulässige Beweisform

---

[43] Hierzu BGH NJW-RR 1994, 377, 378 f.

[44] Vgl. die Vorschriften der §§ 355 ff. ZPO; siehe auch Tief S. 45.

[45] BVerfG NJW 1993, 254, 254 f.; BVerfG NJW-RR 1995, 441; BGH NJW-RR 1986, 1400, 1401.

[46] Baumbach/Lauterbach-Hartmann Grundzüge vor § 128 Rn. 18.

[47] BGH DB 1973, 1451; Thomas/Putzo-Thomas Vorbem. zu § 284 Rn. 41.

[48] Thomas/Putzo-Thomas Vorbem. zu § 284 Rn. 3.

[49] Baumbach/Lauterbach-Hartmann Übersicht vor § 355 Rn. 3; Tief S. 45.

[50] BGH NJW-RR 1994, 377, 378 f.; Tief S. 51.

[51] BGH NJW 1996, 394; BGH NJW 1964, 1414, 1415 f.; BGH LM BGB § 259 Nr. 13; RGZ 135, 188, 192; RG Warn Rspg. 1912 Nr. 304; BAG DB 1983, 292; OLG Düsseldorf FamRZ 1981, 545, 546;

wird in Literatur und Rechtsprechung vielfach unter dem Schlagwort des „Ausforschungsbeweises“ oder „Ausforschungsantrags“ diskutiert. Wann genau von einer Ausforschung der gegnerischen Partei gesprochen werden kann, ist im einzelnen jedoch ungeklärt und weitgehend umstritten.[52] Führt man die verschiedenen Ansätze auf ihren wesentlichen Kern zurück, so ergeben sich zwei Erscheinungsformen des Ausforschungsbeweises:

- Zum einen wird von einem ausforschenden Beweisantrag gesprochen, wenn dieser die Beweistatsache oder das Beweismittel nicht hinreichend bestimmt benennt. So müssen die behaupteten Tatsachen so konkret angegeben sein, dass deren Erheblichkeit geprüft werden kann und dem Beweisgegner eine sachliche Stellungnahme ermöglicht wird.[53]
- Zum anderen wird unter dem Schlagwort des Ausforschungsantrages die Situation gefasst, dass der Beweisführer anscheinend das Bestimmtheitserfordernis von Beweistatsache und Beweismittel erfüllt, er diese Angaben aber letztlich nur zur Umgehung des Vorwurfs der mangelnden Substantiierung macht. In diesem Fall beantragt er die Beweisaufnahme nur scheinbar substantiiert, um sich über den ihm vollkommen unbekannten tatsächlichen Geschehensablauf zu informieren.[54] Auf Grund des subjektiven Elements dieser Form des Ausforschungsantrages ist evident, dass dessen Feststellung hier besondere Probleme bereitet.

aa. Das Kriterium des Rechtsmissbrauchs

Der BGH steht auf dem Standpunkt, dass niemand verpflichtet ist, dem Gegner für seinen Prozesssieg das Material zu verschaffen, über das er nicht schon von sich aus verfügt.[55] Insbesondere dürfe die Beweisaufnahme nicht dazu dienen, die Grundlage für neue Behauptungen zu schaffen[56] oder das Konkretisieren der bestehenden Behauptungen zu ermöglichen.[57] Dies bedeute jedoch nicht, dass die Behauptung keine Vermutung des Beweisführers sein dürfe. Regelmäßig sei eine Partei gezwungen, eine Tatsache zu behaupten, über die sie eine genaue Kenntnis nicht haben kann, die sie aber nach Lage der Verhältnisse für wahrscheinlich oder zumindest möglich hält.[58] Von Rechts wegen sei sie grundsätzlich nicht gehindert, solche Behauptungen in den Prozess einzuführen und eine Beweisaufnahme darüber zu erwirken.

Baumbach/Lauterbach-Hartmann Einf. vor § 284 Rn. 27; Tief S. 51; Derleder/Wosnitza ZIP 1990, 901, 903.

[52] Vgl. nur Stein/Jonas-Leipold § 284 Rn. 40; Jauernig § 51 III 1; Hök S. 278 ff.; Baumgärtel, Handbuch der Beweislast im Privatrecht, Rn. 318 f.

[53] BGH NJW 1996, 1826, 1827; BGH NJW-RR 1993, 1116, 1117; Lang S. 39.

[54] BGH MDR 1991, 688, 689; BAG DB 1983, 292; OLG Köln MDR 1973, 233; Baumgärtel MDR 1995, 987; Schmidt, JuS 1995, 648.

[55] Vgl. BGH JZ 1991, 630, 630 f.; BGH NJW 1958, 1491; BGH VersR 1958, 768; BGH WM 1963, 864, 864 f.; RGZ 63, 408, 410; Tief S. 46; Arens ZZP 96 (1983), 1, 4.

[56] BGH JZ 1985, 183, 184; BGH VersR 1984, 429, 430.

[57] BGH NJW-RR 1987, 415.

[58] BGH NJW 1993, 1649, 1650; OLG Düsseldorf NJW-RR 1988, 1529; Demharter FamRZ 1985, 232, 235; Baumbach/Lauterbach-Hartmann Einführung vor § 284 Rn. 30.

Ursprünglich hatte der BGH die Ansicht vertreten, dass es Sache des Beweisführers sei, seinen willkürlich anmutenden Vortrag mit Anhaltspunkten zu untermauern und die Behauptung damit als möglich oder wahrscheinlich wirken zu lassen.[59] In jüngeren Entscheidungen forderte der BGH das Vorliegen offensichtlicher Willkür der Behauptung, um eine um Anhaltspunkte für die Möglichkeit der Behauptung erweiterte Darlegungspflicht des Beweisführers zu begründen.[60] Eine Behauptung sei erst dann unbeachtlich, wenn das Gericht zu der Überzeugung gelange, dass die Partei selbst nicht an ihre Richtigkeit glaubt, oder das Gericht sie für eine willkürliche, ohne greifbare Anhaltspunkte ausgesprochene Vermutung halte, die Behauptung also nach Auffassung des Gerichts „ins Blaue hinein" aufgestellt worden ist.[61] Eine Grenze zieht der BGH in seiner neueren Rechtsprechung erst dort, wo der Beweisantrag sich als rechtsmissbräuchlich darstellt.[62] Die Annahme des Rechtsmissbrauchs handhabt er dabei überwiegend restriktiv.[63]

bb. Kritik

Die frühe Literatur, die sich mit der Ansicht des BGH befasste, hat schwere Kritik geübt und insbesondere das Kriterium der „Anhaltspunkte" als ungeeignet angesehen.[64] Diese kritischen Stimmen sind jedoch mittlerweile verstummt.[65] Hauptkritikpunkt an der Rechtsprechung war, dass es nicht Aufgabe des Gerichts sei, vor der Beweisaufnahme zu prüfen, ob die Wahrscheinlichkeit einer Parteibehauptung gegeben ist.[66]

Diesbezüglich hat sich jedoch die Erkenntnis durchgesetzt, dass es dem BGH nicht um eine Vorwegnahme der Beweiswürdigung ging, sondern vielmehr um eine Herabsetzung der Anforderungen an die Substantiierung, ohne diese gänzlich entfallen zu lassen.[67] Dabei ist das Verstummen der Kritik am BGH letztlich auch darauf zurückzuführen, dass dieser die Anforderungen an die Substantiierung des Beweisantrages immer weiter zurückgeschraubt und die Voraussetzungen für den Vortrag von Anhaltspunkten für die Wahrscheinlichkeit der Behauptung immer weiter verschärft hat.

---

[59] BGH NJW 1968, 1233, 1234; ähnlich noch BGH NJW-RR 1987, 590, 591.

[60] BGH NJW-RR 1987, 335; BGH NJW 1988, 2100, 2101.

[61] BGH NJW 1986, 246, 247; BGH JZ 1985, 183, 184; vgl. auch Schlosser ZZP 94 (1981), 369, 379 f.; Pfeil-Kammerer S. 222 ff.

[62] BGH NJW 1995, 2111, 2112; BGH NJW 1992, 1967, 1968; BGH NJW-RR 1995, 722, 723; BGH NJW-RR 1995, 724, 725.

[63] Vgl. nur BGH NJW 1992, 1967, 1968.

[64] Lüderitz, Ausforschungsverbot und Auskunftsanspruch bei der Verfolgung privater Rechte, S. 7 ff., 17 ff.; Peters, Ausforschungsbeweis im Zivilprozess, S. 14 ff.

[65] Zustimmend die gesamte Kommentarliteratur, vgl. nur Baumbach/Lauterbach-Hartmann Einführung Vor § 284 Rn. 27 ff.; Thomas/Putzo-Thomas § 284 Rn. 3 f.; Zöller-Greger Vor § 284 Rn. 5; vgl. auch Schlosser ZZP 94 (1981), 369 ff.; Baumgärtel MDR 1995, 987.

[66] Peters S. 71 ff; Peters ZZP 81 (1968), 294 ff.; Gaul ZZP 83 (1970), 234 ff.; Dunz NJW 1956, 769, 771 f.; Schneider ZZP 74 (1961), 88; Grunsky S. 444.

[67] So auch Stürner S. 109 f.

cc. Stellungnahme

Die Anwendung des Kriteriums des Rechtsmissbrauchs verdient Zustimmung. Das Bestimmtheitserfordernis ist kein Selbstzweck, sondern soll den Beteiligten des kontradiktorischen Verfahrens einen fairen Prozess sichern. Dabei kann von dem Beweisführer nicht verlangt werden, dass er bereits vor der Beweisaufnahme detaillierte Kenntnis von den behaupteten Tatsachen besitzt. Um überhaupt erst eine effektive Beweisaufnahme zu ermöglichen, muss es dem Beweisführer gestattet sein, Vermutungen aufzustellen. Das Risiko von völlig aus der Luft gegriffenen Vermutungen wird dabei schon durch das Erfordernis der bestimmten Angabe von Beweistatsache und Beweismittel minimiert. Dieses Erfordernis der Substantiierung an sich ist unabdingbar. Der bestimmten Angabe des Beweismittels bedarf es schon deswegen, um dem Gericht überhaupt erst die Anberaumung der Beweisaufnahme zu ermöglichen, ohne ihm eine eigene Ermittlungstätigkeit aufzuerlegen, die das deutsche Zivilprozessrecht grundsätzlich nicht vorsieht. Hinsichtlich der Angabe der Beweistatsache muss durch das Bestimmtheitserfordernis abgesichert werden, dass zum Beispiel Zeugen in Vorbereitung auf die Beweisaufnahme erkennen können, zu welcher Thematik die Befragung stattfinden wird, um die Pflicht des Zeugen zur umfassenden Aussage beschränken und seine Weigerungsrechte effektiv gestalten zu können.[68] Außerdem kann nur auf diese Weise eine Verschleppung und Verteuerung des Prozesses verhindert werden.[69]
Gleichzeitig dürfen die Anforderungen aber nicht überspannt werden, um den Rechtsschutz nicht zu weitgehend einzuschränken. Daher erscheint das Kriterium des Rechtsmissbrauchs als angemessen, um dem Gericht mit der erforderlichen Flexibilität eine Steuerung zu ermöglichen. Die flexible Handhabung des Problems des Ausforschungsantrages lässt sich letztlich ohnehin nicht umgehen, da die Vorgabe von starren Voraussetzungen praktisch nicht umsetzbar wäre. Mit dem Kriterium des Rechtsmissbrauchs ist den Gerichten aber zumindest ein Regel-Ausnahme-Verhältnis vorgegeben, das einer Überprüfung durch die Obergerichte zugänglich ist. Die den Gerichten verbleibende Ermessensentscheidung darf jedoch im Ergebnis nicht dazu missbraucht werden, die eigene Arbeitsbelastung durch Umgehung einer Beweisaufnahme zu verringern. Gerade diese inakzeptable Intention lässt sich jedoch hinter der strengen Haltung der Instanzgerichte hinsichtlich des Substantiierungserfordernisses vermuten.[70]

III. Das Dokument als Beweismittel

Das konkrete Erfordernis der Bestimmtheit des Beweisangebotes richtet sich nach den zivilprozessualen Vorschriften desjenigen Beweismittels, mit dem der Beweis angetreten werden soll. Für die hier näher zu beleuchtende Vorlegung von Dokumenten sind die Vorschriften der ZPO über den Beweis durch Urkunden gemäß den §§ 415 ff. ZPO und über den Beweis durch Augenschein nach den §§ 371 ff. ZPO von Relevanz, die im Folgenden näher untersucht werden sollen.

---

[68] Ähnlich Chudoba S. 32 f.

[69] So auch BGH FamRZ 1960, 110, 111 f.

[70] Ebenso Stein/Jonas-Leipold § 284 Rn. 41; Stürner JZ 1985, 185, 186; Lang S. 38.

1. Das Dokument als Urkundenbeweis
Dokumente als Beweismittel unterfallen den Vorschriften der §§ 415 ff. ZPO, wenn es sich dabei um Urkunden im Sinne der ZPO handelt.

a. Die Definition der Urkunde
Urkunden im Sinne der ZPO werden allgemein als schriftlich verkörperte Gedankenerklärungen definiert.[71]

aa. Die Gedankenerklärung
Kernstück der Definition der Urkunde ist die menschliche Gedankenerklärung, die eine Abgrenzung zum Augenscheinsbeweis ermöglicht. Als Urkunde kann grundsätzlich nur ein solches Dokument angesehen werden, das eine menschliche Gedankenerklärung wiedergibt. Unerheblich ist dabei, ob es sich bei der Gedankenerklärung um eine Willenserklärung, ein Rechtsgeschäft, ein Geständnis, ein Zeugnis, ein Gutachten oder eine sonstige Erklärung handelt.[72] Nicht unter den Urkundenbegriff fallen jedoch die sogenannten Beweiszeichen wie zum Beispiel der Strich auf dem Bierdeckel[73], der Waldhammerschlag[74] oder der Fleischbeschaustempel[75]. Diese sind isoliert betrachtet ohne Aussagewert und damit mangels erkennbarer Gedankenerklärung keine Urkunden. Unerheblich für das Vorliegen einer Gedankenerklärung sind hingegen das Material des Dokumentes, die Art der Herstellung, der Zweck der Errichtung, die Bedeutung des Inhalts oder das Fehlen einer Unterschrift.[76]

bb. Die Schriftform
Die Gedankenerklärung bedarf weiter der Schriftform, um unter den Begriff der Urkunde im Sinne der ZPO zu fallen. Der besondere Wert einer Urkunde wird dabei darin gesehen, sich ihres Inhalts jederzeit problemlos vergewissern zu können. Zur Begründung hierfür werden die Vorschriften der §§ 131, 134, 142, 420, 421, 428, 432 ZPO herangezogen. Hiernach kann grundsätzlich allein der offengelegte Urkundeninhalt das Parteivorbringen ergänzen, erläutern und beweisen.[77] Aus diesem besonderen Wert der Urkunde wird von der ganz herrschenden Meinung die Voraussetzung der Verkörperung durch übliche oder vereinbarte Wortzeichen hergeleitet.[78]

---

[71] BGHZ 65, 300, 301; OLG Köln DB 1983, 104, 105; FG Berlin NJW 1977, 2232; Rosenberg/Schwab/Gottwald § 121 I (S. 697); MünchKomm-Schreiber, ZPO, § 415 Rn. 4; Stein/Jonas-Leipold Vor § 415 Rn. 1; Thomas/Putzo-Thomas Vorbemerkungen zu § 415 Rn. 1; Baumbach/Lauterbach-Hartmann Übersicht vor § 415 Rn. 3; Schreiber, Die Urkunde im Zivilprozess, S. 32; Derleder/Wosnitza ZIP 1990, 901, 903.
[72] Stein/Jonas-Leipold Vor § 415 Rn. 2.
[73] Bruns Rn. 192.
[74] Rosenberg/Schwab/Gottwald § 121 I.
[75] MünchKomm-Schreiber, ZPO, § 415 Rn. 5.
[76] OLG Köln NJW 1992, 1774, 1774 f.; Baumbach/Lauterbach-Hartmann Übersicht vor § 415 Rn. 3.
[77] Vgl. MünchKomm-Schreiber, ZPO, § 415 Rn. 4.
[78] BGHZ 65, 300, 301; Stein/Jonas-Leipold Vor § 415 Rn. 1; Thomas/Putzo-Thomas Vor § 415 Rn. 1; Zöller-Geimer Vor § 415 Rn. 1; Jauernig § 55 I; Rosenberg/Schwab/Gottwald § 121 I; Mankowski/Tarnowski JuS 1992, 826, 827.

Weiterhin muss die Gedankenerklärung durch unmittelbare Wahrnehmung der Lautzeichen ermittelbar sein. Letztlich ist die Verkehrsfähigkeit der Urkunde erforderlich, das heißt die durch die besondere Fälschungssicherheit gewährleistete Umlauffähigkeit der Urkunde im Rechtsverkehr.[79] Hiernach fallen herkömmliche Vertragstexte und Schriftsätze unproblematisch unter den Urkundenbegriff.

cc. Elektronische Daten als Urkunde

Der technische Fortschritt bringt es mit sich, dass auf Dokumente in Papierform immer weniger zurück gegriffen wird. Die Internationalisierung des Handels- und Wirtschaftsverkehrs bedingt immer weitere Entfernungen zwischen den jeweiligen Geschäftspartnern. Das herkömmliche Vertragsdokument stellt sich für derartige Vertragsbeziehungen jedoch als zu unflexibel und zu schlecht übermittelbar dar.[80] Elektronische Dokumente, die sich für den internationalen Geschäftsverkehr anbieten, sieht die ganz herrschende Meinung aber ganz allgemein nicht als Urkunden im Sinne der ZPO an.[81] Zwar wird teilweise eingeräumt, dass auch elektronische Dokumente wie zum Beispiel digitalsignierte[82] elektronische Erklärungen die erforderliche Verkehrsfähigkeit besitzen.[83] Denn die nach Maßgabe des Signaturgesetzes[84] hergestellten Signaturen gelten als sicher, da Fälschungen bzw. Verfälschungen zuverlässig festgestellt werden können. Im Gegensatz dazu sind Manipulationen an üblichen Schriftstücken gerade nicht mehr leicht festzustellen.[85] Früher fielen Manipulationen wie eingefügte Buchstaben oder Wörter schon vom äußeren Bild des Schriftstücks her auf. Gleiches galt für Radierungen.[86] Diese damals gegebene Sicherheit, die gerade aus der Verwendung von Lautzeichen - namentlich Buchstaben - folgte, ist heute in gleicher Weise nicht mehr gegeben. Durch moderne Farblaserdrucker oder Farbkopierer ist es sogar möglich, von gegen Fälschungen geschützte Dokumente wie Geldscheine täuschend echte Kopien herzustellen. Daher ist die Fälschung von sonstigen Dokumenten wie Vertragstexten oder Schriftsätzen erst recht unproblematisch möglich. Veränderungen können unmittelbar am Computer vorgenommen werden, ohne auch nur geringste Spuren des ursprünglichen Textes zu hinterlassen. Der erneute Ausdruck des veränderten Textes ist dann qualitativ praktisch nicht von dem Original zu unterscheiden. Der ursprüngliche Zweck der §§ 415 ff. ZPO, nach dem der Urkunde gerade deswegen besondere Beweiskraft zugemessen werden sollte, weil sie durch die Verwen-

---

[79] MünchKomm-Schreiber, ZPO, § 415 Rn. 6.

[80] Hierzu eingehend Schuppenhauer DB 1994, 2041, 2041 f.

[81] Redeker NJW 1984, 2390, 2394; Geis CR 1993, 653 ff.; Rosenberg/Schwab/Gottwald § 121 I; MünchKomm-Schreiber, ZPO, § 415 Rn. 6; Stein/Jonas-Leipold Vor § 415 Rn. 1a.

[82] Zur Digitalsignierung siehe Geis NJW 1997, 3000 ff.; Rossnagel NJW 1998, 3312 ff.; Malzer DNotZ 1998, 96 ff.

[83] So MünchKomm-Schreiber, ZPO, § 415 Rn. 6; hier liegt auch der Unterschied zu Tonträgern, denen die Verkehrsfähigkeit ganz überwiegend abgesprochen wird, vgl. nur MünchKomm-Damrau, ZPO, § 371 Rn. 4.

[84] Gesetz zur digitalen Signatur (Signaturgesetz – SigG); BGBl. 2001 I S. 876 ff.; vgl. auch BT-Drucks. 13/7385, S. 16 ff., 25 ff.

[85] Anders MünchKomm-Schreiber, ZPO, § 415 Rn. 4.

[86] Vgl. noch RG Gruchot 61, 489, 490.

dung der Schriftform ein sicheres Beweismittel war, kann daher auf Grund des technischen Fortschritts nicht mehr aufrecht erhalten werden. Jedenfalls im direkten Vergleich von schriftlich fixierter Urkunde und digital signierten Daten kann ein sicherheitstechnischer Nachteil der elektronischen Daten nicht festgestellt werden.
Unproblematisch können elektronische Daten auch Gedankenerklärungen enthalten, die durch übliche oder vereinbarte Wortzeichen ausgedrückt sind. Dies wird auch regelmäßig der Fall sein, da die allgemeine Verständlichkeit bzw. die Kompatibilität der Dateiformate Voraussetzung dafür ist, dass die Vertragspartner zwei aufeinander bezogene Willenserklärungen abgeben können. Demgemäß ist die Entschlüsselung der Daten im Rechtsverkehr regelmäßig unproblematisch und die Verständlichkeit der Daten, also die Verkörperung durch übliche oder vereinbarte Wortzeichen, gegeben. Keine Urkundenqualität wäre lediglich bei Geheimschriften[87], Zahlenschriften oder chiffrierten Mitteilungen[88] anzunehmen.
Dennoch wird die Urkundenqualität elektronischer Daten unter Hinweis auf die fehlende Lesbarkeit verneint.[89] Dieser Ansicht muss eingeräumt werden, dass elektronische Daten nur mittels entsprechender Computer gelesen werden können und erst hierdurch eine Wahrnehmung der Lautzeichen möglich ist. Die unmittelbare Lesbarkeit der Urkunde ohne jegliche Hilfsmittel wird aber auch im Hinblick auf andere Dokumente nicht unabdingbar gefordert. So ist die Lesbarkeit eines Dokumentes und damit ihre Verfügbarkeit im Rechtsverkehr letztlich immer von ihrem Betrachter abhängig. In diesem Sinne wird für die Urkundenqualität eines Dokumentes nicht gefordert, dass dieses von jedem Betrachter zu jeder Zeit gelesen werden kann. Vielmehr reichen geläufige Kurzschriften[90], die Blindenschrift[91] oder ein fremdsprachig abgefasster Text[92] für die Bejahung der Urkundenqualität aus. Auch hier ist es dem Gericht nicht möglich, den Inhalt des Dokumentes unmittelbar und ohne fremde Hilfe zu entziffern. Der diesbezügliche Aufwand kann bei elektronischen Daten aber viel geringer sein als beispielsweise bei einem in einer nicht weit verbreiteten Sprache abgefassten Schriftstück. Auch bei einem Dokument mit einer so kleinen Schriftgröße, dass diese von einem Durchschnittsbetrachter mit bloßem Auge nicht erkannt werden kann, bedürfte es technischer Hilfsmittel wie einer Lupe zur Lesbarkeit. Dennoch kämen kaum Zweifel an der Urkundenqualität des Schriftstückes auf. Unproblematisch wäre die Lesbarkeit der elektronischen Daten jedenfalls dann, wenn die hierfür erforderlichen Geräte durch den Beweisführer zur Verfügung gestellt werden oder ohnehin bei Gericht vorhanden sind.
Auch der Gesetzgeber hat den bestehenden Handlungsbedarf auf dem Gebiet des elektronischen Rechtsverkehrs erkannt und in jüngster Zeit durch das „Gesetz zur Anpas-

---

[87] Schreiber S. 28; Blomeyer § 77 I 1.
[88] Schreiber S. 27 f.; Jauernig § 55 I.
[89] Stein/Jonas-Leipold Vor § 415 Rn. 1a; MünchKomm-Schreiber, ZPO, § 415 Rn. 6.
[90] Nikisch § 88 I 1; Schönke/Kuchinke § 64 I.
[91] Lang, Ton- und Bildträger, S. 94.
[92] Stein/Jonas-Leipold Vor § 415 Rn. 6; MünchKomm-Schreiber, ZPO, § 415 Rn. 4; Jauernig § 55 I; Blomeyer § 77 I 1; differenzierend Wieczorek Anm. A I b; wohl auch RGZ 162, 282, 287; zur Bedeutung des § 184 GVG OLG Zweibrücken FamRZ 1998, 1445, 1446.

sung der Formvorschriften des Privatrechts und anderer Vorschriften an den modernen Rechtsgeschäftsverkehr“[93] vom 13. Juli 2001 reagiert, das am 1. August 2001 in Kraft getreten ist. In letzter Konsequenz hat er die Anerkennung digitalsignierter elektronischer Dokumente als Urkunden im Sinne der ZPO jedoch gescheut. Anstatt dessen hat der Gesetzgeber sich dafür entschieden, elektronische Daten weiterhin als Augenscheinsobjekte einzuordnen, die Rechtsfolgen der zivilprozessualen Behandlung von elektronischen Dokumenten jedoch weitgehend denen der Urkunde anzupassen. Der Gesetzgeber hat insoweit eine Kompromisslösung zwischen der bisherigen herrschenden Ansicht und der Akzeptanz elektronischer Daten als Urkunde im Sinne der §§ 415 ff. ZPO gefunden.
Hinsichtlich des Beweises der Echtheit elektronischer Dokumente hat der Gesetzgeber sich für einen Anscheinsbeweis entschieden. Gemäß dem neu eingefügten § 292a ZPO[94] kann der Anschein der Echtheit einer in elektronischer Form vorliegenden Willenserklärung, der sich auf Grund der Prüfung nach dem Signaturgesetz ergibt, nur durch Tatsachen erschüttert werden, die ernstliche Zweifel daran begründen, dass die Erklärung mit dem Willen des Signaturschlüssel-Inhabers abgegeben worden ist. Hinsichtlich der Form des elektronischen Dokumentes wird auf den neu eingefügten § 126a BGB verwiesen, nach dessen Absatz 1 der Aussteller einer elektronischen Erklärung dieser seinen Namen hinzufügen und das elektronische Dokument mit einer qualifizierten elektronischen Signatur nach dem Signaturgesetz versehen muss. Bei einem Vertrag müssen die Parteien nach § 126a Abs. 2 BGB jeweils ein gleichlautendes Dokument in der in Absatz 1 bezeichneten Weise elektronisch signieren.
Im Ergebnis muss zusammenfassend festgestellt werden, dass elektronische Dokumente nach der klaren gesetzgeberischen Entscheidung nicht unter den Begriff der Urkunde im Sinne der ZPO fallen. Auf die besondere Behandlung elektronischer Dokumente als Beweismittel im Zivilverfahren wird im einzelnen noch eingegangen werden.

b. Die Einführung der Urkunde in den Prozess

Steht nach dem Vorgesagten fest, dass das betreffende Dokument nach den Regeln des Urkundenbeweises gemäß den §§ 415 ff. ZPO zu behandeln ist, muss die Urkunde in den Zivilprozess eingeführt werden. Wie bereits ausgeführt setzt eine Beweiserhebung nach der Verhandlungsmaxime[95] grundsätzlich einen ordnungsgemäßen Antrag der beweisbelasteten Partei voraus. Bietet die nicht beweisbelastete Partei eine Urkunde zum Gegenbeweis der Behauptung ihres prozessualen Gegners an, ist das Gericht grundsätzlich nicht zur Beweiserhebung verpflichtet, wenn die beweisbelastete Partei kein diesbezügliches Beweisangebot gemacht hat.[96]
Etwas anderes kann nur dann gelten, wenn das Gericht den Beweis von Amts wegen erheben kann. Eine solche Beweiserhebung von Amts wegen im Hinblick auf Urkunden ist in den §§ 142 f. ZPO und im Handelsrecht vorgesehen.

---

[93] Vgl. BGBl. I 2001, 1542; hierzu Hänchen NJW 2001, 2831 ff.
[94] Hierzu Münch DStR 2002, 85, 94.
[95] Hierzu eingehend Baumbach/Lauterbach-Hartmann Grundzüge vor § 128 Rn.20 ff.; zur Terminologie vgl. Prütting NJW 1980, 361, 362 f.; vgl. auch Eschenfelder S. 88 ff.
[96] Vgl. nur Jauernig § 50 III 1 m.w.N.

aa. Anordnung der Aktenvorlegung

Nach § 143 ZPO kann das Gericht anordnen, dass die Parteien die in ihrem Besitz befindlichen Akten vorlegen, soweit diese aus Schriftstücken bestehen, welche die Verhandlung und Entscheidung der Sache betreffen. Die Vorschrift umfasst jedoch nur solche Schriftstücke, die bereits Akteninhalt waren, sind oder jedenfalls werden sollen. Schriftstücke zur Vorbereitung des Prozesses fallen nicht darunter.[97] Sinn und Zweck des § 143 ZPO ist lediglich, eine Wiederherstellung vollständiger Gerichtsakten zu ermöglichen, die beispielsweise während des Versandes an einen ersuchten Richter verloren gegangen sind. Neue Erkenntnisse sind durch die Anordnung der Aktenvorlegung daher nicht zu realisieren. Insbesondere ist eine diesbezügliche Ausforschung des prozessualen Gegners ausgeschlossen. Da die Vorschrift in der Praxis ohnehin kaum zur Anwendung kommt und darüber hinaus im Ermessen des Gerichts steht, kann sie der beweisbelasteten Partei in ihrer Beweisführung im Ergebnis keine Vorteile verschaffen.

bb. Anordnung der Urkundenvorlegung

Gemäß § 142 Abs. 1 ZPO kann das Gericht anordnen, dass eine Partei oder ein Dritter die in ihrem oder seinem Besitz befindlichen Urkunden und sonstigen Unterlagen, auf die sich eine Partei bezogen hat, vorlegt. Das Gericht kann hierfür eine Frist setzen sowie anordnen, dass die vorgelegten Unterlagen während einer von ihm zu bestimmenden Zeit auf der Geschäftsstelle verbleiben.

(1). Bezugnahme einer Partei

Nach dem Wortlaut des § 142 Abs. 1 S. 1 ZPO muss sich eine der Parteien auf die Urkunden oder die sonstigen Unterlagen bezogen haben. Unter Geltung des § 142 Abs. 1 S. 1 ZPO a.F.[98] wurde diese Voraussetzung im Hinblick auf die frühere Regelung des § 272b Abs. 2 Nr. 1 ZPO a.F. und die Neuregelung im Rahmen der Novellierung der ZPO von 1976[99] überwiegend als fortgefallen betrachtet.[100] Argumentiert wurde insoweit, dass sich der Gesetzgeber zugunsten der Beschleunigung des Verfahrens dafür entschieden habe, dass das Gericht den Parteien zur Vorbereitung jedes Termins die Vorlegung von Urkunden aufgeben kann, ohne dass sich die Partei darauf bezogen haben muss.[101] Diese Entscheidung müsse auch im Rahmen des § 142 Abs. 1 S. 1 ZPO Beachtung finden. Die Tatsache, dass der Gesetzgeber das Erfordernis der Bezugnah-

---

[97] Baumbach/Lauterbach-Hartmann § 143 Rn. 1; Thomas/Putzo-Reichold § 143 Rn. 1.

[98] Hier musste sich nach dem Wortlaut der Vorschrift diejenige Partei auf die Urkunde bezogen haben, die zur Vorlegung aufgefordert wurde. Nach § 142 Abs. 1 S. 1 ZPO n.F. ist nunmehr ausreichend, dass eine der Parteien sich auf die Urkunde bezogen hat.

[99] Gesetz zur Vereinfachung und Beschleunigung gerichtlicher Verfahren vom 03.12.1976, BGBl. I, 3281.

[100] BAG DB 1976, 1020; Stein/Jonas-Leipold § 142 Rn. 2; Thomas/Putzo-Reichold, 22. Auflage 1999, § 142 Rn. 1; Prütting NJW 1980, 361, 363; Schneider MDR 1992, 20; Schreiber S. 77 f.; a.A. Baumbach/Lauterbach-Hartmann, 59. Auflage 2001, § 142 Rn. 9.

[101] Thomas/Putzo-Thomas, 22. Auflage 1999, § 273 Rn. 7; Baumbach/Lauterbach-Hartmann, 59. Auflage 2001, § 273 Rn. 18.

me einer Partei auf die beweiserheblichen Unterlagen trotz Reformierung der Vorschrift des § 142 ZPO nicht gestrichen hat, lässt jedoch darauf schließen, dass hierauf gerade nicht verzichtet werden kann.[102] Zu beachten ist in diesem Zusammenhang, dass es auch im Rahmen der Beweisanordnung nach § 142 Abs. 1 ZPO allein die Parteien sind, welche die streitrelevanten Tatsachen in den Prozess einbringen. Das Gericht kann nicht von sich aus neuen Streitstoff in das Verfahren einführen. Zwar wird in der Literatur[103] unter Hinweis auf § 273 Abs. 2 Nr. 1 ZPO vereinzelt die Gegenansicht vertreten; dieser Ansicht kann jedoch nicht gefolgt werden.[104] Denn sie übersieht, dass das Gericht nur über beweisbedürftige Tatsachen Beweis erheben darf, also nur über solche Tatsachen, die von einer Partei vorgetragen und von der gegnerischen Partei bestritten worden sind. Im übrigen besteht weitgehende Einigkeit, dass die Vorlegungsanordnung nicht in die Ausforschung eines weitergehenden, von keiner der Parteien auch nicht stillschweigend vorgetragenen Sachverhaltes ausufern darf.[105]

(2). Besitz einer Partei oder eines Dritten

Für eine Vorlegungsanordnung nach § 142 Abs. 1 S. 1 ZPO müssen sich die vorzulegenden Urkunden oder sonstigen Unterlagen darüber hinaus im Besitz einer der Parteien oder eines Dritten befinden. Maßgeblich ist dabei der Zeitpunkt der Anordnung, also ihrer Verkündung oder gesetzmäßigen Mitteilung an den Betroffenen.[106]

(a). Die Verpflichtung einer Partei

Befinden sich die vorzulegenden Urkunden bzw. die sonstigen Unterlagen im Besitz einer Partei, kann diese Adressat einer Vorlegungsanordnung sein. Die Umsetzung einer solchen Vorlegungsanordnung durch die verpflichtete Partei kann jedoch im Ergebnis nicht erzwungen werden, da hierfür die erforderlichen Zwangsmittel fehlen. Dem Gericht verbleibt jedoch in diesem Fall die Möglichkeit, die Nichtbefolgung der Vorlegungsanordnung gemäß § 286 ZPO frei zu würdigen und seine Schlüsse hieraus zu ziehen.[107]

(b). Die Verpflichtung eines Dritten

Auch gegen am Prozess unbeteiligte Dritte kann nunmehr gemäß § 142 Abs. 1 S. 1 ZPO eine Vorlegungsanordnung ergehen. Die Verweisung auf die Vorschriften der §§ 386 bis 390 ZPO ermöglicht die Verhängung entsprechender Ordnungsmittel bei unberechtigter Nichtbefolgung der gerichtlichen Anordnung. Nicht zur Vorlegung verpflichtet sind Dritte nach § 142 Abs. 2 S. 1 ZPO nur, soweit ihnen diese nicht zumutbar ist oder sie zur Zeugnisverweigerung berechtigt sind.

---

[102] So wohl nun auch Zöller-Greger § 142 Rn. 2; Thomas/Putzo-Reichold § 142 Rn. 1.
[103] Bomsdorf, Prozessmaximen und Rechtswirklichkeit, S. 254.
[104] Ebenso Zöller-Greger § 142 Rn. 1; Stein/Jonas-Leipold § 142 Rn. 1; MünchKomm-Schreiber, ZPO, § 422 Rn. 1; Prütting NJW 1980, 361, 363.
[105] BAG DB 1976, 1020; Stein/Jonas-Leipold § 142 Rn. 3; Zöller-Greger § 142 Rn. 1; Baumbach/Lauterbach-Hartmann § 142 Rn. 2; Prütting NJW 1980, 361, 363.
[106] Vgl. Baumbach/Lauterbach-Hartmann § 142 Rn. 6.
[107] Zöller-Greger § 142 Rn. 4.

Die Voraussetzung der Zumutbarkeit beinhaltet den Verhältnismäßigkeitsgrundsatz, welcher im Rahmen der Inanspruchnahme von nicht in das Prozessrechtsverhältnis einbezogenen Dritten besondere Beachtung verdient. Die Unzumutbarkeit der Inanspruchnahme eines Dritten wird insbesondere dann anzunehmen sein, wenn die Bedeutung der vorzulegenden Urkunden in keinem Verhältnis zu dem persönlichen Aufwand stünde, den der Dritte im Rahmen der Erfüllung seiner Vorlegungsverpflichtung erbringen müsste.[108] Fraglich ist, ob der Voraussetzung der Zumutbarkeit im Sinne des § 142 Abs. 2 S. 1 ZPO eine über das Verhältnismäßigkeitsprinzip hinaus gehende Bedeutung zukommt. So könnte angedacht werden, dass die Inanspruchnahme eines am Prozess unbeteiligten Dritten dann unzumutbar sein könnte, wenn nicht auch ein materiellrechtlicher Anspruch der beweisbelasteten Partei gegen den Dritten bestünde. Dies widerspräche jedoch der Intention des Gesetzgebers, nach welcher der Beweisführer den Urkundenbeweis aus Gründen der Prozessökonomie künftig unabhängig vom Bestehen eines materiellrechtlichen Anspruchs durch einen Antrag auf Anordnung der Urkundenvorlegung antreten kann.[109] § 142 Abs. 1 S. 1 ZPO soll insoweit erstmals eine gesetzliche prozessuale Vorlegungspflicht für Dritte statuieren.[110] Eine über das Verhältnismäßigkeitsprinzip hinaus gehende Einschränkung der Vorlegungspflicht des § 142 Abs. 1 S. 1 ZPO durch die Voraussetzung der Zumutbarkeit im Sinne des § 142 Abs. 2 S. 1 ZPO ist daher nicht anzunehmen.

Hinsichtlich der möglichen Zeugnisverweigerungsrechte verweist § 142 Abs. 2 S. 1 ZPO auf die §§ 383 - 385 ZPO. Gemäß § 383 Abs. 1 ZPO sind demnach zur Verweigerung der Vorlegung von Urkunden und sonstigen Unterlagen aus persönlichen Gründen berechtigt:

- der Verlobte einer Partei[111],
- der Ehegatte einer Partei, auch wenn die Ehe nicht mehr besteht[112],
- diejenigen, die mit einer Partei in gerader Linie verwandt oder verschwägert, in der Seitenlinie bis zum dritten Grad verwandt oder bis zum zweiten Grad verschwägert sind oder waren[113],
- Geistliche in Ansehung desjenigen, was ihnen bei der Ausübung der Seelsorge anvertraut ist[114],
- Personen, die bei der Vorbereitung, Herstellung oder Verbreitung von periodischen Druckwerken oder Rundfunksendungen berufsmäßig mitwirken oder mitgewirkt haben, über die Person des Verfassers, Einsenders oder Gewährmanns von Beiträgen und Unterlagen sowie über die ihnen im Hinblick auf ihre Tätigkeit gemachten Mitteilungen, soweit es sich um Beiträge, Unterlagen und Mitteilungen für den redaktionellen Teil handelt, und

---

[108] Vgl. auch Thomas/Putzo-Reichold § 143 Rn. 2.
[109] BT-Drucks. 14/4722 S. 92; hierzu auch Münch, DStR 2002, 85, 94.
[110] BT-Drucks. 14/4722 S. 77 f.
[111] Beachte die Ausnahmen des § 385 Abs. 1 ZPO.
[112] Beachte die Ausnahmen des § 385 Abs. 1 ZPO.
[113] Beachte die Ausnahmen des § 385 Abs. 1 ZPO.
[114] Beachte die Ausnahme des § 385 Abs. 2 ZPO.

- Personen, denen kraft Amtes, Standes oder Gewerbes Tatsachen anvertraut sind, deren Geheimhaltung durch ihre Natur oder durch gesetzliche Vorschriften geboten ist, in betreff der Tatsachen, auf welche die Verpflichtung zur Verschwiegenheit sich bezieht[115].

Aus sachlichen Gründen kann die Vorlegung der Urkunden oder sonstigen Unterlagen nach § 384 ZPO verweigert werden

- über Beweisthemen, deren Beantwortung dem Vorlegungspflichtigen oder einem seiner Angehörigen einen unmittelbaren, vermögensrechtlichen Schaden verursachen würde[116],
- über Beweisthemen, deren Beantwortung dem Vorlegungspflichtigen oder einem seiner Angehörigen zur Unehre gereichen oder die Gefahr zuziehen würde, wegen einer Straftat oder einer Ordnungswidrigkeit verfolgt zu werden, und
- über Beweisthemen, die der Vorlegungspflichtige nicht würde beantworten können, ohne ein Kunst- oder Gewerbegeheimnis zu offenbaren.

Das Verfahren hinsichtlich der Erklärung der Zeugnisverweigerung und eines möglichen Zwischenstreits über die erklärte Zeugnisverweigerung ist in den §§ 386 - 390 ZPO näher geregelt, die nach der ausdrücklichen Verweisung des § 142 Abs. 2 S. 2 ZPO ebenfalls Anwendung finden.

(3). Ermessen des Gerichts

Letztlich steht die Vorlegungsanordnung im pflichtgemäßen Ermessen des Gerichts. Auch in diese Ermessensentscheidung hat einzufließen, dass es in Zivilverfahren unter Geltung des Beibringungsgrundsatzes[117] nicht zu einer Ausforschung kommt, da es grundsätzlich den Parteien überlassen ist, ob und in welchem Umfang sie die ihnen zur Verfügung stehenden Beweismittel in den Zivilprozess einführen.[118] So sind bei der Ermessensausübung die berechtigten Belange des Geheimnis- und Persönlichkeitsschutzes zu berücksichtigen.[119]

In der Praxis ist festzustellen, dass die Gerichte sich mit der Möglichkeit der Vorlegungsanordnung von Amts wegen insbesondere in Anwaltsprozessen sehr zurückhaltend verhalten, was wiederum auf die erhöhte Arbeitsbelastung der Gerichte zurückzuführen sein dürfte. Im Ergebnis lässt sich daher sagen, dass auch § 142 Abs. 1 ZPO der beweisbelasteten Partei im Zivilprozess regelmäßig keine Möglichkeit verschafft, die von ihr behaupteten Tatsachen zu beweisen. Noch viel weniger bietet § 142 Abs. 1 ZPO die auf den ersten Blick offenbar bestehende Möglichkeit, eine Ausforschung des Sachverhaltes zu betreiben. Das Gericht wird bereits bei dem bloßen Verdacht einer geplanten Ausforschung von einer Anordnung nach § 142 Abs. 1 ZPO Abstand nehmen.

---

[115] Beachte die Ausnahme des § 385 Abs. 2 ZPO.

[116] Beachte die Ausnahmen des § 385 Abs. 1 ZPO.

[117] Hierzu eingehend Baumbach/Lauterbach-Hartmann Grundzüge vor § 128 Rn. 20 ff.; zur Terminologie vgl. Prütting NJW 1980, 361, 362 f.

[118] So auch Zöller-Greger § 142 Rn. 1.

[119] Vgl. BT-Drucks. 14/6036 S. 120.

cc. Anordnung der Vorlegung von Handelsbüchern

Im Handelsrecht besteht darüber hinaus die Möglichkeit der Anordnung der Vorlegung der Handelsbücher einer Partei und des Tagebuchs des Handelsmaklers von Amts wegen, vgl. die §§ 102, 258, 260 HGB. Diese Vorschriften können auch dann angewandt werden, wenn es sich in dem betreffenden Zivilverfahren nicht um eine Handelssache handelt.[120]

Hier hat der Gesetzgeber bereits frühzeitig auf die Anforderungen des modernen Wirtschaftsverkehrs reagiert. So finden die vorgenannten Vorschriften auch für auf Datenträgern geführte bzw. aufbewahrte Handelsbücher Anwendung, vgl. die §§ 239 Abs. 4, 257 Abs. 3 HGB. Zudem ist mit der Vorlagepflicht gleichzeitig die Verpflichtung verbunden, die zum Lesen der Daten erforderlichen Hilfsmittel zur Verfügung zu stellen bzw. die notwendigen Ausdrucke herzustellen, vgl. § 261 HGB.

Zu beachten ist aber auch hier, dass die Anordnung der Vorlegung voraussetzt, dass zwischen den Parteien bestimmte Streitpunkte im Hinblick auf die in den Handelsbüchern enthaltenen Informationen bestehen, vgl. § 259 HGB. Eine Vorlegungsanordnung, die ausschließlich der Information des Beweisführers dient, darf aus diesem Grunde nicht erfolgen.[121] Auch hier baut die von Amts wegen mögliche Anordnung des Gerichts folglich auf dem von den Parteien in den Prozess eingeführten Streitstoff auf. Eine selbsttätige Einführung neuer Tatsachen durch das Gericht ist auch hier nicht möglich.

c. Die Urkundenvorlegung nach den §§ 420 ff. ZPO

Kommt demnach eine Vorlegungsanordnung des Gerichts von Amts wegen nicht in Betracht, richtet sich der durch die beweisbelastete Partei zu stellende Antrag auf Vorlegung von Urkunden nach den Regelungen der §§ 420 ff. ZPO. Die Beweisführung bestimmt sich dann danach, ob sich die Urkunde in den Händen des Beweisführers, seines prozessualen Gegners, eines Dritten oder einer Behörde befindet.

aa. Die Vorlegung durch den Beweisführer

Befindet sich die Urkunde in den Händen des Beweisführers, das heißt übt dieser die tatsächliche Verfügungsgewalt[122] über die Urkunde aus, so kann der Beweis gemäß § 420 ZPO durch die Vorlegung der Urkunde angetreten werden. Der schriftsätzliche oder mündliche Hinweis auf den Inhalt der Urkunde genügt ebenso wenig wie die bloße Ankündigung der Vorlegung.[123] Das bloße Erbieten zur Vorlegung unter Bezeichnung der Urkunde genügt gemäß § 434 ZPO nur, wenn die Urkunde wegen erheblicher Hindernisse nicht vorgelegt werden kann oder wenn es bedenklich erscheint, sie wegen ihrer Wichtigkeit und der Besorgnis ihres Verlustes oder ihrer Beschädigung vorzulegen. In diesem Fall kann das Prozessgericht anordnen, dass die Urkunde vor einem seiner Mitglieder oder vor einem anderen Gericht vorgelegt wird. Vorzulegen ist

---

[120] So schon RGZ 69, 20, 21 f.

[121] RG JW 1900, 273, 274; RG JW 1902, 545.

[122] MünchKomm-Schreiber, ZPO, § 420 Rn. 2; Schreiber S. 123 ff.

[123] BGH NJW-RR 1993, 691; Zöller-Geimer § 420 Rn. 1.

dabei grundsätzlich die Urschrift[124], nicht bloß eine einfache oder beglaubigte Reproduktion der Urkunde.[125] Allerdings kann die Vorlegung einer Reproduktion ausreichen, wenn der Gegner des Beweisführers die Echtheit der Urkunde und die Übereinstimmung von Reproduktion und Urschrift nicht bestreitet.[126] Die Vorlegung muss hierbei spätestens bis zum Schluss der mündlichen Verhandlung erfolgt sein.[127] Im Ergebnis stellt sich die Urkundenvorlegung im Fall des § 420 ZPO, in dem der Beweisführer die Urkunde in seiner eigenen Verfügungsgewalt hat, regelmäßig unproblematisch dar. Denn die beweisbelastete Partei wird, um sich nicht dem Risiko des Prozessverlustes auf Grund Beweisfälligkeit auszusetzen, in ihrem eigenen Interesse dem Gericht die Urkunde vorlegen.

bb. Die Vorlegung durch den Gegner

Problematischer gestaltet sich der Fall, dass die vorzulegende Urkunde sich in den Händen der nicht beweisbelasteten Partei befindet. Belegt die Urkunde die von der beweisbelasteten Partei vorgetragenen Tatsachenbehauptungen, wird deren Gegner in der Regel kein Interesse daran haben, den Vortrag der beweisbelasteten Partei durch Preisgabe der in der Urkunde enthaltenen Informationen zu stützen und gegebenenfalls zu beweisen. In diesem Fall gelten für die Beweisführung die Vorschriften der §§ 421-427 ZPO. Der Beweisantrag muss gemäß § 421 ZPO dahin lauten, dass dem Gegner die Vorlegung der Urkunde aufgegeben wird. Der notwendige[128] Inhalt des Beweisantrages ist in § 424 ZPO festgelegt, wonach dieser folgende Angaben zu enthalten hat:

- die Bezeichnung der Urkunde,
- die Bezeichnung der Tatsachen, die durch die Urkunde bewiesen werden sollen,
- die möglichst vollständige Bezeichnung des Inhalts der Urkunde,
- die Angabe der Umstände, auf welche die Behauptung sich stützt, dass die Urkunde sich im Besitz des Gegners befindet, und
- die Bezeichnung des Grundes, der die Verpflichtung zur Vorlegung der Urkunde ergibt, wobei der Grund glaubhaft zu machen ist.

Ein pauschaler Antrag auf Vorlegung von ganzen Akten oder einer umfassenden Dokumentensammlung ist demnach unzulässig.[129] Auch hier ist das grundsätzlich bestehende Verbot des Ausforschungsbeweises zu beachten.[130]

---

[124] BGH WM 1993, 1801, 1803; BGH NJW 1992, 829, 830; BGH VersR 1993, 1911; BGH DB 1986, 798; BGH NJW 1980, 1047, 1048; OLG Düsseldorf NJW-RR 1995, 737, 737 f.

[125] BGH NJW 1992, 829, 830; BGH DB 1986, 798; Stein/Jonas-Leipold § 420 Rn. 4; Braeuer FamRZ 1986, 426, 427.

[126] OLG Köln DB 1983, 104, 105; MünchKomm-Schreiber, ZPO, § 420 Rn. 3; Baumbach/Lauterbach-Hartmann § 420 Rn. 3.

[127] BGH NJW 1986, 429; Baumbach/Lauterbach-Hartmann § 420 Rn. 4.

[128] § 424 ZPO ist trotz seines Wortlautes eine Mussvorschrift. Die Sollfassung besagt nur, dass die Erfordernisse spätestens in der mündlichen Verhandlung vorliegen müssen, vgl. nur Baumbach/ Lauterbach-Hartmann § 424 Rn. 3.

[129] Stürner/Brand Jura 1983, 422, 427; Lang S. 46.

[130] Stein/Jonas-Leipold § 422 Rn. 5 mit Verweis auf BGH LM § 810 BGB Nr. 3 und Nr. 5; OLG Köln JMBlNRW 1966, 266; OLG Hamm NJW-RR 1987, 1395; LG Berlin WuM 1986, 184.

Die nachfolgend dargestellten möglichen Gründe für eine Verpflichtung des prozessualen Gegners zur Vorlegung einer bestimmten Urkunde sind in den §§ 422 f. ZPO festgelegt.

(1). Die Vorlegungspflicht bei Bezugnahme

Gemäß § 423 ZPO ist der Gegner der beweisbelasteten Partei zur Vorlegung der in seinen Händen befindlichen Urkunde verpflichtet, wenn er auf diese im Prozess zur Beweisführung Bezug genommen hat, selbst wenn es nur in einem vorbereitenden Schriftsatz geschehen ist. § 423 ZPO begründet damit einen selbstständigen prozessualen Anspruch auf Vorlegung einer Urkunde.[131] Voraussetzung hierfür ist aber schon nach dem Wortlaut der Vorschrift, dass der Gegner sich tatsächlich zum Zwecke der Beweisführung auf die Urkunde berufen hat. Mit anderen Worten muss der Gegner auf die Urkunde hinweisen und dieser Hinweis von dem Willen getragen sein, die Urkunde zu Beweiszwecken zu benutzen.[132] Eine bloße Bezugnahme auf den Inhalt der Urkunde zwecks Erläuterung oder Ergänzung des Tatsachenvorbringens genügt hingegen nicht.[133] Selbst der Verzicht des Gegners auf die Verwertung der einmal von ihm gemäß § 131 ZPO in Bezug genommenen Urkunde beseitigt die prozessuale Vorlegungspflicht nicht mehr.[134] Auch unterliegt die Vorlegungspflicht keinen Grenzen im Hinblick auf ein mögliches Geheimhaltungsinteresse des Gegners, da dieser durch die Bezugnahme sein Geheimhaltungsinteresse dem Interesse an einer materiell richtigen Entscheidung untergeordnet hat[135] und anderenfalls ein widersprüchliches Verhalten vorläge. In der Praxis wird die Vorschrift des § 423 ZPO der beweisbelasteten Partei aber dann nicht helfen, wenn der prozessuale Gegner ihr die Möglichkeit der Nutzung der Urkunde vorenthalten möchte. Denn wenn der Inhalt der Urkunde für die beweisbelastete Partei günstig ist, wird der Gegner es regelmäßig unterlassen, auf die Urkunde als Beweismittel Bezug zu nehmen. Aus diesem Grunde handelt es sich bei der Regelung des § 423 ZPO im Ergebnis um ein schwaches Mittel der beweisbelasteten Partei, um die Vorlegungspflicht ihres Gegners zu begründen. In aller Regel scheidet die Vorschrift des § 423 ZPO als Grund für die Vorlegungspflicht des Gegners aus.

(2). Die Vorlegungspflicht nach bürgerlichem Recht

Daher kommt es letztlich entscheidend auf den Vorlegungsgrund des § 422 ZPO an. Hiernach ist der Gegner zur Vorlegung einer Urkunde verpflichtet, wenn der Beweisführer nach den Vorschriften des bürgerlichen Rechts die Herausgabe oder die Vorlegung der Urkunde verlangen kann. Dabei handelt es sich in allen Fällen um eine prozessuale Last mit den in § 427 ZPO geregelten Folgen. Hiernach kann eine vom Beweisführer beigebrachte Abschrift der Urkunde als richtig angesehen werden, wenn der

---

[131] MünchKomm-Schreiber, ZPO, § 423 Rn. 1; Zöller-Geimer § 423 Rn. 1; Baumbach/Lauterbach-Hartmann § 423 Rn. 1; Thomas/Putzo-Thomas § 423 Rn. 1.

[132] RGZ 35, 105, 109; RGZ 69, 401, 405 f.; Stein/Jonas-Leipold § 423 Rn. 1; Baumbach/Lauterbach-Hartmann § 423 Rn. 1; Zöller-Geimer § 423 Rn. 1; Schreiber S. 97 ff.

[133] RGZ 69, 401, 405; Zöller-Geimer § 423 Rn. 1; Thomas/Putzo-Thomas § 423 Rn. 1.

[134] Stein/Jonas-Leipold § 423 Rn. 1; Zöller-Geimer § 423 Rn. 1.

[135] So auch MünchKomm-Schreiber, ZPO, § 423 Rn. 2.

Gegner der Anordnung der Urkundenvorlegung nicht nachkommt oder das Gericht zu der Überzeugung kommt, dass er nicht sorgfältig genug nach dem Verbleib der Urkunde geforscht hat. Ist eine Abschrift der Urkunde nicht beigebracht, so können die Behauptungen des Beweisführers über die Beschaffenheit und den Inhalt der Urkunde als bewiesen angenommen werden. Entsprechendes gilt unter dem Gesichtspunkt der Beweisvereitelung, wenn die Urkunde vom Gegner beseitigt oder unbrauchbar gemacht worden ist, um dem Beweisführer ihre Nutzung zu entziehen.[136]
Unbeschadet der Möglichkeit, den materiellrechtlichen Anspruch selbstständig einzuklagen[137], ist jedoch selbst die prozessuale Anordnung des Gerichts zur Vorlegung der Urkunde nicht vollstreckbar.[138] Auch mit Hilfe des selbstständigen Beweisverfahrens nach den §§ 485 ff. ZPO lässt sich die Vorlage einer Urkunde nicht erzwingen, da diese Regelungen explizit auf den Augenscheins-, Zeugen- und Sachverständigenbeweis beschränkt sind.[139] Möglich ist allenfalls die Erwirkung einer einstweiligen Verfügung unter den Voraussetzungen der §§ 935 ff. ZPO.[140] Dies ergibt sich bereits aus den Gesetzesmaterialien.[141] Hierfür muss der Antragsteller sowohl einen Verfügungsanspruch als auch einen Verfügungsgrund glaubhaft machen.[142] Jedoch darf auch die einstweilige Verfügung auf Grund ihrer Bestimmung zur Gewährung nur vorläufigen Rechtsschutzes grundsätzlich nicht zur Befriedigung des glaubhaft gemachten Anspruchs führen, sondern lediglich zu dessen Sicherung.[143] Hieraus ergibt sich, dass im Rahmen der einstweiligen Verfügung lediglich die Einsichtnahme durch einen vom Gericht bestellten, zur Verschwiegenheit verpflichteten Sachkundigen bzw. die Hinterlegung der Urkunde bei Gericht angeordnet werden darf.[144] Die Ergebnisse stehen dem Antragsteller dann erst nach erfolgreicher Beendigung des Hauptverfahrens zur Verfügung. Folglich kann eine kurzfristige Durchsetzung des Herausgabe- oder Vorlegungsanspruchs auch im Wege der einstweiligen Verfügung nicht erwirkt werden.

(a). Überblick über Herausgabe- und Vorlegungsansprüche

Als materiellrechtliche Ansprüche auf Herausgabe von Urkunden kommen z.B. in Betracht:

- § 371 BGB auf Rückgabe eines Schuldscheins,

---

[136] Allgemeiner Rechtsgedanke des § 444 ZPO; vgl. hierzu Schilken Rn. 507.
[137] Zur Geltendmachung im Rahmen einer selbstständigen Klage vgl. Staudinger-Marburger Vorbem. zu §§ 809 ff. Rn. 8; Schilken Jura 1988, 525, 530; Schilken Rn. 547.
[138] Geimer Rn. 2520; Schack, Int. Zivilverfahrensrecht, Rn. 740.
[139] Vgl. auch Stein/Jonas-Schumann Vor § 371 Rn. 28; Staudinger-Marburger Vorbem. zu §§ 809 ff. Rn. 8; Wieczorek § 371 C IV; Tief S. 45.
[140] Staudinger-Marburger Vorbem. zu §§ 809 ff. Rn. 8; Stein/Jonas-Schumann Vor § 371 Rn. 31; Wieczorek § 371 c IV.
[141] Vgl. Prot. 8484 = Mugdan Mot. II, 1219.
[142] Näher Bork NJW 1997, 1665, 1671 zu § 809 BGB.
[143] Vgl. nur Stein/Jonas-Grunsky Vorbem. zu § 935 Rn. 31; Thomas/Putzo-Reichold § 938 Rn. 3; Zöller-Vollkommer § 938 Rn. 3 f.
[144] OLG München CR 1987, 761, 762 zur Einsichtnahme in Datenträger; ebenso Leppin GRUR 1984, 552, 560; Bork NJW 1997, 1665, 1671.

- § 402 BGB auf Herausgabe der zum Beweis der Forderung dienenden Urkunden bei der Forderungszession,
- § 985 BGB auf Herausgabe des Eigentums vom unberechtigten Besitzer,
- § 1144 BGB auf Aushändigung von Urkunden, die zur Berichtigung des Grundbuchs oder zur Löschung einer Hypothek erforderlich sind,
- § 836 Abs. 3 ZPO auf Herausgabe von Urkunden, die zur Geltendmachung einer gepfändeten Forderung notwendig sind, und
- Art. 50 WG auf Aushändigung der Wechselpapiere.

Darüber hinaus kann sich ein materiellrechtlicher Anspruch auf Vorlegung einer Urkunde z.B. aus den folgenden Vorschriften ergeben:

- § 716 Abs. 1 BGB auf Einsichtnahme in die Geschäftsbücher durch einen Gesellschafter,
- § 809 BGB auf Besichtigung einer Sache wegen eines Anspruchs in Ansehung der Sache,
- § 810 BGB auf Einsicht in Urkunden,
- § 118 Abs. 1, 157 Abs. 3 HGB auf Einsichtnahme in Handelsbücher und Papiere der Gesellschaft durch einen Gesellschafter und dessen Erben,
- § 166 Abs. 1, 233 Abs. 1 HGB auf Einsichtnahme in die abschriftliche Mitteilung des Jahresabschlusses durch den Kommanditisten bzw. stillen Gesellschafter,
- § 111 Abs. 2 AktG auf Einsichtnahme in die Bücher der Aktiengesellschaft durch den Aufsichtsrat,
- § 175 Abs. 2 AktG auf Einsichtnahme in den Jahresabschluss durch die Aktionäre, und
- § 51a GmbHG auf Einsichtnahme in die Geschäftsbücher durch den Gesellschafter der GmbH.

(b). Der Vorlegungsanspruch nach § 810 BGB

Als wichtigste Vorschrift in diesem Zusammenhang ist die allgemeine, auf den Zweck oder den Inhalt der Urkunde abstellende Vorlegungspflicht des § 810 BGB anzusehen. Hiernach kann derjenige, der ein rechtliches Interesse daran hat, eine in fremdem Besitze befindliche Urkunde einzusehen, von dem Besitzer die Gestattung der Einsichtnahme verlangen, wenn die Urkunde in seinem Interesse errichtet wurde oder in der Urkunde ein zwischen ihm und einem anderen bestehendes Rechtsverhältnis bekundet ist oder wenn die Urkunde Verhandlungen über ein Rechtsgeschäft betrifft, die zwischen ihm und einem anderen oder einem von beiden und einem gemeinschaftlichen Vertreter gepflogen worden sind.

(aa). Voraussetzungen des Anspruchs

Hinsichtlich des Begriffs der Urkunde im Sinne des § 810 BGB wird allgemein auf die zivilprozessuale Definition der Urkunde zurückgegriffen.[145] Als weitere Voraussetzungen

---

[145] Wohl allg. Meinung; RGRK-Steffen § 810 Rn. 3; MünchKomm-Hüffer, BGB, § 810 Rn. 3; Erman-Heckelmann § 810 Rn. 2.

zung des Anspruchs aus § 810 BGB ist ein rechtliches Interesse an der Einsichtnahme erforderlich. Dieses ist gegeben, wenn der Anspruchsteller die Kenntnis der Urkunde für die Erhaltung, Förderung oder Verteidigung seiner rechtlich geschützten Sphäre benötigt.[146] In Betracht kommen sowohl vermögensrechtliche als auch familienrechtliche oder öffentlichrechtliche Interessen. Kein rechtliches Interesse an der Einsichtnahme hat derjenige, der die Urkundeneinsicht verlangt, um hierdurch Anhaltspunkte für eine spätere Rechtsverfolgung zu gewinnen.[147]
Darüber hinaus muss der Anspruchsteller eine der drei Alternativen des § 810 BGB erfüllen:

- Die Errichtung im Interesse des Anspruchstellers im Sinne der Alt. 1 ist anzunehmen, wenn die Urkunde zumindest auch dazu bestimmt ist, ihm als Beweismittel zu dienen oder wenigstens seine rechtliche Beziehung zu sichern, zu klären oder sonst in irgendeiner Weise auf sie fördernd einzuwirken.[148]
- Nach Alt. 2 ist ein Einsichtsrecht gegeben, wenn in der Urkunde ein zwischen dem Anspruchsteller und einem anderen bestehendes Rechtsverhältnis beurkundet ist. Hier muss sich aus dem Inhalt der Urkunde eine Tatsache ergeben, die für ein Rechtsverhältnis erheblich ist, an dem der Anspruchsteller beteiligt ist.[149]
- In der dritten Alternative des § 810 BGB hat der Anspruchsteller ein Einsichtsrecht, wenn die Urkunde Verhandlungen über ein Rechtsgeschäft enthält, die zwischen dem Anspruchsteller und einem anderen oder einem von beiden und einem gemeinschaftlichen Vermittler geführt worden sind. Hierunter fällt insbesondere die vorvertragliche Korrespondenz, auch wenn die Verhandlungen nicht zu einem Vertragsschluss geführt haben.[150] Nicht umfasst sind hingegen Aufzeichnungen und Notizen, die sich ein Beteiligter für seine privaten Zwecke oder zur Vorbereitung des Verhandlungsprotokolls gemacht hat.[151]

(bb). Begrenzung des Anspruchs

Begrenzt wird der Vorlegungsanspruch durch die schützenswerten Interessen des Anspruchsgegners an der Geheimhaltung der Urkunde. Insoweit erscheint es sachgerecht, auf den Grundsatz von Treu und Glauben nach § 242 BGB abzustellen.[152] Ausgeschlossen kann die Einsichtnahme in Urkunden demnach sein, wenn der Anspruchs-

---

[146] BGH LM § 810 Nr. 5; BGH NJW 1981, 1733; OLG Düsseldorf NJW-RR 1996, 1464, 1466; Soergel-Mühl § 810 Rn. 2; RGRK-Steffen § 810 Rn. 6.

[147] BGHZ 109, 260, 267; BGHZ 93, 191, 205 ff.; BGH LM § 810 Nr. 3 und 5; BGH NJW-RR 1992, 1072, 1073; AG Nürnberg NJW-RR 1991, 1523, 1523 f.; AG Charlottenburg NJW 1997, 1450; Palandt-Thomas § 810 Rn. 2; MünchKomm-Hüffer, BGB, § 810 Rn. 11; Grimme JA 1985, 320, 321 f.

[148] BGH LM § 810 Nr. 2 und 6; BGH WM 1971, 565, 566; BGH WM 1987, 323, 324; OLG Düsseldorf NJW-RR 1996, 1464, 1466; RGRK-Steffen § 810 Rn. 9; Soergel-Mühl § 810 Rn. 6; Palandt-Thomas § 810 Rn. 3.

[149] BGH LM § 810 Nr. 3; BGH BB 1966, 99, 99 f.; Soergel-Mühl § 810 Rn. 7; Staudinger-Marburger § 810 Rn. 14; RGRK-Steffen § 810 Rn. 10; Palandt-Thomas § 810 Rn. 6.

[150] OLG Celle BB 1973, 1192, 1193; Palandt-Thomas § 810 Rn. 9; Staudinger-Marburger § 810 Rn. 15.

[151] KG NJW 1989, 532, 532 f.; Palandt-Thomas § 810 Rn. 8.

[152] Ebenso Erman-Heckelmann § 810 Rn. 3; Staudinger-Marburger Verbem. zu §§ 809 ff. Rn. 5 f.

gegner sich oder einen nahen Angehörigen hierdurch der Gefahr einer strafrechtlichen Verfolgung aussetzen würde, ein Geschäftsgeheimnis offenbart würde[153], oder die Einsichtnahme einen Einblick in die Intimsphäre[154] des Anspruchsgegners gewähren würde. Im Ergebnis handelt es sich hierbei um eine Einzelfallentscheidung des Gerichts, welches alle konkret gegebenen Umstände zu würdigen hat.[155]

(cc). Analoge Anwendung

In der Literatur[156] wird teilweise vertreten, § 810 BGB sei auf elektronische Daten analog anwendbar. Zur Begründung wird angeführt, dass man im Rechtsleben in immer weiterem Umfang dazu übergehe, Erklärungen mittels elektronischer Geräte aufzuzeichnen und solche Aufzeichnungen zum Beweis rechtserheblicher Tatsachen zu verwenden. Dabei sei das Interesse an der Einsicht unabhängig davon, ob eine Erklärung technisch aufgezeichnet oder schriftlich abgefasst sei. Der Ausuferung der Vorlagepflicht sei durch die Voraussetzungen des rechtlichen Interesses und der Beteiligung des Anspruchstellers an dem Rechtsverhältnis vorgebeugt.[157] Dem wird von der Gegenansicht[158] lapidar entgegen gehalten, bei elektronischen Daten bzw. Datenträgern handele es sich nicht um Urkunden, so dass § 810 BGB grundsätzlich nicht anwendbar sei. Der BGH hat die Entscheidung der analogen Anwendung des § 810 BGB bislang offen gelassen.[159]

Die Gründe für die Erforderlichkeit der stärkeren rechtlichen Akzeptanz elektronischer Daten wurden bereits ausführlich dargelegt. Insoweit stimme ich mit dem Ausgangspunkt überein, der die Überlegung einer analogen Anwendung des § 810 BGB auf elektronische Daten rechtfertigt. Hierfür dürfte auch sprechen, dass der Gesetzgeber elektronische Dokumente im Rahmen des Gesetzes zur Anpassung der Formvorschriften des Privatrechts und anderer Vorschriften an den modernen Rechtsgeschäftsverkehr weitestgehend der Urkunde angenähert hat. An die Regelung der diesbezüglichen Vorlegungs- und Herausgabeansprüche wurde hierbei jedoch nicht gedacht. Dennoch zeigt die Anpassung der Vorschriften das vom Gesetzgeber anerkannte Bedürfnis, elektronische Dokumente wie sonstige Schriftstücke im Rechtsverkehr zu behandeln. Dies gilt umso mehr, als die Vorlegung elek-tronischer Dokumente im Zivilverfahren nach den §§ 371 S. 2, 422 ZPO an einen materiellen Anspruch nach bürgerlichem Recht geknüpft wird. Im Rahmen dieser Gleichstellung elektronischer Dokumente mit sonstigen Urkunden wird auch die Vergleichbarkeit der Interessenlage der Beteiligten im Rechtsverkehr deutlich, die eine Unterscheidung nahezu willkürlich erscheinen ließe. Tatsächlich ist das Informationsinteresse der Parteien unabhängig davon, ob die

[153] Hierzu Stürner/Stadler JZ 1985, 1101, 1104.

[154] Hierzu vgl. BVerfGE 80, 367, 373 f.; BVerfG NJW 1981, 1360, 1366; BVerfG NJW 1973, 1226, 1226 f.; BVerfG NJW 1970, 555, 555 f.

[155] BGH WM 1963, 991, 992 f.; OLG München GRUR 1987, 33; RGRK-Steffen § 810 Rn. 7; Bork NJW 1997, 1664, 1669 f.

[156] Staudinger-Marburger § 810 Rn. 8; Palandt-Thomas § 810 Rn. 1.

[157] Staudinger-Marburger § 810 Rn. 8.

[158] MünchKomm-Hüffer, BGB, § 810 Rn. 3.

[159] Vgl. BGHZ 127, 107, 110.

begehrte Information auf einem Datenträger gespeichert oder auf einer Urkunde festgehalten ist. Im Ergebnis ist § 810 BGB daher auf elektronische Dokumente analog anzuwenden.

(dd). Effektivität des Anspruchs

Allen Alternativen des § 810 BGB ist gemeinsam, dass die Urkunde in Beziehung zu einem Rechtsverhältnis stehen muss, an dem der Anspruchsteller beteiligt ist.[160] Trotz der allgemein gehaltenen Voraussetzungen des § 810 BGB handelt es sich nicht um eine allgemeine, der Zeugenpflicht vergleichbaren Verpflichtung zur Vorlegung von Urkunden. § 810 BGB gewährt lediglich zum Zwecke persönlicher Information innerhalb gewisser Schranken und im Interesse einer erleichterten Rechtsverwirklichung einen Anspruch auf Vorlegung, Besichtigung oder Einsicht.[161] So handelt es sich bei den drei Alternativen des § 810 BGB nicht um beispielhafte Aufzählungen; die Vorlegungspflicht ist vielmehr auf die drei alternativ genannten Fälle beschränkt.[162] Bedenkt man zudem, dass die Vorschrift durch den vorgenannten Grundsatz von Treu und Glauben begrenzt wird, ist offenkundig, dass trotz der allgemein gehaltenen Voraussetzungen des § 810 BGB eine Vielzahl von Fällen nicht unter den Anwendungsbereich der Vorschrift fallen. So wurde es beispielsweise von der Rechtsprechung lange Zeit abgelehnt, dem Patienten nach § 810 BGB Einblick in seine Krankenunterlagen zu gewähren.[163] Zurecht hat der BGH mittlerweile eine Dokumentationspflicht des Arztes angenommen und infolge dessen das grundsätzliche Recht des Patienten auf Einsichtnahme seiner Krankenunterlagen bejaht.[164] Hingegen hat der Pfändungsgläubiger, dem eine Forderung zur Einziehung überwiesen wurde, keinen Anspruch gegen den Drittschuldner aus § 810 BGB auf Vorlegung von Urkunden über das zugrunde liegende Rechtsverhältnis, da er nach dem Inhalt der Urkunde nicht an ihr beteiligt ist.[165] In neuerer Rechtsprechung und Literatur wird zudem die Problematik des Einsichtsrechts des Ratenkreditnehmers in bei seiner Bank befindliche Vertragsunterlagen wegen des Verlustes seiner eigenen Vertragsurkunde umstritten diskutiert.[166] Auch wenn diese Einzelfälle hier nicht ausführlich erörtert werden sollen, so zeigen sie doch beispiel-

---

[160] RGZ 87, 10, 15; RGRK-Steffen § 810 Rn. 8; Staudinger-Marburger § 810 Rn. 12.

[161] So explizit Staudinger-Marburger Vorbem. zu §§ 809 ff. Rn. 1.

[162] Prot II, 774 f.; vgl. auch Staudinger-Marburger § 810 Rn. 12; Palandt-Thomas § 810 Rn. 1.

[163] So noch BGH VersR 1963, 168; BGH NJW 1963, 389, 389 f.; OLG Stuttgart NJW 1958, 2118, 2119 f.; OLG Celle NJW 1978, 1200.

[164] Grundlegend BGHZ 72, 132, 137 f.; dem folgend OLG Bremen NJW 1980, 644; KG NJW 1981, 2521; OLG Köln NJW 1982, 704; LG Köln NJW-RR 1994, 1539, 1539 f.; LG Saarbrücken MedR 1996, 323, 324; AG Essen NJW-RR 1998, 262, 262; AG Hagen NJW-RR 1998, 262, 263; zustimmend Stürner NJW 1979, 1225 ff.; Ahrens NJW 1979, 602 ff.; Wasserburg NJW 1980, 617, 620 ff.; Hohloch NJW 1982, 2577, 2582; Fuchs ArztR 1996, 319, 322; Schaaff S. 139 ff. mit Darstellung der Entwicklung der Rechtsprechung; vgl. aktuell auch Gehrlein NJW 2001, 2773 f. zu dem Anspruch des Patienten auf Ablichtungen seiner Krankenunterlagen; hierzu auch LG Dortmund NJW 2001, 2806.

[165] OLG Karlsruhe OLGE 14, 185, 185 f.; zustimmend Soergel-Mühl § 810 Rn. 16.

[166] Vgl. hierzu BGH NJW-RR 1992, 1072, 1073 f., der eine Verpflichtung der Bank aus § 810 BGB ablehnt, eine solche aber aus § 242 BGB herleitet; OLG Hamm NJW-RR 1987, 1395; teilweise a.A. Derleder/Wosnitza ZIP 1990, 901 ff.; eingehend auch Derleder FuR 1995, 301, 302.

haft, dass auch die allgemein gehaltene Vorschrift des § 810 BGB in einer Vielzahl von Fällen nicht auf die konkret zur Entscheidung stehende Lebenssituation zugeschnitten ist und aus diesem Grunde nicht in der Lage ist, bestehende Lücken im Gesetz zu schließen.

(c). Der Vorlegungsanspruch aus Treu und Glauben

Die bestehenden Lücken im Gesetz hat auch die Rechtsprechung erkannt und daher im Einzelfall einen Vorlegungsanspruch aus Treu und Glauben gemäß § 242 BGB hergeleitet.[167] Dieser setzt voraus, dass

- der Berechtigte nach dem Wesen des zwischen den Parteien bestehenden Rechtsverhältnisses entschuldbar im Ungewissen über Bestand und Umfang seines Rechts ist[168],
- der Verpflichtete unschwer zur Vorlegung der Urkunde in der Lage ist[169],
- diese Vorlegung eine Rechtsverfolgung ihm gegenüber erst ermöglicht oder erheblich erleichtert[170], und
- die bloße Erteilung einer Auskunft ohne Vorlegung der Urkunde allein nicht geeignet ist, dem Berechtigten die erforderliche Klarheit zu verschaffen.[171]

Ausgangspunkt des Vorlegungsanspruchs aus § 242 BGB ist, dass die Auskunft für eine Rechtsverfolgung des Anspruchstellers notwendig ist. Damit das Gericht überprüfen kann, ob dies der Fall ist, müssen erhebliche Anhaltspunkte für das Bestehen eines Anspruchs des Berechtigten vorgetragen werden.[172] Ist hingegen ersichtlich, dass durch die Auskunft erst in Erfahrung gebracht werden soll, ob überhaupt irgendwelche Ansprüche begründet sind, ist dies unter dem Gesichtspunkt der Ausforschung unzulässig.[173]

Als weitere wichtige Einschränkung kann ein Anspruch aus § 242 BGB nur dann gegeben sein, wenn zwischen den Parteien eine materiellrechtliche Sonderverbindung besteht.[174] Bei der erforderlichen Sonderverbindung kann es sich um einen Vertrag[175],

---

[167] Grundlegend RGZ 108, 1, 7; dem folgend der BGH in ständiger Rechtsprechung, vgl. nur BGH WM 1983, 605, 605 f.; § 810 BGB hat keinen abschließenden Charakter, so dass eine Vorlegungspflicht aus § 242 BGB möglich ist; vgl. nur MünchKomm-Hüffer, BGB, § 810 Rn. 2; vgl. auch Tief S. 49 f.

[168] Hierzu BGH LM § 242 (Be) Nr. 25; BGH WM 1971, 1196, 1196 f.; OLG Karlsruhe NJW-RR 1996, 1058, 1059.

[169] Hierzu BGHZ 95, 281, 293; BGHZ 81, 21, 25; BGH NJW 1979, 2351, 2352 f.

[170] BGH NJW 1976, 193, 194.

[171] BGH NJW 1995, 386, 387; BGH DB 1971, 1416, 1416 f.; BGH FamRZ 1980, 37, 38; BGHZ 14, 53, 56; RGZ 108, 1, 7; OLG Düsseldorf NJW-RR 1996, 1464, 1466, das zusätzlich ein explizites rechtliches Interesse an der Einsichtnahme verlangt; MünchKomm-Hüffer, BGB, § 810 Rn. 2; Schaaff S. 142.

[172] Schaaff S. 134.

[173] Ebenso Stürner JZ 1976, 320, 321.

[174] BGHZ 95, 279, 288; BGH NJW 1978, 1002, 1002 f.; BGH NJW-RR 1989, 450; Palandt-Heinrichs § 261 Rn. 9.

[175] BGH LM § 242 (Be) Nr. 5.

ein Abwicklungsverhältnis nach Rücktritt vom Vertrag[176], ein gesetzliches Schuldverhältnis aus unerlaubter Handlung oder dem Sachenrecht[177], oder ein Schuldverhältnis aus dem Familien-[178] oder Erbrecht[179] handeln.
Der BGH tituliert den Anspruch aus § 242 BGB teilweise als „allgemeinen Informationsanspruch".[180] Dies darf aber nicht darüber hinwegtäuschen, dass ein Informationsanspruch nur unter den genannten, engen Voraussetzungen besteht.[181] Die Tatsache, dass jemand Informationen besitzt, die für einen anderen bedeutsam sind, begründet grundsätzlich keine Auskunftspflicht.[182] Außerhalb eines materiellrechtlichen Sonderverhältnisses besteht daher keine Möglichkeit zur Informationserlangung aus § 242 BGB. Schon hierdurch fallen viele Sachverhalte aus dem Anwendungsbereich der Vorschrift heraus. Hinzu kommt das Erfordernis eines substantiierten Vortrages, um dem Vorwurf der Ausforschung zu entgegnen. Im Ergebnis setzt die Rechtsprechung dem Anspruchsteller daher auch im Rahmen des § 242 BGB enge Grenzen für die Verwirklichung seines Vorlegungsverlangens.

(d). Der weitergehende prozessrechtliche Vorlegungsanspruch
Stürner[183] und ihm folgend Gottwald[184] haben sich über die materiellrechtlichen Vorlegungspflichten hinaus für eine allgemeine prozessuale Aufklärungspflicht der Parteien des Zivilprozesses ausgesprochen.
Stürner hat sich hierbei zur Begründung auf eine Analogie zu den §§ 138 Abs. 1 und 2, 372a, 422 f., 445 ff. ZPO bezogen.[185] Die hierfür erforderliche planwidrige Regelungslücke folgert Stürner im Wesentlichen aus Art. 2 Abs. 1 GG und dem Rechtsstaatsprinzip. Diese machen seiner Ansicht nach ein auf Wahrheitsfindung angelegtes Rechtsschutzverfahren erforderlich. Ein solches sei aber nur dann gewährleistet, wenn im Wesentlichen alle Aufklärungsmittel einschließlich derjenigen der Gegenpartei herangezogen würden.[186] Diese Pflicht soll alle möglichen und zumutbaren Aufklärungsbeiträge der nicht beweisbelasteten Partei umfassen, so zum Beispiel die Urkundenvorlegung, Auskünfte und Besichtigungen von Augenscheinsgegenständen. Bei Verletzung der Aufklärungspflicht ist nach der Konzeption Stürners von einer widerlegbaren Fiktion der streitigen Tatsache auszugehen.
Die Ansicht Stürners ist zurecht auf allgemeine Ablehnung gestoßen.[187] Als Argumente gegen eine prozessuale Aufklärungspflicht wurden insbesondere der Grundsatz des

---

[176] BayObLGZ 94, 21.
[177] BGHZ 95, 285, 288; BGH NJW-RR 1986, 876; BGH NJW 1962, 731.
[178] BGHZ 82, 132, 137.
[179] BGHZ 61, 180, 184.
[180] Vgl. nur BGH NJW-RR 1987, 173 m.w.N.
[181] So auch Lang S. 55.
[182] BGH NJW 1980, 2463, 2463 f.
[183] Stürner S. 62 ff.; Stürner ZZP 98 (1985), 237 ff.; Stürner ZZP 104 (1991), 208 ff.
[184] Gottwald, Gutachten zum 61. Dt. Juristentag 1996 in Karlsruhe, A 15 ff.; hierzu Lang S. 97 f.
[185] Stürner S. 9 ff.
[186] Stürner S. 43.
[187] Vgl. nur Arens ZZP 96 (1983), 1 ff.; Prütting, Gegenwartsprobleme der Beweislast, S. 137 ff. mit weiteren Nachweisen.

nemo tenetur edere contra se und die Tatsache angebracht, dass hierdurch die Befugnisse des Gerichts auf Kosten der Parteien erweitert würden.[188] Darüber hinaus wird zutreffend festgestellt, dass § 422 BGB den Grundsatz des Verweises auf das materielle Recht statuiert und die Ausnahmevorschriften der §§ 423, 372a, 656 ZPO nicht analogiefähig sind.[189] Schließlich wäre die prozessuale Möglichkeit der Stufenklage des § 254 ZPO bei Annahme einer prozessualen Aufklärungspflicht schlichtweg überflüssig. Gerade in dieser Gesamtsicht der Vorschriften der ZPO zeigt sich, dass der Gesetzgeber seinen ihm von Verfassungs wegen übertragenen Ermessensspielraum ausgeübt und auf eine umfassende prozessuale Aufklärungspflicht verzichtet hat. Im Ergebnis existiert eine allgemeine Editionspflicht im deutschen Zivilprozessrecht daher nicht.[190]

Dies hat auch Gottwald[191] erkannt, der jedoch den Gedanken der prozessualen Aufklärungspflicht aufgegriffen und im Rahmen des 61. Deutschen Juristentages 1996 in Karlsruhe den Vorschlag gemacht hat, eben eine solche allgemeine prozessuale Aufklärungspflicht einzuführen, um die erste Instanz durch raschere und bessere Sachverhaltsaufklärung zu stärken.[192] In bezug auf die Urkundenvorlegung möchte er den Beweisgegner verpflichten, jede für die Entscheidung des Rechtsstreits relevante Urkunde vorzulegen, die er in seinem Besitz hat oder die er sich ohne weiteres beschaffen kann.[193] Der Vorschlag Gottwalds stieß jedoch bereits im Rahmen des Juristentages auf Ablehnung und wurde erwartungsgemäß nicht umgesetzt.[194]

cc. Die Vorlegung durch Dritte

Befindet sich die vorzulegende Urkunde nach der Behauptung des Beweisführers im Besitz eines Dritten, so wird der Beweis gemäß § 428 ZPO durch den Antrag angetreten, zur Herbeischaffung der Urkunde eine Frist zu bestimmen oder eine Anordnung nach § 142 ZPO zu erlassen. Die Bestimmung einer Vorlegungsfrist nach den §§ 428, 431 ZPO soll dem Beweisführer die erforderliche Zeit für die Durchführung einer Klage gegen den Dritten geben. Die Anordnung der Vorlegung einer Urkunde gemäß § 142 ZPO erfolgt demgegenüber innerhalb des rechtshängigen Verfahrens und liegt wie bereits dargelegt[195] im Ermessen des Gerichts. Ein Anspruch des Beweisführers auf eine Anordnung nach § 142 ZPO besteht demgemäß nicht. Im Falle eines Beweisantritts gemäß § 428 ZPO hat das Gericht lediglich die Möglichkeit, sich zwischen der Bestimmung einer Frist zur Durchführung einer Klage gegen den Dritten und einer

[188] Arens, ZZP 96 (1983), 1, 4 f.
[189] Prütting S. 138.
[190] BGH NJW 1978, 1002, 1002 f.; RGZ 102, 235, 236; Tief S. 47; Lorenz NJW 1994, 173, 173 f.; Eschenfelder S. 116 ff.
[191] Gottwald BB 1979, 1780 ff.
[192] Gottwald, Gutachten zum 61. Deutschen Juristentag 1996 in Karlsruhe, A 15 ff.
[193] Gottwald, Gutachten zum 61. Deutschen Juristentag 1996 in Karlsruhe, A 19.
[194] Kritik an dem Vorschlag Gottwalds wird beispielsweise geübt von Vorwerk MDR 1996, 870, 870 f.; eine prozessuale Auskunftspflicht wurde aber im Rahmen des Gesetzes zur Vereinheitlichung des Unterhaltsrechts minderjähriger Kinder mit § 643 ZPO eingeführt, der auf gesetzlicher Unterhaltspflicht beruhende Unterhaltsverfahren betrifft, vgl. hierzu Weber, NJW 1998, 1992, 2000.
[195] Siehe oben 2. Kapitel 1. Teil III 1 b bb (3).

Anordnung nach § 142 ZPO zu entscheiden. Dies stellt auch der neu eingefügte § 429 S. 2 ZPO klar, der die Anordnung nach § 142 ZPO als ausdrückliche Alternative zur selbstständigen materiellrechtlichen Klage bezeichnet.
Auch in diesem Zusammenhang bleibt zu betonen, dass die deutschen Gerichte bereits bislang sehr zurückhaltend mit der Anordnung der Urkundenvorlegung umgegangen sind, obwohl diese bis zum 31.12.2001 nach § 142 Abs. 1 S. 1 ZPO a.F. nur gegenüber den Parteien des Rechtsstreits ergehen konnte. Ob sich diese Praxis mit Einführung des § 142 Abs. 1 S. 1 ZPO n.F. ändern wird, bleibt abzuwarten. Die bisherige Ansicht in Literatur und Rechtsprechung ging dahin, dass prozessuale Anordnungen oder Sanktionen gegen einen Dritten mangels Einbindung in das Prozessrechtsverhältnis grundsätzlich nicht in Frage kommen.[196] Diese überkommene Rechtsansicht wird wohl dazu führen, dass die Gerichte die nunmehr möglichen Anordnungen gegenüber Dritten äußerst restriktiv handhaben werden, zumal hierdurch die eigene Arbeitsbelastung des Gerichts weiter gesteigert würde. Eine solche Steigerung der Arbeitsbelastung kommt insbesondere dann in Betracht, wenn der betroffene Dritte eines der umfassenden Weigerungsrechte des § 142 Abs. 2 i.V.m. §§ 383 ff. ZPO geltend macht oder die Geltendmachung eines Weigerungsrechts zumindest wahrscheinlich ist.
Daher kann ein Dritter auch nach der Reform der ZPO regelmäßig nur im Rahmen einer selbstständigen Klage im Sinne von § 429 ZPO zur Vorlegung einer Urkunde gezwungen werden, was wiederum das Bestehen eines materiellrechtlichen Anspruchs voraussetzt. Insoweit kann vollumfänglich auf die vorstehenden Ausführungen verwiesen werden.[197] Ergänzend soll lediglich angemerkt werden, dass in der Rechtsprechung ausnahmsweise auch ein Anspruch aus § 242 BGB angenommen wurde, wenn die geforderte Information nicht der Ermöglichung eines Anspruchs gegen den Informationsschuldner, sondern der Rechtsverfolgung eines Dritten dienen soll.[198] Relevant wird ein derartiger Anspruch insbesondere dann, wenn es zunächst darum geht, den richtigen Klagegegner festzustellen. So wurde beispielsweise ein Hausverwalter gegenüber dem Mieter verpflichtet, den Namen und die Anschrift des Vermieters bekannt zu geben.[199] Zu beachten ist aber auch hier, dass kein von einer materiellrechtlichen Sonderverbindung losgelöster Anspruch besteht. Vielmehr setzt der Vorlegungsanspruch nach § 242 BGB ein Rechtsverhältnis zwischen Anspruchsteller und Anspruchsgegner voraus. Der materiellrechtlich unbeteiligte Dritte wird grundsätzlich keinem Vorlegungsanspruch ausgesetzt.
Nichts anderes ergibt sich unter dem Gesichtspunkt der allgemeinen Zeugnispflicht. Der Zeuge ist nach deutschem Zivilprozessrecht grundsätzlich nur zur Aussage verpflichtet, nicht hingegen zur Mitführung und Vorlegung von Urkunden oder sonstigen Augenscheinsgegenständen.[200] Zwar kann einem Zeugen nach Maßgabe des § 378 ZPO aufgegeben werden, Aufzeichnungen und Unterlagen mitzubringen, doch dienen

---

[196] Vgl. nur Schilken Jura 1988, 525, 532; ders. Rn. 548.
[197] Vgl. oben 2. Kapitel 1. Teil III 1 c bb (2).
[198] Überblick bei Palandt-Heinrichs § 261 Rn. 14; vgl. auch Lang S. 71 ff.
[199] AG Köln, NJW-RR 1989, 269; AG Hamburg NJW-RR 1989, 666.
[200] Schlosser NJW 1992, 3275, 3277; Stürner JZ 1976, 320, 322; Lang S. 74; Baumbach/Lauterbach-Hartmann § 378 Rn. 6.

diese nur seiner eigenen Aussage. Es erwächst daraus keine Verpflichtung, diese Unterlagen dem Gericht oder einer der Parteien vorzulegen. Dies wird durch § 378 Abs. 1 S. 2 ZPO herausgestellt.[201]

dd. Die Vorlegung durch Behörden

Eine entsprechende Anwendung der §§ 428 bis 431 ZPO über die Vorlegungspflicht Dritter bestimmt § 432 Abs. 3 ZPO für den Fall, dass sich die Urkunde in den Händen einer öffentlichen Behörde oder eines öffentlichen Beamten befindet. Allerdings ist die Behörde oder der Beamte zunächst gemäß § 432 Abs. 1 ZPO seitens des Prozessgerichts um Vorlegung der Urkunde zu ersuchen.

Dabei geht § 432 ZPO grundsätzlich davon aus, dass sich die Urkunde bereits im Besitz der Behörde befindet. Die Vorschrift ist jedoch nach ihrem Sinn und Zweck entsprechend anwendbar, wenn es sich um eine erst zu schaffende Urkunde handelt.[202]

2. Das Dokument als Augenscheinsbeweis

Gemäß § 371 Abs. 1 S. 1 ZPO wird der Beweis durch Augenschein grundsätzlich durch die Bezeichnung des Gegenstandes des Augenscheins und durch die Angabe der zu beweisenden Tatsachen angetreten. Ist ein elektronisches Dokument Gegenstand des Beweises, wird der Beweis durch Vorlegung oder Übermittlung der Datei angetreten, vgl. § 371 Abs. 1 S. 2 ZPO.

Bei dem Beweis durch Augenschein ist im Gegensatz zu dem Beweis durch Urkunden auch eine Beweisaufnahme im vorprozessualen Stadium möglich. Gemäß § 485 ZPO steht das selbstständige Beweisverfahren für den Augenscheinsbeweis zur Verfügung. Nach dessen Sinn und Zweck soll ein Prozess möglichst vermieden werden, arg. ex § 485 Abs. 2 S. 2 ZPO.

a. Der Gegenstand des Augenscheins

Unter den Beweis durch Augenschein nach den §§ 371 ff. ZPO fällt jede unmittelbare Sinneswahrnehmung über die Beschaffenheit von Personen und Gegenständen oder über Vorgänge.[203] Der Augenschein umfasst damit nicht nur die Sinneswahrnehmung durch die Augen, sondern jegliche Sinneswahrnehmung wie die des Gehörs, des Gefühls, des Geschmacks oder des Geruchs.

Die Abgrenzung zum Urkundenbeweis liegt in der gegenständlichen Wahrnehmung einer Person oder Sache im Gegensatz zur Wiedergabe eines Gedankeninhalts. Der Urkundenbeweis beinhaltet dabei bereits einen Augenschein an der vorgelegten Urkunde hinsichtlich ihrer gegenständlichen Existenz unabhängig von ihrem gedanklichen Inhalt.[204] Dokumente wie Tonträger[205] oder Fotographien können auf Grund des engen Urkundenbegriffs des deutschen Zivilprozessrechts nur im Wege des Augen-

---

[201] Zum Hintergrund des § 378 Abs. 1 S. 2 ZPO siehe Begründung BT-Drucks. 11/3621, S. 39.

[202] Vgl. nur Stein/Jonas-Leipold § 432 Rn. 9.

[203] MünchKomm-Damrau, ZPO, § 371 Rn. 2; Thomas/Putzo-Thomas Vorbem. zu § 371 Rn. 1; Baumbach/Lauterbach-Hartmann Übers. zu § 371 Rn. 2.

[204] Zöller-Greger § 371 Rn. 2.

[205] Hierzu eingehend MünchKomm-Damrau, ZPO, § 371 Rn. 4.

scheins als Beweismittel herangezogen werden. Gleiches gilt für elektronische Dokumente, denen der Gesetzgeber im Rahmen des „Gesetzes zur Anpassung der Formvorschriften des Privatrechts und anderer Vorschriften an den modernen Rechtsgeschäftsverkehr“[206] die Anerkennung als Urkunde im Sinne der ZPO versagt hat.

b. Die Pflicht zur Duldung des Augenscheins

Befindet sich das Beweismittel im Besitz des Beweisführers, gestaltet sich die Beweisaufnahme in der Regel unproblematisch. Dieser kann den Beweis durch Vorlegung des Beweismittels bzw. durch Duldung der Augenscheinnahme durch das Gericht antreten. Verweigert der Beweisführer die Inaugenscheinnahme, hat dies Beweisfälligkeit zur Folge, weil das Beweismittel nicht verfügbar ist.[207]

Befindet sich das Beweismittel nach der Behauptung des Beweisführers nicht in seinem Besitz, so wird der Beweis außerdem durch den Antrag angetreten, zur Herbeischaffung des Gegenstandes eine Frist zu setzen oder eine Anordnung nach § 144 ZPO zu erlassen. Im Falle des Antrages, zur Herbeischaffung des Gegenstandes eines Frist zu setzen, gelten gemäß § 371 Abs. 2 S. 2 ZPO die §§ 422 bis 432 ZPO entsprechend. Der Beweisführer ist in diesem Fall regelmäßig auf eine selbstständige materiellrechtliche Klage angewiesen. Im einzelnen kann diesbezüglich auf die Ausführungen zum Urkundsbeweis verwiesen werden.[208]

Über die Alternative des Erlasses einer Anordnung nach § 144 ZPO entscheidet das Gericht in pflichtgemäßem Ermessen. Gemäß § 144 Abs. 1 S. 2 ZPO kann das Gericht zu diesem Zweck die Vorlegung eines im Besitz des Verpflichteten befindlichen Gegenstandes aufgeben und hierfür eine Frist setzen. Darüber hinaus kann gemäß § 144 Abs. 1 S. 3 ZPO auch die Duldung des Augenscheins aufgegeben werden, sofern nicht eine Wohnung betroffen ist. Auch die mit § 144 ZPO gegebene mögliche Vorlegungsanordnung wird in der Praxis jedoch insbesondere in Anwaltsprozessen zurückhaltend gehandhabt, so dass es regelmäßig doch entscheidend darauf ankommt, ob der beweisbelasteten Partei ein materiellrechtlicher Anspruch zusteht.

Am Prozess unbeteiligte Dritte sind ohnehin nicht zur Vorlegung oder Duldung verpflichtet, soweit ihnen diese nicht zumutbar ist oder sie zur Zeugnisverweigerung gemäß den bereits erläuterten[209] §§ 383 - 385 ZPO berechtigt sind. Hier zeigt sich eine weitere Auswirkung der am 1. Januar 2002 in Kraft getretenen Reform der ZPO.[210] Unter Geltung des § 371 ZPO a.F. waren am Prozess unbeteiligte Dritte grundsätzlich nicht zur Mitwirkung durch Duldung der Augenscheinnahme verpflichtet.[211] Auf Grund dessen ist davon auszugehen, dass die deutschen Gerichte gerade im Hinblick auf die Inanspruchnahme von Dritten noch weitergehend restriktiv mit der Möglichkeit

---

206 Vgl. BGBl. I 2001, 1542; vgl. hierzu Hähnchen NJW 2001, 2831 ff.

207 Wieczorek § 371 C II; MünchKomm-Damrau, ZPO, § 371 Rn. 6.

208 Hierzu siehe oben 2. Kapitel 1. Teil III 1 c bb.

209 Siehe oben 2. Kapitel 1. Teil III 1 b bb (2) (b).

210 Gesetz zur Reform des Zivilprozesses (Zivilprozessreformgesetz – ZPO-RG) vom 13. Juli 2001, vgl. BGBl. 2001 I S. 1887 ff.

211 So noch Thomas/Putzo-Thomas, 22. Auflage 1999, Vorbem. zu § 371 Rn. 5; MünchKomm-Damrau, ZPO, § 371 Rn. 10; Ausnahme war auch hier wieder § 372a ZPO.

einer Anordnung nach § 144 ZPO umgehen werden als sie es bislang schon im Hinblick auf Anordnungen getan haben, die lediglich die Parteien des Rechtsstreits betrafen. Darüber hinaus ist die Inaugenscheinnahme mit Ausnahme der Abstammungsuntersuchung gemäß § 372a ZPO nicht erzwingbar. Das Gericht kann bei der Anordnung gegenüber einer Partei lediglich im Rahmen der freien Beweiswürdigung nach § 286 ZPO seine Schlüsse aus der Weigerung der nicht beweisbelasteten Partei ziehen.[212] Bei Nichtbefolgung einer Anordnung durch Dritte kann das Gericht ebenfalls keine zwangsweise Vorlegung erwirken, sondern allenfalls Ordnungsmittel gegen den Dritten verhängen, vgl. § 144 Abs. 2 S. 2 i.V.m. §§ 386 - 390 ZPO.

2. Teil: Die Dokumentenvorlegung in England

I. Das englische Zivilverfahrensrecht

Das englische Zivilverfahren ist in den "Civil Procedure Rules" (CPR) von 1998 geregelt, die am 26. April 1999 in Kraft getreten sind.[213] Die Rechtsgrundlage der CPR wurde durch den Erlass des "Civil Procedure Act" (CPA) 1997 geschaffen. Hierin wurde keine materielle Regelung des Zivilprozessrechts getroffen, sondern lediglich die Rechtsetzungsbefugnis auf das "Civil Procedure Rule Committee" übertragen. Diese Expertenkommission hatte demgemäß die Befugnis, mit den CPR eine Regelung des Zivilverfahrensrechts von Gesetzesrang zu schaffen. Auf das materielle Recht dürfen die Regelungen der CPR jedoch keinen Einfluss haben, da die Rechtsetzungsbefugnis des Civil Procedure Rule Committee insoweit begrenzt ist.[214]

Die CPR untergliedern sich in 51 Abschnitte ("parts"), welche die einzelnen Verfahrensstadien regeln. Neben den Vorschriften der CPR existieren eine Reihe von sogenannten "Practice Directions"[215], die eine Art Auslegungs- oder Interpretationshilfe zu den einzelnen Normen darstellen.[216] Zu beachten ist aber, dass die Practice Directions keinen Gesetzesrang haben und damit für die Gerichte nicht bindend sind.[217] Sie sollen aber für die in ihnen geregelten Einzelfälle richtungsweisend sein.

Zur Überprüfung der nachfolgend geschilderten Zielsetzungen der CPR wurde eine weitere Expertenkommission eingesetzt (sogenannter "Civil Justice Council"). Diese Kommission steht unter der Leitung des Lord Chancellor[218] und setzt sich aus Richtern, Verwaltungsbeamten und Vertretern verschiedener Interessengruppen zusammen.[219]

---

[212] Zöller-Greger § 371 Rn. 5; MünchKomm-Damrau, ZPO, § 371 Rn. 7.

[213] Zur Einführung der Civil Procedure Rules vgl. Chapman Rn. 1.30; einen historischen Überblick seit 1800 vermittelt Jacob S. 193 ff.

[214] Sollte eine rule auf das materielle Recht Einfluss nehmen, ist sie nichtig, vgl. Ward v. James [1966] 1 QB 273, CA.

[215] Vgl. section 9 (2) Civil Procedure Act 1997: "... practice directions means directions as to the practice and procedure of any court within the scope of the Civil Procedure Rules".

[216] Hierzu Stürner, ZVglRWiss 99 (2000), 310, 313.

[217] Re Langton [1960] 1 WLR 246 at 248, CA; O'Hare/Hill Rn. 1.013.

[218] Vgl. section 6 (1) Civil Procedure Act 1997.

[219] Section 6 (2) Civil Procedure Act 1997.

Nach den Worten des Lord Chancellor Lord Irvine of Lairg beinhalten die CPR "a programme of the most fundamental change for the civil justice system since the reforms of Lord Selborne in the 1870s".[220] Sie selbst definieren das Ziel ihrer Einführung darin, dem Gericht eine „gerechte Verfahrensweise" zu ermöglichen.[221] Diese Zielsetzung wird in CPR 1.1 (2) näher konkretisiert. Danach wird unter einer gerechten Verfahrensweise unter Berücksichtigung der Praktikabilität im Einzelfall insbesondere verstanden:

- die Sicherung der verfahrenstechnischen Gleichbehandlung der Parteien,
- die Einsparung von Kosten,
- die Beachtung der Angemessenheit des Verfahrens im Hinblick auf den Streitwert, die Bedeutung des Falls, die Komplexität der Streitfrage sowie die finanzielle Situation beider Parteien[222],
- die Beschleunigung des Verfahrens, und
- die Umsetzung einer geeigneten Verfahrensweise im Hinblick auf die Gesamtbelastung des Gerichts unter Berücksichtigung der Notwendigkeit, Ressourcen für andere Verfahren freizuhalten.

1. Das Active Case Management

Als Schlüssel zur Erreichung der vorgenannten Ziele bestimmt CPR 1.4 (1) das sogenannte "Active Case Management", dessen Maßnahmen in CPR 1.4 (2) beispielhaft aufgezählt sind. Das case management umfasst dabei im Wesentlichen Maßnahmen zur Beschleunigung und zur effizienteren Gestaltung des Verfahrens. Hiervon sind auch Anregungen zur Mediation und zum einvernehmlichen Vergleich der Parteien umfasst. Die Parteien haben das Gericht hierbei zu unterstützen, vgl. CPR 1.3.

Wesentliches Merkmal des case managements ist, dass das Gericht den ihm angetragenen Fall einer von drei zur Verfügung stehenden Gruppen zuordnet:

- dem small claims track,
- dem fast track, oder
- dem multi-track.

Ziel dieser Dreiteilung ist es, die Verhältnismäßigkeit zwischen der Bedeutung der Streitigkeit und dem hierfür betriebenen Aufwand zu wahren.[223] Bei dem small claims track handelt es sich grob betrachtet um Verfahren mit Streitwerten unter £ 5.000.[224] Unter das Verfahren der fast tracks fallen diejenigen Rechtsstreitigkeiten, die nicht von dem small claims track umfasst sind, deren Streitwert unter £ 15.000 liegt, die nach Ansicht des Gerichts innerhalb eines Verhandlungstages abgeschlossen werden können, und bei denen der Sachverständigenbeweis hinreichend beschränkt werden

[220] Vgl. das Vorwort zu den CPR S. 3; vgl. zu den Änderungen im Rahmen der Einführung der CPR auch Matthews/Malek Rn. 1.28; Sobich JZ 1999, 775, 775.

[221] Hierzu näher CPR 1.1 (2); vgl. auch Plant Rn. 1.1; Cox/Moriarty Rn. 1.1.1.

[222] Hierbei handelt es sich letztlich um eine Konkretisierung des allgemeinen Verhältnismäßigkeitsgrundsatzes; vgl. auch Stürner, ZVglRWiss 99 (2000), 310, 315; Arnheim/Stirling/Tromans S. 109.

[223] Stürner ZVglRWiss 99 (2000), 310, 317.

[224] Vgl. die Fallgruppen der CPR 26.6 (3); beachte die besonderen Zuständigkeiten in CPR 26.6 (1) und (2); vgl. auch Sobich JZ 1999, 775, 777; O'Hare/Hill Rn. 9.044.

kann.[225] Das multi-track-Verfahren kommt in allen anderen Fällen zur Anwendung.[226] Die Zuordnung eines Verfahrens zu einem track bestimmt im Weiteren die anzuwendenden Vorschriften insbesondere im Hinblick auf zu beachtende Fristen, Kostenregelungen, und Beschleunigungsmaßnahmen.[227] Hierauf wird im Rahmen der einzelnen Bestimmungen noch näher eingegangen werden.
Zum Zwecke der Zuordnung eines Verfahrens zu einem bestimmten track übersendet das Gericht den Parteien den sogenannten "Allocation Questionnaire", der nach CPR 26.3 (6) innerhalb der von dem Gericht bestimmten Frist ausgefüllt an das Gericht zurückzusenden ist. In diesem allocation questionnaire haben die Parteien nähere Angaben zum Streitwert und der Bedeutung des Verfahrens zu machen. Auf Antrag einer Partei kann das Verfahren in diesem Stadium auch unterbrochen werden, um den Parteien die Möglichkeit einer einvernehmlichen Einigung zu geben.[228] Hat das Gericht eine Zuordnung vorgenommen, informiert es die Parteien gemäß CPR 26.9 hierüber und übersendet jeder Partei gleichzeitig den allocation questionnaire der anderen am Verfahren beteiligten Parteien. Dem Gericht ist es in diesem Zusammenhang auch möglich, das Verfahren zu einem späteren Zeitpunkt einem anderen track zuzuordnen, vgl. CPR 26.10.[229] In diesem Fall finden nach CPR 27.15 ab dem Zeitpunkt der Neuzuordnung durch das Gericht die Vorschriften über den nun bestimmten track Anwendung.

2. Der Anwendungsbereich der CPR

Die CPR finden gemäß CPR 2.1 (1) sowohl auf Verfahren vor den "County Courts" als auch vor dem "High Court" und dem "Court of Appeal (Civil Division)" Anwendung. Ausgenommen sind nach CPR 2.1 (2) lediglich einzelne Bereiche wie das Insolvenzverfahren oder Familienrechtsstreitigkeiten. Auf diesen Gebieten findet das vor dem Inkrafttreten der CPR am 26. April 1999 geltende Recht der "Rules of the Supreme Court" (RSC) von 1965 und der "County Court Rules" (CCR) von 1981 Anwendung. Die Einführung der CPR bedeutet ohnehin keine vollständige Verdrängung der RSC und CCR. Diese sind teilweise weiterhin anwendbar, sofern die CPR keine anderweitige Regelung vorsehen bzw. ausdrücklich auf die RSC oder die CCR verweisen.[230] Dadurch bedingt gestaltet sich der Überblick über eine Regelung teilweise schwierig, da in den CPR nur ein Teil der Thematik abgehandelt wird, während andere Aspekte in den Anwendungsbereich der RSC oder der CCR fallen. Im weiteren wird daher bei den einzelnen Bestimmungen auf die Regelungen der RSC und CCR verwiesen, soweit diese Anwendung finden. In diesem Zusammenhang war es in der Vergangenheit not-

---

[225] Zu den Voraussetzungen im einzelnen vgl. CPR 26.6 (4) und (5); hierzu auch O'Hare/Hill Rn. 9.048.
[226] Grundsatz der CPR 26.6 (6); weitere vom Gericht zu beachtende Umstände für die Einordnung des Streitverfahrens werden in den CPR 26.7 und 26.8 genannt; vgl. auch O'Hare/Hill Rn. 9.049.
[227] Vgl. auch Stürner ZVglRWiss 99 (2000), 310, 317.
[228] Hierzu näher CPR 26.4; siehe auch White Book Rn. 26.3; O'Hare/Hill Rn. 9.037 ff.; Cox/Moriarty Rn. 3.1 ff.
[229] Zum Verfahren vgl. Sime S. 241.
[230] Vgl. CPR 50; hierzu auch Stürner, ZVglRWiss 99 (2000), 310, 312; Sobich JZ 1999, 775, 776.

wendig, die "local practice rules" des örtlich zuständigen Gerichts zu kennen, die das Verfahren neben den sonstigen Regelungen bestimmten.[231] Problematisch war hier vor allem, dass diese rules von Gericht zu Gericht differierten. In den CPR findet sich eine explizite Regelung der Konkurrenz der Vorschriften der CPR zu den local practice rules nicht. Dennoch lässt sich aus dem Sinn und Zweck der CPR entnehmen, dass durch sie sämtliche local practice rules abgelöst werden sollten. Denn nur auf diese Weise kann die gesetzgeberische Intention der Vereinheitlichung und Beschleunigung des Verfahrens verwirklicht werden.[232] In der Praxis ist jedoch bislang keine einheitliche Anwendung festzustellen. Die nachfolgenden Ausführungen beschränken sich aus diesem Grunde auf die Vorschriften der CPR, welche die wesentlichen Regelungen des englischen Zivilverfahrens enthalten.

3. Die Verfahrenseinleitung

Das Verfahren der Klageerhebung ist in den CPR 7 ff. geregelt und soll im Folgenden näher erläutert werden.

a. Die claim form

Die Klageerhebung findet mittels der sogenannten "claim form"[233] statt, einem vorgegebenen und standardisierten Formular. Dieses enthält im Wesentlichen die Angabe des angerufenen Gerichts, Namen und Adressen des Klägers ("claimant") und des Beklagten[234] ("defendant") sowie die grobe Beschreibung des geltend gemachten Anspruchs und dessen Wert.[235] Hierbei muss der geltend gemachte Anspruch seiner Rechtsnatur nach beschrieben und das Rechtsschutzziel des Klägers gemäß CPR 16.2 (1) näher spezifiziert werden.

aa. Die particulars of claim

Dem Kläger ist es weiterhin möglich, bereits im Rahmen der claim form die sogenannten "particulars of claim" anzugeben.[236] Hierbei handelt es sich um die nähere Beschreibung des geltend gemachten Anspruchs.[237] Die particulars müssen konkrete Angaben über die Tatsachen enthalten, auf die sich der Kläger beruft. Daneben müssen gegebenenfalls geltend gemachte Zinsansprüche näher vorgetragen werden.[238] Schließlich muss der Kläger bzw. sein Rechtsanwalt das sogenannte "Statement of Truth" abgeben und unterzeichnen. Dessen vorgegebener Text lautet wie folgt: "[I believe] [The Claimant believes] that the facts stated in these particulars of claim are true".

---

[231] Beispielhaft Langley v. North West Water Authority [1991] 3 All ER 610, CA.

[232] Ähnlich Arnheim/Stirling/Tromans S. 3.

[233] Form N1; vgl. auch White Book Rn. 4PD.3 ff mit einer Übersicht über die vorhandenen forms; zum früheren Sprachgebrauch vgl. White Book Rn. 7.0.2; vgl. auch Cox/Moriarty Rn. 7.2.

[234] Insoweit besteht kein Zwang, vgl. Practice Direction Part 16 2.3.

[235] Zum Inhalt der claim form im einzelnen vgl. Plant Rn. 23.1 ff.; Sobich JZ 1999, 775, 777; Stürner ZVglRWiss 99 (2000), 310, 320.

[236] CPR 7.4 (1); zum früheren Recht unter Geltung der RSC vgl. Lang S. 176 ff.

[237] Hierzu O'Hare/Hill Rn. 9.012 ff.; Plant Rn. 24.3; Cox/Moriarty Rn. 7.4; Chapman Rn. 2.22 f.

[238] Zu den Voraussetzungen näher CPR 16.4 (1) (a)vgl. hierzu White Book Rn. 7.0.8 ff.

Wird die Erklärung durch einen Rechtsanwalt abgegeben, hat dieser zusätzlich zu versichern, dass er zur Unterzeichnung des Statements of Truth berechtigt ist.[239] Fehlt das Statement of Truth, so sind die particulars zwar grundsätzlich weiterhin zu beachten, der Kläger kann sich jedoch nach CPR 22.2 (1) nicht zum Zwecke der Beweisführung auf den darin enthaltenen Vortrag stützen. Dem Gericht ist es jedoch auch möglich, die particulars in diesem Fall als unbeachtlich zu erklären.[240] In den Practice Directions[241] sind darüber hinaus für die Geltendmachung bestimmter Ansprüche Vorgaben gemacht, welchen die particulars entsprechen müssen, so zum Beispiel bei "personal injury claims", "fatal accident claims", "recovery of land" oder "hire purchase claims".[242] Darüber hinaus steht es dem Kläger offen, die particulars um eine Gesetzesangabe zu ergänzen, auf die er sich hinsichtlich seines geltend gemachten Anspruchs beruft. Ebenso kann der Kläger gemäß CPR 11.3 im Rahmen der particulars bereits den Namen von Zeugen angeben, die zu hören er beabsichtigt. Der Kläger kann den particulars auch beliebige für den Fall relevante Dokumente oder Sachverständigengutachten beifügen. Zu beachten ist jedoch, dass es sich hierbei nur um eine Möglichkeit, nicht hingegen um eine Verpflichtung des Klägers handelt.[243]
Der Zweck der particulars ist zweigliedrig: Zum einen soll die Gegenpartei vor Überraschungen in der Hauptverhandlung geschützt werden, zum anderen soll die Partei zur Konkretisierung ihrer Sachverhaltsdarstellung angehalten werden, da für die Hauptverhandlung ("trial") insoweit eine Bindungswirkung eintritt, nach der grundsätzlich nur für die vorgetragenen particulars eine Beweiserhebung möglich ist.[244]

bb. Die Zustellung der claim form

Die claim form übersendet der Kläger mit der Bitte um Bearbeitung an das zuständige Gericht. Dieses hält das Datum der claim form und das Datum des Eingangs bei Gericht fest. Im folgenden wird die claim form an den Beklagten zugestellt. Die Zustellung erfolgt grundsätzlich durch das Gericht, soweit nicht Spezialvorschriften etwas anderes bestimmen oder der Kläger gegenüber dem Gericht die Absicht bekundet, die Zustellung selbst übernehmen zu wollen.[245] Die Zustellung muss grundsätzlich innerhalb von vier Monaten seit dem Eingang der claim form bei Gericht erfolgen. Beabsichtigt der Kläger, die claim form selbst zuzustellen, steht ihm hierfür ein Zeitrahmen von sechs Monaten zur Verfügung. Hat der Kläger sich dafür entschieden, die particulars noch nicht in der claim form anzugeben, so muss er nach CPR 16.2 (2) auf der claim form vermerken, dass die particulars folgen werden. In diesem Fall verbleibt ihm gemäß CPR 7.4 (1) (b) eine Frist von 14 Tagen seit Zustellung, um die particulars bei

---

239 Vgl. auch Practice Direction Part 16 3.4.
240 Hierzu näher CPR 22.2 (2), möglich auf Antrag der Gegenpartei nach CPR 22.2 (3); vgl. zu den Folgen eines fehlerhaften statement of truth auch Plant Rn. 23.15.
241 CPR Part 16 – Statements of Case.
242 Practice Direction CPR Part 16 4 ff.
243 So auch explizit Arnheim/Stirling/Tromans S. 31 f.
244 Ward S. 385.
245 Die Voraussetzungen hierfür bestimmt CPR 6.3 im einzelnen; hierzu vgl. auch O'Hare/Hill Rn. 9.007.

Gericht nachzureichen. Zu beachten ist hierbei, dass die particulars dem Beklagten in jedem Fall innerhalb der Frist für die Zustellung der claim form zugestellt werden müssen.

cc. Die Fristverlängerung

Ist es dem Kläger nicht möglich, die vorgenannten Fristen einzuhalten, kann er das Gericht um eine Fristverlängerung ersuchen, vgl. CPR 7.6. Diese hat grundsätzlich innerhalb der ablaufenden Frist zu erfolgen. Ausnahmsweise kann eine Fristverlängerung auch nach Fristablauf erfolgen, wenn das Gericht

- die claim form nicht an den Beklagten zustellen konnte oder der Kläger die claim form aus nachvollziehbaren Umständen nicht selbst an den Beklagten zustellen konnte und
- der Kläger die Fristverlängerung umgehend beantragt hat.

dd. Die Sammelklage

Im Gegensatz zum US-amerikanischen Recht[246] ist im englischen wie auch im deutschen Zivilprozessrecht keine Möglichkeit der Sammelklage (sogenannte "class actions") vorgesehen.[247] Im Rahmen einer Sammelklage werden die Klagen einer Vielzahl von Klägern gegen einen einzelnen Beklagten zusammengefasst. In den USA kommt diese Form der Klage häufig bei Unfallopfern vor, die beispielsweise eine Fluggesellschaft auf Schadensersatz bzw. Schmerzensgeld verklagen. Gleiches gilt bei Patienten, die an den Folgen der Nebenwirkungen eines Medikamentes leiden und den Hersteller verklagen. Möglich sind nach englischem Recht jedoch die sogenannten "representative proceedings".[248] Hier ruft ein Kläger als Repräsentant aller anderen möglichen Kläger das Gericht an. Nur der Repräsentant ist in diesem Fall Kläger im Sinne des Prozessrechtsverhältnisses. Jedoch werden alle anderen Personen, welche der Kläger repräsentiert, durch die Entscheidung des Gerichts in dem den Repräsentanten betreffenden Urteil gebunden. Sie sind somit "parties without being full parties"[249], also praktisch „Quasi-Parteien".

Möglich sind representative proceedings im Sinne des CPR 19.6 (4) jedoch nur, wenn mehrere Kläger das gleiche Rechtsschutzziel verfolgen. Dies ist dann der Fall, wenn

- sie ein gemeinsames Interesse haben,
- sie einen gemeinsamen Missstand beklagen, und
- die Klage für alle Personen vorteilhaft ist, welche der Kläger repräsentiert.[250]

---

[246] Vgl. die Federal Rules of Civil Procedure 23; hierzu Volken Rn. 209.

[247] Arnheim/Stirling/Tromans S. 22 ff.

[248] CPR 16.4 (4); für Verfahren vor dem High Court vgl. RSC o. 15 r. 12, für Verfahren vor den County Courts vgl. CCR o. 5 r. 5; diese Vorschriften finden noch immer Anwendung.

[249] Vgl. die Erläuterungen von Lord Denning MR in Moon v. Atherton [1972] 2 QB 435; Ventouris v. Mountain [1990] 3 All ER 157; Commissioners of Sewers v. Gellatly [1876] 3 Ch D 610 at 615.

[250] Grundlegend Duke of Bedford v. Ellis [1901] AC 1; Smith v. Cardiff Corporation [1954] 1 QB 210, CA; Prudential Assurance Co. Ltd. v. Newman Industries Ltd. (No. 2) [1982] Ch 204, CA; EMI Records Ltd. v. Kudhail [1983] Com LR 280, CA.

ee. Der response pack

Zusammen mit den particulars muss dem Beklagten ein "response pack" zugestellt werden.[251] Dieser enthält Formulare über die Erklärung der Verteidigungsabsicht, der teilweisen oder vollumfänglichen Anerkennung des Anspruchs, und der Empfangsbestätigung. Die Empfangsbestätigung muss dabei von dem Beklagten selbst oder seinem Rechtsanwalt unterschrieben werden und die Adresse für künftige Zustellungen an den Beklagten enthalten, vgl. CPR 10.5 (1). Die relevanten Formulare des response packs hat der Beklagte innerhalb von 14 Tagen ausgefüllt dem Gericht zukommen zu lassen. Dieses sendet daraufhin eine "Notice that Acknowledgement of Service has been filed"[252] an den Kläger, der gleichzeitig darüber informiert wird, ob der Beklagte sich ganz oder teilweise gegen den klägerischen Anspruch verteidigen möchte und ob er beabsichtigt, die Zuständigkeit des Gerichts anzufechten.

b. Die defence

Innerhalb von 28 Tagen seit Zustellung der particulars hat der Beklagte seine Klageerwiderung ("defence")[253] oder einen Antrag auf Prüfung der Zuständigkeit des angerufenen Gerichts einzureichen, welche das Gericht dem oder den Klägern in Kopie zustellt. Vor Zustellung der particulars ist der Beklagte grundsätzlich nicht verpflichtet, sich im einzelnen gegen die Klage zu verteidigen, vgl. CPR 9.1 (2).
Im Rahmen der Klageerwiderung muss der Beklagte darlegen,

- welche durch den Kläger vorgetragenen Behauptungen er bestreitet,
- welche Behauptungen er als richtig anerkennt, und
- welche Behauptungen er weder als richtig anerkennen noch bestreiten kann, die er aber durch den Kläger bewiesen wissen will.[254]

Bestreitet der Beklagte bestimmte Behauptungen des Klägers, so hat er dieses Bestreiten gemäß CPR 16.5 (2) zu begründen und gegebenenfalls seine eigene, vom klägerischen Vortrag abweichende Schilderung des Sachverhaltes darzulegen. Grundsätzlich kann dem gesamten Verteidigungsvorbringen des Beklagten aber nach CPR 16.5 (3) auch ein konkludentes Bestreiten entnommen werden.
Schließlich hat auch der Beklagte bzw. sein Rechtsanwalt im Rahmen seiner Klageerwiderung ein "statement of truth" abzugeben, das wie folgt lautet: "[I believe] [the defendant believes] that the facts stated in the defence are true."[255] Bleibt der Beklagte jedoch untätig, indem er entweder die Empfangsbestätigung oder seine Klageerwiderung nicht fristgerecht bei Gericht einreicht, kann der Kläger auf Antrag nach CPR 10.2 i.V.m. CPR 12 ein Versäumnisurteil, das sogenannte "default judgment" erlangen.[256] Dieses ist nachträglich nur dann wieder aufzuheben, wenn die Voraussetzungen

---

[251] Vgl. Form N9; vgl. auch White Book Rn. 4PD.3 ff mit einer Übersicht über die vorhandenen forms.
[252] Form N 10; vgl. auch White Book Rn. 4PD.3 ff mit einer Übersicht über die vorhandenen forms.
[253] Zu deren Inhalt im einzelnen vgl. CPR 15; vgl. auch Sobich JZ 1999, 775, 778; O'Hare/Hill Rn. 9.022; White Book Rn. 15.2 ff.
[254] Zu dem erforderlichen Inhalt der Klageerwiderung näher CPR 16.5 (1); vgl. auch Plant Rn. 26.6.
[255] Vgl. Practice Directions Part 16 12.2; vgl. auch White Book Rn. 16.5.9.
[256] Hierzu vgl. auch Sobich JZ 1999, 775, 779; White Book Rn. 12.0.1 ff.; Cox/Moriarty Rn. 12.1 ff.

für den Erlass des default judgments tatsächlich nicht vorlagen. Auf Antrag kann das Gericht das default judgment in Ausübung seines Ermessens aufheben oder abändern, wenn der Beklagte nach Ansicht des Gerichts eine reelle Chance auf Klageabweisung hat oder eine sonstiger guter Grund für die Aufhebung oder Abänderung des default judgment besteht.[257] Gelingt es dem Beklagten nicht, innerhalb der gegebenen Frist von 28 Tagen eine Klageerwiderung anzufertigen, so kann er ebenso wie der Kläger um eine Fristverlängerung ersuchen. Eine solche ist durch einvernehmliche Einigung mit der Gegenpartei oder durch einen Beschluss ("order") des Gerichts für eine weitere Frist von 28 Tagen möglich, vgl. CPR 15.5. In diesem Zusammenhang bleibt es dem Beklagten auch überlassen, ob er gegen den Kläger[258] oder einen Dritten[259] Widerklage, den sogenannten "counterclaim" erhebt. Diese Widerklage kann in der defence enthalten sein. In diesem Fall ist eine Genehmigung des Gerichts nicht erforderlich, wenn die Widerklage sich gegen den Kläger richtet. Möchte der Beklagte die Widerklage hingegen zu einem späteren Zeitpunkt erheben oder gegen einen Dritten richten, bedarf es hierzu der Genehmigung des Gerichts. Die Widerklage wird dabei grundsätzlich den Regelungen der Klage unterstellt.[260]

c. Die reply

Der Klageerwiderung kann der Kläger seinerseits mit einer Replik (sogenannte "reply") entgegnen.[261] Auch die reply ist gemäß CPR 22.1 mit einem "statement of truth" zu versehen. Nach dieser reply ist es dem Beklagten nicht mehr möglich, ohne die ausdrückliche Genehmigung des Gerichts eine Duplik zu verfassen, vgl. CPR 15.9. Im Rahmen der reply hat sich der Kläger mit den von dem Beklagten vorgetragenen Behauptungen auseinanderzusetzen und hierzu seinerseits vorzutragen. Tut er dies nicht, so sind die vom Beklagten vorgetragenen Behauptungen nach CPR 16.7 (2) als wahr zu unterstellen. Verzichtet der Kläger hingegen auf eine reply, so tritt diese Rechtsfolge grundsätzlich nicht ein, vgl. CPR 16.7 (1). Zu beachten ist hier, dass sich die reply grundsätzlich nur auf die bereits in der claim form oder der defence vorgetragenen Tatsachen beziehen darf. Der Vortrag neuer Tatsachen bzw. Ansprüche ohne eine Änderung des Streitgegenstandes ist dem Kläger auch im Rahmen der reply nicht möglich.[262]

d. Änderungen der statements of case

Bei dem Oberbegriff der "statements of case" handelt es sich im Wesentlichen um den früheren Begriff der "pleadings". Nach der Legaldefinition in CPR 2.3 umfassen die statements of case die claim form, die particulars of claim, die defence, den counter-

---

[257] Näher zu den Voraussetzungen CPR 13.3 (1).
[258] CPR 20.4; hierzu vgl. auch O'Hare/Hill Rn. 9.025.
[259] CPR 20.5; hierzu auch Plant Rn. 28.1.
[260] Ausnahmen hierzu vgl. den Zeitrahmen der Zustellung (CPR 7.5-6), die Wertangabe vor dem High Court (CPR 16.3 (5)) und bezüglich des Case Managements (CPR 26); hierzu White Book Rn. 20.2.ff.
[261] Vgl. CPR 15.8 ; so auch schon unter RSC o. 18 rr. 1-3; zu den Voraussetzungen der reply vgl. Plant Rn. 27.1; White Book Rn. 15.8.
[262] Vgl. insoweit klarstellend die Practice Direction 16 12.2.

claim, die reply und jede andere Information, die in bezug hierauf abgegeben wird. Alle statements of case können grundsätzlich nur bis zu ihrer Zustellung an den prozessualen Gegner berichtigt bzw. abgeändert werden.[263] Ist die Zustellung bereits erfolgt, kann eine Berichtigung nach CPR 17.1 nur noch im schriftlichen Einverständnis aller Parteien oder auf Grund einer Genehmigung des Gerichts erfolgen. So kann das Gericht beispielsweise einen Parteiwechsel oder Parteibeitritt zulassen, wenn ihm dies wünschenswert ("desirable") erscheint.[264] Ebenso ist in diesem Zusammenhang die Änderung des Streitgegenstandes grundsätzlich möglich.

e. Ergänzungen der statements of case

Dem Gericht ist es möglich, von den Parteien Ergänzungen im Hinblick auf deren Vortrag zu fordern. So regelt CPR 18.1, dass das Gericht einer Partei zu jeder Zeit aufgeben kann,

- jeglichen Sachvortrag zu verdeutlichen, der sich als zwischen den Parteien streitig darstellt, oder
- zusätzliche Informationen im Hinblick auf einen solchen Sachvortrag zu geben,

und zwar jeweils unabhängig davon, ob der diesbezügliche Sachvortrag in einem statement of case enthalten bzw. darauf Bezug genommen worden ist oder nicht. Die von dieser Aufforderung betroffene Partei hat ihre Ergänzungen dem Gericht und der gegnerischen Partei innerhalb der vom Gericht bestimmten Frist vorzulegen, vgl. CPR 18.1 (3). Das Gericht kann der gegnerischen Partei im Hinblick auf eine mögliche missbräuchliche Verwendung gemäß CPR 18.2 untersagen, die Information für jegliche andere Zwecke als die des vorliegenden Verfahrens zu verwenden. Die Einzelheiten eines Ersuchens einer Partei an das Gericht sind in den Practice Directions Part 18 geregelt. Hiernach muss das Ersuchen einer Partei hinreichend konkrete Angaben enthalten. So muss zum Beispiel ein Dokument genau identifizierbar sein und möglichst der konkrete Absatz bzw. die relevanten Worte des Dokumentes angegeben werden. Nicht möglich ist es dem Gericht somit zum Beispiel, eine unspezifizierte Vorlegung unbestimmter Dokumente von einer Partei zu fordern.[265]

II. Die disclosure and inspection of documents

Nach Abschluss der statements of case kann das Verfahren in das Stadium der "disclosure and inspection of documents" übergehen. Hier legen die Parteien die ihnen zur Verfügung stehenden und für den Rechtsstreit relevanten Dokumente gegenüber ihrem Gegner offen. Dieses Verfahrensstadium ist noch weitläufig unter dem Begriff der „discovery of documents“ bekannt.[266] Über das englische und insbesondere das US-

---

[263] Auch hier ist ein Verbot der Berichtigung der statements of case durch das Gericht möglich, vgl. CPR 17.2 (1); vgl. auch White Book Rn. 17.1 ff.

[264] CPR 19.1-4; vgl. zu dem konkreten Verfahren für den Parteibeitritt auch die Practice Direction Part 19.

[265] Plant Rn. 30.6.

[266] So noch die Bezeichnung in RSC o. 18 rr. 1-3; vgl. auch Matthews/Malek Rn. 1.01; zu den sonstigen Änderungen in der Terminologie im Rahmen der Einführung der CPR vgl. die Gegenüberstellung bei Plant Rn. 100.1.

amerikanische discovery-Verfahren ist auch in Deutschland viel diskutiert worden.[267] Dabei wurde schon bislang vielfach nicht genau genug zwischen der englischen Regelung auf der einen Seite und der US-amerikanischen discovery auf der anderen Seite differenziert. Durch die Einführung der CPR am 26. April 1999 ist das frühere discovery-Verfahren in England umfassend reformiert worden und wird heute als disclosure and inspection of documents bezeichnet.[268] Sinn und Zweck der disclosure and inspection of documents wird darin gesehen, jede Partei über ihre Erfolgsaussichten in dem Rechtsstreit in Kenntnis zu setzen und gleichzeitig Überraschungen in der nachfolgenden Hauptverhandlung ("trial") zu vermeiden.[269] Darüber hinaus soll durch sie die prozessuale Waffengleichheit gewährleistet und die einvernehmliche Einigung der Parteien im Wege des Vergleichs gefördert werden.[270] Sir John Donaldson erklärte den Sinn der disclosure and inspection of documents wie folgt[271]: "In plain language litigation is conducted 'cards face up on the table'. Some people from other lands regard this as incomprehensible. 'Why' they ask 'should I be expected to provide my opponent with the means of defeating me?' The answer, of course, is that litigation is not a war or even a game. It is designed to do real justice between opposing parties and, if the court does not have all the relevant information, it cannot achieve this object."

1. Der Anwendungsbereich der disclosure and inspection of documents

Ob und inwieweit die disclosure and inspection of documents durchgeführt wird, entscheidet sich im Einzelfall. Diese Entscheidung hinsichtlich der disclosure and inspection of documents ist maßgeblich von der vorgeschalteten Einordnung des Verfahrens in einen bestimmten track durch das Gericht abhängig.[272]

a. Small claims track

Im Rahmen des small claims track ist das disclosure-Verfahren grundsätzlich nicht anwendbar.

---

267 Picton Howell RIW 1996, 1011 ff.; Schaaff S. 45 ff.; Lang S. 184 ff.; Kessel ZVglRWiss 92 (1993), 395 ff.; zum US-amerikanischen Recht vgl. Rempp/Lienemeyer, ZVglRWiss 94 (1995), 383 ff.; Beckmann IPRax 1990, 201 ff.; Böhmer NJW 1990, 3049 ff.; Greger ZRP 1988, 164 ff.; Heidenberger RIW 1995, 705 ff.; Junker, Discovery, S. 3 ff.; ders. JZ 1989, 121 ff.; Karger CR 1994, 660 ff.; Eschenfelder S. 15 ff.; Lorenz ZZP 111 (1998), 35 ff.; Lowenfeld IPRax 1984, 51 ff.; McDonald RIW 2000, 212 ff.; Michel JuS 1981, 895 ff.; Morweiser IPRax 1992, 65 ff.; Paulus ZZP 104 (1991), 396 ff.; Pfeiffer GRUR Int, 1999, 598 ff.; Reimann IPRax 1994, 152 ff.; Reitz ZZP 104 (1991), 381 ff.; Reufels RIW 1999, 667 ff.; Rippert RIW 1993, 626 ff.; Röhm/Koch RIW1995, 465 ff.; Roggenbuck IPRax 1997, 76 ff.; Schack, US-Zivilprozessrecht, S. 3 ff.; Stiefel RIW 1979, 509 ff.; Stürner JZ 1987, 988 ff.; ders. ZZP 98 (1985), 237 ff.; Stürner/Brand Jura 1983, 422 ff.; von Hülsen RIW 1982, 225 ff.; Levine S. 8 ff.

268 Die Begriffe der "disclosure" und "inspection" wurden auch schon früher verwendet, vgl. RSC o. 31.3 und 31.5.

269 Kessel ZVglRWiss 92 (1993), 395, 407.

270 Lang S. 184; Schaaff S. 24; Kessel, ZVglRWiss 92 (1993), 395, 408 f.

271 Davies v. Eli Lilly & Co. [1987] 1 All ER 801.

272 Hierzu siehe oben 2. Teil I 1.

CPR 27.2 (1) (b) schließt die Anwendung der Vorschriften des Part 31 über die disclosure and inspection of documents in vollem Umfang aus.[273]

b. Fast track

Hat sich das Gericht nach Anhörung der Parteien für die Zuordnung des Verfahrens zu dem fast track entschieden, hängt die Anwendung der Vorschriften über die disclosure and inspection of documents von der Entscheidung des Gerichts ab. Nach CPR 28.3 (1) (a) unterliegt das disclosure-Verfahren der Leitung des Gerichts. Dieses kann bestimmen,

- dass ein disclosure-Verfahren nicht stattfindet, oder
- die Dokumente oder die Arten der Dokumente spezifizieren, welche die Parteien vorlegen müssen.[274]

Dabei soll das Verfahren nach der Konzeption der CPR möglichst rasch durchgeführt werden. Der übliche Zeitplan für den fast track sieht vor, dass das disclosure-Verfahren vier Wochen nach der Zuordnung des Verfahrens zu dem fast track stattfinden soll, wobei diese Zuordnung innerhalb von neun Wochen nach Eingang der claim form vorzunehmen ist.[275] Die Verhandlung ("trial") ist hierbei für die 39. Woche nach Eingang der claim form vorgesehen.[276]

c. Multi-track

Ist das Verfahren dem multi-track zugeordnet, untersteht die konkrete Ausformung der disclosure ebenso wie im Rahmen des fast tracks der Leitung des Gerichts, vgl. CPR 29.2 (1) (a). Auch hier geht die Reichweite der Entscheidung des Gerichts von dem vollständigen Ausschluss der disclosure über Beschränkungen bis hin zur Anwendung der disclosure ohne Einschränkungen. Regelmäßig wird das Gericht auf Grund der Bedeutung des Verfahrens hier die nachfolgend beschriebene "standard disclosure" wählen, so dass für das Verfahren im multi-track in der Regel keine Einschränkungen der disclosure bestehen.[277]

2. Der Begriff des documents

Die disclosure and inspection bezieht sich grundsätzlich nur auf "documents". Der Begriff des Dokumentes in diesem Sinne ist in CPR 31.4 definiert. Hiernach bezeichnet der Begriff des Dokumentes alles, in oder auf dem eine Informationsdarstellung festgehalten oder gespeichert ("record")[278] ist. Diese Definition ist bewusst weit ge-

---

[273] Klarstellend auch CPR 31.1 (2); näher O'Hare/Hill Rn. 20.001 ff.; White Book Rn. 27.1; Plant Rn. 48.10; Gerlis/Blackford Rn. 11.01.

[274] Zu den Voraussetzungen im einzelnen vgl. CPR 28.3 (2).

[275] Hierzu Plant Rn. 42.14; White Book Rn. 28.2; Stürner ZVglRWiss 99 (2000), 310, 318 f.; O'Hare/Hill Rn. 21.002.

[276] Vgl. auch den Zeitplan bei Sime S. 250 f.; Plant Rn. 44.13.

[277] Arnheim/Stirling/Tromans S. 105; White Book Rn. 29.2; O'Hare/Hill Rn. 22.007; zur standard disclosure vgl. auch Gerlis/Blackford Rn. 16.03; Cox/Moriarty Rn. 31.6.

[278] Das Verb "record" ist in diesem Zusammenhang weit auszulegen. Nicht zu verwechseln ist die diesbezügliche Auslegung mit der Auslegung des Nomens "record" im Zusammenhang mit dem Civil

wählt worden, um möglichst keine Einschränkungen der disclosure zu bewirken und auch möglichen neuen technischen Entwicklungen gegenüber offen zu sein.
Schon seit langem wird der Begriff des Dokumentes im englischen Recht weit ausgelegt und umfasste auch in der Vergangenheit nicht nur alle schriftlich fixierten Papiere wie zum Beispiel Verträge, Briefe oder Kontoauszüge. Er erstreckt sich darüber hinaus auf alles, was als Träger von Beweisen oder Informationen dienen kann, die durch unmittelbare Sinneswahrnehmung verständlich gemacht werden können.[279] Bereits 1974 wurde in England entschieden, dass es Merkmal eines Dokumentes sei, Informationen zu vermitteln, ohne dass es darauf ankomme, ob die Wahrnehmung durch Auge, Ohr, Nase oder einen anderen Sinn erfolge. Ferner komme es nicht darauf an, ob die Information in per se verständlicher Form aufbewahrt wird oder nur mit Hilfe komplexer Instrumente zugänglich gemacht werden kann.[280] Damit fallen nicht nur Tonbandaufnahmen[281], Fotographien[282], Videofilme[283] und Mikrofiches[284] unter den Begriff des Dokumentes, sondern darüber hinaus auch alle elektronischen Daten unabhängig davon, auf welchem Datenträger sie gespeichert sind.[285]
Zu beachten ist, dass in der Vergangenheit teilweise eine gewisse Dauerhaftigkeit ("permanence") des Dokumentes gefordert wurde.[286] Diese Voraussetzung wird in der Legaldefinition der CPR 31.4 jedoch nicht erwähnt. Aus diesem Grunde ist davon auszugehen, dass eine dahin gehende Einschränkung des Begriffs des Dokumentes vom Gesetzgeber nicht gewollt war und daher nicht anzunehmen ist.[287]

3. Die disclosure of documents

Die disclosure of documents erfüllt eine Partei nach CPR 31.2 durch die Erklärung, dass ein Dokument existiert oder existiert hat.

a. Die standard disclosure

Das Verfahren der disclosure richtet sich grundsätzlich nach den Regeln der standard disclosure, wenn nicht das Gericht im Rahmen seiner Leitungsfunktion etwas anderes bestimmt, vgl. CPR 31.5 (1).

Evidence Act 1968 section 4. Zu dessen engerer Auslegung vgl. H. v. Schering Chemicals Ltd. [1983] 1 All ER 849 at 852.

[279] Dubai Bank v. Galadari (No.7) [1992] WLR 106; [1992] 1 All ER 658; Derby & Co. Ltd. v. Weldon (No.9) [1991] 1 WLR 652.

[280] Grant v. Southwestern and County Properties Ltd. [1974] 2 All ER 465, 474; [1975] Ch. 185, 198.

[281] Hierzu Grant v. S. Western & Co. Properties [1975] Ch 185.

[282] Lyell v. Kennedy (No. 3) [1884] 50 LT 730; vgl. auch Matthews/Malek Rn. 4.05.

[283] Garcin v. Amerindo Investment Advisors Ltd. [1991] 4 All ER 655 at 656; eingehend auch Andrews Rn. 11-021.

[284] Barker v. Wilson [1980] 2 All ER 81.

[285] Alliance and Leicester Building Society v. Ghahremani (1992) 142 NLJ 313; Derby & Co. Ltd. v. Weldon No. 9 [1991] 2 All ER 901; White Book Rn. 31.4.1; Sime S. 274; vgl. auch Picton Howell RIW 1996, 1011, 1012; Schaaff S. 39; Andrews Rn. 11-021; Matthews/Malek Rn. 4.07; Bramley/Gouge S. 97; ähnlich auch Geis, CR 1993, 653, 655.

[286] Hierzu Arnheim/Stirling/Tromans S. 105.

[287] So wohl auch Sime S. 274.

aa. Die Beschränkung der standard disclosure

Möglich ist diesbezüglich

- der Ausschluss oder die Beschränkung der disclosure durch das Gericht oder
- der Ausschluss oder die Beschränkung der disclosure durch schriftliche Vereinbarung aller Parteien.[288]

Als mögliche Beschränkung der disclosure durch das Gericht oder die Parteien kommt insbesondere in Betracht, die disclosure in mehreren Teilabschnitten durchzuführen, vgl. CPR 31.13.[289] Die Parteien können zudem gemäß CPR 31.10 (8) schriftlich übereinkommen, dass die disclosure ohne Erstellung eines Verzeichnisses stattfinden soll. Implizit ergibt sich aus der abschließenden Aufzählung der CPR 31.5 und den Regelungen der CPR 31.13 und CPR 31.10 (8), dass nur eine Beschränkung der standard disclosure durch das Gericht oder die Parteien möglich ist, nicht aber eine Erweiterung.[290] Hierfür spricht auch die Regelung in den relevanten Practice Directions[291], die ebenso nur den Ausschluss und die Beschränkung erwähnt, nicht aber eine Erweiterung.

bb. Die relevanten Dokumente

Nach den Regeln der standard disclosure unterliegen grundsätzlich folgende Dokumente der Erklärungspflicht:

- Dokumente, auf welche sich die jeweilige Partei berufen hat,
- Dokumente, die
  - sich auf den eigenen Vortrag der Partei nachteilig auswirken,
  - sich auf den Vortrag einer anderen Partei nachteilig auswirken,
  - den Vortrag einer anderen Partei unterstützen, und
- Dokumente, über welche die jeweilige Partei nach einer relevanten Practice Direction zur Erklärung verpflichtet ist.[292]

Von der Erklärungspflicht sind jedoch nur diejenigen oben genannten Dokumente umfasst, die sich in der Kontrolle der jeweiligen Partei befinden oder befunden haben.[293] Dabei wird der Begriff der „Kontrolle" über ein Dokument in CPR 31.8 (2) näher definiert. Hiernach hat eine Partei die Kontrolle über ein Dokument, wenn

- sich dieses in ihrem physischen Besitz befindet oder befunden hat,
- sie ein Besitzrecht an dem Dokument hat oder hatte[294], oder
- sie ein Recht hat, das Dokument einzusehen oder Kopien davon herzustellen.

---

[288] Vgl. hierzu die Regelungen der CPR 31.5 (2) und (3); näher hierzu auch O'Hare/Hill Rn. 30.004.

[289] Die Beschränkung auf mehrere Teilabschnitte kann sich auch auf die inspection of documents erstrecken, vgl. CPR 31.13.

[290] So auch Arnheim/Stirling/Tromans S. 107; Plant Rn. 48.7; Bramley/Gouge S. 98.

[291] Practice Direction – Disclosure and Inspection Part 31 1.4.

[292] CPR 31.6, hierzu auch O'Hare/Hill Rn. 30.009; vgl. zur vorherigen Regelung RSC o. 24 r. 1 und Schaaff S. 43; Halsbury's Laws of England, Bd. 13, discovery, Anm. 38; siehe auch Merchants' and Manufacturers' Insurance Co. Ltd. v. Davis [1938] 1 KB 196 at 210, CA.

[293] Vgl. CPR 31.8 (1); hierzu auch White Book Rn. 31.4; Stürner ZVglRWiss 99 (2000), 310, 323.

[294] Hierzu siehe Yasuda Fire & Marine Co. of Europe Ltd. v. Orion Marine Insurance Underwriting Agency Ltd. [1995] QB 174.

Demnach hat der Mehrheitseigner einer Gesellschaft die Kontrolle über sämtliche Dokumente der Gesellschaft, wenn er diese faktisch beherrscht.[295] Ebenso kann eine Muttergesellschaft die Kontrolle der Dokumente ihrer Tochtergesellschaft inne haben.[296]
Anzugeben sind auch alle Dokumente, die für die jeweilige Partei nicht mehr verfügbar sind, etwa weil sie verloren, zerstört, oder an eine dritte Person übergeben wurden.[297] Auch Kopien von Dokumenten können der Pflicht zur disclosure unterfallen.[298] Als Kopie definiert CPR 31.4 alles, auf das eine in einem Dokument enthaltene Information kopiert wurde, auf welche Art und Weise auch immer und unabhängig davon, ob es sich um eine unmittelbare oder mittelbare Kopie handelt. Dabei ist die erklärungspflichtige Partei regelmäßig verpflichtet, nur jeweils eine Kopie eines Dokumentes im Rahmen der disclosure anzugeben. Etwas anderes gilt nur für den Fall, dass eine Kopie Modifikationen, Streichungen oder sonstige Markierungen bzw. Merkmale enthält.[299]
Im Ergebnis ist die Regelung der CPR 31.6 im Verhältnis zu der vor 1999 geltenden Rechtslage[300] einerseits umfassender, weil die Relevanzkriterien ausgeweitet wurden, andererseits aber auch enger, da nun nicht mehr diejenigen Dokumente umfasst sind, die lediglich zu mittelbar relevanten Informationen führen können, aus denen sich dann wiederum eine positive oder negative Beeinflussung des Vortrages einer Partei ergeben könnte.[301] Nach wie vor steht die englische Rechtsprechung jedoch auf dem Standpunkt, dass die Ausforschung der Gegenpartei im Wege des disclosure-Verfahrens ausgeschlossen sein soll. Hat ein Kläger demnach keine hinreichenden Anhaltspunkte für den geltend gemachten Anspruch, hofft diese aber durch die disclosure in Erfahrung zu bringen, handelt es sich bei seiner Klage um eine unzulässige Ausforschung ("fishing expedition").[302] Diese zu verhindern ist im Grundsatz auch im englischen Recht die Aufgabe des Gerichts.[303] J. I. H. Jacob hat es als "basic rule" des englischen

---

[295] Re Tecnion Investments Ltd. [1985] BCLC 434, CA.

[296] Lonrho Ltd. v. Shell Petroleum Co. Ltd. [1980] QB 358, CA; [1980] 1 WLR 627, HL; vgl. auch Unilever plc v. Chefaro Proprietaries Ltd. [1994] FSR 135, CA für den Fall, dass eine Tochtergesellschaft verklagt ist und die Dokumente unter der Kontrolle einer anderen Tochtergesellschaft innerhalb eines Konzerns stehen.

[297] Hierzu Sime S. 277.

[298] So auch schon Dubai Bank v. Galadari (No.7) [1992] WLR 106; [1992] 1 All ER 658.

[299] Zu den genauen Voraussetzungen vgl. CPR 31.9 (2).

[300] Vgl. RSC o. 24 r. 1; hierzu Schaaff S. 43.

[301] Zur früheren Rechtslage siehe Schaaff S. 43; Halsbury's Laws of England Bd. 13, discovery, Anm. 38; vgl. auch Merchants' and Manufacturers' Insurance Co. Ltd. v. Davis [1938] 1 KB 196 at 210, CA.

[302] Sime S. 274; Matthews/Malek Rn. 4.30; O'Hare/Hill, Civil Litigation, Rn. 30.001 ff.; Lang S. 215; Stürner S. 23 ff.; Schaaff RIW 1988, 844, 844 f.; vgl. auch Thorpe v. Chief Constable of Greater Manchester Police [1989] 1 WLR 665, CA; Berkeley Administration Inc. v. McClelland [1990] FSR 381 at 383; Bank of Crete S.A. v. Koskotas [1991] 2 Lloyd's Rep. 587 at 588.

[303] South Carolina Insurance Co. v. Assurantie Maatschappij etc. [1986] QB 348 at 351, CA; Air Canada v. Secretary of State for Trade and Industry (No. 2) [1983] 2 AC 394 at 434C, HL; R.H.M. Foods Ltd. v. Bovril [1982] 1 WLR 661, CA; Rio Tinto Zinc Co. and others v. Westinghouse Electric Corp. [1978] 1 All ER 434 at 442; vgl. auch Andrews Rn. 11-035 ff.

Rechts bezeichnet, dass die disclosure nicht über den in den statements of case vorgetragenen Streitgegenstand hinaus gehen darf[304]: "[A party] is not permitted to try to ascertain, to find out, to discover facts and documents which may help or prove a cause of action or defence not yet pleaded; ... if there are in truth other facts which would show or prove he has a well-founded claim or defence, he is not entitled to discover them or to frame or reframe his case on their basis."
Zumindest erschwert wird die Ausforschung des Gegners auch durch die Kostenregelung der CPR, nach der im Grundsatz die unterlegene Partei zur Kostentragung verpflichtet ist und damit auch die Kosten des prozessualen Gegners zu tragen hat.[305] Anders als im US-amerikanischen Zivilverfahrensrecht, nach dem jede Partei gemäß der sog. "american rule" grundsätzlich ihre eigenen Kosten zu tragen hat[306], wird der Kläger eine leichtfertige Klageerhebung hier eher vermeiden. Hinzu kommt die Möglichkeit des Gerichts, eine Partei gemäß CPR 44.3 (1) und CPR 44.14 zur Übernahme wenigstens eines Teils der Kosten zu verpflichten, wenn diese Partei nach Ansicht des Gerichts den Prozess hätte vermeiden können oder ihrer Kooperationspflicht im Sinne der CPR 1.3 nicht hinreichend nachgekommen ist.[307] Steht der hiernach zur Erklärung verpflichteten Partei das Dokument nicht zur unmittelbaren Verfügung, ist sie nach CPR 31.7 (1) zu einer angemessenen Suche nach dem Dokument verpflichtet.[308] Die Verpflichtung zur Suche umfasst dabei auch solche Dokumente, die für die jeweilige Partei nachteilig sein könnten. Der Rechtsanwalt hat seinem Mandanten diese Verpflichtung deutlich zu machen und bereits im frühen Verfahrensstadium dafür Sorge zu tragen, dass die Dokumente im Original zur Verfügung stehen.[309] Als Anhaltspunkte für die Bestimmung der Angemessenheit einer Suche bestimmt CPR 31.7 (2) die Anzahl der betreffenden Dokumente, die Natur und Komplexität des Verfahrens, die Schwere und Kosten der Auffindung eines bestimmten Dokumentes, und die wahrscheinliche Bedeutung des Dokumentes.[310] Hat eine Partei demnach auf Grund der von ihr angenommenen Unangemessenheit nach einer bestimmten Kategorie oder Gruppe von Dokumenten nicht gesucht, muss sie dies gemäß CPR 31.7 (3) zum Ausdruck bringen. Werden einzelne Dokumente erst im weiteren Verlauf des Verfahrens aufgefunden, besteht die Pflicht zur Erklärung hierüber auch im Hinblick auf diese Doku-

---

[304] J.I.H. Jacob, The Fabric of English Civil Justice, S. 99; vgl. auch Lang S. 179.
[305] CPR 44.3 (2); vgl. zur Regelung der Kostentragung eingehend Sime S. 442 ff.; Gerlis/Blackford Rn. 21.01 ff.; vgl. auch Kessel ZVglRWiss 92 (1993), 395, 418 zur früheren Terminologie der "costs follow the event".
[306] Hierzu Lorenz, ZZP 111 (1998), 35, 45; Pfeiffer, GRUR Int. 1999, 598, 604; Röhm/Koch, RIW 1995, 465, 472.
[307] Vgl. hierzu auch Stürner ZVglRWiss 99 (2000), 310, 321 f.
[308] Die Verpflichtung zur Suche nach Dokumenten erstreckt sich konsequenterweise nicht auf Dokumente, auf die sich die Partei berufen hat, vgl. CPR 31.7 (1).
[309] Vgl. Rockwell Machine Tool Co. Ltd. v. E.P. Barrus (Concessionaires) Ltd. [1968] 1 WLR 693; eingehend zu den Verpflichtungen des Rechtsanwalts im Rahmen der disclosure Andrews Rn. 11-017 und Rn. 11-019; O'Hare/Hill Rn. 30.008; Matthews/Malek Rn. 12.04; zu der Problematik des internationalen Mandats eines englischen Rechtsanwaltes siehe auch Picton Howell RIW 1996, 1011, 1012.
[310] Weitere Beispiele finden sich in der Practice Direction – Disclosure and Inspection Part 31 2.

mente. Das stellt CPR 31.11 (1) klar. In diesem Fall hat die betreffende Partei allen anderen Parteien des Verfahrens unverzüglich Bericht zu erstatten.[311]

cc. Die Erstellung eines Verzeichnisses

Das konkrete Verfahren der disclosure ist in CPR 31.10 geregelt. Hiernach muss jede Partei im Rahmen eines bereitgestellten Formulars[312] ein Verzeichnis von Dokumenten erstellen und allen anderen Parteien zustellen. Das Verzeichnis hat die Dokumente hierbei in einer angebrachten und möglichst präzisen Art und Weise zu identifizieren.[313] Befinden sich bestimmte Dokumente nicht mehr in der Kontrolle einer Partei, hat sie dies nach CPR 31.10 (4) (b) in dem Verzeichnis anzugeben und sich darüber hinaus zu erklären, was mit diesen Dokumenten geschehen ist. In dem im Rahmen der disclosure anzufertigenden Verzeichnis ist zudem deutlich zu machen, wenn die jeweilige Partei der Ansicht ist, ein Recht oder eine Pflicht zur Zurückhaltung einzelner Dokumente zu haben, vgl. CPR 31.10 (4) (a).

In diesem Zusammenhang kann das Gericht gemäß CPR 31.12 (1) zusätzlich eine Anordnung treffen, durch die eine Partei verpflichtet wird,

- sich über bestimmte Dokumente oder Gruppen von Dokumenten zu erklären, die in dem Beschluss spezifiziert sind,[314]
- eine Suche nach einem Dokument in dem Umfang auszuführen, den der Beschluss angibt[315], und/oder
- sich über Dokumente zu erklären, die auf diese Weise aufgefunden wurden.[316]

Eine solche Anordnung wird regelmäßig auf Antrag der gegnerischen Partei ergehen, wenn diese der Ansicht ist, dass der Erklärungspflicht nicht ordnungsgemäß nachgekommen wurde.[317] Der Antrag hat präzise zu umschreiben, welche Dokumente oder Gruppen von Dokumenten von der Anordnung des Gerichts umfasst sein sollen.[318] Die Anordnung soll regelmäßig ergehen, wenn auch das Gericht davon ausgeht, dass eine Partei ihrer Erklärungspflicht nicht adäquat nachgekommen ist.[319] Mittels dieser An-

---

[311] Hierzu auch Practice Direction – Disclosure and Inspection Part 31 3.3; vgl. auch O'Hare/Hill Rn. 30.017.

[312] Vgl. Form N265; hierzu Matthews/Malek Rn. 5.08 ff.; vgl. auch White Book Rn. 4PD.3 ff. mit einer Übersicht über die vorhandenen forms.

[313] Regelmäßig sollen die Dokumente nach Datum sortiert, nummeriert und ihrem Inhalt nach möglichst genau beschrieben werden, vgl. Practice Direction - Disclosure and Inspection Part 31 3.2; vgl. auch O'Hare/Hill Rn. 30.012.

[314] Auf Grund der Spezifizierung der Dokumente ist eine Ausforschung auch hier nicht möglich, vgl. auch Matthews/Malek Rn. 4.30.

[315] Zur Verpflichtung der Parteien zur Suche nach Dokumenten vgl. Matthews/Malek Rn. 5.28.

[316] Sog. "specific disclosure"; hierzu näher O'Hare/Hill Rn. 30.031; Gerlis/Blackford Rn. 16.08; Colman/Lyon/Hopkins S. 184; vgl. auch Triebel/Zons, BB 2002, Beilage 7 zu Heft 46/2002, 26, 28.

[317] Zu dem genauen Verfahren und den Anforderungen an den Antrag vgl. die Practice Direction – Disclosure and Inspection Part 31 5.1 bis 5.3; vgl. auch Stürner ZVglRWiss 99 (2000), 310, 323.

[318] Morgans v. Needham (1999) The Times, 5. November 1999, CA; hier wurde ein Antrag zurückgewiesen, mit dem die disclosure für "all documents relating to [the other's side] financial and tax affairs which are necessary to prove quantum" begehrt wurde.

[319] Practice Direction – Disclosure and Inspection Part 31 5.4.

ordnung des Gerichts ist es dann auch möglich, die erklärungspflichtige Partei zur Suche nach Dokumenten zu verpflichten, die zwar nicht unmittelbar den Vortrag einer der Parteien betreffen, aus denen sich aber Anhaltspunkte für weitere relevante Dokumente ergeben können.[320] Die Anordnung kann daher nicht nur die Umsetzung der standard disclosure betreffen, sondern auch eine darüber hinaus gehende Verpflichtung zur disclosure begründen. Ob das Gericht aber tatsächlich eine dahin gehende Anordnung erlässt, steht grundsätzlich in seinem freien Ermessen.

dd. Die Abgabe der disclosure-Erklärung

Darüber hinaus hat das Verzeichnis grundsätzlich[321] eine disclosure-Erklärung ("disclosure statement") zu enthalten, in der die jeweilige Partei zu erklären hat,

- welchen Umfang die Suche nach den erklärungspflichtigen Dokumenten hatte,
- dass sie bestätigt, die ihr obliegende Pflicht zur disclosure verstanden zu haben, und
- dass sie bestätigt, diese Pflicht nach ihrem besten Wissen erfüllt zu haben.[322]

Handelt es sich bei der betreffenden Partei um eine juristische Person, Gesellschaft oder eine andere Organisation, muss zusätzlich gemäß CPR 31.10 (7) dargelegt werden, wer die disclosure-Erklärung abgegeben hat und warum gerade er als geeignete Person hierfür erachtet wurde. Soll die disclosure-Erklärung durch eine Person abgegeben werden, die nicht Partei des Rechtsstreits ist, muss dies im Rahmen einer relevanten Practice Direction ausdrücklich erlaubt sein, vgl. CPR 31.10 (9).

Die disclosure-Erklärung hat in ihrem Originaltext wie folgt zu lauten: "I, the above named claimant [or defendant] [if party making disclosure is a company, firm or other organisation identify here who the person making the disclosure statement is and why he is the appropriate person to make it] state that I have carried out a reasonable and proportionate search to locate all the documents which I am required to disclose under the order made by the court on day of .... I did not search :

(1) for documents predating ...,

(2) for documents located elsewhere than ...,

(3) for documents in the categories other than ... .

I certify that I understand the duty of disclosure and to the best of my knowledge I have carried out that duty. I certify that the list above is a complete list of all documents which are of have been in my control and which I am obliged under the said order to disclose."[323]

ee. Die fehlerhafte disclosure

Hat eine Partei es unterlassen, sich über ein bestimmtes Dokument im Rahmen der disclosure zu erklären, obwohl eine Pflicht dazu bestand, kann sie sich im weiteren Verfahren nicht auf dieses Dokument berufen, sofern nicht das Gericht eine ausdrück-

---

[320] Hierzu vgl. auch Sime S. 287.

[321] Zu den Ausnahmen siehe oben 2.Teil II 3 a aa.

[322] Zu den Voraussetzungen näher CPR 31.10 (6); hierzu auch näher Matthews/Malek Rn. 5.05.

[323] Annex zur Practice Direction Part 31 Disclosure and Inspection of Documents.

liche Erlaubnis hierzu erteilt.[324] Darüber hinaus kommt ein Beschluss des Gerichts in Betracht, mittels dessen die Partei aufgefordert wird, die fehlerhafte Maßnahme nachzuholen. Kommt die erklärungspflichtige Partei dem nicht nach, können Sanktionen wie zum Beispiel der Ausschluss ihrer statements of case gegen sie verhängt werden.[325] Weiter ist es möglich, eine Partei wegen Missachtung des Gerichts ("contempt of court") mit einer Strafe zu belegen, wenn diese eine falsche disclosure-Erklärung abgibt oder einen anderen zur Abgabe einer falschen disclosure-Erklärung veranlasst, ohne aufrichtig an deren Richtigkeit geglaubt zu haben.[326]

b. Die disclosure gegenüber Dritten

In bestimmten Fällen ist im englischen Recht auch die Möglichkeit gegeben, eine disclosure gegen am Rechtsstreit unbeteiligte Dritte zu beantragen.

aa. Voraussetzungen

So erlaubt der County Courts Act 1984 section 53 bzw. der Supreme Court Act 1981 section 34 die disclosure gegenüber am Prozess Unbeteiligten. Bis 1998 galt diese Möglichkeit nur für den Fall der Geltendmachung von Ansprüchen über "personal injuries" und "fatal accidents". Mittlerweile ist diese Einschränkung entfallen.[327]
Ein entsprechender Antrag ist gemäß CPR 31.17 (2) mit Beweisantritten zu unterlegen. Ein Beschluss des Gerichts zur disclosure gegen eine am Rechtsstreit unbeteiligte Person soll jedoch nach CPR 31.17 (3) nur dann ergehen, wenn

- die in dem Antrag benannten Dokumente wahrscheinlich den Vortrag des Antragstellers unterstützen oder den Vortrag einer anderen Partei nachteilig beeinflussen, und
- die disclosure erforderlich erscheint für die gerechte Behandlung des Klageanspruchs oder zur Einsparung von Kosten.

Der diesbezügliche Beschluss des Gerichts muss die Dokumente oder Gruppen von Dokumenten spezifizieren, über welche sich die am Rechtsstreit unbeteiligte Person zu erklären hat. Zudem muss die Aufforderung an den Dritten enthalten sein, sich darüber zu erklären, welche Dokumente nicht mehr in seiner Kontrolle sind und in Bezug auf welche Ansprüche er die Zurückhaltung bestimmter Dokumente beabsichtigt, vgl. CPR 31.17 (4). Darüber hinaus kann in dem Beschluss des Gerichts bestimmt sein, dass der Dritte anzugeben hat, was mit den nicht mehr in seiner Kontrolle befindlichen Dokumenten geschehen ist. Ebenso kann die Zeit und der Ort der disclosure nach CPR 31.17 (5) durch das Gericht bestimmt werden.[328]

---

[324] Hierzu näher CPR 31.21.
[325] Logicrose v. Southend A.F.C. [1988] 1 WLR 1256; Landauer Ltd. v. Comins & Co., The Times August 7, 1991, CA; vgl. auch Sime S. 287.
[326] CPR 31.23 (1); zu den Voraussetzungen der Verfahrenseinleitung vgl. CPR 31.23 (2); siehe auch O'Hare/Hill Rn. 30.033; Plant Rn. 48.49; Matthews/Malek Rn. 11.26.
[327] Vgl. hierzu White Book Rn. 31.17; Cox/Moriarty Rn. 31.17.1; O'Hare/Hill Rn. 30.034; Plant Rn. 48.39; Gerlis/Blackford Rn. 16.12; Bramley/Gouge S. 107 ff.; Colman/Lyon/Hopkins S. 188.
[328] Vgl. CPR 31.17 (5).

Durch CPR 31.18 (b) wird jedoch klargestellt, dass das Gericht durch die Regelung des CPR 31.17 nicht gehindert ist, die disclosure gegen eine am Prozess unbeteiligte Person aus anderen als den dort genannten Gründen und Voraussetzungen anzuordnen. In der Vorschrift ist jedoch nicht geregelt, aus welchen anderen Gründen es dem Gericht möglich sein soll, die disclosure gegenüber einer am Rechtsstreit unbeteiligten Person anzuordnen. Hiermit bezweckt der Gesetzgeber ganz offensichtlich, die Möglichkeiten der Anordnung einer disclosure gegenüber Dritten für neue Entwicklungen in der Rechtsprechung offen zu halten.

bb. Die Norwich Pharmacal order

Bislang anerkannt ist die unter dem Begriff der "Norwich Pharmacal Disclosal order"[329] bekannte Anordnung.[330] Dabei handelt es sich um Fälle, in denen der Anspruchsteller nicht die Möglichkeit zur Klageerhebung hat, weil ihm die Identität des Anspruchsgegners unbekannt ist. In dem 1973 entschiedenen Fall verletzten ausländische Hersteller die Patentrechte der Firma Norwich Pharmacal. Diese wollte im Rahmen der damaligen "discovery of documents" erreichen, dass die beklagten Commissioners of Customs & Excise ihr die Namen der Importeure offenlegt, um gegen diese vorgehen zu können. Diesem Begehren ist das Gericht nachgekommen und hat die discovery angeordnet.[331]

Im Gegensatz zu einem reinen Zeugen[332], der nicht zur disclosure verpflichtet ist, hatten die Commissioners of Customs & Excise hier – wenn auch unabsichtlich – die Verletzung der Patentrechte der Firma Norwich Pharmacal erleichtert, indem sie die Einfuhr der patentverletzenden Güter zugelassen hatten. Aus diesem Grunde entschied Lord Reid[333], dass die Verpflichtungen der Commissioners über die Verpflichtungen eines unbeteiligten Zeugen hinausgehen müssen und ordnete die damalige discovery an. Hieraus hat sich in der englischen Rechtsprechung ein allgemeines Prinzip entwickelt, nach dem es die Gerechtigkeit fordert, dass unabsichtlich am Unrecht Beteiligte ihren Tatbeitrag durch die für den Anspruchsteller erforderliche Informationsoffenlegung wieder ausgleichen müssen.[334]

Zu beachten ist in diesem Zusammenhang, dass die Kosten des Rechtsstreits im Rahmen der Norwich Pharmacal Disclosal Order grundsätzlich dem Kläger aufzuerlegen sind, selbst wenn dieser den Rechtsstreit gewinnt und die disclosure angeordnet

---

[329] Bezugnehmend auf Norwich Pharmacal v. Commissioners of Customs & Excise [1974] AC 133; [1973] 2 All ER 943.

[330] Hierauf Bezug nehmend Murphy v. Murphy [1999] 1 WLR 282; P. v. T. Ltd. [1997] 1 WLR 1309; Arab Monetary Fund v. Hashim (No. 5) [1992] 2 All ER 911; Mercantile Group (Europe) AG v. Aiyela [1994] QB 366; British Steel Corporation v. Granada Television Ltd. [1981] AC 1096, HL; Smith Kline and French Laboratories Ltd. v. Doncaster Pharmaceuticals Ltd. [1989] FSR 407; vgl. auch Andrews Rn. 11-039 f.; Schaaff S. 57 f.; Matthews/Malek Rn. 3.59; White Book Rn. 31.18.2.

[331] Norwich Pharmacal v. Commissioners of Customs & Excise [1974] AC 133; vgl. auch den Rechtsstreit Harrington v. North London Polytechnic [1984] 3 All ER 666, CA.

[332] Zur "mere witness rule" vgl. eingehend Andrews Rn. 11-038 ff.; Lang S. 202 f.

[333] Norwich Pharmacal v. Commissioners of Customs & Excise [1974] AC 133 at 175.

[334] Lord Reid in: Norwich Pharmacal v. Commissioners of Customs & Excise [1974] AC 133 at 175; hierzu vgl. auch O'Hare/Hill Rn. 30.041.

wird.[335] Dem Kläger verbleibt jedoch die Möglichkeit, diese Kosten gegenüber dem hierdurch bekannt gewordenen Anspruchsgegner geltend zu machen.[336]

cc. Die Bankers Trust order

Auf der Norwich Pharmacal order aufbauend entwickelte die englische Rechtsprechung die sogenannte "Bankers Trust order".[337] Hierbei handelt es sich um Fälle, in denen der Anspruchsteller die Spur seines missbräuchlich verwendeten Geldes nachvollziehen möchte, um durch die in diesem Zusammenhang erlangten Informationen Regressansprüche durchsetzen zu können. Auch die Bankers Trust order richtet sich gegen eine dritte Partei, oftmals eine Bank, welche die finanziellen Angelegenheiten der veruntreuenden Person offen legen soll. Auf Grund des starken Eingriffs in die Rechte der Bank bzw. des Bankkunden kann eine Bankers Trust order nur ergehen, wenn es sich um einen äußerst eiligen Fall handelt.[338] Anderenfalls ist der Anspruchsteller auf die Informationserlangung im Rahmen des Bankers' Books Evidence Act 1879 zu verweisen.[339] Ist die erforderliche Eilbedürftigkeit demnach gegeben, kann eine Bankers Trust order ergehen, wenn

- gute Gründe dafür sprechen, dass der Dritte Eigentum des Anspruchstellers entweder in Händen hält oder in Händen gehalten hat, und
- der potentielle Vorteil des Anspruchstellers in Abwägung mit dem Nachteil des Dritten im Hinblick auf die Kosten, den Eingriff in die Privatsphäre und den Verstoß gegen eine bestehende Geheimhaltungsverpflichtung überwiegt.

Die hierdurch erlangten Dokumente dürfen dann auch ausnahmsweise[340] in einem nachfolgenden Verfahren gegen denjenigen verwendet werden, der die Veruntreuung der Gelder verursacht hat.[341]

dd. Der Zeugenbeweis

Nicht unmittelbar im Zusammenhang mit der disclosure existiert die Möglichkeit, Dokumente aus dem Besitz eines Dritten zu erlangen, der als Zeuge zur Hauptverhandlung geladen ist. Nur der Vollständigkeit halber soll erwähnt werden, dass im englischen Zivilverfahrensrecht auch Zeugen im Rahmen ihrer Zeugenaussage dazu verpflichtet werden können, sich in ihrem Besitz befindliche Dokumente im Rahmen ihrer Zeugenaussage vorzulegen.[342] Dies bedeutet aber, dass die Prozessparteien im Verfahrensstadium der disclosure auf die Vorlage von Dokumenten durch Dritte verzichten

[335] Hierzu vgl. auch Arnheim/Stirling/Tromans S. 116.
[336] Smith Kline and French Laboratories Ltd. v. R.D. Harbottle (Merchantile) Ltd. [1980] RPC 363.
[337] Benannt nach Bankers Trust Co. v. Shapira [1980] 1 WLR 1274, CA.
[338] Vgl. Sime S. 293 f.
[339] Hierzu Murphy, Murphy on Evidence, 19.10; Matthews/Malek Rn. 8.35 ff.
[340] Zu der grundsätzlichen Möglichkeit zur Verwendung erlangter Informationen im Rahmen der disclosure and inspection of documents siehe unten 2. Teil II 4 c.
[341] Omar v. Omar [1995] 1 WLR 1428.
[342] Vgl. CPR 34.2 (1) (b); siehe auch O'Hare/Hill Rn. 30.034 f.; Matthews NLJ 144 (1994), 1317 ff.; Kessel ZVglRWiss 92 (1993), 395, 409.

müssen. Im Rahmen der späteren Beweisaufnahme kommt es somit darauf an, ob der Zeuge tatsächlich zur Hauptverhandlung geladen wird oder nicht.

c. Die disclosure vor Abschluss der statements of case

Unter bestimmten Voraussetzungen kann die disclosure im englischen Zivilprozessrecht auch vor Abschluss der statements of case durchgeführt werden.

aa. Voraussetzungen

Der Supreme Court Act 1981 section 33 (2) und der County Courts Act 1984 section 53 (2) erlauben es, die disclosure schon vor dem eigentlichen Zivilverfahren durchzuführen.[343] Auch hier hat ein entsprechender Antrag gemäß CPR 31.16 (2) mit Beweisantritten unterlegt zu sein. Hinsichtlich des möglichen Inhalts des Beschlusses kann vollumfänglich auf die Ausführungen zur disclosure gegenüber einem am Verfahren unbeteiligten Dritten verwiesen werden, da die Regelungen insoweit übereinstimmen, vgl. CPR 31.16 (4) und (5).

Ein Beschluss des Gerichts zur Anordnung der disclosure vor Beginn des Zivilverfahrens soll aber nur dann ergehen, wenn

- der Antragsgegner wahrscheinlich Partei eines folgenden Rechtsstreits sein wird[344],
- der Antragsteller wahrscheinlich ebenfalls Partei dieses Prozesses sein wird,
- die betreffenden Dokumente oder Gruppen von Dokumenten im Falle des späteren Zivilverfahrens nach der Regeln der standard disclosure unter die Erklärungspflicht des Antragsgegners fallen würden, und
- die disclosure vor Verfahrensbeginn wünschenswert erscheint, um
  - das vorweggenommene Verfahren gerecht zu gestalten,
  - Hilfe im Hinblick auf die außergerichtliche Beilegung des Konflikts zu leisten, oder
  - Kosten zu sparen.

Auch im Hinblick auf die disclosure vor Verfahrensbeginn wird in der englischen Rechtsprechung immer wieder betont, dass durch sie keine Ausforschung ("fishing expedition") ermöglicht werden soll.[345] Ein potentieller Kläger soll nicht dazu ermuntert werden, die disclosure vor Verfahrensbeginn für die Klärung der Frage zu nutzen, ob er überhaupt einen Anspruch gegen den potentiellen Beklagten haben kann.[346] Dennoch scheidet ein Beschluss auf disclosure vor Verfahrensbeginn bei Vorliegen der oben genannten Voraussetzungen in der Regeln nur dann aus, wenn das Gericht der Ansicht ist, dass ein dahin gehender Beschluss nicht im Interesse der Gerechtigkeit

---

[343] Siehe die Regelungen des Supreme Court Act 1981 section 33 und County Courts Act 1984 section 52; hierzu vgl. auch Sime S. 295 ff.; Cox/Moriarty Rn. 31.16.1; Colman/Lyon/Hopkins S. 188 zu den früheren Beschränkungen der Vorschrift.

[344] Hierzu Dunning v. United Liverpool Hospitals' Board of Govenors [1973] 1 WLR 586.

[345] Vgl. nur Berkeley Administration Inc. v. McClelland [1990] FSR 381 at 383; Bank of Crete S.A. v. Koskotas [1991] 2 Lloyd's Rep. 587 at 588.

[346] Shaw v. Vauxhall Motors Ltd. [1974] 1 WLR 1035.

oder schädlich für das öffentliche Interesse wäre.[347] Da nach englischem Verständnis der Gerechtigkeit am besten durch eine möglichst frühzeitige disclosure gedient ist, wird ein Beschluss bei Vorliegen der sonstigen Voraussetzungen normalerweise antragsgemäß ergehen.[348] Im Ergebnis ist die Ausforschung des Gegners damit zwar nicht erwünscht, wird aber im Interesse des englischen Verständnisses von Gerechtigkeit in einigen Fällen hingenommen. CPR 31.18 (a) stellt abschließend klar, dass das Gericht durch die vorstehende Regelung nicht in seiner Macht beschränkt wird, die disclosure vor Verfahrensbeginn aus anderen als den in CPR 31.16 geregelten Gründen und Voraussetzungen anzuordnen. Auch insoweit ermöglichen die CPR also die Weiterentwicklung der disclosure vor Verfahrensbeginn durch die englischen Gerichte.

bb. Die search order

Die sogenannte "search order" ermöglicht es, dass der gegnerischen Partei mittels eines gerichtlichen Beschlusses aufgegeben wird, die Durchsuchung ihrer Wohn- und Geschäftsräume zu dulden und die Mitnahme von Beweismaterial zuzulassen.[349] Die in der search order genau bestimmten Dokumente können gesucht, eingesehen, kopiert und mitgenommen werden. Dabei wird die search order nach ihrem Wortlaut regelmäßig nur solche Beweismittel umfassen, die für den späteren Prozess Beweiskraft entfalten können.

(1). Die gesetzliche Regelung der search order

In den CPR ist die search order nur im Hinblick auf einen dahin gehenden Beschluss des Gerichts geregelt, vgl. CPR 25.1 (1) (h). Die Voraussetzungen der search order sind bereits im Rahmen des Civil Procedure Act 1997 in section 7 gesetzlich festgelegt worden. Vor Inkrafttreten des Civil Procedure Acts war die search order unter dem Begriff der Anton Piller order bekannt, die auf das Verfahren Anton Piller KG v. Manufacturing Processes Ltd. [1976] Ch 55 zurückzuführen ist.[350] Entwickelt wurde die Anton Piller order vornehmlich für Patent-, Warenzeichen- und Urheberrechtsverletzungen, sie ist aber grundsätzlich auf alle Zivilverfahren anwendbar.

(2). Die Voraussetzungen der search order

Verfahrenstechnisch kann die search order durch das Gericht erlassen werden, ohne den Antragsgegner vorab angehört zu haben. Voraussetzung ist lediglich, dass der Antragsteller

- eine claim form bei Gericht eingereicht hat, die sich auf den Streitgegenstand der search order bezieht, wenn dies nicht auf Grund der besonderen Eilbedürftigkeit des Falles entbehrlich ist,
- ein diesbezügliches Antragsformular[351] einreicht,

---

[347] O'Sullivan v. Herdmans Ltd. [1987] 1 WLR 1047.
[348] So auch Sime S. 295; White Book Rn. 31.0.4; ähnlich Picton Howell RIW 1996, 1011, 1012.
[349] Zum möglichen Tenor einer search order vgl. Lang S. 199; vgl. auch Matthews/Malek Rn. 2.51; Chapman Rn. 4.17.
[350] Hierzu Andrews Rn. 11-052; Lang S. 198 ff.
[351] Hierfür steht das Formular N244 zur Verfügung.

- eine eidesstattliche Erklärung zur Unterstützung des Vortrags zur Verfügung stellt[352],
- den Entwurf eines Beschlusses zur Verfügung stellt[353], und
- eine Begründung in groben Zügen liefert.

Materiellrechtlich müssen die folgenden Voraussetzungen für den Erlass einer search order kumulativ erfüllt sein:

- Es muss eine sehr hohe Wahrscheinlichkeit dafür bestehen, dass das Vorbringen des Antragstellers berechtigt ist ("extremely strong prima facie case").
- Der tatsächliche oder der zu erwartende Schaden des Antragstellers muss für diesen sehr schwerwiegend sein ("very serious potential or actual harm").
- Es müssen eindeutige Beweise ("clear evidence") dafür vorliegen, dass der Antragsgegner das inkriminierende Dokument oder Material in seinem Besitz hat.
- Letztlich muss die Wahrscheinlichkeit bestehen, dass für den Prozess relevante Dokumente oder Materialien ohne den Erlass der search order verschwinden würden.[354]

(3). Die Vollstreckung der search order

Die Vollstreckung der search order wird von einem Rechtsanwalt geleitet, der einer gegenüber den Parteien unabhängigen Kanzlei angehören muss.[355] Begleitet werden kann dieser durch den klägerischen Rechtsanwalt und eine beschränkte Anzahl weiterer Personen wie zum Beispiel Sachverständige. Die order muss dem Antragsgegner zusammen mit verschiedenen anderen Unterlagen ausgehändigt werden. Grundsätzlich darf die search order nur von Montag bis Freitag zwischen 9.30 Uhr und 17.30 Uhr vollzogen werden.[356] Grund hierfür ist die Annahme, dass sich Fehler in der Vollstreckung weniger häufig während der normalen Bürozeiten ereignen.[357] Der Antragsgegner muss vor der Vollstreckung der search order darauf hingewiesen werden, dass er einen gerichtlichen Beschluss zur Abwendung der Vollstreckung beantragen kann.[358] Der die Vollstreckung leitende Rechtsanwalt hat nach Abschluss der Vollstreckung

---

[352] Diese muss eine umfassende Aussage über die Gründe der Beantragung einer search order enthalten und die Wahrscheinlichkeit darlegen, dass für den Rechtsstreit relevante Materialien anderenfalls verloren gehen würden, vgl. Practice Direction 25 7.3; Zeugenaussagen werden insoweit nicht akzeptiert, vgl. Practice Direction 25 3.1.

[353] Der Entwurf des Beschlusses muss zudem auf einer Diskette im Format WordPerfect 5.1 zur Verfügung gestellt werden.

[354] Hierzu Practice Direction 25 7.3 (2).

[355] Hierzu Universal Thermosensors Ltd. v. Hibben [1992] 1 WLR 840; vor dieser Entscheidung bestand keine einheitliche Vollstreckung mit der Folge, dass diese teilweise von unqualifizierten und unerfahrenen Personen durchgeführt wurde.

[356] Practice Direction zu CPR 25 7.4 (6).

[357] Vgl. aus der jüngeren Rechtsprechung hierzu Adam Phones Ltd. v. Goldschmidt [1999] 4 All ER 486.

[358] Wird dieser Hinweis unterlassen, kann der die Vollstreckung leitende Rechtsanwalt wegen Missachtung des Gerichts sanktioniert werden, so z.B. in dem Verfahren VDU Installations Ltd. v. Integrated Computer Systems and Cybernetics Ltd. [1989] FSR 378.

einen Report über deren Ablauf zu erstellen und diesen dem Antragsgegner sowie dem Gericht zukommen zu lassen.[359]
Um die strengen Verfahrensvorschriften der Vollstreckung der search order abzusichern, drohen dem Antragsteller bei deren Verletzung drastische Strafen. So wurde zum Beispiel der Antragsteller in dem Verfahren Columbia Picture Industries Inc. v. Robinson [1987] Ch 38 wegen der Mitnahme von nicht in der search order genannten Dokumenten zu einer Strafe von £ 10.000 verurteilt. Darüber hinaus kann der Antragsteller auch im Rahmen des nachfolgenden Hauptsacheverfahrens drastisch sanktioniert werden, wenn er nur fahrlässig nicht alle relevanten Tatsachen vorträgt oder er die search order zur Ausforschung des Antragsgegners ausnutzt.[360]
Im Gegenzug ist der Antragsgegner zur Duldung des Betretens seiner Wohn- und Geschäftsräume sowie der Untersuchung und Mitnahme der in der search order spezifizierten Dokumente verpflichtet. Verweigert er dem Antragsteller den Zutritt zu seinen Räumen oder die Einsicht in bestimmte Dokumente, muss er mit Sanktionen wegen Missachtung des Gerichts ("contempt of court") rechnen.[361] Ebenso kann die Verweigerung der Einsichtnahme in bestimmte Dokumente zu einer Beweislastverschiebung in dem nachfolgenden Hauptsacheverfahren führen.[362] Hingegen berechtigt die search order nicht dazu, Zwangsmittel gegen den Antragsgegner anzuwenden.[363] Selbst wenn dieser zu Unrecht das Betreten seiner Räume oder die Einsichtnahme in seine Dokumente verweigert, kann er nicht mit staatlicher Gewalt hierzu gezwungen werden.[364]

(4). Die Anforderungen an die search order

Seit Niederlegung der Voraussetzungen im Jahre 1976[365] hat die englische Rechtsprechung unterschiedlich strenge Anforderungen an die search order gestellt. Zwischenzeitlich schien es, als ob die Anforderungen an den Beweis der Voraussetzungen aufgelockert würden.[366] So sagte Oliver LJ in Dunlop Holdings Ltd. v. Staravia Ltd. [1982] Com LR 3: "... it has certainly become customary to infer the probability of disappearance or destruction of evidence where it is clearly established on the evidence before the court that the defendant is engaged in a nefarious activity which renders it likely that he is an untrustworthy person. It is seldom that one can get cogent or actual evidence of a threat to destroy material or documents".
Als weiteres Beispiel kann das Verfahren Columbia Picture Industries Inc. v. Robinson [1987] Ch 38 angeführt werden. Hierin beantragten die klägerischen Rechtsanwälte in

[359] Practice Direction zu CPR 25 7.5 (11) und (12) ; hierzu auch Plant Rn. 39.8.
[360] Hytrac Conveyors Ltd. v. Conveyors International Ltd. [1982] 3 All ER 415, CA; vgl. auch O'Hare/Hill Rn. 30.001 ff.
[361] Wardle Fabrics Ltd. v. G. Myristis Ltd. [1984] FSR 263; Bhimji v. Chatwani [1991] 1 WLR 989.
[362] Vgl. Lang S. 201.
[363] Anton Piller KG v. Manufacturing Processes Ltd. [1976] 1 All ER 779 at 784; vgl. auch Lang S. 201.
[364] Hierzu eingehend Sime S. 383.
[365] Ormrod LJ in Anton Piller KG v. Manufacturing Processes Ltd. [1976] Ch 55.
[366] Weniger strenge Anforderungen wurden z.B. in Yousif v. Salama [1980] 1 WLR 1540 gestellt; hierzu vgl. auch Plant Rn. 39.3.

den Jahren 1974 bis 1985 etwa 300 search orders, ohne dass auch nur eine von diesen abgewiesen worden wäre. Mittlerweile hat sich in der englischen Rechtsprechung jedoch die Erkenntnis durchgesetzt, dass die search order auf Grund der weitreichenden Folgen für den Antragsgegner restriktiv gehandhabt werden muss.[367] So wird die search order heute als im Grenzbereich der Befugnisse der Gerichte liegend angesehen.[368]

Unabhängig hiervon muss die Möglichkeit der search order, auch wenn sie nicht mit staatlichen Zwangsmitteln durchsetzbar ist, im Ergebnis als ein zur Ausforschung des Gegners geeignetes Mittel angesehen werden. Zwar können auf Grund der Schutzmechanismen keine unmittelbaren Beweismittel erforscht und später verwandt werden, die nicht in der search order benannt sind; es ist aber naheliegend, dass im Rahmen der Durchsuchung der Räumlichkeiten zumindest Hinweise für weitere Beweismittel entdeckt werden können. Verweigert der Antragsgegner die Durchsuchung, riskiert er nicht nur eine Geldstrafe, sondern auch eine Umkehr oder Verschiebung der Beweislast, die im Zweifel für ihn zum Prozessverlust führen können. Diese unter Schutzgesichtspunkten aus dem Blickwinkel des Antragsgegners bedenkliche Möglichkeit der disclosure entspricht jedoch dem englischen Standpunkt, nach dem nur bei umfassender Sachverhaltsaufklärung ein gerechtes Urteil ergehen kann.

4. Die inspection of documents

CPR 31.3 (1) statuiert den Grundsatz, dass eine Partei das Recht hat, alle ihr gegenüber im Rahmen der disclosure genannten Dokumente einzusehen. Der Begriff der "inspection" ist hierbei im Sinne einer Einsichtnahme in die Dokumente und nicht lediglich im Sinne einer äußerlichen Betrachtung zu verstehen.[369]

a. Der Umfang der inspection of documents

Eine Abweichung von dem grundsätzlich bestehenden Recht zur Einsichtnahme gilt nur für diejenigen Fälle, in denen

- die erklärende Partei das entsprechende Dokument mittlerweile nicht mehr in ihrer Kontrolle hat,
- die erklärende Partei ein Recht oder eine Pflicht zur Zurückhaltung des Dokumentes hat[370], oder
- die erklärende Partei die Einsichtnahme in eine Kategorie oder Gruppe von Dokumenten im Hinblick auf deren Unverhältnismäßigkeit verweigert und dies in ihrer disclosure-Erklärung deutlich gemacht hat[371].

---

[367] Die Wende der englischen Rechtsprechung wurde eingeleitet in dem Verfahren Booker McConnell plc v. Plascow [1985] RPC 425; vgl. auch Lock International plc v. Beswick [1989] 1 WLR 1268 at 1281.

[368] Vgl. Yousif v. Salama [1980] 1 WLR 1540 at 1544; Sime S. 379.

[369] Grant v. Southwestern and County Properties [1975] Ch. 185; vgl. auch O'Hare/Hill Rn. 30.019; Bramley/Gouge S. 104.

[370] CPR 31.3 (1); hierzu näher unten 2.Teil II 5.

[371] Hierzu näher CPR 31.3 (2) i.V.m. 31.6 (b).

Im letzteren Falle der Geltendmachung der Unverhältnismäßigkeit bleibt es dem Gericht jedoch nach CPR 31.12 (3) belassen, durch Beschluss anzuordnen, dass die Einsichtnahme trotz der von der jeweiligen Partei angenommenen Unverhältnismäßigkeit zu gewähren ist. Darüber hinaus kann eine Partei in solche Dokumente Einsicht nehmen, die in einem statement of case, einer Zeugenaussage, deren Zusammenfassung, in einer beeidigten Erklärung, oder unter den Voraussetzungen des CPR 35.10 (4) in einem Sachverständigengutachten erwähnt sind, vgl. CPR 31.14. Diesbezüglich wird aber wie auch schon unter der Regelung des RSC o. 24 r. 10[372] zu fordern sein, dass sich die Bezugnahme nicht nur aus einer Schlussfolgerung ergibt, sondern eine unmittelbare Anspielung auf das Dokument gegeben ist.[373] In der Praxis werden es die Parteien aber regelmäßig unterlassen, sich unmittelbar auf ein Dokument zu beziehen, dessen Inhalt sie der Gegenpartei vorenthalten möchten, so dass die Vorschrift des CPR 31.14 jedenfalls im Hinblick auf die Bezugnahme in den statements of case ins Leere geht.[374]

b. Das Verfahren der inspection of documents

Die Einsicht ist grundsätzlich in das gesamte Dokument zu gewähren, auch wenn dieses sehr umfangreich ist. In Ausnahmefällen können irrelevante Passagen jedoch von der Einsichtnahme ausgeschlossen werden.[375] Verfahrenstechnische Voraussetzung für die Einsichtnahme ist, dass die interessierte Partei eine schriftliche Mitteilung an die erklärende Partei übersendet, in der sie ihren Wunsch zur Einsichtnahme darlegt. In diesem Fall hat die vorlagepflichtige Partei der interessierten Partei die Einsichtnahme innerhalb von sieben Tagen seit Empfang der entsprechenden Mitteilung zu gewähren. Wünscht die interessierte Partei eine Kopie des Dokumentes, und ist sie bereit, die hierfür anfallenden angemessenen Kopierkosten zu tragen, hat die vorlagepflichtige Partei die Kopie ebenfalls innerhalb von sieben Tagen seit Empfang der Mitteilung zur Verfügung zu stellen, vgl. CPR 31.15. Es besteht jedoch grundsätzlich keine Verpflichtung, fremdsprachige Dokumente mit einer Übersetzung in die englische Sprache zur Verfügung zu stellen.[376] Hält die vorlagepflichtige Partei eine dieser Fristen nicht ein oder beschränkt sie die inspection of documents in unzulässiger Weise, kann sie sich selbst gemäß CPR 31.21 nicht mehr auf die diesbezüglichen Dokumente berufen. Darüber hinaus kommen Sanktionen wegen Missachtung des Gerichts ("contempt of court") gegen sie in Betracht, die bis zum Ausschluss ihrer statements of case reichen können.[377]

---

[372] Die frühere Regelung des RSC o. 24 r. 10 lautete: „Any party ... shall be entitled ... to serve a notice on any other party in whose pleadings, affidavits or witness statements reference is made to any document, requiring him to produce that document for ... inspection".

[373] Dubai Bank v. Galadari (No. 2) [1990] 2 All ER 738 zu RSC o. 24 r. 10.

[374] Auch Arnheim/Stirling/Tromans S. 112 rät, sich möglichst nicht auf Dokumente zu beziehen, die geheim gehalten werden sollen.

[375] Hierzu GE Capital Corporate Finance Group Ltd. v. Bankers Trust Co. [1995] 1 WLR 172, CA.

[376] Bayer AG v. Harris Pharmaceuticals Ltd. [1991] FSR 170; O'Hare/Hill Rn. 30.019; Matthews/Malek Rn. 7.21.

[377] Hierzu eingehend Sime S. 287; vgl. auch Arnheim/Stirling/Tromans S. 111.

c. Die Verwendung der Ergebnisse der inspection of documents

Die Einsicht nehmende Partei darf die ihr offengelegten Dokumente grundsätzlich nur für das diesbezügliche Zivilverfahren verwenden. Eine Verwendung der Dokumente zu anderen Zwecken ist ihr untersagt, wenn nicht

- das Dokument in mündlicher Verhandlung verlesen wurde oder sich in öffentlichen Verhandlung auf das Dokument bezogen wurde[378],
- das Gericht eine Erlaubnis zur anderweitigen Verwendung ausspricht, oder
- die anderweitige Verwendung in Übereinstimmung der vorlagepflichtigen und der Einsicht nehmenden Partei geschieht.[379]

Das Gericht hat jedoch unabhängig hiervon die Möglichkeit, durch Beschluss anzuordnen, dass die anderweitige Verwendung eines Dokumentes selbst im Falle der Verlesung oder Bezugnahme in mündlicher Verhandlung beschränkt oder verboten wird. Ein dahin gehender Antrag kann gemäß CPR 31.22 (2) und (3) durch jede Partei und denjenigen gestellt werden, dem das Dokument gehört. Jeglicher Missbrauch eines Dokumentes kann als Missachtung des Gerichts ("contempt of court") bestraft werden.[380] Darüber hinaus können spätere Verfahren, die auf den missbräuchlich verwendeten Dokumenten beruhen, auf Grund dessen abgewiesen werden.[381]

d. Die Einsichtnahme in Krankenakten

Die Einsichtnahme in Krankenakten ist im englischen Recht durch den Access to Health Records Act 1990 gesondert geregelt. Danach besteht ein grundsätzliches Recht des Patienten auf Einsichtnahme in seine Krankenakten. Ausgeschlossen ist der Anspruch auf Einsichtnahme nur, wenn

- der Antragsteller minderjährig ist und das erforderliche Verständnis nicht aufweist oder
- die Einsichtnahme wahrscheinlich einen ernsthaften Schaden bei dem Patienten nach sich ziehen wird.[382]

Liegen diese Ausnahmefälle nicht vor, ist der Inhaber der Krankenakten je nach deren Alter zu der Duldung einer Einsichtnahme innerhalb von 21 bzw. 40 Tagen verpflichtet.[383]

5. Die privileges

In einigen Fällen kann der Partei, welche die disclosure and inspection of documents begehrt, ein Recht oder eine Pflicht zur Zurückbehaltung des Dokumentes (sogenanntes "privilege") entgegen gehalten werden. Auf Grund der umfassenden Offenlegungspflichten im englischen Zivilverfahrensrecht kommt diesen privileges in der Praxis

---

[378] In diesem Fall besteht grundsätzlich auch kein Zurückbehaltungsrecht, vgl. Nicholl v. Jones (1865) 2 Hem & M 588; Sime S. 285.

[379] Vgl. CPR 31.22 (1); zur früheren Regelung vgl. RSC o. 24 r. 14A.

[380] Hierzu eingehend Plant Rn. 48.50.

[381] Riddick v. Thames Board Mills Ltd [1977] QB 881; hierzu vgl. auch O'Hare/Hill Rn. 30.029.

[382] Zudem muss der Antrag ab dem 1. November 1991, dem Datum des Inkrafttretens der Vorschriften, gestellt worden sein.

[383] Vgl. hierzu Regina v. Mid-Glamorgan Family Health Services and Another EuGRZ 1994, 606 f.

eine herausragende Bedeutung zu. Liegt ein solches Recht oder eine solche Pflicht zur Zurückbehaltung des betreffenden Dokumentes tatsächlich vor, ist die sich hierauf berufende Partei zwar zur disclosure verpflichtet, nicht aber zur Bereitstellung des Dokumentes im Rahmen der inspection.[384] Erlaubt eine Partei irrtümlich die Einsichtnahme in ein privilegiertes Dokument, so kann die Einsicht nehmende Partei dieses bzw. dessen Inhalt nur mit ausdrücklicher Erlaubnis des Gerichts in dem Zivilverfahren verwenden.[385]

Verfahrenstechnisch ist bereits in dem im Rahmen der disclosure anzufertigenden Verzeichnis deutlich zu machen, wenn die jeweilige Partei der Ansicht ist, ein Recht oder eine Pflicht zur Zurückhaltung einzelner Dokumente zu haben, vgl. CPR 31.10 (4) (a). Dabei muss die jeweilige Partei das angenommene Recht oder die angenommene Pflicht zur Zurückhaltung des bezeichneten Dokumentes sowie dessen tatsächlichen Hintergrund schriftlich darlegen.[386] Dies kann nach CPR 31.19 (4) im Rahmen des Verzeichnisses oder einer gesonderten Erklärung gegenüber der Gegenpartei geschehen. Grundsätzlich kann die jeweilige Partei aber auch auf die Geltendmachung eines privileges verzichten, indem sie dieses im Rahmen der disclosure nicht anführt.[387] Ebenso ist der Verzicht auf einzelne Bestandteile eines insgesamt privilegierten Dokumentes möglich, sofern es sich um inhaltlich abtrennbare Teilbereiche handelt.[388] Erfasst das privilege nur einen Teil des Dokumentes, so kann dieser Teil versiegelt oder eine Kenntnisnahme auf andere Weise verhindert werden, während der nicht privilegierte Teil des Dokumentes dem Gegner offengelegt werden muss.[389]

Die nachfolgend im einzelnen erläuterten privileges sind in ihrem Ursprung das Ergebnis von Wertungen, nach denen die Sachverhaltsaufklärung hinter anderen, im öffentlichen Interesse stehenden Anliegen zurücktreten soll.[390] Ausgehend von der englischen Vorstellung, dass der Gerechtigkeit durch umfassende Information des Gerichts am besten gedient ist, sollen die privileges aber Ausnahmen von der grundsätzlich bestehenden Offenlegungspflicht bleiben. In diesem Sinne sagte Lord Edmund-Davies[391]: "[We] should start from the basis that the public interest is, on balance, best served by rigidly confining with narrow limits the cases where material relevant to litigation may be lawful withheld. Justice is better served by candour than by suppression."

---

[384] Schaaff S. 63 f.; Sime S. 277; O'Hare/Hill Rn. 30.019.

[385] CPR 31.20; zur Auslegung der Voraussetzung des Irrtums vgl. die Ausführungen bei Arnheim/Stirling/Tromans S. 117 ff.

[386] CPR 31.19 (3) ; vgl. hierzu auch die Practice Direction – Disclosure and Inspection Part 31 4.5 und 4.6; siehe auch Lang S. 206.

[387] Vgl. Matthews/Malek Rn. 10.03 ff.; Schaaff S. 64; Plant Rn. 48.28; zur vertraglichen Verpflichtung zum Verzicht auf ein privilege vgl. Bishopsgate Investment Management Ltd. v. Maxwell [1993] Ch 1 at 13, CA; Andrews Rn. 12-068.

[388] Great Atlantic Insurance Co. v. Home Insurance Co. [1981] 1 WLR 529 at 536; Burnell v. British Transport Commission [1956] 1 QB 187; Junker in: Schlosser S. 63, 113; Lang S. 207.

[389] Schaaff S. 64.

[390] Schaaff S. 63; Samuels 132 NLJ (1982) 569.

[391] Waugh v. British Railways Board [1980] AC 521 at 543; vgl. auch Sime S. 278; Lang S. 206.

a. Das privilege against self-incrimination

Das im englischen Recht seit langem anerkannte "privilege against self-incrimination" besagt, dass niemand zur Vorlegung eines Dokumentes gezwungen werden kann, das ihn selbst oder seinen Ehegatten in die Gefahr einer strafrechtlichen Verurteilung bringen kann.[392] Goddard LJ umschrieb dies wie folgt[393]: "... the rule is that no one is bound to answer any question [or produce any document] if the answer thereto would, in the opinion of the judge, have a tendency to expose [him or her] to any criminal charge, penalty, or forfeiture which the judge regards as reasonably likely to be preferred or sued for."

aa. Die Voraussetzungen des privilege

Auf das privilege können sich sowohl natürliche Personen als auch Vereinigungen mit Rechtspersönlichkeit berufen.[394] Im letzteren Fall kann es hinsichtlich der Voraussetzungen des privilege erforderlich sein, zwischen der möglichen Strafbarkeit der Vereinigung auf der einen Seite und deren Organe bzw. Vertreter auf der anderen Seite zu differenzieren.[395] Erforderlich ist in jedem Fall, dass eine nach englischem oder europäischem Recht strafbare Handlung vorliegt.[396] Nicht ausreichend ist insoweit, dass durch die disclosure Dokumente offengelegt würden, die allenfalls moralisch bedenkliche Enthüllungen beinhalten.[397]

Hingegen umfasst das privilege nicht nur solche Dokumente, die strafrechtlich relevantes Belastungsmaterial enthalten, sondern darüber hinaus auch solche, die lediglich eine dahin gehende Tendenz aufweisen.[398] Das privilege findet daher nicht nur dann Anwendung, wenn die Dokumentenvorlegung das Risiko einer strafrechtlichen Verurteilung erhöht, sondern bereits dann, wenn die Dokumente für die Frage der Einleitung eines Strafverfahrens oder der Schuld der Partei nützlich sein können.[399] Erforderlich ist aber, dass bei Offenlegung der betreffenden Dokumente im Rahmen einer lebensnahen Betrachtung die ernstliche Gefahr ("real and appreciable danger") einer Straf-

---

[392] S. 14 Civil Evidence Act 1968 besagt: "A person in any legal proceedings other than criminal proceedings can refuse to answer any question or produce any document or thing if to do so would tend to expose that person to proceedings for an offence or for the recovery of a penalty."; vgl. auch Lamb v. Munster [1882] 10 QBD 110 at 111, DC; In re Westinghouse Electric Corp. Uranium Contract Litigation [1978] AC 547 at 612; Renworth Ltd. v. Stephansen [1996] 3 All ER 244; vgl. zur historischen Entwicklung des privilege against self-incrimination und dessen ratio Schaaff S. 64 f.; Kessel ZVglRWiss 92 (1993), 395, 409; Picton Howell RIW 1996, 1011, 1012.

[393] Vgl. Blunt v. Park Lane Hotel Ltd. [1942] 2 KB 253; vgl. auch Sime S. 278.

[394] Triplex Safety Glass Co. Ltd. v. Lancegaye Safety Glass (1934) Ltd. [1939] 2 KB 395; zu der Problematik der Geltendmachung des privileges durch Gesellschaften eingehend Andrews Rn. 12-069; vgl. auch Plant Rn. 48.19.

[395] Sociedade Nacional de Combustiveis de Angola UEE v. Lundquist [1991] 2 QB 310.

[396] Rio Tinto Zinc Corp. v. Westinghouse Electric Corp. [1979] AC 547, HL; vgl. auch Andrews Rn. 12-064; Matthews/Malek Rn. 9.94; Cromie S. 140.

[397] Hierzu section 14 (1) (a) Civil Evidence Act 1968; vgl. auch Foster/Wynn/Ainley S. 9 ff.

[398] Blunt v. Park Lane Hotel Ltd. [1942] 2 KB 253 at 257.

[399] Den Norske Bank ASA v. Antonatos [1998] QB 271, CA.

verfolgung besteht.[400] Eine solche Gefahr besteht beispielsweise dann nicht, wenn das betreffende Delikt bereits verjährt ist und schon aus diesem Grunde nicht verfolgt werden kann.[401] Gleiches gilt, wenn nur eine rein theoretische Gefahr der Strafverfolgung besteht, die das Verhalten einer vernünftigen Partei ("reasonable man") nicht beeinflussen würde.[402] Auch Gründe der Verhältnismäßigkeit können das privilege ausschließen, wenn es sich auf der einen Seite um eine ganz unerhebliche Strafe handelt und dem ein erhebliches Interesse des Gegners an der Erlangung der Information gegenüber steht.[403]

bb. Der Ausschluss des privilege

Eine gesetzlich geregelte Einschränkung des privilege against self-incrimination besteht für die Gefahr der Strafverfolgung bei Eigentumsdelikten. Insoweit bestimmt section 31 (1) Theft Act 1968, dass die diesbezügliche Gefahr der Strafverfolgung grundsätzlich kein privilege begründet. Die durch die disclosure gewonnenen Erkenntnisse dürfen jedoch nicht in einem Strafverfahren wegen Eigentumsdelikten verwertet werden. Eine parallele Regelung wurde in section 42 Banking Act 1987 getroffen, soweit eine Bestrafung wegen diesbezüglicher Regelwidrigkeiten in Betracht kommt.[404]

Darüber hinaus wird das privilege auf dem Gebiet des Patent- und Urheberrechtsschutzes[405] durch section 72 Supreme Court Act 1981 weitgehend ausgeschlossen.[406] Grund hierfür ist, dass Verstöße auf diesem Gebiet in der Regel auch strafbewehrt sind.[407] Gerade im Zusammenhang mit Patent- und Urheberrechtsverletzungen wurde aber die search order entwickelt, welche in erster Linie dazu dient, den Gegner belastendes Material zu beschaffen.[408] Diese wäre jedoch regelmäßig ausgeschlossen, wenn sich der prozessuale Gegner auf das privilege against self-incrimination berufen könnte. Um dies zu verhindern fügte der englische Gesetzgeber section 72 in den Supreme Court Act 1981 ein, der den Ausschluss des privilege in Verfahren des Patent- und Urheberrechtsschutzes statuiert. Die Vorschrift ist weit zu interpretieren und greift unabhängig davon, ob ein Strafverfahren eingeleitet worden ist oder nicht.[409] Im Gegenzug ordnet sie ein Verwertungsverbot der durch die disclosure and inspection of documents gewonnenen Erkenntnisse für ein diesbezügliches Strafverfahren an, sofern dieses nicht wegen Meineids ("perjury") oder Missachtung des Gerichts ("contempt of

---

[400] Cockburn C.J.R. v. Boyes (1861) 1 B & S 311 at 330; Schaaff S. 66; Langan S. 225; Andrews Rn. 12-066; Picton Howell RIW 1996, 1011, 1012.

[401] Matthews/Malek Rn. 9.099 f.; Halsbury's Laws of England, Bd. 13, discovery, Anm. 92.

[402] R. v. Boyes [1861] 1 B & S 311 at 330; vgl. auch Schaaff S. 66.

[403] Rank Film Distributors Ltd. v. Video Information Centre [1981] 2 WLR 668 at 674.

[404] Bank of England v. Riley [1992] Ch 475, CA.

[405] Dies umfasst alle Verfahren hinsichtlich "intellectual property", also "any patent, trade mark, copyright, design right, registered design, technical or commercial information or other intellectual property", vgl. section 72 (5) Supreme Court Act 1981.

[406] Hierzu eingehend Sime S. 279 f.; vgl. auch Balabel v. Air India [1988] 2 WLR 1036 at 1046.

[407] Hierzu Davies/Russell NLJ 132 (1982), 471.

[408] Zur search order siehe oben 2. Teil II 3 c bb; vgl. auch Lang S. 209 zur früheren Anton Piller order.

[409] Charles of the Ritz Group Ltd. v. Jory [1986] FSR 14; vgl. auch Lang S. 209 f.

court") eingeleitet wird.[410] Ähnliche Ausnahmen im Hinblick auf die Anwendbarkeit des privilege against self-incrimination bestehen auf den Gebieten des Insolvenz- und des Bankrechts.[411]
Nicht ausreichend für den Ausschluss des privilege ist dagegen das bloße Versprechen der gegnerischen Partei, die durch die disclosure and inspection of documents gewonnenen Erkenntnisse nicht dazu zu nutzen, ein Strafverfahren gegen die Partei einzuleiten. Denn insoweit ist nicht hinreichend gesichert, dass eine derartige Erklärung Bindungswirkung für ein dennoch eingeleitetes Strafverfahren hat.[412] Darüber hinaus könnte ein Strafverfahren auch auf andere Weise eingeleitet werden, wenn nur der Inhalt der geschützten Dokumente beispielsweise in der nachfolgenden Hauptverhandlung Dritten bekannt würde.[413] Etwas anderes kann aber dann gelten, wenn die Staatsanwaltschaft schriftlich bestätigt, dass sie von den im Rahmen der disclosure and inspection of documents offengelegten Dokumenten keinen Gebrauch machen wird. In diesem Fall ist es dem Gericht möglich, die Annahme der realistischen Gefahr einer Strafverfolgung zu verneinen.[414]

cc. Das Verfahren bei Vorliegen des privilege

Macht eine Partei das privilege against self-incrimination nach den vorgenannten Grundsätzen zurecht geltend, ist sie nicht zur Vorlegung der hiervon betroffenen Dokumente verpflichtet. Im Rahmen der disclosure muss sie diese Dokumente und das von ihr geltend gemachte privilege jedoch angeben.[415] Dabei muss der Hintergrund einer möglichen Straftat, die im Zusammenhang mit dem betreffenden Dokument steht, nicht ausführlich genannt werden. Ausreichend ist die Versicherung der Partei, dass die Offenlegung nach ihrem besten Wissen dazu geeignet ist, sie strafrechtlich zu belasten. Ist das Gericht nicht von dem Vorliegen der Voraussetzungen des privileges überzeugt, kann es sich durch Einsichtnahme in die betreffenden Dokumente hiervon selbst versichern.[416]

dd. Effektivität des privilege

Problematisch erscheint das privilege against self-incrimination besonders deswegen, weil es mit den vielfältigen Ausnahmen keinen verlässlichen Rechtsschutz bietet. Aus diesem Grunde wird von verschiedenen Seiten eine umfassende Reform gefordert. So wurde beispielsweise vorgeschlagen, das privilege in Zivilverfahren allgemein abzu-

[410] Vgl. section 72 (3) Supreme Court Act 1981.
[411] Hierzu eingehend Matthews/Malek Rn. 9.102 ff.
[412] Triplex Safety Glass Co. Ltd. v. Lancegaye Safety Glass (1934) Ltd. [1939] 2 KB 395 at 407; ähnlich auch das House of Lords in Rank Film Distributors Ltd. v. Video Information Centre [1981] 2 WLR 668 at 676.
[413] Rank Film Distributors Ltd. v. Video Information Centre [1981] 2 WLR 668 at 675; vgl. hierzu auch Schaaff S. 66.
[414] So angenommen in dem Verfahren AT & T Instel Ltd. v. Tully [1993] AC 45, HL; vgl. auch Andrews Rn. 12-067.
[415] Vgl. nur Hunnings v. Williamson (1882) 10 QBD 458; Andrews Rn. 12-065.
[416] Vgl. hierzu Triplex Safety Glass Co. Ltd. v. Lancegaye Safety Glass (1934) Ltd. [1939] 2 KB 395, CA.

schaffen und im Gegenzug ein grundsätzliches Verwertungsverbot für die hierdurch gewonnenen Erkenntnisse im Rahmen von Strafverfahren einzuführen.[417] Auch hierin zeigt sich die grundsätzliche englische Ansicht, nach welcher der Gerechtigkeit mit Offenheit am besten gedient ist. Vernachlässigt wird dabei aber der Schutz des Einzelnen, der selbst bei Vorliegen eines Verwertungsverbotes nicht vor dem Risiko geschützt wird, zumindest auf Umwegen zu seiner eigenen strafrechtlichen Verfolgung beitragen zu müssen.

b. Das legal professional privilege

Nach den Grundsätzen des "legal professional privilege" kann die Offenlegung des für die Rechtsverfolgung und Rechtsberatung erforderlichen Schriftverkehrs nicht erzwungen werden. Insoweit ist in England seit langem anerkannt, dass "individuals should be able to consult their lawyers in the certain knowledge that what they tell their lawyers and the advice they receive from their lawyers, whether orally or in writing, will be immune from compulsory disclosure".[418]

aa. Allgemeines und Verfahren

Das bereits in der Mitte des 16. Jahrhunderts entwickelte privilege wurde ursprünglich aus der Standespflicht der Rechtsanwälte abgeleitet, welche durch die Preisgabe vertraulicher Informationen verletzt würde.[419] Mittlerweile hat sich die Erkenntnis durchgesetzt, dass die Aufgaben des Rechtsanwaltes nur dann ordnungsgemäß erfüllt werden können, wenn dieser das uneingeschränkte Vertrauen seines Mandanten genießt und von diesem umfassend informiert werden kann, ohne hierdurch prozessuale Nachteile in Kauf nehmen zu müssen.[420] Insoweit bedingt bereits die Stellung des Rechtsanwaltes im Zivilverfahren die Notwendigkeit des legal professional privilege.[421]

Hieraus ergibt sich auch, dass der Rechtsanwalt gegenüber seinem Mandanten zur Geltendmachung des legal professional privilege verpflichtet ist.[422] Nur der Mandant, der durch das privilege geschützt werden soll, kann auf dessen Geltendmachung verzichten.[423] Nichtsdestotrotz wird es dem Mandanten als Verzicht zugerechnet, wenn

---

[417] So Andrews Rn. 12-072, der auf Kritik in der Rechtsprechung verweist, so z.B. in dem Verfahren Sonangol v. Lundquist [1991] 2 QB 310, CA oder Tate Access Floors Inc. v. Boswell [1991] Ch. 512 at 532.

[418] Per Sir Richard Scott V.-C. in Re Barings plc [1998] 1 All ER 673.

[419] Vgl. nur Schaaff S. 68.

[420] Abbey National plc v. Clive Travers & Co. [1999] PNIR 753 at 755, CA; Re International Power Industries N.V. [1985] BCLC 128; Procter v. Smiles [1886] 55 LJQB 467 at 527 f.

[421] Greenough v. Gaskell [1833] 1 Myl & K 98; Anderson v. Bank of British Columbia [1876] 2 ChD 644 at 649; White Book Rn. 31.3.5; Schaaff S. 68.

[422] Andrews Rn. 12-014; Halsbury's Laws of England, Bd. 13, discovery, Anm 84; eine Ausnahme kann in Kindschaftssachen bestehen, wenn es um das Wohl des Kindes geht, vgl. Essex County Council v. R. [1994] Fam 167; vgl. auch Part IV Children Act 1989.

[423] Der Verzicht kann ausdrücklich oder konkludent z.B. durch Angabe des Dokumentes ohne privilege im Rahmen der disclosure erklärt werden, vgl. General Accident Fire and Life Assurance Corporation Ltd. v. Tanter [1984] 1 WLR 100; Great Atlantic Insurance Co. v. Home Insurance Co. [1981] 1

der Rechtsanwalt das privilege – wenn auch nur versehentlich – im Rahmen der disclosure nicht geltend macht. Davon strikt zu unterscheiden ist der Fall, dass privilegierte Dokumente versehentlich offengelegt werden.[424] Grundsätzlich ist auch ein nur teilweiser Verzicht auf das legal professional privilege möglich. Vorsicht ist aber dann geboten, wenn dies aus Sicht des Gerichts zu Verzerrungen des Sachverhaltes führen könnte. So besteht die begründete Gefahr, dass das Gericht im Falle des nur teilweisen Verzichts aus Gründen der Fairness die vollständige Offenlegung des Dokumentes anordnet: "...the court must have an opportunity of satisfying themselves that what the party has chosen to release from privilege represents the whole of the material relevant to the issue in question".[425]

Unterfällt ein Dokument dem legal professional privilege, so ist dieses nicht nur für den konkreten Rechtsstreit geschützt, sondern darüber hinaus auch im Rahmen späterer Rechtsstreitigkeiten.[426] Dies gilt jedoch nur inter partes[427], so dass Dritte als spätere Parteien eines Rechtsstreites sich nicht auf den in einem Rechtsstreit zwischen anderen Parteien bestehenden Schutz des legal professional privilege berufen können.[428]

Hinsichtlich des Umfangs des legal professional privilege muss zwischen den folgenden Fallgruppen differenziert werden.

bb. Der Schriftverkehr zwischen Rechtsanwalt und Mandant

Der Schutz des Schriftverkehrs zwischen Rechtsanwalt[429] und Mandant bildet den Kerngehalt des legal professional privilege. Voraussetzung für den Schutz der diesbezüglichen Dokumente ist aber, dass der Rechtsanwalt im Rahmen seiner beruflichen Eigenschaft für den Mandanten rechtsberatend tätig wird.[430] Nicht ausreichend ist ein

---

WLR 529; Greenough v. Gaskell [1833] 1 Myl & K 98 at 102; Procter v. Smiles [1886] 55 LJQB 467 at 527 f.; CA; vgl. auch Schaaff S. 71; Cromie S. 139; Sime S. 280, 282 f.; Andrews Rn. 12-014.

[424] Vgl. hierzu die Regelung der CPR 31.20; zur Auslegung der Voraussetzung des Irrtums vgl. die Ausführungen bei Arnheim/Stirling/Tromans S. 117 ff. und oben 2. Kapitel 2. Teil II 5.

[425] Mustill J. in Nea Karteria Maritime Co. Ltd. v. Atlantic and Great Lakes Steamship Co. [1981] Com LR 139; vgl. auch Derby & Co. Ltd. v. Weldon Ltd. (No. 10) [1991] 2 All ER 908; Re Sarah Getty [1985] QB 956; B. v. John Wyeth & Brother Ltd. [1992] 1 WLR 169, CA; vgl. auch Cromie S. 139.

[426] "Once privileged, always privileged": vgl. Calcraft v. Guest [1898] 1 QB 759 at 761; Goldstone v. Williams [1899] 1 Ch 47 at 52; vgl. auch Schaaff S. 75; Foster/Wynn/Ainley S. 29 ff.

[427] Hiervon sind auch deren Rechtsnachfolger umfasst: vgl. Crescent Farm (Sidcup) Sports Ltd. v. Sterling Offices Ltd. [1972] Ch 553.

[428] So kann ein Gutachter, dessen zum Zwecke der Rechtsverfolgung erstelltes Gutachten zunächst geschützt war, sich bei einem nachfolgenden Schadensersatzprozess gegen ihn nicht auf das legal professional privilege berufen, vgl. Schneider v. Leigh [1955] 1 QB 195.

[429] Unter dem Begriff des Rechtsanwaltes sind sowohl der "barrister" als auch der "solicitor" zu verstehen; vgl. Courts and Legal Services Act 1990, s. 63; auch Syndikusanwälte werden durch das legal professional privilege geschützt, vgl. Alfred Crompton Amusement Machines Ltd. v. Commissioners of Customs and Excise (No. 2) [1974] AC 405; siehe hierzu auch Cromie S. 138; Matthews/Malek Rn. 9.036 ff.

[430] Minter v. Priest [1930] AC 558 at 568; vgl. auch Lang S. 207; ebenso für ausländische Rechtsanwälte siehe Macfarlan v. Rolt (1872) LREq 580; vgl. auch Plant Rn. 48.22; Picton Howell RIW 1996, 1011, 1012.

Rat im Rahmen einer reinen Gefälligkeitsbeziehung.[431] Ebenso kann keine anwaltliche Tätigkeit angenommen werden, wenn die Beratung illegalen Zwecken dient.[432] So greift das privilege unabhängig von der Kenntnis des Rechtsanwaltes[433] bereits dann nicht mehr, wenn eine erhebliche Wahrscheinlichkeit dafür besteht, dass der Mandant eine Straftat oder sonstige „Ungerechtigkeit“[434] beabsichtigte.[435] Beispielsweise wurde das legal professional privilege in einem Fall verwehrt, in dem die rechtliche Beratung darauf abzielte, die Bank des Mandanten durch finanzielle Transaktionen zu benachteiligen.[436] In einem anderen Fall konnte die Partei sich nicht auf das legal professional privilege berufen, weil sie sich zur Anspruchsbegründung einer search order auf Informationen berufen hatte, die unter Verstoß gegen den Data Protection Act 1984 erlangt worden waren.[437] In derartigen Fällen greift der Schutz des legal professional privilege grundsätzlich auch dann nicht, wenn sich der konkret geltend gemachte Anspruch nicht auf diese Straftat oder „Ungerechtigkeit“ bezieht.[438]
Der Schutz des privilege endet in Bezug auf die hier erörterte Fallgruppe mit Abschluss der konkreten Vertragsbeziehung zwischen Rechtsanwalt und Mandant und bezieht sich demgemäß nicht mehr auf den der Beendigung der Vertragsbeziehung nachfolgenden Schriftverkehr.[439] Umgekehrt wird ein Schriftstück nicht nachträglich durch das legal professional privilege geschützt, weil es zum Zwecke der rechtlichen Beratung an den Rechtsanwalt übergeben bzw. von diesem fotokopiert wird.[440] Wäre dies der Fall, so würden die englischen Anwaltskanzleien, wie Andrews[441] es ausgedrückt hat, zu "Bodleian libraries, filled with hitherto unprivileged documents". Dementsprechend gilt der Grundsatz, dass nicht privilegierte Dokumente durch die Übergabe an den mandatierten Rechtsanwalt bzw. durch dessen Herstellung von Fotokopien der Originaldokumente nicht privilegiert werden.[442] Allenfalls wenn sich aus der Zusammenstellung von Originalen oder Kopien nicht-privilegierter Dokumente für die Gegenseite ersehen ließe, welche konkrete Taktik für die anstehende Rechtsstreitigkeit

---

431 Smith v. Daniell [1874] 44 LJCh 189.

432 "If the lawyer is aware of the wrongdoing, he casts off the mantle of a lawyer.", vgl. Andrews Rn. 12-038 unter Verweis auf Ventouris v. Mountain [1990] 1 WLR 1370; vgl. auch Finers v. Miro [1991] 1 WLR 35, CA; Sime S. 281; Halsbury's Laws of England, Bd. 13, discovery, Anm. 82.

433 Vgl. Banque Keyser Ullman v. Skandia (UK) Insurance Co. [1986] 1 Lloyd's Rep. 336 at 337, CA.

434 Der Begriff der „Ungerechtigkeit“ ist recht unscharf. Teilweise wird auch die Formulierung "fraudulent breach of trust, fraudulant conspiracy, trickery and sham connivances" verwendet, vgl. Buttes Gas and Oil Co. v. Hammer (No. 3) [1981] QB 223 at 246, CA.

435 Gamlen Chemical Co. (UK) Ltd. v. Rochem Ltd. [1979] CA Transcript 777; Crescent Farm (Sidcup) Sports Ltd. v. Sterling Offices Ltd. [1972] Ch 553; O'Rourke v. Darbishire [1920] AC 581 at 604, HL; vgl. auch Lang S. 208; Matthews/Malek Rn. 9.060 ff.

436 Barclays Bank plc v. Eustice [1995] 1 WLR 1238, CA.

437 Dubai Aluminum Co. Ltd. v. Al Alawi [1999] 1 WLR 1964.

438 Dubai Bank Ltd. v. Galadari (No. 6) (1991) The Times, 22 April 1991; vgl. auch Sime S. 282.

439 Greenough v. Gaskell [1833] 1 Myl & K 98 at 115; vgl. hierzu auch näher Matthews/Malek Rn. 9.009 ff.

440 Dubai Bank Ltd. v. Galadari [1990] Ch 98, CA; Pearce v. Foster [1885] 15 QBD 114 at 118 f., CA; Chadwick v. Bowman [1886] 16 QBD 561.

441 Andrews Rn. 12-029.

442 Vgl. nur Buttes Gas & Oil Co. v. Hammer (No. 3) [1981] QB 223 at 244.

beabsichtigt wird, kann diese Zusammenstellung dem Schutz des legal professional privilege unterfallen.[443] Gleiches gilt für eine Zusammenstellung, in welcher der Rechtsanwalt in Ausübung seines Mandates (mittels "skill and judgment") eine Vielzahl von Dokumenten ausgewertet hat.[444] In diesen Fällen soll die jeweilige Partei nicht die Möglichkeit haben, auf die Arbeit des gegnerischen Rechtsanwaltes zurückgreifen zu können.
Unabhängig ist der Schutz des Schriftverkehrs zwischen Rechtsanwalt und Mandant von der Rechtshängigkeit eines Zivilverfahrens, da bereits der Bereich der anwaltlichen Rechtsberatung geschützt wird.[445] Umfasst werden dabei aber nur vertrauliche Informationen, wovon zum Beispiel die Identität und Anschrift des Mandanten sowie die durch den Rechtsanwalt vorgetragenen Rechtsansichten in der Regel nicht umfasst sind.[446] Jedoch ist nicht nur die in dem Schriftverkehr zwischen Rechtsanwalt und Mandant enthaltene Rechtsberatung durch das legal professional privilege geschützt, sondern darüber hinaus auch der Rat des Rechtsanwaltes über das weitere Vorgehen des Mandanten im rechtlichen Kontext ("advice as to what should prudently and sensibly be done in the relevant legal context").[447]

cc. Der Schriftverkehr zwischen Rechtsanwalt und Dritten

Auch der Schriftverkehr zwischen dem Rechtsanwalt und einem Dritten kann von dem legal professional privilege erfasst werden.[448] Auf diese Weise soll es der durch das privilege geschützten Partei ermöglicht werden, Beweismaterial zu sammeln und ihre Beweisführung in der Hauptverhandlung ohne Eingreifen der gegnerischen Partei vorzubereiten.[449] Ihrem Schutzzweck entsprechend ist diese Fallgruppe nur einschlägig, wenn ein Rechtsstreit bereits anhängig oder zumindest zu erwarten ist und der Schriftverkehr im Hinblick auf die Beweisführung in diesem Verfahren geführt wur-

---

[443] Vgl. Dubai Bank Ltd. v. Galadari (No. 7) [1992] 1 WLR 106; Ventouris v. Mountain [1991] 1 WLR 607 at 615; Huddleston v. Control Risks Information Services Ltd. [1987] 1 WLR 701; Lyell v. Kennedy (No. 3) (1884) 27 ChD 1 at 26; siehe auch eingehend Andrews Rn. 12-030 f.

[444] Dubai Bank v. Galadari [1990] Ch 98 at 108; Vardas v. S. British Insurance Ltd. [1984] 2 NSWLR 652; Nickmar Pty Ltd. v. Preservatrice Skandia Insurance Pty Ltd. [1985] 3 NSWLR 44.

[445] Minet v. Morgan [1873] 8 ChApp 361; O'Shea v. Wood [1891] P 286 at 289 f.; Wheeler v. Le Marchant [1881] 17 ChD 682; vgl. auch Schaaff S. 70 ; Sime S. 280; Lang S. 207; Cromie S. 138; Picton Howell RIW 1996, 1011, 1012; Kessel ZVglRWiss 92 (1993), 395, 408.

[446] Minter v. Priest [1930] AC 558 at 568; Bursil v. Tanner [1885] 16 QBD 1; Bristol Corp. v. Cox [1884] 26 ChD 678 at 724; Conlons Ltd. [1952] 2 All ER 462; Andrews Rn. 12-025; Schaaff S. 70; Cromie S. 138.

[447] Zur Abgrenzung vgl. Nederlandse Reassurantie Groep Holding NV v. Bacon & Woodrow [1995] 1 All ER 976; Balabel v. Air India [1988] 2 WLR 1036 at 1046; siehe auch Picton Howell RIW 1996, 1011, 1012; Lang S. 208; Sime S. 280.

[448] Lee v. Thames Regional Health Authority [1985] 2 All ER 385, CA; Anderson v. Bank of British Columbia [1876] 2 ChD 644 at 649 f., CA; teilweise auch als "litigation privilege" bezeichnet, vgl. Sime S. 281; Matthews/Malek Rn. 9.028; Picton Howell RIW 1996, 1011, 1012; Kessel ZVglRWiss 92 (1993), 395, 408.

[449] Southwark Water Co. v. Quick [1878] 3 QBD 315 at 320; Marriott v. Chamberlain [1886] 17 QBD 154.

de.[450] Im Fall eines nur erwarteten Rechtsstreits müssen hierbei konkrete Tatsachen vorliegen, die den Rechtsstreit als objektiv wahrscheinlich erscheinen lassen. Die nur vage, objektiv nicht nachvollziehbare Erwartung eines Rechtsstreits reicht für die Geltendmachung des legal professional privilege in dieser Fallgruppe hingegen nicht aus.[451]

dd. Der Schriftverkehr zwischen Mandant und Dritten

Unter den Schutz des legal professional privilege kann darüber hinaus auch der Schriftverkehr zwischen dem Mandanten und einem Dritten fallen. Als Dritter kommt aber nicht jede beliebige Person in Betracht, sondern lediglich solche Personen, die im weitesten Sinne auf Seiten einer Partei stehen und mit Informationen betraut sind, die geeignet sind, das legal professional privilege bei einer angenommenen Verpflichtung zur disclosure im Ergebnis zu umgehen.[452] Als Beispiel kann hier der Schriftverkehr zwischen Mitklägern oder Mitbeklagten angeführt werden.[453] Ebenso kommen mit der Rechtsverfolgung betreute Angestellte des Mandanten sowie von diesem beauftragte Sachverständige als Dritte in diesem Sinne in Betracht.[454] Voraussetzung für das Eingreifen des legal professional privilege in dieser Fallgruppe ist, dass

- es sich im Zeitpunkt der Erstellung des Dokumentes[455] um Informationen handelt, die für den mit der Rechtsberatung betrauten Rechtsanwalt bestimmt sind[456], und
- diese Informationen im Hinblick auf die Rechtsberatung für einen bereits anhängigen oder erwarteten Rechtsstreit verwertet werden sollen[457].

In Bezug auf die Voraussetzung der Bestimmung des Dokumentes für die Beratung durch den beauftragten Rechtsanwalt werden im Zeitpunkt der Erstellung des Dokumentes regelmäßig nicht nur eine, sondern mehrere Zielsetzungen verfolgt werden. In diesem Fall ist die Geltendmachung des legal professional privilege nur dann möglich, wenn die Einholung einer rechtlichen Beratung die primäre Zielsetzung ("dominant purpose") der Erstellung des Dokumentes darstellte.[458] Ist dies nicht der Fall, müssen die betreffenden Dokumente im Rahmen der disclosure and inspection of documents

---

[450] Halsbury's Laws of England, Bd. 13, discovery, Anm. 77; Schaaff S. 71; Lang. S. 208; Andrews Rn. 12-003.
[451] Greenlaw v. King [1838] 1 Beav 137; Hampson v. Hampson [1857] 26 LJCh 612.
[452] Waugh v. British Railways Board [1980] AC 521.
[453] Hierzu Hamilton v. Nott [1873] 42 LJCh 512; Hutt v. Governors of Haileybury College [1888] 4 TLR 277, CA.
[454] Woolley v. N.L. Rly. Co. [1869] 20 LT 613; Wheeler v. Le Marchant [1881] 17 ChD 675, CA.
[455] Vgl. Pearce v. Foster [1885] 15 QBD 114 at 118 f., CA.
[456] Anderson v. Bank of British Columbia [1876] 2 ChD 644, CA.
[457] Wheeler v. Le Marchant [1881] 17 ChD 675 at 682, CA; vgl. auch Plant Rn. 48.23.
[458] Ventouris v. Mountain [1991] 3 All ER 472; Alfred Crompton Amusement Machines Ltd. v. Commissioners of Custom and Excise (No. 2) [1974] AC 405; In Re Highgrade Traders Ltd. [1984] BCLC 151; Waugh v. British Railways Board [1980] AC 521 at 533 ff.; vgl. auch Lang S. 208; Andrews Rn. 12-018; Kessel ZVglRWiss 92 (1993), 395, 408; Picton Howell RIW 1996, 1011, 1012; Cromie S. 139.

offengelegt werden.[459] Im Hinblick auf die Voraussetzung der Bestimmung des Dokumentes zur Verwertung in einem Rechtsstreit stellt sich die Frage, ab welchem Zeitpunkt ein Rechtsstreit von der Partei „erwartet“ worden ist. Diesbezüglich hat das House of Lords festgestellt, dass bei Vereinigungen, innerhalb derer ein Entscheidungsgremium über die Beauftragung eines Rechtsanwaltes entscheidet, das legal professional privilege grundsätzlich erst ab dieser Entscheidung gilt.[460] Bei natürlichen Personen oder Vereinigungen, in denen ein solches Entscheidungsgremium nicht existiert, muss dagegen auf den konkreten Einzelfall abgestellt werden.

c. Die without prejudice communication

Die "without prejudice communication" (wörtlich übersetzt „Mitteilung ohne Nachteil“) bezeichnet ein weiteres privilege, das der grundsätzlich bestehenden Möglichkeit der Verwertung von Dokumenten in einem Zivilverfahren entgegen gehalten werden kann. Von dieser Fallgruppe werden die schriftlichen oder mündlichen Mitteilungen der Parteien[461] oder Dritter[462] erfasst, die im Hinblick auf den möglichen Abschluss eines einvernehmlichen außergerichtlichen Vergleichs und der Vereinbarung verfasst wurden, dass deren Inhalt nicht zum Nachteil des Gegners verwendet werden darf, wenn es im Ergebnis nicht zu einer Einigung kommt.[463]

aa. Allgemeines und Verfahren

Hintergrund der Anerkennung der "without prejudice communication“ durch die englischen Gerichte ist die Intention, den wegen der schnelleren und kostengünstigeren Streitbeilegung im Interesse der Allgemeinheit stehenden Abschluss von Vergleichen zu fördern.[464] Hierzu ist es bereits aus Gründen des englischen Verständnisses von Fairness erforderlich, die vergleichsbereite Partei vor der Nutzung ihrer Eingeständnisse als Beweismittel zu schützen.[465] Diese Vereinbarung kann grundsätzlich ausdrücklich oder konkludent getroffen werden.[466] Zur Vermeidung von Zweifeln wird der Schriftwechsel in der englischen Praxis regelmäßig mit der Formulierung "without prejudice" überschrieben.[467] Allein das Vorliegen der Überschrift "without prejudice"

---

[459] Ventouris v. Mountain [1991] 1 WLR 607, CA.

[460] Jones v. Great Central Railway Co. Ltd. [1910] AC 4; Alfred Crompton Amusement Machines Ltd. v. Commissioners of Customs and Excise [1974] AC 405.

[461] Hierzu vgl. La Roche v. Armstrong [1922] 1 KB 485.

[462] Hierzu vgl. I. Waxman & Sons Ltd. v. Texaco Canada Ltd. [1968] 2 OR 452 (Ontario Court of Appeal).

[463] Family Housing Association (Manchester) Ltd. v. Michael Hyde and Partners [1993] 1 WLR 354, CA; Buckinghamshire County Council v. Moran [1990] Ch 623, CA; Walker v. Wilsher [1889] 23 QBD 335 at 337; vgl. auch Sime S. 282; Picton Howell RIW 1996, 1011, 1012 f.; Cromie S. 140; White Book Rn. 31.3.40.

[464] Vgl. Cutts v. Head [1984] Ch 290 at 307, CA; Tennant v. Hamilton [1839] 7 Cl & Fin 122, HL; D. v. N.S.P.C.C. [1978] AC 171 at 203; Sime S. 282; Lang S. 211.

[465] Rabin v. Mendoza [1954] 1 WLR 271.

[466] Chocoladefabriken Lindt & Sprüngli AG v. Nestlé Co. Ltd. [1978] RPC 287; hierzu vgl. auch Cromie S. 140; Picton Howell RIW 1996, 1011, 1013.

[467] Langan S. 230; Schaaff S. 77 f.; Picton Howell RIW 1996, 1011, 1013.

führt jedoch nicht automatisch dazu, dass ein Dokument in dem Gerichtsverfahren nicht verwendet werden darf.[468] Umgekehrt kann sich aus dem Sachzusammenhang ergeben, dass die gesamte zur Streitbeilegung geführte Korrespondenz unter den Schutz des privilege fällt, auch wenn nur eines der Dokumente mit der Formulierung "without prejudice" überschrieben ist.[469] Möchte eine Partei die bereits begonnenen Vergleichsverhandlungen abbrechen mit der Folge, dass der Schutz der without prejudice communication entfällt, so hat sie dies gegenüber der anderen Partei unmissverständlich zu erklären.[470]

bb. Die Voraussetzungen des privilege

Als without prejudice communication geschütztes Dokument gilt nur derjenige Schriftverkehr, der im Hinblick auf ein anhängiges Gerichtsverfahren und im ernstlichen Bemühen um eine einvernehmliche Einigung geführt wurde.[471] Nicht geschützt ist dementsprechend der Ausspruch einer Drohung für den Fall der Ablehnung eines Vergleiches.[472] Kommt es zu einem Vergleich, ist die without prejudice communication in einem nachfolgenden Rechtsstreit hinsichtlich der Frage verwertbar, ob ein Vergleich tatsächlich zustande gekommen ist.[473] Der Schutz der without prejudice communication ist jedoch nicht auf konkrete Vergleichsangebote beschränkt. Vielmehr ist davon jegliche – auch unbestimmte – Mitteilung umfasst, die von ihrer Intention auf einen solchen Vergleich gerichtet ist.[474] Lord Griffith fasste dies verallgemeinernd wie folgt zusammen[475]: "[The] rule applies to exclude all negotiations genuinely aimed at settlement whether oral or in writing".

Da im Rahmen der without prejudice communication die Vergleichsbereitschaft beider Parteien gefördert werden soll, ist auch ein Verzicht auf das privilege nur in beiderseitigem Einverständnis möglich.[476] Liegt ein solcher Verzicht nicht vor, sind die Parteien auch in nachfolgenden zwischen ihnen geführten Gerichtsverfahren durch das privilege geschützt.[477]

---

[468] Buckinghamshire County Council v. Moran [1990] Ch 623, CA; South Shropshire D.C. v. Amos [1986] 1 WLR 1271 at 1277; Dixons Stores Group Ltd. v. Thames Television plc [1993] 1 All ER 349; vgl. auch Andrews Rn. 12-080.

[469] Cheddar Valley Engineering Ltd. v. Chaddlewood Homes Ltd. [1992] 1 WLR 820; Oliver v. Nautilus Co. [1903] 2 KB 639, CA; vgl. auch Schaaff S. 78.

[470] Cheddar Valley Engineering Ltd. v. Chaddlewood Homes Ltd. [1992] 1 WLR 820; vgl. auch Andrews Rb. 11-089; Plant Rn. 48.27.

[471] Re Daintrey, ex p. Holt [1893] 2 QB 116 at 119 ; vgl. auch Picton Howell RIW 1996, 1011, 1013; Schaaff S. 77.

[472] Watt v. Watt [1905] AC 115; Re Daintrey, ex p. Holt [1893] 2 QB 116 at 119; vgl. auch Kurtz & Co. v. Spence & Sons [1887] 58 LT 438.

[473] Tomlin v. Standard Telephones and Cables Ltd. [1969] 1 WLR 1378; Walker v. Wilsher [1889] 23 QBD 335; Sime S. 282; Andrews Rn. 12-084.

[474] South Shropshire D.C. v. Amos [1986] 1 WLR 1271 at 1277.

[475] Rush & Tompkins Ltd. v. G.L.C. [1989] AC 1280 at 1299; vgl. auch Field v. Commissioners of Railways for N.S.W. [1957] 99 CLR 285.

[476] Vgl. Rush v. Tompkins Ltd. v. Greater London Council [1989] AC 1280, HL.

[477] Unilever plc v. Procter and Gamble Co. [1999] 1 WLR 1630; Rush and Tompkins Ltd. v. Greater London Council [1989] AC 1280, HL; Andrews Rn. 12-075.

d. Public interest immunity

Nach der "public interest immunity"[478] kann ein Dokument von der Vorlegungspflicht im Rahmen der disclosure and inspection of documents befreit werden, wenn die Offenlegung dem öffentlichen Interesse schaden würde.[479] Diesbezüglich kann grundsätzlich zwischen zwei Kategorien von Dokumenten differenziert werden.

aa. Privilege auf Grund der Gattung des Dokumentes

So können bestimmte Dokumente zur Wahrung des öffentlichen Interesses bereits auf Grund ihrer Gattung regelmäßig der Geheimhaltungspflicht unterliegen ("class immunity").[480] Hierunter fallen zum Beispiel Kabinettsprotokolle ("cabinet minutes"), da die Regierungsarbeit nach der Rechtsprechung der englischen Gerichte vor unberechtigter Kritik und die Beamten vor einer Inanspruchnahme auf Grund ihrer Tätigkeit geschützt werden sollen.[481] Es können jedoch auch alltägliche Dokumente wie Aufzeichnungen des Sozialamtes vom öffentlichen Interesse erfasst werden.[482] Weiterhin können auch Dokumente erfasst sein, welche vertrauliche Informationen über die Identität oder Tätigkeit von Polizeiinformanten enthalten.[483] Der zuständige Minister kann mittels eines Zertifikates ("certificate") bestimmte Gruppen von Dokumenten benennen, die nach seiner Ansicht regelmäßig unter den Schutz der public interest immunity fallen.[484] Dieses Zertifikat ist für die Gerichte aber nicht bindend.[485] Die Entscheidung der Frage, ob ein Dokument im Einzelfall unter den Schutz der public interest immunity fällt, wird daher nicht durch die Exekutive gefällt, sondern vielmehr durch die Gerichte.[486]

---

[478] Die "public interest immunity" wird teilweise auch unter der älteren Bezeichnung "Crown Privilege" genannt; vgl. Duncan v. Cammell Laird & Co. [1942] AC 624 at 641; R. v. Chief Constable for the W. Midlands Police [1994] 3 WLR 433, HL; Science Research Council v. Nassé [1980] AC 1028 at 1087 f.; Andrews Rn. 12-052; Cromie S. 140.

[479] Evans v. Chief Constable of Surrey [1989] 2 All ER 594; Burmah Oil v. Bank of England [1979] 3 WLR 722 at 746; D. v. N.S.P.C.C. [1978] AC 171 at 203; Duncan v. Cammell Laird & Co. Ltd. [1942] AC 624 at 641 f.; zur Vereinbarkeit mit Art. 6 EMRK siehe Rowe v. United Kingdom, The Times 1. March 2000; vgl. auch Sime S. 286; Plant Rn. 48.32; Schaaff S. 78; Lang S. 210; Cromie S. 140; White Book Rn. 31.3.33; Foster/Wynn/Ainley S. 54 ff.

[480] Duncan v. Cammell Laird & Co. Ltd. [1942] AC 624; vgl. auch Andrews Rn. 12-052; Schaaff S. 79.

[481] Neilson v. Laugharne [1981] QB 736; Conway v. Rimmer [1968] AC 910 at 952; Lang S. 210; Andrews Rn. 12-054; Sime S. 285.

[482] Re M. (ein Minderjähriger) (1989) 88 LGR 841, CA; Re D. (ein Minderjähriger) [1970] 1 All ER 1088.

[483] Makanjuola v. Metropolitan Police Commissioner [1992] 3 All ER 617, CA; Halford v. Sharples [1992] 1 WLR 736, CA; Marks v. Beyfus [1890] 25 QBD 494; Hennessy v. Wright [1888] 21 QBD 509 at 519; Conway v. Rimmer [1968] AC 910 at 953; vgl. auch eingehend hierzu Andrews Rn. 12-060; Schaaff S. 80.

[484] Andrews Rn. 12-052.

[485] Burmah Oil v. Bank of England [1980] 1090, HL; Conway v. Rimmer [1968] AC 910; vgl. auch Sime S. 286; vgl. auch Plant Rn. 48.33.

[486] Conway v. Rimmer [1968] AC 910; Schaaff S. 80; Lang S. 211; Kessel ZVglRWiss 92 (1993), 395, 409.

bb. Privilege auf Grund des Inhaltes des Dokumentes

Darüber hinaus kann ein Dokument auf Grund seines Inhaltes im Einzelfall geeignet sein, dem öffentlichen Interesse zu schaden (sogenannte "contents immunity"). Hier muss für jedes konkrete Dokument festgestellt werden, ob das öffentliche Interesse durch den Inhalt des Dokumentes berührt wird. Als Beispiele für diese Kategorie der public interest immunity kommen Dokumente in Betracht, welche die nationale Sicherheit oder staatspolitische bzw. diplomatische Entscheidungen betreffen.[487]
Die Differenzierung zwischen der "class immunity" und der "contents immunity" wurde von Lord Wilberforce dabei wie folgt erklärt[488]: "... with a class claim it is immaterial whether the disclosure of the particular contents of particular documents would be injurious to the public interest – the point being that it is the maintenance of the immunity of the class from disclosure in litigation that is important. In the contents claim, the protection is claimed for particular contents in a particular document. A claim remains a class even though sometimes may be known about the contents; it remains a class even if parts of documents are revealed and parts disclosed".

cc. Das Verfahren

Verfahrenstechnisch muss die Person, die sich auf die public interest immunity beruft, einen dahin gehenden Antrag bei dem Prozessgericht stellen. Dieser Antrag kann ohne Einbeziehung der gegnerischen Partei gestellt[489] und muss gemäß CPR 31.19 (7) mit Beweisen unterlegt werden. Das Gericht kann zum Zwecke der Entscheidung über den Antrag bestimmen, dass der Antragsteller die betreffenden Dokumente ihm gegenüber offen legt, vgl. CPR 31.19 (6) (a). Darüber hinaus kann das Gericht gemäß CPR 31.19 (6) (b) die Partei oder sonstige Zeugen zur Bestätigung der im Antrag geschilderten Darstellung laden. Abweichend von dem Grundsatz, dass ein privilege nur zur Verweigerung der inspection berechtigt, nicht aber davon befreit, die betreffenden Dokumente im Rahmen der disclosure zu benennen, kann im Wege der public interest immunity sowohl die disclosure als auch die inspection of documents verweigert werden.[490] Hierin liegt wohl der signifikanteste Unterschied der public interest immunity im Vergleich zu allen anderen privileges. Im Rahmen seiner Entscheidung hat das Gericht das öffentliche Interesse an einer funktionsfähigen und effektiven Judikative dem konkret geltend gemachten öffentlichen Interesse gegenüberzustellen und eine dahin gehende Abwägung vorzunehmen.[491] Dabei hat das Gericht die Bedeutung des Dokuments für das öffentliche Interesse und den Beweiswert für den Antragsgegner in

---

[487] Buttes Gas and Oil v. Hammer (No. 3) [1981] 1 QB 223 at 256; Lang S. 211; Sime S. 285; Schaaff S. 79; Halsbury's Laws of England, Bd. 13, discovery, Anm. 91.

[488] Burmah Oil Co. v. Bank of England [1980] AC 1090 at 1111; vgl. auch Gibson L.J. in Halford v. Sharples [1992] 1 WLR 736 at 760, CA; Ackner L.J. in Campbell v. Thamside M.B.C. [1982] QB 1065 at 1075.

[489] Klarstellend CPR 31.19 (1).

[490] CPR 31.19; hierzu auch Schaaff S. 78; Plant Rn. 48.34.

[491] Burmah Oil Co. v. Bank of England [1980] AC 1090 at 1113; Sime S. 286; Lang S. 210; White Book Anm. 24/5/15; Cromie S. 140.

seine Abwägung einzubeziehen.[492] So überwiegt das Interesse an der Offenlegung des betreffenden Dokumentes regelmäßig dann, wenn dieses "fundamental to a particular litigant's case" ist.[493] Entspricht das Gericht dem Antrag, so muss sein darauf gerichteter Beschluss grundsätzlich weder an die Parteien oder eine andere Person zugestellt werden noch unterliegt dieser Beschluss der inspection of documents. Etwas anderes gilt nur, wenn das Gericht in seinem Beschluss ausdrücklich eine gegenteilige Regelung trifft, vgl. CPR 31.19 (2).

e. Informanten der Presse

Lange Zeit war in der englischen Rechtsprechung unklar, ob Journalisten die Identität ihrer Informanten preisgeben müssen oder ob ihnen insoweit ein Weigerungsrecht zusteht. In der Entscheidung British Steel v. Granada Television Ltd.[494] stellte das House of Lords fest, dass ein diesbezügliches spezielles privilege nicht existiert. Gleichzeitig wurde aber das Informationsinteresse der Presse als öffentliches Interesse anerkannt und somit der Weg für die Einordnung des Informantenschutzes unter die public interest immunity geebnet. Betont hat das House of Lords, dass die Gerichte die Vertraulichkeit von Presseinformationen zu respektieren haben und deren Offenlegung nur unter strengsten Voraussetzungen anordnen dürfen. Demzufolge wäre auch hier eine Abwägung notwendig, welche die betroffenen öffentlichen Interessen gegenüberstellt. Der englische Gesetzgeber reagierte schnell auf die Entscheidung des House of Lords und regelte die Voraussetzungen für die Anordnung einer Offenlegung von Informationsquellen in section 10 Contempt of Court Act 1981. Hiernach darf die Anordnung der Vorlegung nur erfolgen, wenn sie erforderlich ist für

- einen fairen Prozess ("interests of justice"),
- die nationale Sicherheit, oder
- die Verhinderung von Straftaten.

Insbesondere die erste Alternative gibt Anlass zu Kritik, da sie vollkommen unbestimmt ist und dem Gericht damit einen erheblichen Auslegungsspielraum überlässt.[495] De facto besteht daher nach englischem Recht keine hinreichende Rechtssicherheit für die Presse und deren Informanten. Hat der prozessuale Gegner ein vom Gericht anerkanntes erhebliches Interesse an der Offenlegung der diesbezüglichen Informationen, wird der Presse ein Schutz regelmäßig verwehrt bleiben.[496]

f. Dokumente mit beleidigendem Inhalt

Dokumente mit beleidigendem Inhalt können ebenfalls ein privilege begründen ("privilege by the law of defamation").[497] Inwieweit solche Dokumente durch das privilege geschützt sind, hängt jedoch von ihrem konkreten Inhalt ab.

---

[492] Air Canada v. Secretary of State for Trade [1983] 2 AC 394, HL.
[493] Campbell v. Tameside Metropolitan Borough Council [1982] 2 All ER 791; vgl. auch Lang S. 210.
[494] [1980] 3 WLR 774, HL.
[495] Vgl. auch Schaaff S. 85 f.; Andrews Rn. 12-073.
[496] So z.B. in X. Ltd. v. Morgan-Grampian (Publishers) Ltd. [1991] I AC 1, HL; Secretary of State for Defence v. Guardian Newspapers [1985] AC 339.
[497] Vgl. hierzu eingehend Matthews/Malek Rn. 9.122 ff.

Teilweise sieht die englische Rechtsprechung beleidigende Dokumente als absolut geschützt an, teilweise wird jedoch nur ein eingeschränktes Recht zur Zurückhaltung beleidigender Dokumente angenommen.[498] Im Ergebnis wird auch im Hinblick auf den Ausschluss beleidigender Dokumente aus dem disclosure-Verfahren eine Einzelfallentscheidung getroffen. Hinreichende Rechtssicherheit besteht daher nicht.

g. Berufsgeheimnisse

Das Berufsgeheimnis von Ärzten, Priestern, Sozialarbeitern, Steuerberatern oder Wirtschaftsprüfern, die ebenso wie Rechtsanwälte regelmäßig mit vertraulichen Informationen befasst sind, ist im englischen Recht grundsätzlich nicht geschützt. Insbesondere ist das legal professional privilege nicht analog auf die vorgenannten Berufsgruppen anwendbar.[499] Die englische Rechtsprechung lehnt ein privilege hier mit der Begründung ab, ein besonderes öffentliches Interesse wie das an der reibungslosen Abwicklung der Rechtsberatung sei außerhalb der rechtsberatenden Berufe nicht in vergleichbarem Maße gegeben.[500] Im Einzelfall kann sich jedoch unter dem Gesichtspunkt der public interest immunity ein Weigerungsrecht ergeben.[501] In diesem Sinne erläuterte Lord Cross wie folgt[502]: "Confidentiality is not a separate head of privilege, but it may be a very material consideration to bear in mind when privilege is claimed on the ground of public interest." Diesbezüglich kann ein Weigerungsrecht bestehen, "...where disclosure would be a breach of some ethical or social value and non-disclosure would be unlikely to result in serious injustice in the particular case in which it is claimed."[503]

h. Geschäftsgeheimnisse

Auch Geschäftsgeheimnisse sind im englischen Recht grundsätzlich nicht von der disclosure and inspection of documents ausgenommen und unterliegen daher praktisch keinem Schutz. Dem Gericht bleibt es lediglich nach den allgemeinen Verfahrensvorschriften überlassen, den Umfang der disclosure einzuschränken. Demgemäß wird der Ausforschung von Geschäftsgeheimnissen in der Praxis der englischen Gerichte „in subtiler Weise Raum gegeben".[504]

6. Der gerichtliche Rechtsschutz bei privileges

Zur Geltendmachung des Rechtes zur Zurückhaltung eines Dokumentes bedarf es grundsätzlich keines Antrages an das Gericht. Vielmehr ist es ausreichend, das betref-

---

[498] Reynolds v. Times Newspapers Ltd. [1999] 3 WLR 1010, HL; Turkington v. Times Newspapers Ltd., The Times Nov. 3, 2000, HL; Matthews/Malek Rn. 9.122.

[499] Vgl. auch Lang S. 207; Odgers Rn. 16.37.

[500] Wheeler v. Le Marchant [1881] 17 ChD 675; Goddard v. Nationwide Building Society [1987] QB 670 at 685, CA; vgl. auch Sime S. 282 ; Schaaff S. 84 ; Lang S. 213.

[501] Andrews Rn. 12-073; Schaaff S. 84.

[502] Alfred Crompton Amusement Machines v. Commissioners of Custom and Excise (No. 2) [1973] 2 All ER 1169 at 1184.

[503] Vgl. Yates NLJ 131 (1981), 831, 834; siehe auch Lang S. 213.

[504] So Schlosser ZZP 94 (1981), 369, 400; Lang S. 212.

fende Dokument im Rahmen der disclosure zu kennzeichnen und das angenommene Weigerungsrecht zu begründen.[505] Ist dies ordnungsgemäß geschehen, kann die Gegenseite beantragen, die Partei zur Duldung der Einsichtnahme in das Dokument zu verpflichten.[506]

a. Die Beantragung einer gerichtlichen Anordnung

Der Antrag muss dabei grundsätzlich bei dem Prozessgericht gestellt werden.[507] Ist ein Rechtsstreit noch nicht anhängig, muss das Gericht angerufen werden, das nach aller Voraussicht über den Rechtsstreit zu entscheiden hat, wenn nicht gute Gründe dafür sprechen, den Antrag auf Duldung der Einsichtnahme in das betreffende Dokument bei einem anderen Gericht zu stellen.[508]
Die Antragstellung hat mittels einer Antragsschrift (sogenannte "application notice") zu erfolgen[509], die grundsätzlich allen anderen Parteien zuzustellen ist.[510] Ein Antrag ohne diesbezügliche Antragsschrift bzw. deren Zustellung ist nur möglich, wenn das Gesetz bzw. eine Practice Direction eine gegenteilige Regelung vorsieht oder das Gericht den Antragsteller hiervon ausdrücklich freistellt, vgl. CPR 23.3 (2) und CPR 23.4 (2). Im Rahmen der Antragsschrift hat der Antragsteller substantiiert darzulegen, welches Rechtsschutzziel er verfolgt. Weiterhin ist der Antrag in komprimierter Form zu begründen. Darüber hinaus muss die Antragsschrift unterzeichnet sein und folgende Informationen enthalten:

- die Bezeichnung des Streitgegenstandes,
- das Aktenzeichen des Rechtsstreits,
- den vollen Namen des Antragstellers,
- dessen Zustellungsadresse für den Fall, dass der Antragsteller noch nicht Partei des Rechtsstreits ist, und
- die Beantragung einer Anhörung oder die Beantragung einer Entscheidung ohne vorherige Anhörung.[511]

Der Antragsteller kann seinem Antrag weiterhin Kopien von Dokumenten oder sonstiges Beweismaterial beifügen[512], was ihm im Sinne einer schnellen Entscheidung des Gerichts auch anzuraten ist.[513] Das Gericht kann dem Antragsteller aber auch die Beibringung von Beweisen aufgeben, sofern es dies für erforderlich erachtet.[514]

---

[505] Vgl. CPR 31.10 (4) (a) und CPR 31.19 (3) ; vgl. hierzu auch die Practice Direction – Disclosure and Inspection Part 31 4.5 und 4.6; siehe auch Lang S. 206.

[506] Hierzu näher CPR 31.19 (5); vgl. auch Practice Direction – Disclosure and Inspection Part 31 6.

[507] Grundsatz des CPR 23.2 (1); zu den Ausnahmen vgl. CPR 23.2 (2) und (3).

[508] Vgl. CRP 23.2 (4); nach Abschluss des Verfahrens ist ein Antrag bei dem Vollstreckungsgericht zu stellen, wenn nicht gesetzlich oder im Rahmen einer Practice Direction etwas anderes bestimmt ist, vgl. CPR 23.2 (5).

[509] Vgl. hierzu Form N 244; vgl. auch White Book Rn. 4PD.3 ff. mit einer Übersicht über die vorhandenen forms.

[510] CPR 23.3 (1) und CPR 23.4 (1); vgl. auch Arnheim/Stirling/Tromans S. 42 .

[511] Vgl. Practice Direction Part 23 2.1.

[512] Hierzu Arnheim/Stirling/Tromans S. 43.

[513] Practice Direction Part 23 9.1.

[514] Practice Direction Part 23 9.2 bis 9.7.

Die Zustellung der Antragsschrift an alle anderen Parteien hat nach CPR 23.7 (1) grundsätzlich so schnell wie möglich zu erfolgen, spätestens aber drei Tage bevor das Gericht über den Antrag entscheidet. Hält der Antragsteller diese Frist nicht ein, steht es gemäß CPR 23.7 (4) im Ermessen des Gerichts, über den Antrag zu entscheiden. Der Ausfertigung für die anderen Parteien sind sämtliche Unterlagen wie Kopien von Beweismitteln beizufügen, die auch das Gericht erhalten hat, vgl. CPR 23.7 (3). Eine Ausnahme gilt nach CPR 23.7 (5) nur dann, wenn die Unterlagen den Parteien bereits zugestellt worden sind.

b. Die gerichtliche Entscheidung

Die beantragte Anordnung des Gerichts auf Duldung der Einsichtnahme in das betreffende Dokument ergeht grundsätzlich nur nach einer Anhörung der Parteien. Versäumt eine Partei diese Anhörung, kann das Gericht auch in Abwesenheit der Partei über den Antrag entscheiden.[515] Ausnahmsweise kann eine Anordnung gemäß CPR 23.8 auch ohne Anhörung der Parteien ergehen, wenn

- alle Parteien mit der beantragten Anordnung einverstanden sind,
- alle Parteien mit der Entscheidung über den Antrag ohne vorherige Anhörung einverstanden sind, oder
- das Gericht der Ansicht ist, dass eine Anhörung nicht erforderlich ist.

Darüber hinaus ist auch ein telefonische Anhörung mittels einer Konferenzschaltung möglich.[516] Beabsichtigt der Antragsteller eine derartige telefonische Anhörung, soll er diese Absicht möglichst in seiner Antragsschrift darlegen.[517] Folgt das Gericht diesem Antrag, ist die Identität der Parteien im Rahmen der telefonischen Anhörung durch eine "responsible person" festzustellen. Dies kann ein Rechtsanwalt, Arzt, Geistlicher, Polizeibeamter, Justizvollzugsbeamter oder eine sonstige Person mit einem vergleichbaren Status sein.[518] Das technische Verfahren der telefonischen Anhörung ist in der relevanten Practice Direction[519] im einzelnen geregelt und liegt im Wesentlichen in der Verantwortung des Antragstellers bzw. dessen Rechtsanwaltes. Alternativ zu einer telefonischen Anhörung ist auch eine Anhörung mittels Videokonferenz möglich, wenn die Parteien dies übereinstimmend wünschen und das Gericht die entsprechende technische Ausrüstung besitzt oder zur Verfügung gestellt bekommt.[520]

Wurde der Antragsgegner oder eine sonstige von dem Antrag betroffene Person nach den vorgenannten Verfahrensvorschriften nicht über den Antrag benachrichtigt, so muss dies nach CPR 23.9 (2) spätestens mit der Zustellung der Anordnung des Gerichts nachgeholt werden. Des Weiteren ist eine Rechtsbehelfsbelehrung beizufügen. Gemäß deren Inhalt kann die nunmehr in Kenntnis gesetzte Person nach CPR 23.10 einen Antrag bei dem Gericht stellen, die Anordnung aufzuheben oder abzuändern.[521]

---

[515] Hierzu CPR 23.11 (1); zum Verfahren in diesem Fall vgl. CPR 23.11 (2).
[516] Practice Direction Part 23 6.1.
[517] Näher Practice Direction Part 23 6.2.
[518] Hierzu Practice Direction Part 23 6.3.
[519] Part 23 6.5.
[520] Practice Direction Part 23 7.
[521] Hierzu vgl. Arnheim/Stirling/Tromans S. 44.

Ein derartiger Antrag muss innerhalb von sieben Tagen nach Zustellung bei dem Gericht erhoben werden, vgl. CPR 23.9 (2).

3. Teil: Der Vergleich der Dokumentenvorlegung

Nachdem die Regelungen der Dokumentenvorlegung in Deutschland und England im einzelnen dargelegt wurden, sollen nachfolgend die beiden Rechtsordnungen im Hinblick hierauf gegenüber gestellt werden.

I. Die Grundsätze der Verfahrensordnungen

Das deutsche Zivilprozessrecht geht von der Maxime aus, dass die Herrschaft über das Verfahren bei den Parteien des Rechtsstreits liegt. Demgemäß wird den Parteien eine weite Verfügungsbefugnis über das Verfahren eingeräumt. So ist den Parteien zum Beispiel ein Geständnis, die Verfügung über Beweismittel nach den §§ 284 ff. ZPO, die Herbeiführung eines Versäumnisurteils oder auch die Regelung des Verfahrens durch Prozessverträge möglich, sofern diese nicht als sitten- oder gesetzeswidrig zu betrachten sind.[522] Grundlage dieser weiten Verfügungsbefugnis ist, dass der Zivilprozess grundsätzlich nur die Durchsetzung eines privaten Rechts bezweckt.[523] Soweit die Parteien ihre privaten Rechtsbeziehungen frei gestalten dürfen, muss ihnen dies auch in einem diesbezüglich angestrengten Zivilprozess möglich sein.[524] Nur für den Fall, dass die Parteien keine anderweitigen Regelungen treffen, gelten die Vorschriften der ZPO als allgemeine Bestimmungen.[525]
Durch ihre Anträge im Zivilverfahren bestimmen die Parteien den Gegenstand des Prozesses. Das Gericht darf der jeweiligen Partei gemäß § 308 Abs. 1 ZPO grundsätzlich nicht mehr zusprechen, als diese in der mündlichen Verhandlung beantragt hat.[526] Demnach ist festzustellen, dass die ZPO in ihrem Kern von liberalen Verfahrensgrundsätzen ausgeht[527], die üblicherweise unter dem Begriff der Verhandlungsmaxime zusammengefasst werden.[528] Diese liberalen Verfahrensgrundsätze werden freilich an vielen Stellen der ZPO durchbrochen. Insgesamt ist historisch gesehen zu beobachten, dass der deutsche Gesetzgeber die Verhandlungsmaxime fortlaufend abgeschwächt hat.[529] Die prozessleitende Rolle des Gerichts wurde hingegen gestärkt. Dies lässt sich zum Beispiel an der Möglichkeit der Beweiserhebung von Amts wegen belegen, welche die Anordnung der Urkundenvorlegung gemäß § 142 Abs. 1 ZPO, die Anordnung

---

[522] BGH FamRZ 1982, 784; Baumbach/Lauterbach Einleitung III Rn. 11; Baumgärtel ZZP 87 (1974), 133 ff.
[523] Vgl. auch grundlegend KG JR 1982, 170.
[524] Hierzu BVerfGE 63, 392 ff.
[525] BAG MDR 1983, 1053.
[526] Ausnahmen gelten nur für von Amts wegen zu treffende Entscheidungen wie z.B. die Kostenentscheidung nach §§ 91 ff. ZPO oder die Entscheidung über die vorläufige Vollstreckbarkeit nach den §§ 708 ff. ZPO.
[527] So auch Rosenberg/Schwab/Gottwald § 78; Bettermann ZZP 91 (1978), 365, 387; Bender JZ 1982, 711 ff.; Prütting NJW 1980, 361, 362; Herr AnwBl 1985, 187 ff.; vgl. auch BGH VersR 1985, 545.
[528] Vgl. nur BGH NJW 1990, 3151.
[529] Baumbach/Lauterbach-Hartmann Grundzüge § 128 Rn. 25; Bettermann ZZP 91 (1978), 365, 390; Vollkommer RPfleger 1978, 54 ff.

der Aktenvorlegung nach § 143 ZPO und die Anordnung der Augenscheinnahme gemäß § 144 Abs. 1 Alt. 1 ZPO zulässt.[530] Auch die Frage- und Aufklärungspflicht des Gerichtes nach den §§ 139, 279 Abs. 3 ZPO deutet in die gleiche Richtung. Hinzu kommt die grundsätzliche Würdigungsfreiheit des Gerichtes, nach der dieses die Erklärungen der Parteien und vorgelegte Urkunden frei auszulegen hat.[531] So können die Parteien das Gericht beispielsweise nicht dazu zwingen, einen nach seiner Auffassung nichtigen Grundstückskaufvertrag als gültigen Vertrag zu behandeln.[532]
In jüngster Zeit wurde die prozessleitende Rolle des Gerichts durch das „Gesetz zur Reform des Zivilprozesses (Zivilprozessreformgesetz – ZPO-RG)“[533] vom 27. Juli 2001 weiter gestärkt.[534] Hierdurch ist zum Beispiel die Pflicht zum Rechtsgespräch nach § 139 Abs. 2 S. 1 ZPO ausdrücklich auf solche Gesichtspunkte erweitert worden, die zwar keine der Parteien übersieht, die das Gericht aber vorläufig anders beurteilt als die Parteien. § 139 Abs. 4 ZPO verpflichtet das Gericht darüber hinaus, die erforderlichen Hinweise so früh wie möglich zu erteilen und darüber hinaus aktenkundig zu machen. In die gleiche Richtung deuten auch die erweiterten Befugnisse des Gerichts zur Beweiserhebung von Amts wegen gemäß den §§ 142, 144 ZPO.
Das englische Zivilprozessrecht basiert auf dem “adversary system”.[535] Dieses geht von der Maxime aus, dass die Wahrheitsfindung als Ziel des Zivilverfahrens am besten durch die Anstrengungen zweier Kontrahenten erreicht werden kann. Demgemäß sind auch im englischen Zivilprozess die Parteien sowohl für die Einleitung eines Verfahrens als auch für die Einbringung der für den Rechtsstreit relevanten Tatsachen verantwortlich (sogenannte “party presentation”). Ebenso sind die Parteien für den Beweis der von ihnen vorgebrachten Tatsachenbehauptungen in die Pflicht genommen.
Stärker als im deutschen Zivilverfahrensrecht beschränkt sich die Aufgabe des Richters im englischen Zivilprozess auf die eines unparteiischen Schiedsrichters, der lediglich auf die Einhaltung der Gesetze achtet und den Fortgang des Verfahrens selbst nicht mitbestimmt.[536] Grund hierfür ist die Befürchtung, dass das Gericht durch das Eingreifen in den laufenden Prozess befangen werden könnte. In diesem Sinne sagte Lord Greene[537]: “A judge who himself conducts the examination ... descends into the arena and is liable to have his vision clouded by the dust of the conflict”.
Auf der Grundlage dieses englischen Verständnisses der Aufgaben des Gerichts wird die Problematik des im Rahmen der CPR eingeführten “Active Case Managements” deutlich. Um die gesetzten Ziele der CPR wie zum Beispiel die Kostenreduzierung, die Beschleunigung des Verfahrens oder die Beachtung des Verhältnismäßigkeitsgrundsatzes erreichen zu können, musste der Einfluss des Gerichts auf das Verfahren ge-

---

530 Die Beweiserhebung von Amts wegen nach den §§ 142, 144 ZPO zur Vorbereitung des Termins ist nunmehr ausdrücklich in § 273 Abs. 2 Nr. 5 ZPO geregelt.
531 Baumbach/Lauterbach-Hartmann Grundzüge § 128 Rn. 36.
532 So entschieden durch BGH MDR 1969, 468; vgl. auch BGH VersR 1974, 160.
533 BGBl. 2001 I S. 1887 ff.
534 Hierzu Hartmann NJW 2001, 2577 ff.
535 Schaaff S. 33 ff.; Schmitthoff JZ 1972, 38, 41; Sobich JZ 1999, 775, 776.
536 Stürner ZVglRWiss 99 (2000), 310, 327.
537 Yuill v. Yuill [1945] 1 All ER 183 at 189, CA.

stärkt werden. Auf Grund dessen ist das Gericht verpflichtet, das jeweilige Verfahren je nach seiner Bedeutung einem bestimmten "track" zuzuordnen. Durch diese Zuordnung wird der gesamte weitere Verfahrenslauf bestimmt. Insbesondere sind für die tracks bestimmte Zeitpläne vorgegeben, auf deren Einhaltung das Gericht hinzuwirken hat.

Auch die Anwendbarkeit bestimmter Vorschriften ist von der Einordnung in einen track abhängig. So ist bei Zuordnung eines Rechtsstreits zum "small claims track" das disclosure-Verfahren grundsätzlich nicht anwendbar. CPR 27.2 (1) (b) schließt insoweit die Anwendung der Vorschriften des Part 31 über die disclosure and inspection of documents insgesamt aus.[538] Darüber hinaus sieht CPR 3.3 vor, dass das Gericht nunmehr ohne einen Antrag der Parteien von Amts wegen eine verfahrensleitende Anordnung treffen kann.

Nach der Reform des englischen Zivilverfahrensrechts durch die Einführung der CPR im Jahre 1999 ist folglich festzustellen, dass abweichend von dem Grundsatz der Parteiherrschaft eine stärkere Verantwortung des Gerichts gesucht wird. Gründe für diese Reform fanden sich zahlreich: So wurden Prozesse durch die englischen Rechtsanwälte oftmals stark verzögert, was sicherlich auch mit der Tatsache zusammen hängt, dass diese entgegen dem deutschen Gebührenrecht nach Stundensätzen bezahlt werden und insofern kein wirtschaftliches Interesse an der zügigen Beendigung eines Rechtsstreits haben. Die Verfahrenskosten explodierten auf diese Weise förmlich.[539] Dies führte im Ergebnis auch dazu, dass Kostengesichtspunkte eine erhebliche Rolle für die Entscheidung über die Durchführung eines Zivilverfahrens spielten. Hinzu kam, dass zahlreiche Zivilverfahren durch die Ausweitung der disclosure oftmals derartig komplexe Ausmaße annahmen, dass die Verhältnismäßigkeit im Hinblick auf die Bedeutung des Verfahrens unter keinem Gesichtspunkt gewahrt blieb. Lord Woolf[540] äußerte sich diesbezüglich wie folgt:

"The scale of discovery, at the least in the larger cases, is completely out of control. The principle of full candid disclosure in the interests of justice has been devalued because discovery is pursued without sufficient regard to economy and efficiency in terms of the usefulness of the information which is likely to be obtained from the documents disclosed."

Vergleichend betrachtet gehen sowohl das deutsche als auch das englische Zivilverfahrensrecht von dem Grundsatz der Parteiherrschaft aus.[541] Dieser Grundsatz wurde jedoch historisch gesehen in beiden Staaten immer weiter eingeschränkt. Während die deutsche ZPO diese Reform bereits im Wesentlichen durch die Vereinfachungsnovelle

---

[538] Klarstellend auch CPR 31.1 (2).

[539] Sobich JZ 1999, 775, 775 berichtet über nachbarrechtliche Grenzstreitigkeiten, in denen die Parteien ihre Hausgrundstücke verkaufen mussten, um die Prozesskosten tragen zu können; in einem anderen Fall wurden Gewährleistungsansprüche bezüglich einer Motoryacht geltend gemacht, hier überstiegen die Kosten den Wert des Bootes bereits weit, bevor das Verfahren den Court of Appeal erreichte.

[540] Vgl. Lord Woolf, Interim-Report, Section I, Chapter 3, paragraph 10.

[541] Stürner bezeichnet das deutsche Zivilverfahrensrecht sogar im Prinzip als ein "adversary system", vgl. Stürner ZVglRWiss 99 (2000), 310, 330.

von 1976[542] vollzog, führte erst die Einführung der CPR im englischen Recht zu einer deutlichen Stärkung der Befugnisse des Gerichts. Die „verspätete" Reaktion Englands ist hierbei dadurch zu erklären, dass die Rolle des englischen Richters schon immer weit zurückhaltender war als im kontinentaleuropäischen Zivilprozessrecht.[543] Insgesamt ist jedoch nicht nur bei den die Beobachterposition gewöhnten englischen Richtern die Tendenz erkennbar, von der aktiven Gestaltung des Rechtsstreits abzusehen. Auch in Deutschland gehen die Richter dort, wo ihnen das Gesetz ein Ermessen einräumt, eher restriktiv mit der Anwendung der Vorschriften um. So ist zum Beispiel die Beweiserhebung von Amts wegen die klare Ausnahme im deutschen Zivilprozess.

II. Die Verfahrenseinleitung

Die Einleitung eines Zivilverfahrens gestaltet sich in Deutschland und England weitgehend gleichförmig, auch wenn sich im Detail Unterschiede zeigen.

So muss die Klageschrift nach § 253 Abs. 1 ZPO bereits die bestimmte Angabe des Klagegrundes enthalten. Demgegenüber kann die englische "claim form" auch ohne die Darlegung der "particulars of claim" eingereicht werden. Ausreichend ist hier, dass Kläger und Beklagter sowie die grobe Beschreibung des geltend gemachten Anspruchs und dessen Wert angegeben sind.[544] In diesem Fall müssen die particulars jedoch innerhalb von 14 Tagen nachgereicht werden, so dass insoweit keine wirklichen Unterschiede zwischen den beiden Verfahrensordnungen bestehen. Die Substantiierung der Klage bzw. die particulars müssen hinreichend konkrete Angaben über den streitigen Lebenssachverhalt enthalten. Der Umfang der Substantiierung richtet sich in beiden Staaten nach dem konkret zu beurteilenden Einzelfall.

Übereinstimmend können die Gerichte in beiden Verfahrensordnungen auf die Substantiierung des Sachvortrages der Parteien einwirken und diese zu einem ergänzenden Sachvortrag anhalten. Nach CPR 18.1 kann das Gericht einer Partei zu jeder Zeit aufgeben, streitigen Sachvortrag zu verdeutlichen oder zusätzliche Informationen im Hinblick auf den streitigen Sachverhalt zu geben. Dementsprechend hat das Gericht im deutschen Zivilverfahrensrecht gemäß § 273 Abs. 1 ZPO die zur Vorbereitung des Termins erforderlichen Maßnahmen zu treffen. Insbesondere kann das Gericht den Parteien nach § 273 Abs. 2 Nr. 5 zur Vorbereitung der mündlichen Verhandlung eine Anordnung der Urkundenvorlegung nach § 142 ZPO oder eine Anordnung der Augenscheinnahme nach § 144 ZPO treffen. Der Parteivortrag muss dabei sowohl im englischen wie auch im deutschen Zivilprozessrecht grundsätzlich nur den tatsächlichen Lebenssachverhalt vermitteln, nicht dagegen auch die hieraus gezogenen rechtlichen Folgerungen. Es bleibt grundsätzlich den Parteien überlassen, ob sie Ausführungen zu der rechtlichen Qualifizierung des Rechtsstreits machen.

---

[542] Gesetz zur Vereinfachung und Beschleunigung gerichtlicher Verfahren vom 03.12.1976, BGBl. I, 3281.

[543] Hierzu siehe Sobich JZ 1999, 775, 776 f.

[544] Vgl. den Abdruck der Form N1 bei Arnheim/Stirling/Tromans S. 399; vgl. auch White Book Rn. 4PD.3 ff mit einer Übersicht über die vorhandenen forms.

Gemein ist der deutschen und der englischen Verfahrensordnung auch, dass die Kostenlast im Grundsatz von der unterliegenden Partei zu tragen ist.[545] Hierdurch wird bezweckt, die Gefahr von missbräuchlichen Klagen möglichst gering zu halten. In diesem Sinne ist auch die in beiden Prozessordnungen verankerte Pflicht der Parteien zu verstehen, den streitigen Sachverhalt wahrheitsgemäß und vollständig vorzutragen. Diese prozessuale Wahrheitspflicht manifestiert sich im deutschen Zivilprozessrecht in § 138 Abs. 1 ZPO und gilt grundsätzlich für alle Verfahren der ZPO.[546] Die englischen CPR verlangen über den allgemeinen Verfahrensgrundsatz der Wahrheitspflicht hinaus, dass die Parteien ihre Schriftsätze durch ein "statement of truth" untermauern. Darin haben sie zu versichern, dass der von ihnen bzw. ihren Rechtsanwälten erstellte Schriftsatz nach bestem Wissen abgefasst wurde. Hierdurch verspricht sich der englische Gesetzgeber offenbar, den Parteien die Wahrheitspflicht durch ihre unter dem statement of truth zu leistende Unterschrift zu verdeutlichen.
In Bezug auf die Konzeption des Verfahrensablaufs ist die englische Zivilprozessordnung seit Inkrafttreten der CPR am 26. April 1999 sehr stark gestrafft worden. Abhängig von der Einordnung des konkret anhängigen Verfahrens als small claims track, fast track oder multi-track ist ein konkreter Zeitplan für den Ablauf des Prozesses vorgesehen. Selbst bei größerer Bedeutung des Verfahrens und einer dementsprechenden Einordnung in den multi-track soll ein Urteil grundsätzlich nach 12 Monaten ergehen, bei schwierigeren Fällen in der Regel nach 18 Monaten.[547] Eine derartige Zeitvorgabe kennt das deutsche Zivilprozessrecht nicht. Zwar gilt auch hier der Grundsatz, dass der Rechtsstreit durch einen umfassend vorbereiteten Haupttermin zu einer raschen Entscheidungsreife geführt werden soll.[548] Auch sind dem Gericht mit den Vorschriften über die Zurückweisung von verspätetem Parteivortrag gemäß den §§ 296 f. ZPO wirksame Mittel zur Verhinderung einer Prozessverschleppung an die Hand gegeben worden. Einen konkreten Zeitplan etwa für die zeitliche Lage des nach § 272 Abs. 2 Alt. 1 ZPO vorgesehenen frühen ersten Termins hat der deutsche Gesetzgeber jedoch nicht vorgegeben.
Die englische Tendenz zu einer strafferen Regelung des Zivilverfahrens zeigt sich auch an der Standardisierung der Schriftsätze, die im deutschen Recht in diesem Maße ebenfalls nicht vorgesehen ist. So bedienen sich die Parteien des englischen Zivilverfahrens in vielen Fällen eines Formulars wie zum Beispiel der claim form[549] zur Klageerhebung. Dieses Formular umfasst mit den in ihm enthaltenen und vom Kläger auszufüllenden Feldern sämtliche für die Klageerhebung erforderlichen Angaben. Eine ähnli-

---

[545] Zum englischen Recht vgl. CPR 44.3 (2); vgl. auch eingehend Sime S. 442 ff.; Kessel ZVglRWiss 92 (1993), 395, 418 zur früheren Terminologie der „costs follow the event“; zum deutschen Recht vgl. die §§ 91 ff. ZPO.
[546] Hierzu BGHZ 116, 56 ff.; BGH MDR 1980, 214; vgl. auch Thomas/Putzo-Thomas § 138 Rn. 2; Baumbach/Lauterbach-Hartmann § 138 Rn. 13; Eschenfelder S. 107 ff.
[547] Hierzu vgl. Stürner ZVglRWiss 99 (2000), 310, 319 f.
[548] Sog. „Beschleunigungsgrundsatz“; vgl. Baumbach/Lauterbach Einführung vor § 272 Rn. 2; Thomas/Putzo-Thomas § 272 Rn. 1.
[549] Vgl. die Form N1; abgedruckt bei Arnheim/Stirling/Tromans S. 399 ff.; vgl. auch White Book Rn. 4PD.3 ff mit einer Übersicht über die vorhandenen forms.

che Formalisierung des Verfahrens sieht das deutsche Recht derzeit nur für das Mahnverfahren nach den §§ 688 ff. ZPO vor, das jedoch hinsichtlich seiner Anwendbarkeit engen Voraussetzungen unterliegt. Alle anderen schriftlich abzufassenden Prozesshandlungen unterliegen zwar bestimmten Formvorschriften, die Parteien sind jedoch in der Wahl der konkreten Ausführung frei. Diese Freiheit kann jedoch auch dazu führen, dass erforderliche Angaben vergessen werden und der Prozess sich aus diesem Grunde verzögert.
In den CPR ist weiterhin vorgesehen, dass der Vortrag des streitigen Sachverhaltes durch die Parteien grundsätzlich auf die claim form mit den particulars, die defence und die reply beschränkt bleibt. So ist dem Beklagten die Abfassung einer Duplik nach CPR 15.9 nur mit der ausdrücklichen Genehmigung des Gerichts möglich. Eine derartige Beschränkung ist in der ZPO ebenfalls nicht vorgesehen. Sie versucht die Verschleppung des Verfahrens im Wesentlichen mit den vorgenannten Prozessleitungs- und Verspätungsvorschriften zu verhindern.

III. Beweis und Beweisermittlung

Die Beweiserhebung findet im deutschen wie auch im englischen Zivilprozess grundsätzlich nur im Rahmen eines bei Gericht anhängigen Verfahrens statt. Darüber kann auch nicht hinwegtäuschen, dass die disclosure and inspection of documents teilweise als "pre-trial procedure" bezeichnet wird. Die Beweisaufnahme gründet in beiden Verfahrensordnungen auf dem zuvor festgestellten streitigen Sachverhalt, welcher durch die Parteien im Wege der dargestellten Schriftsätze vorgetragen wurde. Auch nach Inkrafttreten der CPR gilt der Grundsatz der "close-of-pleadings" in England sinngemäß fort, nach dem das disclosure-Verfahren erst nach Abschluss der statements of case beginnt.[550]
Der Umfang der Beweiserhebung bestimmt sich im deutschen Verfahrensrecht nach den von der beweisbelasteten Partei gestellten Anträgen, wenn nicht ausnahmsweise eine Beweiserhebung von Amts wegen vorgenommen wird. Verzichtet die beweisbelastete Partei auf das Stellen eines Beweisantrages, wird grundsätzlich keine Beweiserhebung vorgenommen. Das Gericht fällt in diesem Fall eine Entscheidung nach Beweislastgrundsätzen.
Im Falle eines Beweisantrages durch die beweisbelastete Partei ist das Gericht nur dann zur Beweiserhebung verpflichtet, wenn sowohl Beweistatsache als auch Beweismittel hinreichend konkret benannt wurden.[551] Behauptungen „ins Blaue hinein" reichen insoweit nicht aus.[552] Das deutsche Zivilprozessrecht lässt den sogenannten Ausforschungsbeweis zur Beschaffung einer beweiserheblichen Tatsache als Grundlage für neue Behauptungen grundsätzlich nicht zu.[553] Die deutsche Rechtsprechung steht

---

[550] Hierzu vgl. Hay in: Schlosser S. 13.
[551] BGH NJW-RR 1994, 377, 378 f.; Tief S. 51.
[552] BGH MDR 1991, 688, 689; OLG Köln MDR 1973, 233; BGH MDR 1965, 30, 41; vgl. auch Hay in: Schlosser S. 54; Baumgärtel MDR 1995, 987; Schmidt JuS 1995, 648.
[553] BGH NJW 1996, 394; BGH LM BGB § 259 Nr. 13; Baumbach/Lauterbach-Hartmann Einf. vor § 284 Rn. 27.

dabei auf dem Standpunkt, dass niemand verpflichtet ist, dem Gegner für seinen Prozesssieg das Material zu verschaffen, über das er nicht schon von sich aus verfügt.[554] Auch die englischen Gerichte missbilligen den Ausforschungsbeweis im Grundsatz.[555] Dem liegt jedoch ein im Gegensatz zur deutschen Rechtsprechung anderes Verständnis des Ausforschungsbeweises zugrunde. Nach dem englischen Offenheitsprinzip erfordert es das öffentliche Interesse, dass im Rahmen des Zivilverfahrens die Wahrheit erkundet werde.[556] Dabei verfolgt die disclosure and inspection of documents das Ziel, jeder Partei alle relevanten Dokumente der anderen Partei zugänglich zu machen, um sie in die Lage zu versetzen, die Chancen des Rechtsstreits realistisch beurteilen zu können.[557] Eingeschränkt wird die Vorlegungspflicht der Parteien jedoch dadurch, dass nur diejenigen Dokumente von der disclosure erfasst sind, die eine unmittelbare Relevanz für den Streitgegenstand haben. So müssen sich die Parteien nach CPR 31.6 über solche Dokumente erklären, auf die sie sich selbst berufen haben sowie über solche Dokumente, welche sich unmittelbar auf den Vortrag einer Partei beziehen. Das bedeutet aber gleichzeitig, dass sich die Parteien auch über solche Dokumente zu erklären haben, die sich auf ihren eigenen Vortrag nachteilig auswirken, ihnen selbst also schaden.[558] Konträr zu der ständigen Rechtsprechung des BGH ist die Partei des englischen Zivilprozesses damit verpflichtet, ihrem Gegner für seinen Prozesssieg das Material zu verschaffen, über das er nicht schon von sich aus verfügt. Insoweit verlangt das englische Zivilprozessrecht den Parteien eine Mitwirkungspflicht ab, die sich zu ihrem eigenen Nachteil auswirken kann. Darüber hinaus kann das Gericht gemäß CPR 31.12 (1) zusätzlich eine Anordnung treffen, nach der eine Partei zur Suche nach solche Dokumenten verpflichtet werden kann, aus denen sich wiederum Hinweise über andere Beweismittel ergeben können, die für den Rechtsstreit relevant sein könnten.[559]
Dies verdeutlicht, dass der viel verwandte Begriff des Ausforschungsbeweises in Deutschland und England unterschiedlich ausgelegt wird. Im englischen Zivilprozessrecht soll nicht die Beschaffung neuen Beweismaterials verhindert werden, sondern lediglich die sogenannten “fishing expeditions”. Diese im US-amerikanischen Zivilrecht ausdrücklich erlaubten fishing expeditions zielen darauf ab, im Wege der Klage zu klären, ob überhaupt ein Klagegrund besteht.[560] Da die Parteien in den USA in das Verfahrensstadium der discovery eintreten können, ohne den streitigen Sachverhalt zuvor darlegen zu müssen, können sie auf diesem Wege ihren Gegner zur Vorlage von sämtlichen auch nur weitläufig oder potentiell relevanten Dokumenten verpflichten.[561]

---

554 BGH JZ 1991, 630, 630 f.; BGH NJW 1958, 1491; BGH VersR 1958, 768.

555 Rio Tinto Zine Corp. v. Westinghouse Electric Corp. [1978] AC 547 at 609; Radio Corp. of America v. Raulan Corp. [1956] 1 All ER 549 at 554; vgl. auch Lang S. 215.

556 Church of Scientology of California v. Department of Health and Social Security [1979] 1 WLR 723 at 733c.

557 Hay in: Schlosser S. 19; vgl. auch Crown Cork & Seal Co. Inc. v. Rheem South Africa (Pty) Ltd. [1980 (3)] SA 1093 at 1095 f. (Südafrika).

558 So ausdrücklich geregelt in CPR 31.6.

559 Hierzu Sime S. 287.

560 Hök S. 92 ff.; Beckmann IPRax 1990, 201, 202; Heidenberger RIW 1995, 705, 707.

561 FRCP 26 (b): „reasonably calculated to lead to the discovery of admissible evidence“; vgl. auch Reitz, ZZP 104 (1991), 381, 386; Mössle S. 120.

Begünstigt wird diese Strategie durch die US-amerikanische Verfahrensordnung, welche auch im Falle des Unterliegens grundsätzlich keine Kostenerstattung vorsieht.[562] Diese Möglichkeit soll in England durch den der disclosure vorgeschalteten Austausch der statements of case verhindert werden, welche zunächst den für die disclosure relevanten Streitgegenstand festlegen sollen. Hinzu kommt die der deutschen entsprechende englische Kostenregelung, nach der grundsätzlich die unterliegende Partei die Kosten des Rechtsstreits zu tragen hat.

Differenziert zu betrachten ist auch die Herrschaft über das Beweisverfahren bzw. die disclosure in Deutschland und England. Im deutschen Zivilprozessrecht herrscht grundsätzlich das Gericht über das Beweisverfahren.[563] Es entscheidet über die Durchführung einer Beweisaufnahme und deren Umfang. Zu den Aufgaben der Parteien gehört es lediglich, dem Gericht den Tatsachenstoff und die Beweismittel zu liefern.[564] Im englischen Recht ist der Einfluss des Gerichts auf das disclosure-Verfahren seit Einführung der CPR im Jahre 1999 stark gestiegen. So entscheidet das Gericht mit der Einordnung des Rechtsstreits im Rahmen des case managements über die Frage des Umfangs der disclosure. Ordnet das Gericht das Verfahren dem small claim track zu, so ist hierdurch die Anwendung der Vorschriften über die disclosure automatisch ausgeschlossen, vgl. CPR 27.2 (1) (b). Auch im Rahmen des fast tracks und des multitracks obliegt die disclosure der Leitung des Gerichts, wie CPR 28.3 (1) (a) und CPR 29.2 (1) (a) klarstellen. Hier kann das Gericht gemäß CPR 31.5 (1) Anordnungen treffen, welche das Verfahren der standard disclosure beschränken. Grundsätzlich obliegt die Organisation und Durchführung der disclosure aber weiterhin den Parteien. Diese erstellen selbstständig das disclosure-Verzeichnis und regeln die Einsichtnahme in die betreffenden Dokumente. Das Gericht wird regelmäßig nur tätig, wenn eine Partei eine Anordnung etwa im Hinblick auf ein privilegiertes Dokument beantragt. Das disclosure-Verfahren wird damit im Wesentlichen von den Parteien des Rechtsstreits durchgeführt, auch wenn es nach den CPR der Leitung des Gerichts untersteht. Insoweit ist die Einflussnahme der englischen Gerichte im Rahmen der disclosure auch hier zurückhaltender als diejenige der deutschen Gerichte bei Durchführung einer Beweisaufnahme zur Vorlegung von Dokumenten.

IV. Materiellrechtlicher oder prozessrechtlicher Ansatz

Eine klare Differenzierung zwischen deutschem und englischem Zivilverfahrensrecht lässt sich hinsichtlich des Ansatzes der Vorlegungsansprüche treffen. Der BGH[565] hat sich die ZPO betreffend wie folgt geäußert: „Ob eine Partei Ansprüche gegen die andere auf Erteilung von Auskünften, Rechnungslegung, Herausgabe von Unterlagen usw. hat, ist eine Frage des materiellen Rechts. ... Eine allgemeine Auskunftspflicht kennt das materielle Recht ... nicht, und es ist nicht Aufgabe des Prozessrechts, sie einzuführen.“ Diese Aussage trifft freilich nur den Grundsatz der ZPO. Tatsächlich

---

[562] Vgl. nur Lorenz ZZP 111 (1998), 35, 45.

[563] Hierzu vgl. auch Eschenfelder S. 93.

[564] Baumbach/Lauterbach-Hartmann Anh. zu § 286 Rn. 1.

[565] ZZP 104 (1991), 203, 205; vgl. auch Stein/Jonas-Leipold § 138 Rn. 22; Lang S. 90; Schlosser JZ 1991, 599, 606.

besteht ein Zusammenspiel von materiellrechtlichen und prozessrechtlichen Ansprüchen, wie zum Beispiel die §§ 422, 423 ZPO verdeutlichen. Ergänzend kann der materiellrechtliche Vorlegungsanspruch aus § 242 BGB herangezogen werden. Insgesamt ist bei der Vorlegung von Dokumenten nach deutschem Recht aber festzustellen, dass der klare Schwerpunkt der bestehenden Ansprüche im materiellrechtlichen Bereich liegt. Ein darüber hinaus gehender allgemeiner prozessrechtlicher Anspruch auf Vorlegung von Urkunden wird von der deutschen Rechtsprechung zurecht nicht anerkannt.[566]

Im englischen Recht ergeben sich die Vorlegungsansprüche demgegenüber vornehmlich aus dem Prozessrecht. Die Regelungen der disclosure verpflichten die Parteien des Zivilprozesses dazu, sich über die für den Rechtsstreit relevanten Dokumente zu erklären und regelmäßig auch vorzulegen.[567] Die Parteien sind im Hinblick auf die Vorlegung dieser Dokumente folglich unabhängig von einem auf den konkreten Einzelfall zugeschnittenen materiellrechtlichen Anspruch. Erfordert der konkrete Rechtsstreit eine über die standard disclosure hinausgehende Vorlegung von Urkunden, so wird auch diese Situation rein prozessrechtlich entschieden. Es steht in diesem Fall in dem Ermessen des Gerichts, ob und in welchem Umfang es eine dahin gehende Anordnung trifft, vgl. CPR 31.12 (1).

Die unterschiedlichen Ansätze der deutschen und englischen Zivilverfahrensordnungen haben immense Auswirkungen auf die Vorlegungspflichten der Parteien. Die Anwendung der CPR erscheint dabei flexibler als die starren Regelungen des materiellen Rechts in Deutschland, bei denen eine Vorlegungspflicht nur dann besteht, wenn sämtliche Anspruchsvoraussetzungen erfüllt sind. Hier entsteht insbesondere die Problematik, dass nur schwer auf neue Entwicklungen reagiert werden kann. Aus dem Bedürfnis nach mehr Flexibilität wurden die materiellrechtlichen Vorlegungsansprüche durch die deutsche Rechtsprechung mittels Treu und Glauben nach § 242 BGB erweitert.[568] Dem liegt insbesondere die Einsicht zugrunde, dass der Gesetzgeber nicht in der Lage ist, alle möglichen Interessenlagen neutral und im Voraus befriedigend zu regeln.[569] Gerade hierin liegt die Hauptproblematik eines vorwiegend auf materiellrechtlichen Regelungen basierenden Ansatzes.

Im Gegensatz dazu ist ein weit gefasster prozessrechtlicher Ansatz wie in den CPR unabhängig von Tatbestandsvoraussetzungen und einer einzelfallbezogenen Regelung. Durch die in das freie Ermessen des Gerichts gestellte Entscheidung ist eine größtmögliche Flexibilität gewährleistet. Dies bedingt jedoch gleichzeitig, dass die Einzelfallentscheidung des Gerichts Risiken in sich birgt. So lässt diese Freiheit dem zuständigen Richter Raum für die Auslebung seines Temperamentes und seines persönlichen Judizes.[570] Die Rechtssicherheit ist nicht in dem Umfang gewährleistet, den materiell-

---

[566] BGH NJW 1978, 1002; RGZ 102, 235, 236; vgl. auch Tief S. 47; Lorenz NJW 1994, 173.

[567] Vgl. CPR 31.6 und CPR 31.3 (1); Voraussetzung ist natürlich, dass die Regelungen der CPR Part 31 Anwendung finden und die disclosure in ihrem Umfang nicht durch das Gericht beschränkt wurde.

[568] Hierzu BGH NJW 1995, 386, 387; BGH DB 1971, 1416, 1416 f.; BGH FamRZ 1980, 37, 38; BGHZ 14, 53, 56; OLG Düsseldorf NJW-RR 1996, 1464, 1466; vgl. auch Schaaff S. 142.

[569] So auch Hay in: Schlosser S. 61.

[570] So auch Schlosser JZ 1991, 599, 608; Lang S. 258.

rechtliche Vorlegungsansprüche mit konkreten Tatbestandsvoraussetzungen garantieren. Dem kann auch nicht entgegen gehalten werden, dass auf Grund der mangelnden Flexibilität der materiellrechtlichen Ansprüche Analogien wie die zu § 810 BGB oder Vorlegungsansprüche aus § 242 BGB entwickelt werden, deren Tatbestandsvoraussetzungen ebenfalls nicht kodifiziert sind. Denn insoweit unterliegen die Gerichte engen Grenzen. Eine Analogie wie die zu § 810 BGB kann nur dann angenommen werden, wenn insoweit eine unbeabsichtigte Regelungslücke und eine dem durch den Gesetzgeber bereits entschiedenen Interessenausgleich vergleichbare Situation vorliegt.[571] Auch die Herleitung des Vorlegungsanspruchs aus § 242 BGB unterliegt demgemäß engen Grenzen.[572] Unter dem rechtsstaatlichen Gesichtspunkt der Rechtssicherheit bringt der materiellrechtliche Ansatz dem prozessrechtlichen Ansatz gegenüber insoweit Vorteile mit sich.

Darüber hinaus findet durch die Anwendung des englischen prozessrechtlichen Ansatzes im Ergebnis vielfach nur eine Verlagerung der Problematik der Einzelfallentscheidung statt. Im deutschen Recht stellt sich regelmäßig die Frage, ob überhaupt ein Anspruch auf Vorlegung eines bestimmten Dokumentes besteht. Auf mögliche Weigerungsrechte des Anspruchsgegners kommt es dabei grundsätzlich nicht an, da zum Beispiel in Fällen des vertrauensgeschützten Schriftverkehrs zwischen Rechtsanwalt und Mandant erst gar kein Anspruch des prozessualen Gegners auf Vorlegung der Dokumente in Betracht kommt. Die gegensätzliche Grundregel im englischen Zivilprozess bedingt, dass der Schwerpunkt der Problematik auf den möglichen Weigerungsrechten der Beteiligten liegt. Auch hier ist die Einhaltung der von der englischen Rechtsprechung konkret bestimmten Tatbestandsvoraussetzungen der Weigerungsrechte notwendig. Dies hat zur Folge, dass ebenso wie im deutschen Recht Fragen der Analogie wie zum Beispiel bei der entsprechenden Anwendung des legal professional privilege auf Berufsgruppen wie Ärzte oder Steuerberater auftreten.[573]

Letztlich kann auch die in der Literatur immer wieder genannte erhöhte Vergleichsbereitschaft der Parteien nicht als Argument für den prozessrechtlichen Ansatz und die Regelung der disclosure angeführt werden. Zweifellos muss festgestellt werden, dass mehr als 90% der englischen Zivilverfahren ohne streitiges Urteil enden, da die Parteien sich einvernehmlich über den Streitgegenstand einigen.[574] Hiervon ist die deutsche Praxis weit entfernt. Zu bedenken ist jedoch, dass die Vergleichsbereitschaft der Parteien in England oftmals hauptsächlich von wirtschaftlichen Erwägungen getragen wird. So werden die Gebühren der Rechtsanwälte im Gegensatz zum deutschen Gebührensystem der BRAGO nach Stundensätzen berechnet. Dies führt dazu, dass die englischen Rechtsanwälte ein eigenes wirtschaftliches Interesse an der möglichst langwierigen Gestaltung eines Gerichtsverfahrens haben. Dies gilt umso mehr, als ein

---

[571] Vgl. zu den Voraussetzungen der Analogie vgl. grundlegend BVerfGE 69, 369 ff.; BGHZ 46, 74, 76; Palandt-Heinrichs Einleitung Rn. 40.

[572] Hierzu siehe oben 1. Teil III 1 c bb (c).

[573] Hierzu siehe oben 2. Teil II 5 f.

[574] Aktuell hierzu Stürner ZVglRWiss 99 (2000), 310, 320.

Großteil der Rechtsanwaltsgebühren im Verfahrensstadium der disclosure entstehen.[575] Da diese Rechtsanwaltskosten in der Praxis selbst bei einem Obsiegen der Partei in der Regel nur anteilig vom Gegner übernommen werden müssen[576], kann ein Vergleich oftmals günstiger sein als die Durchführung des Rechtsstreits. Diese Erwägung gilt unabhängig davon, ob die jeweilige Partei rein juristisch betrachtet zurecht gerichtlichen Rechtsschutz in Anspruch nimmt. Hinzu kommt die Regelung der sogenannten "Part 36 payment" bzw. "Part 36 offer".[577] Bei dem Part 36 payment hinterlegt der Beklagte eine bestimmte Summe bei Gericht, die im Hinblick auf den anhängigen Rechtsstreit aus seiner Sicht berechtigt ist. Nimmt der Kläger die Zahlung an, ist das Verfahren einvernehmlich beendet. Akzeptiert der Kläger die Zahlung jedoch nicht, und bleibt das daraufhin ergehende Urteil hinter der gezahlten Summe zurück, so hat der Kläger die gesamten Kosten des Rechtsstreits seit dem Zeitpunkt der Hinterlegung zu tragen. Bei der Part 36 offer kann der Kläger dem Beklagten ein Angebot hinsichtlich einer vergleichsweisen Regelung machen. Akzeptiert der Beklagte das klägerische Angebot nicht, und obsiegt der Kläger in dem dann ergehenden Urteil in größerem Umfang als in seinem Vergleichsangebot vorgesehen, trifft den Beklagten die oben beschriebene Kostentragungspflicht.[578] Kötz[579] hat diese Regelung wohl zutreffend als „Wette" bezeichnet. Zwar ist die Förderung der Bereitschaft einer Partei, einen anhängigen Rechtsstreit im Wege des Vergleichs zu beenden, grundsätzlich zu begrüßen. Denn im Rahmen einer einvernehmlichen Einigung ist die Akzeptanz des Ergebnisses durch die Parteien regelmäßig größer als im Falle der Entscheidung durch streitiges Urteil. Dennoch sollte als Entscheidungsgrundlage für die Parteien nur die rechtliche Beurteilung der Risiken und Chancen des anhängigen Zivilverfahrens in Betracht gezogen werden, nicht dagegen rein wirtschaftliche Erwägungen. Die Qualität einer Prozessordnung kann im Ergebnis nicht daran gemessen werden, wie viele Verfahren sie verhindert. In diesem Sinne erscheint es kontraproduktiv, eine Partei von der Inanspruchnahme gerichtlichen Rechtsschutzes nur deshalb abzuhalten, weil auf Grund der entstehenden Verfahrenskosten der Abschluss eines Vergleichs wirtschaftlich sinnvoller ist als die Durchführung des Verfahrens. Das „Erpressungspotential" einer Prozessordnung kann rechtspolitisch kein Wertungsmaßstab für deren Qualität sein.

Dogmatisch könnte der hier vorgenommenen Gegenüberstellung von materiellrechtlichem und prozessualem Ansatz entgegen gehalten werden, dass es weniger die Qualifikation als prozessual oder materiellrechtlich ist, die Flexibilität bzw. Rechtssicherheit bringt, sondern allein die tatbestandlichen Voraussetzungen der Vorlegungspflichten. Selbstverständlich wäre auch ein verfahrensrechtlicher Vorlegungsanspruch mit stark

---

[575] Nach Schätzungen werden etwa 90% der Tätigkeit des Rechtsanwaltes in das disclosure-Verfahren investiert, so dass dieses mit dem gleichen Prozentsatz für die Gebühren des Rechtsanwaltes anzusetzen ist, vgl. Pfeiffer GRUR Int. 1999, 598, 605.

[576] Insoweit besteht ein weites Ermessen des Gerichts, vgl. CPR 43 bis 48; siehe auch Sobich JZ 1999, 775, 779.

[577] Benannt nach den Regelungen der CPR 36; hierzu eingehend Plant Rn. 64.1 ff.; Foskett Rn. 2.1 ff.

[578] Vgl. zum Ganzen Sobich JZ 1999, 775, 780.

[579] Kötz in: Festschrift für Zajtay, hrsg. von Kreuzer, Karl F., S. 277, 288; vgl. auch Stürner ZVglRWiss 99 (2000), 310, 321.

einschränkenden tatbestandlichen Voraussetzungen denkbar. Dennoch liegt es gerade in der Natur des prozessrechtlichen Ansatzes, dass eben solche tatbestandlichen Voraussetzungen nicht oder nur in sehr geringem Umfang vorhanden sind. Im Gegensatz hierzu sind materiell-rechtliche Vorlegungsansprüche regelmäßig durch ihre tatbestandlichen Voraussetzungen eingeschränkt, da sie eine Wirkung nur im Hinblick auf das durch sie geregelte Rechtsgebiet entfalten sollen. Charakteristisch für materiell-rechtliche Ansprüche sind folglich die genau auf das jeweilige Rechtsgebiet und den zu regelnden Anspruch abgestimmten tatbestandlichen Voraussetzungen. Vor diesem Hintergrund ist der Vergleich des deutschen und des englischen Verfahrensrechts anhand der Unterscheidung zwischen prozessrechtlichem und materiellrechtlichem Ansatz zu verstehen.

V. Der Begriff des Dokumentes

Eine weitere Differenzierung zwischen der deutschen und der englischen Zivilverfahrensordnung ergibt sich hinsichtlich des Begriffs der Urkunde bzw. des Dokumentes. In England herrscht ein sehr weitgehendes Verständnis des Begriffs des Dokumentes. Gemäß CPR 31.4 ist von der disclosure alles umfasst, in oder auf dem eine Informationsdarstellung festgehalten oder gespeichert ist. Das englische Zivilverfahrensrecht stellt damit nicht auf die äußere Form des Dokumentes ab, sondern auf dessen Inhalt. Wesentliches Merkmal des Dokumentes ist dabei die Vermittlung einer Information. Irrelevant ist insofern, auf welchem Wege die Information vermittelt wird. So kann die Wahrnehmung eines Dokumentes im Sinne der CPR durch Auge, Ohr, Nase oder ein anderes menschliches Sinnesorgan erfolgen.[580] Neben herkömmlichen Schriftstücken fallen damit auch Tonbandaufnahmen, Fotographien, Videofilme, Mikrofiches und elektronische Daten unter den Begriff des Dokumentes im Sinne der CPR.[581] Die Vorlegung dieser Dokumente wird im englischen Verfahrensrecht einheitlich im Rahmen der disclosure and inspection of documents geregelt.

Im Gegensatz hierzu stellt sich die Vorlegung von Dokumenten im deutschen Zivilverfahrensrecht weit komplizierter dar. Unter den Urkundenbegriff im Sinne der §§ 415 ff. ZPO fallen lediglich schriftlich verkörperte Gedankenerklärungen.[582] Damit sind zum Beispiel Tonbänder, Schallplatten und elektronische Daten nicht von dem Begriff der Urkunde erfasst.[583] Auch das deutsche Zivilverfahrensrecht geht daher im Ansatz von dem Vorliegen einer Information als Gedankenerklärung aus, stellt aber verstärkt

[580] Grant v. Southwestern and County Properties Ltd. [1974] 2 All ER 465 at 474.

[581] Alliance and Leicester Building Society v. Ghahremani (1992) 142 NLJ 313; Derby & Co. Ltd. v. Weldon No. 9 [1991] 2 All ER 901; Sime S. 274; vgl. auch Picton Howell RIW 1996, 1011, 1012; Schaaff S. 39; Andrews Rn. 11-021; ähnlich auch Geis, CR 1993, 653, 655.

[582] BGHZ 65, 300, 301; OLG Köln DB 1983, 104, 105; FG Berlin NJW 1977, 2232; Rosenberg/Schwab/Gottwald § 121 I (S. 697); MünchKomm-Schreiber, ZPO, § 415 Rn. 4; Stein/Jonas-Leipold Vor § 415 Rn. 1; Thomas/Putzo-Thomas Vorbemerkungen zu § 415 Rn. 1; Baumbach/Lauterbach-Hartmann Übersicht vor § 415 Rn. 3; Schreiber, Die Urkunde im Zivilprozess, S. 32; Derleder/Wosnitza ZIP 1990, 901, 903.

[583] Vgl. BGH NJW 1982, 277; Zöller-Greger § 371 Rn. 1; MünchKomm-Schreiber § 415 Rn. 4; Thomas/Putzo-Thomas Vor § 371 Rn. 6; Stein/Jonas-Leipold Vor § 415 Rn. 1; Bergmann/Streitz CR 1994, 77, 77 ff.; Pleyer ZZP 69 (1959), 321, 322.

auf die Form dieser Gedankenerklärung ab. Erst die schriftliche Verkörperung einer Gedankenerklärung lässt diese zur Urkunde im Sinne der ZPO werden. Liegen diese Voraussetzungen nicht vor, kann das Dokument nur nach den Grundsätzen des Beweises durch Augenschein gemäß den §§ 371 ff. ZPO in den Prozess eingeführt werden. Der Umfang des Augenscheinsbeweises ist dabei weiter als der des Urkundenbeweises. Der Begriff des Augenscheinobjektes umfasst jede unmittelbare Sinneswahrnehmung über die Beschaffenheit von Personen und Gegenständen oder Vorgängen.[584] Hierunter fällt somit nicht nur die Sinneswahrnehmung durch die Augen, sondern jegliche Sinneswahrnehmung wie die des Gehörs, des Gefühls, des Geschmacks oder des Geruchs.[585] Durch den Verweis in § 371 Abs. 2 S. 2 ZPO auf die Vorschriften des Urkundsbeweises nach den §§ 422 bis 432 ZPO besteht im Hinblick auf die Vorlegungspflichten jedoch Übereinstimmung.

Die vorstehenden Ausführungen verdeutlichen, dass die deutsche Regelung komplizierter ist als die des englischen Zivilverfahrensrechts. Durch den in Deutschland herrschenden engen Urkundenbegriff kommt es im Ergebnis zu einer beweisrechtlichen Verlagerung vom Urkundenbeweis auf den Beweis durch Augenschein.[586] Dies geschieht insbesondere deshalb, weil herkömmliche handgeschriebene oder gedruckte Schriftstücke im modernen Geschäfts- und Wirtschaftsleben immer mehr an Bedeutung verlieren. Relevante Informationen werden oftmals per e-mail oder auf Datenträgern versendet. Hierdurch nimmt die Bedeutung des Urkundenbeweises im deutschen Zivilprozessrecht immer weiter ab. Diese Tendenz der Verlagerung vermeidet das englische Zivilprozessrecht durch eine einheitliche Regelung der disclosure and inspection of documents im Rahmen eines weiten Dokumentenbegriffs. Hierdurch wird im Ergebnis eine einfache und für den rechtsunkundigen Bürger verständliche Regelung getroffen, von der das deutsche Recht weit entfernt ist.

VI. Die vorprozessuale Vorlegungspflicht

Sowohl das deutsche als auch das englische Zivilprozessrecht erlauben es, eine Vorlegungspflicht bereits vor Anhängigkeit des diesbezüglichen Hauptverfahrens geltend zu machen. Die Ausgestaltung dieser Möglichkeit differiert jedoch wiederum.

Im deutschen Recht wird die unterschiedliche Behandlung von Urkunden und sonstigen Dokumenten auch im Rahmen der vorprozessualen Vorlegungspflicht fortgeführt. Für Dokumente, auf die der Beweis durch Augenschein Anwendung findet, steht das selbstständige Beweisverfahren gemäß § 485 Abs. 1 ZPO zur Verfügung. Danach kann auch außerhalb eines Hauptverfahrens auf Antrag einer Partei die Einnahme des Augenscheins angeordnet werden, wenn der Gegner zustimmt oder zu besorgen ist, dass das Beweismittel verloren geht oder seine Benutzung erschwert wird. Da der Gegner des Antragstellers seine Zustimmung bei widerstreitenden Interessen regelmäßig verweigern wird, kommt es daher entscheidend darauf an, ob die Gefahr besteht, dass das Augenscheinsobjekt verloren geht oder seine Benutzung erschwert wird. Ist dies nicht

---

[584] MünchKomm-Damrau, ZPO, § 371 Rn. 2; Thomas/Putzo-Thomas Vorbem. zu § 371 Rn. 1; Baumbach/Lauterbach-Hartmann Übers. zu § 371 Rn. 2.

[585] Vgl. nur Zöller-Greger § 371 Rn. 2.

[586] So auch Hay in: Schlosser S. 9.

der Fall, scheidet die Möglichkeit des selbstständigen Beweisverfahrens nach § 485 Abs. 1 ZPO aus.

In Bezug auf Urkunden im Sinne der §§ 415 ff. ZPO ist das selbstständige Beweisverfahren nicht anwendbar. Hier kommt im vorprozessualen Stadium allein die Erwirkung einer einstweiligen Verfügung unter den Voraussetzungen der §§ 935 ff. ZPO in Betracht.[587] Diese darf jedoch nicht zur Befriedigung des glaubhaft zu machenden Vorlegungsanspruchs führen, sondern lediglich zu dessen Sicherung.[588] Aus diesem Grunde kann eine Vorlegungspflicht im Rahmen der einstweiligen Verfügung nicht durchgesetzt werden. In Betracht kommt allenfalls die Einsichtnahme durch einen zur Verschwiegenheit verpflichteten Sachverständigen oder die Hinterlegung der Urkunde bei Gericht.[589]

Die im englischen Zivilverfahrensrecht vorgesehene disclosure ist nach dem Supreme Court Act 1981 section 33 (2) bzw. dem County Court Act 1984 section 52 (2) auch schon vorprozessual möglich. Wesentliche Voraussetzung ist hier lediglich, dass die disclosure vor Verfahrensbeginn wünschenswert erscheint, um das vorweggenommene Verfahren gerecht zu gestalten, Hilfe im Hinblick auf die außergerichtliche Beilegung des Konflikts zu leisten, oder Kosten einzusparen.[590] Darüber hinaus ist eine vorgezogene disclosure nach den Voraussetzungen der "search order" möglich, mittels derer einer Partei aufgegeben werden kann, die Durchsuchung ihrer Wohn- und Geschäftsräume zu dulden und die Mitnahme von Beweismaterial zuzulassen.[591] Als Voraussetzung hierfür muss jedoch eine durch eindeutige Beweise belegte hohe Wahrscheinlichkeit dafür bestehen, dass für den nachfolgenden Prozess relevante Dokumente ohne den Erlass der search order verschwinden würden. Darüber hinaus muss ein schwerwiegender Schaden des Antragstellers zu befürchten sein.[592]

Im Ergebnis zeigen sich bei der vorprozessualen Vorlegung von Dokumenten viele Parallelen zwischen deutschem und englischem Zivilverfahrensrecht. Sowohl im Rahmen des selbstständigen Beweisverfahrens nach § 485 Abs. 1 ZPO als auch der search order nach CPA section 7 kann die Anordnung der Vorlegung ergehen, wenn die berechtigte Vermutung besteht, dass die Verwendung einzelner Beweismittel bis zum Zeitpunkt des Hauptsacheverfahrens beeinträchtigt werden könnte. Durch die Unterscheidung zwischen Urkunden und Augenscheinsobjekten im deutschen Recht ist hier jedoch im Gegensatz zum englischen Zivilprozessrecht wiederum keine einheitliche Regelung gegeben. Vergleichend betrachtet ist auch bei der vorprozessualen Dokumentenvorlegung die Tendenz erkennbar, dass das englische Recht der Wahrheitsfindung stärkere Bedeutung als dem Schutz des Antragsgegners beimisst. Während die

---

[587] Vgl. Staudinger-Marburger Vorbem. zu §§ 809 ff. Rn. 8; Stein/Jonas-Schumann Vor § 371 Rn. 31; Wieczorek § 371 c IV.

[588] Stein/Jonas-Grunsky Vorbem. zu § 935 Rn. 31; Thomas/Putzo-Reichold § 938 Rn. 3; Zöller-Vollkommer § 938 Rn. 3 f.

[589] OLG München CR 1987, 761, 762; Leppin GRUR 1984, 552, 560; Bork NJW 1997, 1665, 1671.

[590] Vgl. die Regelungen des Supreme Court Act 1981 section 33 und des County Court Act 1984 section 52.

[591] Vgl. CPR 25.1; zu einem möglichen Tenor der search order siehe das Beispiel bei Lang S. 199.

[592] Zu den Voraussetzungen der search order vgl. Civil Procedure Act 1997 section 7.

einstweilige Verfügung nach § 935 ZPO allenfalls die Hinterlegung einer Urkunde bewirkt, tenoriert die search order die Vorlegung des Dokumentes und erzielt damit eine Vorwegnahme der Hauptsache, welche die einstweilige Verfügung nach deutschem Recht gerade nicht gewährt. Für den Fall einer unberechtigt erwirkten search order sollen die Folgen der Vorlegung dadurch abgemildert werden, dass das englische Recht Sanktionen für das nachfolgende Hauptsacheverfahren vorsieht.[593]

VII. Die Vorlegungspflicht Dritter

Die Vorlegungspflicht Dritter zeigt weitere Unterschiede in den Zivilverfahrensordnungen von Deutschland und England auf. Nach § 429 ZPO kann sich eine Vorlegungspflicht Dritter im Hinblick auf Urkunden grundsätzlich nur auf Grund eines materiellrechtlichen Anspruchs ergeben. Außerhalb der gesetzlich geregelten Vorlegungs- und Herausgabeansprüche besteht auch eine aus § 242 BGB hergeleitete Vorlegungspflicht nur im Zusammenhang mit einer materiellrechtlichen Sonderverbindung. Der materiellrechtlich unbeteiligte Dritte wird grundsätzlich keinem Vorlegungsanspruch ausgesetzt. Eine Ausnahme besteht nur im Zusammenhang mit dem neu gefassten § 142 ZPO, nach dem das Gericht unabhängig von einem materiellrechtlichen Anspruch des Beweisführers eine Anordnung erlassen kann, durch welche ein Dritter zur Vorlegung von in seinem Besitz befindlichen Urkunden und sonstigen Unterlagen verpflichtet wird. Es ist jedoch davon auszugehen, dass die deutschen Gerichte von dieser Möglichkeit ebenso restriktiv Gebrauch machen werden wie dies bereits bislang im Hinblick auf eine Vorlegungsanordnung gegenüber Parteien der Fall war. Sieht man von der Möglichkeit einer Anordnung nach § 142 ZPO ab, kann eine materiellrechtlich bestehende Vorlegungspflicht im Rahmen eines anhängigen Verfahrens zwischen anderen Parteien mangels Einbindung des Dritten in das Prozessrechtsverhältnis grundsätzlich nicht durchgesetzt werden. Der Anspruchsteller ist insoweit regelmäßig auf eine selbstständige Klage gegen den Dritten angewiesen.[594] Gleiches gilt seit der jüngsten Reformierung der ZPO[595] auch für Augenscheinsobjekte. Nach der bislang ganz überwiegenden Meinung war das in den Händen eines Dritten befindliche Augenscheinsobjekt als ungeeignetes Beweismittel zu betrachten, da am Prozess Unbeteiligte grundsätzlich nicht zur Mitwirkung verpflichtet waren.[596] Nunmehr wurde die Vorlegungspflicht Dritter entsprechend der Rechtslage bei Urkunden geregelt, vgl. die §§ 371 Abs. 2, 144 ZPO.

Die englischen CPR gehen im Grundsatz ebenfalls davon aus, dass ein am Rechtsstreit Unbeteiligter nicht zur Vorlegung von Dokumenten gezwungen werden kann.[597] Von diesem Grundsatz abweichend bestehen jedoch zahlreiche Ausnahmen, bei denen auch

---

[593] Hierzu Hytrac Conveyors Ltd. v. Conveyors International Ltd. [1982] 3 All ER 415, CA; vgl. auch O'Hare/Hill Rn. 30.001 ff.

[594] Vgl. § 429 ZPO; hierzu Schilken Rn. 548; ders. Jura 1988, 525, 532.

[595] Vgl. BGBl. 2001 I S. 1887 ff.

[596] MünchKomm-Damrau, ZPO, § 371 Rn. 10; Thomas/Putzo-Thomas, 22. Auflage 1999, Vorbem. zu § 371 Rn. 5.

[597] Beckmann IPRax 1990, 201, 203; Schaaff S. 52 ff.; von Hülsen RIW 1982, 225, 232; Lowenfeld IPRax 1984, 51, 51 ff.; Schack S. 40; Stiefel RIW 1979, 509, 511.

unbeteiligte Dritte zur Vorlegung von Dokumenten verpflichtet sind. So erlaubt der County Courts Act 1984 section 34 bzw. der Supreme Court Act 1981 section 53 die disclosure gegenüber am Prozess Unbeteiligten. Hier kann eine Anordnung nach CPR 31.17 (3) ergehen, wenn die konkret zu benennenden Dokumente wahrscheinlich den Vortrag des Antragstellers unterstützen oder den Vortrag einer anderen Partei nachteilig beeinflussen und die disclosure erforderlich erscheint für die gerechte Einordnung des Klageanspruchs oder zur Einsparung von Kosten.
Eine Vorlegungspflicht Dritter besteht auch im Rahmen der sogenannten "Norwich Pharmacal order".[598] Hiernach müssen unabsichtlich an einem Unrecht beteiligte Dritte ihren Tatbeitrag durch die für den Geschädigten erforderliche Informationsoffenlegung wieder ausgleichen.[599] Auch bei der sogenannten "Bankers Trust order"[600] sind unbeteiligte Dritte zur Vorlegung von Dokumenten verpflichtet. Dabei handelt es sich um Fälle, in denen der Anspruchsteller die Spur seines missbräuchlich verwendeten Geldes nachverfolgen möchte. Als Voraussetzung der Bankers Trust order müssen lediglich gute Gründe dafür sprechen, dass der Dritte Eigentum des Anspruchstellers entweder in Händen hält oder in Händen gehalten hat und der potentielle Vorteil des Anspruchstellers in Abwägung zu dem Nachteil des Dritten überwiegen. Darüber hinaus kann auch ein Zeuge im Rahmen seiner Vernehmung im "trial" zur Vorlegung von Dokumenten verpflichtet werden, vgl. CPR 34.2 (1) (b). Auch wenn diese Möglichkeit nicht unmittelbar mit der disclosure zusammenhängt, kann dennoch ein am Rechtsstreit völlig Unbeteiligter prozessual zur Vorlegung von sich in seinem Besitz befindlichen Dokumenten verpflichtet werden. Kommt er diesem Verlangen nicht nach, kann er mit einer Ordnungsstrafe belangt werden.[601]
Im Ergebnis ist festzuhalten, dass sowohl die deutsche als auch die englische Zivilverfahrensordnung eine Vorlegungspflicht von am Prozess unbeteiligten Dritten kennt. Tendenziell sind die CPR jedoch auch hier weitergehend als die deutsche ZPO. Das deutsche Zivilverfahrensrecht sieht eine Vorlegungspflicht Dritter auch nach der ZPO-Reform grundsätzlich nur bei einem materiellrechtlich bestehenden Anspruch vor, der wiederum eine materiellrechtliche Sonderverbindung zwischen Anspruchsteller und Drittem voraussetzt. Demgegenüber ist die Vorlegungspflicht des Dritten im englischen Zivilprozessrecht vollkommen unabhängig von seiner Beziehung zu den Parteien des Rechtsstreits. Auch der nach CPR 34.2 (1) (b) zur Dokumentenvorlegung verpflichtete Zeuge muss in keiner materiellrechtlichen Beziehung zu einer der Parteien stehen. Demgegenüber kann einem Zeugen im deutschen Zivilverfahren nach Maßgabe

---

[598] Bezugnehmend auf das Verfahren Norwich Pharmacal v. Commissioners of Customs & Excise [1974] AC 133, [1973] 2 All ER 943.
[599] Lord Reid in: Norwich Pharmacal v. Commissioners of Customs & Excise [1974] AC 133 at 175; vgl. auch Murphy v. Murphy [1999] 1 WLR 282; Arab Monetary Fund v. Hashim (No. 5) [1992] 2 All ER 911; Mercantile Group (Europe) AG v. Aiyela [1994] QB 366; Smith Kline and French Laboratories Ltd. v. Doncaster Pharmaceuticals Ltd. [1989] FSR 407; vgl. auch Andrews Rn. 11-039 f.; Schaaff S. 57 f.
[600] Benannt nach Bankers Trust Co. v. Shapira [1980] 1 WLR 1274, CA.
[601] O'Hare/Hill Rn. 30.034 f.; Matthews NLJ 144 (1994), 1317 ff.; Kessel ZVglRWiss 92 (1993), 395, 409.

des § 378 ZPO allenfalls aufgegeben werden, Aufzeichnungen und Unterlagen mitzubringen, die seine eigene Aussage erleichtern sollen.[602] Es erwächst daraus aber keine Verpflichtung, diese Unterlagen dem Gericht oder einer der Parteien vorzulegen.

VIII. Der gerichtliche Rechtsschutz bei der Dokumentenvorlegung

Der gerichtliche Rechtsschutz bei der Dokumentenvorlegung führt die unterschiedlichen Ansätze des deutschen und englischen Zivilverfahrensrechts fort. Während im deutschen Recht die Frage geklärt werden muss, ob überhaupt eine Rechtsgrundlage für den Vorlegungsanspruch besteht, konzentriert sich die Frage im englischen Recht darauf, ob dem grundsätzlich bestehenden Anspruch Weigerungsrechte entgegen stehen.

Beiden Rechtsordnungen ist jedoch gemeinsam, dass jeweils derjenige um gerichtlichen Rechtsschutz zu ersuchen hat, der die Vorlegung eines Dokumentes begehrt. Im deutschen Recht muss der Anspruchsteller seinen materiellrechtlichen Vorlegungsanspruch im Wege der Klage durchzusetzen versuchen, vgl. § 422 ZPO. Nach englischem Zivilprozessrecht reicht gemäß CPR 31.10 (4) (a) zur Verweigerung der Vorlegung eines Dokumentes aus, dass die Partei in dem zu erstellenden disclosure-Verzeichnis[603] deutlich macht, dass dieses Dokument ihrer Ansicht nach einem Recht oder einer Pflicht zur Zurückhaltung unterliegt. In diesem Fall kann die Gegenseite beantragen, die Partei zur Duldung der Einsichtnahme in das Dokument zu verpflichten.[604] Ein Unterschied besteht nur insofern, als im deutschen Recht grundsätzlich eine selbstständige Klage auf Vorlegung des Dokumentes erforderlich ist, während um den gerichtlichen Rechtsschutz im englischen Zivilverfahren regelmäßig innerhalb des bereits anhängigen Verfahrens zu ersuchen ist.

Beachtenswert ist die bereits seit 1999 in den CPR gegebene Möglichkeit der Nutzung moderner Kommunikationsmittel. So ist es im englischen Zivilverfahrensrecht möglich, die der Entscheidung des Gerichts vorgelagerte Anhörung der Parteien mittels einer telefonischen Konferenzschaltung abzuhalten.[605] Darüber hinaus kommt auch eine Anhörung im Wege der Videokonferenz in Betracht, wenn die Parteien dies übereinstimmend wünschen und dem Gericht die entsprechenden technischen Voraussetzungen zur Verfügung stehen.[606] Eine ähnliche Regelung hat nunmehr auch der deutsche Gesetzgeber geschaffen. Im Rahmen des „Gesetzes zur Reform des Zivilprozesses (Zivilprozessreformgesetz-ZPO-RG)“[607] vom 27. Juli 2001 wurde mit Wirkung zum 01.01.2002 der neu geschaffene § 128a ZPO in das deutsche Zivilverfahrensrecht aufgenommen. Gemäß § 128a Abs. 1 ZPO kann das Gericht im Einverständnis mit den Parteien diesen sowie ihren Bevollmächtigten und Beiständen auf Antrag gestatten, sich während einer Verhandlung an einem anderen Ort aufzuhalten und dort Verfah-

[602] Hierzu vgl. Schlosser NJW 1992, 3275, 3277; Stürner JZ 1976, 320, 322; Lang S. 74; Baumbach/Lauterbach-Hartmann § 378 Rn. 6.
[603] Zu dessen Inhalt und Umfang vgl. CPR 31.10.
[604] CPR 31.19 (5); vgl. auch die Practice Direction Disclosure and Inspection Part 31 6.
[605] Vgl. Practice Direction Part 23 6.1.
[606] Practice Direction Part 23 7.
[607] BGBl. 2001 I S. 1887 ff.

renshandlungen vorzunehmen. Dabei muss die Verhandlung zeitgleich in Bild und Ton an den Ort, an dem sich die Parteien, Bevollmächtigten und Beistände aufhalten, und in das Sitzungszimmer übertragen werden. Nach § 128a Abs. 2 ZPO kann diese Verfahrensweise auch bei der Vernehmung eines Zeugen, eines Sachverständigen oder einer Partei angewandt werden. Voraussetzung einer Videokonferenz ist jedoch im deutschen wie im englischen Recht, dass die hierfür erforderlichen technischen Geräte zur Verfügung stehen. Insoweit bleibt abzuwarten, ob und wie schnell die Gerichte und Anwaltskanzleien die technischen Voraussetzungen für die gegebenen rechtlichen Möglichkeiten schaffen.

IX. Schlussbemerkungen und Ausblick

Wie sich gezeigt hat verfolgen das deutsche und das englische Zivilverfahrensrecht das gleiche Ziel eines gerechten Interessenausgleichs zwischen den Parteien.[608] Die Erreichung dieses Ziels wird jedoch auf verschiedenen Wegen gesucht. Während das gesamte englische Zivilprozessrecht von dem Offenheitsprinzip beherrscht wird und demgemäß der Wahrheitsfindung einen besonderen Stellenwert beimisst, legt die deutsche ZPO ihren Schwerpunkt auf die Rechtssicherheit und nimmt dafür Lücken bei den materiellrechtlichen Vorlegungsansprüchen in Kauf. Durch das im Rahmen der Einzelfallentscheidung gegebene weite Ermessen des englischen Richters bei der Einschränkung der disclosure auf der einen Seite und der Herleitung einer erweiterten Vorlegungspflicht zum Beispiel aus § 242 BGB durch die deutschen Gerichte auf der anderen Seite bestehen im Hinblick auf die Ergebnisse der unterschiedlichen Ansätze in vielen Fällen große Übereinstimmungen.

Dennoch ergibt sich gerade in Zweifelsfällen immer wieder, dass die englischen Gerichte eher zu mehr Offenheit tendieren, während die deutschen Gerichte eine restriktivere Haltung einnehmen. Die englischen Reformbestrebungen, die durch die Einführung der CPR im Jahre 1999 umgesetzt wurden, sind im Ergebnis zu begrüßen. Durch sie ist jedenfalls im Grundsatz eine längst überfällige einheitliche Rechtsanwendung vor den englischen Gerichten gewährleistet. Im Rahmen des case managements stehen dem Richter effektive Mittel zur Verfügung, um eine straffe Verfahrensleitung zu organisieren. Besondere Beachtung verdient in diesem Zusammenhang auch die Einführung des Verhältnismäßigkeitsgrundsatzes. Abhängig sind die durch die CPR eingeführten Möglichkeiten aber von der Akzeptanz der englischen Gerichte. Ob diese ihre bisherige Beobachterposition aufgeben und verstärkt auf den Prozess Einfluss nehmen werden, ist zur Zeit noch nicht absehbar. Erste Zweifel hieran kommen jedoch auf Grund der jüngeren Rechtsprechung vermehrt auf.[609] Als Beispiel für eine europäische Rechtsvereinheitlichung, wie von Lang[610] befürwortet, kann das englische Zivil-

---

[608] Ähnlich auch Schlosser IPRax 1987, 153, 155; Morweiser IPRax 1992, 65, 66; zum Vergleich von deutschem und US-amerikanischem Zivilprozessrecht vgl. Schack, US-Zivilprozessrecht, Rn. 740.

[609] Verwirrung hat insbesondere das Urteil in dem Verfahren Biguzzi v. Ranc Leisure plc [1999] 4 All ER 934, CA gestiftet, mit dem der Prozessverschleppung auch unter Anwendung der CPR Tür und Tor geöffnet wurde; hierzu Stürner ZVglRWiss 99 (2000), 310, 335; vgl. auch Sobich JZ 1999, 775, 780 mit weiteren Nachweisen.

[610] Lang S. 264 ff.

prozessrecht jedenfalls nur dann dienen, wenn die dargestellten Probleme konsequent angegangen werden. Die CPR könnten in diesem Fall dazu beitragen, dass dem englischen Recht in Deutschland mehr Vertrauen entgegengebracht würde als bislang zu beobachten. Gerade dieses Vertrauen ist unabdingbare Voraussetzung einer erfolgreichen europäischen Rechtsvereinheitlichung.

3. Kapitel: Die zivilprozessuale Dokumentenvorlegung im deutsch-englischen Rechtshilfeverkehr

Die Öffnung der nationalen Wirtschaftsmärkte insbesondere im Hinblick auf das Zusammenwachsen der europäischen Nationen bedingt, dass Zivil- und Handelsprozesse verstärkt einen internationalen Bezug gewinnen. Die Globalisierungstendenzen in der Weltwirtschaft verstärken diesen Effekt noch weitergehend. Gerade im Wirtschaftsrecht, bei dem ausführliche Verträge und eine umfassende Korrespondenz zwischen den Vertragspartnern eine große Rolle spielen, stellt sich immer wieder die Frage, inwiefern im Ausland belegene Dokumente in den Prozess eingeführt werden können, auf welchem Wege im Ausland ansässige Personen zur Vorlegung der für den Prozess erforderlichen Dokumente angehalten werden können, und welche Zwangsmittel hierfür zur Verfügung stehen.
Der Vergleich der zivilprozessualen Dokumentenvorlegung in Deutschland und England hat aufgezeigt, welche zum Teil erheblichen Differenzen zwischen den nationalen Zivilprozessordnungen bestehen. Die Aufgabe des Gerichts in einem international ausgerichteten Zivil- oder Handelsprozess muss es daher sein, diese Unterschiede zu überbrücken und die Interessen der internationalen Beteiligten des Verfahrens in Einklang zu bringen. Auf welchen Wegen dem Gericht dies möglich ist, soll im Folgenden untersucht werden.

1. Teil: Das Haager Beweisübereinkommen

Soll die Beweisaufnahme in Form der Dokumentenvorlegung im Ausland erfolgen, so hat das Gericht nach § 363 Abs. 1 ZPO die ausländische zuständige Behörde um Aufnahme des Beweises zu ersuchen. Das „Haager Übereinkommen über die Beweisaufnahme im Ausland in Zivil- oder Handelssachen“[611] (HBÜ) vom 18. März 1970 stellt insoweit die wichtigste Regelung der internationalen Rechtshilfe dar. Das Haager Beweisübereinkommen ist in Deutschland am 26. Juni 1979 in Kraft getreten und gilt im Verhältnis zu 29 weiteren Mitgliedstaaten. Dies sind die USA, Großbritannien, Dänemark, Finnland, Frankreich, Luxemburg, Norwegen, Portugal, Schweden, Spanien, die Niederlande, Italien, Singapur, Barbados, Zypern, Monaco, Argentinien, Mexiko, die Tschechische Republik, die Slowakische Republik, Australien, Venezuela, die Schweiz, Lettland, Estland, Polen, Südafrika, China und Bulgarien.[612]
Das Haager Beweisübereinkommen ist in drei Kapitel gegliedert. Das erste Kapitel (Art. 1-14 HBÜ) regelt die formellen und materiellen Anforderungen an das Rechtshilfeersuchen. Das zweite Kapitel (Art. 15-22 HBÜ) behandelt die Beweisaufnahme durch diplomatische und konsularische Vertreter sowie durch Gerichtsbeauftragte. Im dritten Kapitel (Art. 23-42 HBÜ) sind allgemeine Bestimmungen enthalten, welche Einzelheiten hinsichtlich der Abwicklung von bestimmten Rechtshilfeersuchen regeln.

---

[611] BGBl. 1977 II 1472.
[612] Vgl. zu den Beitrittsdaten der einzelnen Staaten Stein/Jonas-Berger Anh. zu § 363 A Rn. 7; zu dem Beitritt Bulgariens im Verhältnis zu der Bundesrepublik Deutschland vgl. IPRax 2002 S. 65.

I. Die Entstehungsgeschichte des Haager Beweisübereinkommens

Grundlage der Entwicklung des Haager Beweisübereinkommens vom 18. März 1970 war das Haager Übereinkommen über den Zivilprozess vom 1. März 1954[613]. Dieses regelte die Durchführung von Beweisaufnahmen im Ausland in seinem zweiten Kapitel (Art. 8-16 des Übereinkommens). Weder England noch die USA als common-law-Staaten waren zu diesem Zeitpunkt Mitglieder des Übereinkommens. Nachdem diese jedoch die Bereitschaft zu einem Beitritt signalisiert hatten, bestand die Aufgabe der Überarbeitung des Übereinkommens insbesondere darin, die Besonderheiten der Rechtssysteme der common-law-Staaten einzuarbeiten.[614] Im Hinblick darauf wurde unter anderem die Möglichkeit der Beweiserhebung durch Diplomaten, Konsuln oder Commissioners nach den Artikeln 15 ff. HBÜ eingeführt.

Darüber hinaus sollten die verfahrens- und organisationstechnischen Bedingungen für die Durchführung von Beweisaufnahmen im Ausland verbessert werden. So bestand das Ziel, den Verkehrsweg der nach dem HBÜ zu stellenden Rechtshilfeersuchen im einzelnen zu regeln. Zudem sollten den ersuchten Gerichten konkrete Vorgaben an die Hand gegeben werden, wie mit den gestellten Rechtshilfeersuchen zu verfahren ist. Letztlich sollte auch die Rechtsstellung der Verfahrensbeteiligten insbesondere im Hinblick auf das Recht der Aussageverweigerung näher definiert werden, um die erforderliche Rechtssicherheit zu gewährleisten.[615] Zur Umsetzung dieser Ziele wurde im Juni 1968 eine Kommission eingesetzt, deren Ergebnisse letztlich in dem Haager Beweisübereinkommen vom 18. März 1970 umgesetzt wurden.

II. Die Anwendbarkeit des Haager Beweisübereinkommens

Gemäß Art. 1 Abs. 1 HBÜ kann die gerichtliche Behörde eines Vertragsstaates in Zivil- oder Handelssachen nach ihren innerstaatlichen Rechtsvorschriften die zuständige Behörde eines anderen Vertragsstaates ersuchen, eine Beweisaufnahme oder eine andere gerichtliche Handlung vorzunehmen. Um die Aufnahme von Beweisen, die nicht zur Verwendung in einem bereits anhängigen oder künftigen gerichtlichen Verfahren bestimmt sind, darf nach Art. 1 Abs. 2 HBÜ nicht ersucht werden. Schließlich stellt Art. 1 Abs. 3 HBÜ klar, dass der Ausdruck „andere gerichtliche Handlung" weder die Zustellung gerichtlicher Schriftstücke noch Maßnahmen der Sicherung oder der Vollstreckung umfasst.

1. Der Begriff der „gerichtlichen Behörde"

Der Begriff der „gerichtlichen Behörde" im Sinne des Art. 1 Abs. 1 HBÜ ist extensiv auszulegen. Abzustellen ist darauf, ob dem Verfasser des Rechtshilfeersuchens nach dessen innerstaatlichen Vorschriften eigene Verfahrensrechte zugebilligt sind und ihm damit die Zuständigkeit für die beantragte Beweisaufnahme oder andere gerichtliche Handlung zugewiesen ist.[616] Während es sich in Deutschland grundsätzlich um ein

---

613 Abgedruckt bei MünchKomm-Musielak, ZPO, § 363 Anh. III.

614 Vgl. BT-Drucks. 7/4892 S. 39 ff; Pfeil-Kammerer S. 176; Blaschczok S. 5; Böckstiegel/Schlafen NJW 1978, 1076 f.; Junker JZ 1989, 121, 125.

615 Volken Rn. 91; Blaschczok S. 7.

616 Mittlerweile wohl allg. Meinung; vgl. nur Stein/Jonas-Berger Anh. zu § 363 A Art. 1 Rn. 24.

ordentliches Gericht handeln wird, welches ein Rechtshilfeersuchen stellt, können dies in anderen Mitgliedstaaten auch die Rechtsanwälte der Parteien sein. Wie bereits ausführlich dargelegt wurde obliegt die Durchführung des disclosure-Verfahrens im englischen Zivilprozess grundsätzlich den Rechtsanwälten der Parteien. Das Gericht legt lediglich den Umfang der Vorlegungspflichten fest und entscheidet in Streitfällen. Hieran hat sich auch mit Einführung der Civil Procedure Rules (CPR), die am 26. April 1999 in Kraft getreten sind, nichts geändert. Die Rechtsanwälte der Parteien sind "officers of the court" und damit eine „gerichtliche Behörde" im Sinne des Art. 1 Abs. 1 HBÜ.[617] Im Ergebnis können die Vorschriften des Haager Beweisübereinkommens, die wie bereits dargestellt auf die Integration der Rechtssysteme der common-law-Staaten abzielten, nicht entgegen der Intention der Mitgliedstaaten ausgelegt werden. Schiedsgerichte können demgegenüber nicht als „gerichtliche Behörde" im Sinne des Art. 1 Abs. 1 HBÜ angesehen werden, da diese nicht mit staatlicher Gerichtsgewalt ausgestattet sind, sondern lediglich gemäß einer besonderen Vereinbarung der gegnerischen Parteien tätig werden.[618]

2. Der Begriff der Zivil- oder Handelssache

Parallel hierzu stellt sich die Frage, wie der im HBÜ selbst nicht definierte Begriff der Zivil- oder Handelssache auszulegen ist. Abzustellen ist hierbei nach ganz herrschender Ansicht auf die Natur des materiellen Anspruchs und nicht auf die Art des Verfahrens oder die Bezeichnung der entscheidenden Behörde.[619]

a. Die vertragsautonome Auslegung

Umstritten ist hingegen, ob hinsichtlich der Qualifikation des materiellen Anspruchs als zivil- oder handelsrechtlicher Anspruch das Recht des ersuchenden Staates oder das Recht des ersuchten Staates anzuwenden ist. Nach einer Ansicht ist der Begriff der Zivil- oder Handelssache nach dem Recht des ersuchenden Staates zu qualifizieren, um eine möglichst weitgehende Anwendbarkeit des Übereinkommens zu sichern.[620] Nach anderer Ansicht hat die Qualifikation des Begriffs der Zivil- oder Handelssache nach dem Recht des ersuchten Staates zu erfolgen.[621] Begründet wird dies insbesondere mit nationalen Souveränitätsinteressen des ersuchten Staates.[622]

Meines Erachtens kann hinsichtlich der Auslegung des Haager Beweisübereinkommens als multilaterales Übereinkommen weder auf das Recht des ersuchenden Staates noch auf das Recht des ersuchten Staates abgestellt werden. Schon auf Grund des

---

[617] Vgl. auch Schlosser Art. 1 HBÜ Rn. 2.

[618] Ebenso Stein/Jonas-Berger Anh. zu § 363 A Art. 1 Rn. 24.

[619] Volken Rn. 98; Daoudi S. 40; Junker, Discovery, S. 256; Blaschczok S. 97; Kondring S. 116; Arnold MDR 1957, 385.

[620] Böckstiegel/Schlafen NJW 1978, 1073, 1074; Schlosser NJW 1977, 457, 459; MünchKomm-Musielak, ZPO, Anh. I zu § 363 Rn. 2; Stein/Jonas-Berger Anh. zu § 363 A Art. 1 Rn. 19.

[621] Junker IPRax 1986, 197, 206; Hollmann RIW 1982, 784, 785; Pfeil-Kammerer S. 187 ff.; Blaschczok S. 97 ff.; Volken Rn. 103; vgl. auch die vermittelnde Ansicht von Unterreitmayer RPfleger 1972, 117, 119.

[622] Vgl. Hollmann RIW 1982, 784, 785 f.

Erfordernisses der Rechtssicherheit muss die Qualifikation des Begriffs der Zivil- oder Handelssache vertragsautonom erfolgen.[623] Die Auslegung hat sich in diesem Zusammenhang an dem Sinn und Zweck des HBÜ zu orientieren. Dessen Aufgabe bestand darin, die unterschiedlichen Rechtssysteme der Vertragsstaaten in Einklang zu bringen und einen Ausgleich zu schaffen zwischen dem Interesse des ersuchenden Staates an einer Beweiserhebung auf fremdem Staatsgebiet und dem Interesse des ersuchten Staates an der Wahrung seiner nationalen Souveränität. Diesbezüglich gilt es zu bedenken, dass die nationalen Souveränitätsinteressen im Rahmen des HBÜ bereits durch Vorschriften wie zum Beispiel Art. 11 HBÜ geschützt werden, der ein umfassendes Recht zur Aussageverweigerung nach den Vorschriften des ersuchten Staates statuiert. Zudem kann die Erledigung eines Rechtshilfeersuchens gemäß Art. 12 Abs. 1 lit. b HBÜ abgelehnt werden, wenn der ersuchte Staat die Erledigung für geeignet hält, seine Hoheitsrechte oder seine Sicherheit zu gefährden.[624] Die vorgenannten Regelungen, auf die im Folgenden noch näher eingegangen werden soll, verdeutlichen die Berücksichtigung der nationalen Souveränitätsinteressen im Rahmen der Möglichkeit der Ablehnung eines Rechtshilfeersuchens. Aus diesem Grunde ist nicht ersichtlich, warum ein darüber hinaus gehender Schutz der nationalen Souveränitätsinteressen bereits bei der Frage der Anwendbarkeit des HBÜ erforderlich sein sollte. Diese ist folglich ihrer Funktion gemäß extensiv auszulegen. Nur auf diese Weise lässt sich das von den Mitgliedstaaten bezweckte Ziel erreichen, eine effektive Regelung der internationalen Rechtshilfe auf dem Gebiet der Beweisaufnahme zu schaffen. Im Ergebnis ist daher in Zweifelsfällen unabhängig von dem Recht des ersuchenden Staates und dem Recht des ersuchten Staates eine weite Auslegung des Begriffs der Zivil- oder Handelssache im Sinne des Art. 1 Abs. 1 HBÜ zu befürworten.[625]

b. Die Verwendung in Straf- oder Verwaltungsverfahren

Im Zusammenhang mit der Diskussion um die Auslegung des Begriffs der Zivil- oder Handelssache wurde immer wieder die Frage aufgeworfen, wie Rechtshilfeersuchen zu behandeln sind, durch die zwar um eine Beweisaufnahme in einer Zivil- oder Handelssache ersucht wird, die erlangten Beweise im ersuchenden Staat jedoch zu straf- oder verwaltungsrechtlichen Verfahren führen können. Auch im Hinblick auf diese Problematik findet sich im Haager Beweisübereinkommen keine Regelung. Art. 1 Abs. 2 HBÜ stellt lediglich klar, dass um die Aufnahme von Beweisen, die nicht zur Verwendung in einem bereits anhängigen oder künftigen gerichtlichen Verfahren bestimmt sind, nicht ersucht werden darf. In dem hier streitigen Fall ist jedoch ein zivil- oder handelsrechtliches Verfahren eingeleitet worden, welches die Durchführung einer Beweiserhebung im Ausland erforderlich macht. Jedoch könnten die Ergebnisse der Beweisaufnahme über das zivil- oder handelsrechtliche Verfahren hinaus für straf- oder verwaltungsrechtliche Zwecke verwandt werden. Nach Ansicht der Experten-

---

[623] Im Ergebnis ebenso Volken Rn. 105 ff. unter Bezugnahme auf die einstimmige Meinung der Expertenkommission der Haager Konferenz für internationales Privatrecht vom 17.-20.04.1989; vgl. auch Daoudi S. 42; Böhmer NJW 1990, 3049, 3051; Welp RabelsZ 54 (1990), 370, 371.

[624] Hierzu siehe unten 3. Kapitel 1. Teil III.

[625] Ebenso im Ergebnis Mössle S. 470; Pfeil-Kammerer S. 195; Daoudi S. 41 f.; Schack Rn. 726.

kommission der Haager Konferenz für internationales Privatrecht bei ihrem Treffen 1978 reicht die bloße Wahrscheinlichkeit einer derartigen Weiterverwendung der Ergebnisse einer Beweisaufnahme in straf- oder verwaltungsrechtlichen Verfahren für die Ablehnung eines Rechtshilfeersuchens nicht aus.[626] Anders sei zu entscheiden, wenn der ersuchende Staat die im Ausland erlangten Beweise in einem bereits laufenden Strafverfahren offensichtlich verwerten kann.[627] In diesem Sinne urteilte auch das englische House of Lords über die Gewährung von Rechtshilfe in dem von ihm entschiedenen sogenannten Westinghouse-Prozess.[628]
Meines Erachtens ist aus dem bereits dargelegten weit auszulegenden Anwendungsbereich des HBÜ zu schließen, dass allein die Möglichkeit eines nachfolgenden Strafverfahrens nicht dazu führen kann, dass ein Rechtshilfeersuchen aus diesem Grunde abgelehnt wird. Denn diese Möglichkeit besteht zumindest theoretisch in jedem Fall.[629] Andererseits ist zu bedenken, dass für die Gebiete des Straf- und Verwaltungsrechts eigene Rechtshilfeabkommen bestehen, deren spezifischer Regelungsgehalt umgangen würde, wenn der Verwendungszweck im Rahmen eines Rechtshilfeersuchens nach dem HBÜ unbeschränkt wäre. Daher ist die Ablehnung eines Rechtshilfeersuchens berechtigt, wenn die Verwendung der Beweismittel in einem Straf- oder Verwaltungsverfahren nicht nur grundsätzlich möglich, sondern als der eigentliche Zweck der Einleitung eines zivil- oder handelsrechtlichen Verfahrens erscheint.
Dem ersuchenden Gericht sollte aber die Möglichkeit verbleiben, die Gefahr der Verwendung der Ergebnisse der Beweisaufnahme in Straf- oder Verwaltungsverfahren mittels einer Spezialitätszusage zu beseitigen, wenn es die Beachtung der von ihm abgegebenen Spezialitätszusage glaubhaft machen kann.[630] Nur auf diese Weise kann die von den Mitgliedstaaten bezweckte Effektivität der internationalen Rechtshilfe nach dem HBÜ erhalten bleiben, da dessen Anwendung anderenfalls in all denjenigen Zivil- oder Handelssachen gefährdet wäre, die hinsichtlich ihres Streitgegenstandes regelmäßig im Zusammenhang mit einem Straf- oder Verwaltungsverfahren stehen.

III. Die Voraussetzungen eines Rechtshilfeersuchens nach dem HBÜ

Die Art. 3 ff. HBÜ bestimmen die konkreten Voraussetzungen, die ein Rechtshilfeersuchen erfüllen muss, um eine Verpflichtung des ersuchten Staates zur Leistung von Rechtshilfe auszulösen. In Deutschland sind diesbezüglich die Bestimmungen der „Rechtshilfeordnung für Zivilsachen (ZRHO)“[631] vom 19. Oktober 1956 zu beachten, bei denen es sich jedoch um Verwaltungsanordnungen handelt, welche die Unabhängigkeit des Gerichts in der Sache nicht berühren können.[632] Im Verhältnis zwischen Deutschland und England werden die Vorschriften des HBÜ zusätzlich durch das

---

[626] Vgl. die Nachweise bei Pfeil-Kammerer S. 194.
[627] Report of the U.S. Delegation, Int.Leg.Mat. 17 (1978), 1421; Stiefel RIW 1979, 517; von Hülsen RIW 1982, 225, 225 f.
[628] In re Westinghouse Electric Corporation Uranium Contract Litigation [1978] 2 WLR 81, HL.
[629] Ebenso Blaschczok S. 103.
[630] Vgl. auch Junker, Discovery, S. 274.
[631] Abgedruckt bei Bülow/Böckstiegel/Geimer/Schütze Band III GI (Nr. 900).
[632] BGHZ 71, 9; BGH NJW 1983, 2769; MünchKomm-Musielak, ZPO, § 363 Rn. 3 ff.

„Deutsch-Britische Abkommen über den Rechtsverkehr“[633] vom 3. Dezember 1928 ergänzt, welches die Beweisaufnahme in den Art. 8 ff. regelt. Im folgenden soll zwischen den formellen und den materiellen Voraussetzungen eines Rechtshilfeersuchens im Sinne des HBÜ differenziert werden.

1. Die formellen Voraussetzungen eines Rechtshilfeersuchens

Art. 3 HBÜ bestimmt, welche Angaben ein Rechtshilfeersuchen im Anwendungsbereich des HBÜ enthalten muss. Dies sind zwingend

- die ersuchende und - soweit bekannt - die ersuchte Behörde,
- der Name und die Anschrift der Parteien und ggf. ihrer Vertreter,
- die Art und der Gegenstand der Rechtssache sowie eine gedrängte Darstellung des Sachverhaltes, und
- die Beweisaufnahme oder die andere gerichtliche Handlung, die vorgenommen werden soll.

Das Rechtshilfeersuchen muss darüber hinaus je nach Sachlage und Art der ersuchten Beweisaufnahme folgende Angaben enthalten:

- den Namen und die Anschrift der zu vernehmenden Personen,
- die Fragen, welche an die zu vernehmenden Personen gerichtet werden sollen, oder die Tatsachen, über die sie vernommen werden sollen,
- die Urkunden oder die anderen Gegenstände, die geprüft werden sollen,
- den Antrag, die Vernehmung unter Eid oder Bekräftigung durchzuführen, und ggf. die dabei zu verwendende Formel, oder
- den Antrag, eine besondere Form nach Art. 9 HBÜ einzuhalten.

Art. 3 Abs. 3 HBÜ stellt fest, dass eine Legalisation oder eine ähnliche Förmlichkeit keine Voraussetzung für ein formal ordnungsgemäßes Rechtshilfeersuchen ist.[634] Das Rechtshilfeersuchen muss dabei gemäß Art. 4 Abs. 1 HBÜ in der Sprache der ersuchten Behörde abgefasst oder von einer Übersetzung in diese Sprache begleitet sein. Hinsichtlich der Übermittlung eines Rechtshilfeersuchens sieht Art. 2 Abs. 1 HBÜ vor, dass jeder Vertragsstaat eine Zentrale Behörde bestimmt, welche die von einer gerichtlichen Behörde eines anderen Vertragsstaates ausgehenden Rechtshilfeersuchen entgegen nimmt und sie der zuständigen Behörde im Inland zur Erledigung zuleitet.[635] Bundesstaaten steht es nach Art. 24 Abs. 2 HBÜ frei, mehrere Zentrale Behörden zu bestimmen. Die Bundesrepublik Deutschland hat von dieser Möglichkeit Gebrauch gemacht und in § 7 AusfG[636] bestimmt, dass die Landesregierungen Stellen bestimmen, welche die Aufgaben der Zentralen Behörden wahrnehmen, wobei jedes Bundes-

[633] RGBl. 1928 II S. 623 ff.; das deutsch-britische Abkommen wird durch das HBÜ gemäß dessen Art. 32 nicht berührt.

[634] Vgl. zur Legalisation außerhalb des HBÜ § 18 ZRHO.

[635] Vgl. auch die Bestimmungen in den §§ 6 ff. ZRHO; nach dem deutsch-britischen Abkommen über den Rechtsverkehr ist auch ein unmittelbarer Verkehr möglich, vgl. Art. 9 des Abkommens.

[636] Gesetz zur Ausführung des Haager Übereinkommens vom 15. November 1965 über die Zustellung gerichtlicher und außergerichtlicher Schriftstücke im Ausland in Zivil- oder Handelssachen und des Haager Übereinkommens vom 18. März 1970 über die Beweisaufnahme im Ausland in Zivil- oder Handelssachen vom 22.11.1997, BGBl. I S. 3105.

land nur eine Zentrale Behörde einrichten darf. So nimmt zum Beispiel in Nordrhein-Westfalen der Präsident des Oberlandesgerichts Düsseldorf die Aufgaben der Zentralen Behörde wahr.[637] Kommt diese Zentrale Behörde bei der Überprüfung des Rechtshilfeersuchens zu dem Schluss, dass eine Verpflichtung zur Leistung von Rechtshilfe nach dem HBÜ nicht gegeben ist, so muss sie die ersuchende Behörde hiervon gemäß Art. 5 HBÜ unverzüglich unter Angabe der konkreten Einwände unterrichten. Liegen derartige Einwände nicht vor, leitet die Zentrale Behörde das Rechtshilfeersuchen an die in diesem angegebene inländische Behörde weiter, sofern deren Zuständigkeit tatsächlich gegeben ist. Für den Fall der Unzuständigkeit der in dem Rechtshilfeersuchen angegebenen Behörde leitet die Zentrale Behörde das Ersuchen nach Art. 6 HBÜ von Amts wegen an die zuständige Behörde weiter. Ist dies geschehen, wird die ersuchende Behörde auf ihr Verlangen von dem Zeitpunkt und dem Ort der vorzunehmenden Handlung benachrichtigt, damit die beteiligten Parteien und gegebenenfalls ihre Vertreter anwesend sein können.[638] Die Teilnahme von deutschen Richtern an Beweisaufnahmen im Ausland regelt § 38a ZRHO im einzelnen[639], die Teilnahme ausländischer Richter an Beweisaufnahmen in Deutschland wird in § 82a ZRHO näher geregelt.

2. Die materiellen Voraussetzungen eines Rechtshilfeersuchens

Sind die formellen Voraussetzungen eines Rechtshilfeersuchens erfüllt, ist das ersuchte Gericht grundsätzlich zur Leistung von Rechtshilfe gemäß dem HBÜ verpflichtet. Dabei hat das ersuchte Gericht bei der Erledigung eines Rechtshilfeersuchens gemäß Art. 10 HBÜ in dem Umfang geeignete Zwangsmaßnahmen zu treffen, den das Recht des ersuchten Staates im innerstaatlichen Rechtshilfeverkehr vorsieht. Die deutschen Gerichte haben folglich grundsätzlich nach den Vorschriften der ZPO zu verfahren.

a. Ablehnung bei Weigerungsrechten

Ein Rechtshilfeersuchen wird jedoch nach Art. 11 Abs. 1 HBÜ nicht erledigt, soweit die Person, die es betrifft, sich auf ein Recht zur Aussageverweigerung oder auf ein Aussageverbot beruft, das

- nach dem Recht des ersuchten Staates vorgesehen ist, oder
- das nach dem Recht des ersuchenden Staates vorgesehen ist und im Rechtshilfeersuchen bezeichnet oder erforderlichenfalls auf Verlangen der ersuchten Behörde von der ersuchenden Behörde bestätigt worden ist.[640]

Art. 11 Abs. 1 HBÜ erfasst nicht nur diejenigen Fälle, in denen ein Zeuge die Aussage verweigern kann, sondern darüber hinaus alle Rechte, nach denen jemand die Mitwir-

[637] Vgl. auch zu den Regelungen in anderen Bundesländern MünchKomm-Musielak § 363 Anh. I Art. 2 Rn. 1.

[638] Vgl. im einzelnen Art. 7 HBÜ; beachte auch die diesbezügliche Verwaltungsanordnung in § 38 Abs. 1 S. 1 ZRHO.

[639] Zu dessen aktueller Fassung vgl. die Bekanntmachung des Bayerischen Staatsministeriums der Justiz Gz. 9341-I 2258/98 vom 23. März 1999, abgedruckt in IPRax 2000, 243 f.

[640] Vgl. auch § 38 ZRHO zu der Einbeziehung deutscher Aussageverweigerungsrechte bei Rechtshilfeersuchen.

kung an einer Beweisaufnahme ablehnen darf.[641] Dies ergibt sich bereits aus dem Wortlaut der Vorschrift, die nicht ausdrücklich auf Zeugnisverweigerungsrechte abstellt. Die deutsche Übersetzung mit den Begriffen „Recht zur Aussageverweigerung" und „Aussageverbot" ist insoweit ungenau, wie sich aus der englischen Fassung des Art. 11 Abs. 1 HBÜ ergibt. Diese lautet: "...may refuse to give evidence in so far as he has a privilege or duty to refuse to give the evidence". Die weite Auslegung des Art. 11 Abs. 1 HBÜ ist auch deshalb anzunehmen, weil das HBÜ gerade darauf abzielte, die Besonderheiten der Rechtssysteme der common-law-Staaten einzuarbeiten. Wie bereits dargestellt wurde[642] stehen die im englischen Zivilprozessrecht vorgesehenen privileges aber nicht nur als Zeugnisverweigerungsrechte zur Verfügung, sondern als allgemeine Mitwirkungsverweigerungsrechte. Im Wege der Vorschrift des Art. 11 Abs. 1 HBÜ kann demnach auch die Vorlegung eines Dokumentes verweigert werden.

b. Ablehnung in sonstigen Fällen

Über die Vorschrift des Art. 11 HBÜ hinaus kann die Erledigung eines Rechtshilfeersuchens gemäß Art. 12 Abs. 1 HBÜ auch dann abgelehnt werden, wenn

- die Erledigung des Ersuchens im ersuchten Staat nicht in den Bereich der Gerichtsgewalt fällt oder
- der ersuchte Staat die Erledigung für geeignet hält, seine Hoheitsrechte oder seine Sicherheit zu gefährden.

Art. 12 Abs. 2 HBÜ stellt in diesem Zusammenhang klar, dass die Erledigung eines Rechtshilfeersuchens nicht allein aus dem Grund abgelehnt werden darf, dass der ersuchte Staat nach seinem Recht die ausschließliche Zuständigkeit seiner Gerichte für die Sache in Anspruch nimmt oder ein Verfahren nicht kennt, das dem entspricht, für welches das Ersuchen gestellt wird.[643]

Die Ablehnung eines Rechtshilfeersuchens auf Grund einer Gefährdung der Hoheitsrechte oder der Sicherheit des ersuchten Staates stellt im Ergebnis die Formulierung des ordre-public-Vorbehalts dar.[644] Demnach kann die Erledigung eines Rechtshilfeersuchens durch ein deutsches Gericht nur dann abgelehnt werden, wenn mit der Durchführung der Beweisaufnahme tragende Prinzipien der deutschen Rechtsordnung verletzt würden.[645]

IV. Die Regelung der Dokumentenvorlegung nach dem HBÜ

Die Dokumentenvorlegung im Rechtshilfeverkehr mit common-law-Staaten hat in Art. 23 HBÜ eine spezielle Regelung erfahren. Hiernach kann jeder Vertragsstaat bei der

---

[641] Ebenso MünchKomm-Musielak, ZPO, Anhang I zu § 363 Art. 11 HBÜ Rn. 1; Stürner JZ 1981, 521, 523 Fn. 19; Nagel/Gottwald § 8 Rn. 29.

[642] Hierzu siehe oben 2. Kapitel 2. Teil II 5.

[643] Eingehend hierzu Stein/Jonas-Berger Anh. zu § 363 A Art. 12 Rn. 95.

[644] Junker, Discovery, S. 268 ff.; Pfeil-Kammerer S. 215; Münch-Komm-Musielak, ZPO, Anhang I zu § 363 Art. 12 HBÜ Rn. 2; Stein/Jonas-Berger Anh. zu § 363 A Art. 12 Rn. 92; Schlosser ZZP 94 (1981), 369, 380; Schütze WM 1986, 633, 635; Stürner ZVglRWiss 81 (1982), 159, 205; Stiefel RIW 1979, 509, 514.

[645] BGHZ 48, 327, 331.

Ratifikation oder dem Beitritt zum HBÜ erklären, dass er Rechtshilfeersuchen nicht erledigt, die ein Verfahren zum Gegenstand haben, das in den Ländern des common law unter der Bezeichnung "pre-trial discovery of documents" bekannt ist. Davon ist auch das im englischen Zivilprozessrecht nunmehr als "disclosure and inspection of documents" bezeichnete Verfahrensstadium umfasst.

Von der Möglichkeit einer Erklärung nach Art. 23 HBÜ haben fast alle Vertragsstaaten mit Ausnahme der USA, Israel und Barbados Gebrauch gemacht.[646] Auch die Bundesrepublik Deutschland hat im Rahmen des § 14 AusfG[647] den Vorbehalt des Art. 23 HBÜ erklärt. Nach § 14 Abs. 1 AusfG werden Rechtshilfeersuchen, die ein Verfahren nach Art. 23 HBÜ zum Gegenstand haben, grundsätzlich nicht erledigt. Jedoch können gemäß § 14 Abs. 2 AusfG, soweit die tragenden Grundsätze des deutschen Verfahrensrechts nicht entgegenstehen, derartige Ersuchen unter Berücksichtigung der schutzwürdigen Interessen der Betroffenen erledigt werden, wenn die Voraussetzungen der Erledigung und das anzuwendende Verfahren durch eine Rechtsverordnung näher geregelt sind, welche der Bundesminister der Justiz mit Zustimmung des Bundesrates erlassen kann.

Eine dahin gehende Rechtsverordnung wurde jedoch trotz wiederholter Ansätze im Ergebnis nicht erlassen. Nach derzeitiger Lage ist auch nicht mehr davon auszugehen, dass eine Rechtsverordnung im Sinne des § 14 Abs. 2 AusfG erlassen werden wird.[648] Damit ist der Grundsatz des § 14 Abs. 1 AusfG anzuwenden, nach dem Rechtshilfeersuchen aus Ländern des common law nicht erledigt werden, sofern ihnen ein Verfahren im Sinne des Art. 23 HBÜ zugrunde liegt. In Deutschland ist die Bedeutung und Auslegung des Art. 23 HBÜ i.V.m. § 14 Abs. 1 AusfG vielfach diskutiert worden und noch immer weitgehend umstritten.

1. Die Auslegung am Wortlaut des Art. 23 HBÜ

Zur Auslegung des Art. 23 HBÜ i.V.m. § 14 Abs. 1 AusfG orientieren sich große Teile von Literatur und Rechtsprechung eng am Wortlaut der Vorschrift. In diesem Sinne befand unter anderem das Oberlandesgericht München[649] im Jahre 1980 über den nachfolgend zusammengefassten Sachverhalt:

In einem vor dem US-District-Gericht über den westlichen Distrikt von Virginia seit 1976 anhängigen Rechtsstreit verlangte die Firma Corning Glass Works als Klägerin von der amerikanischen Antragstellerin als Beklagter wegen behaupteter Verletzung ihrer US-Patente für Leichtfasern Schadensersatz, während die Antragstellerin widerklagend Schadensersatz begehrte, weil die Klägerin ihre Patente durch den Abschluss

---

[646] Vgl. Schlosser Art. 23 HBÜ Rn. 1.

[647] Gesetz zur Ausführung des Haager Übereinkommens vom 15. November 1965 über die Zustellung gerichtlicher und außergerichtlicher Schriftstücke im Ausland in Zivil- oder Handelssachen und des Haager Übereinkommens vom 18. März 1970 über die Beweisaufnahme im Ausland in Zivil- und Handelssachen vom 22.11.1997, BGBl. I S. 3105.

[648] Hök S. 312; Stadler/Münch ZZP 103 (1990), 350; zu den Ansätzen zur Schaffung einer Rechtsverordnung in der Vergangenheit vgl. Mössle S. 473 ff.; Junker JZ 1989, 121, 127.

[649] OLG München, Beschluss vom 31.10.1980 – 9 VA 3/80, JZ 1981, 538 ff.

von wettbewerbsbeschränkenden Verträgen mit führenden Unternehmen auf dem Gebiet des Fernmeldewesens in den USA und in der ganzen Welt missbraucht habe.
Auf Veranlassung der Beklagten und Antragstellerin beantragte das amerikanische Gericht mit dem auf dem HBÜ beruhenden Rechtshilfeersuchen vom 17.12.1979 bei dem Bayerischen Staatsministerium der Justiz, von den deutschen Firmen Siemens AG und Siecor GmbH zahlreiche schriftliche Unterlagen den Rechtsanwälten der Parteien zur Prüfung und Fertigung von Kopien vorlegen zu lassen. Dieses Ersuchen lehnte das Bayerische Staatsministerium der Justiz mit der Begründung ab, dass das Rechtshilfeersuchen nach § 14 Abs. 1 AusfG nicht erledigt werden dürfe, weil es eine "discovery of documents" betreffe, worauf sich der nach Art. 23 HBÜ erklärte Vorbehalt der Nichterledigung beziehe und eine die Erledigung unter gewissen Voraussetzungen ermöglichende Rechtsverordnung gemäß § 14 Abs. 2 AusfG noch nicht ergangen sei. Gegen diese Entscheidung des Bayerischen Staatsministeriums der Justiz erstrebte die Antragstellerin eine gerichtliche Nachprüfung der Rechtmäßigkeit.
Das OLG München bestätigte die Entscheidung des Bayerischen Staatsministeriums der Justiz im Ergebnis und lehnte den Antrag der Antragstellerin gemäß den §§ 23, 24 EGGVG ab. Zur Begründung stellte das Oberlandesgericht fest, dass der Antrag im Hinblick auf ein Verfahren der "pre-trial discovery of documents" erfolgt sei und aus diesem Grunde unter die Vorschrift des Art. 23 HBÜ falle. Unerheblich sei insofern, dass das Ersuchen nicht zum Zwecke der vorprozessualen Beweisermittlung durch Urkundenvorlegung gestellt wurde, sondern zu dem in dem Rechtshilfeersuchen genannten Zweck der eigentlichen Verhandlung dieses Rechtsstreits.[650] Die Antragstellerin hatte erfolglos argumentiert, dass Art. 23 HBÜ nur die vorprozessuale Dokumentenvorlegung erfasse. Zurecht hat das OLG München insoweit festgestellt, dass es sich bei der "pre-trial discovery" grundsätzlich um eine Beweiserhebung innerhalb eines bei Gericht anhängigen Verfahrens handelt.[651]
Im übrigen argumentierte das Oberlandesgericht München eng am Wortlaut des Art. 23 HBÜ i.V.m. § 14 Abs. 1 AusfG. Es legte dar, dass die Entscheidung des Bayerischen Staatsministeriums der Justiz zwingend geboten sei, weil das Ersuchen ein Verfahren der "pre-trial discovery of documents" zum Gegenstand habe, das dem von der Bundesregierung erklärten Nichterledigungsvorbehalt des Art. 23 HBÜ unterfalle und eine Rechtsverordnung nach § 14 Abs. 2 AusfG ausstehe, welche unter bestimmten noch festzulegenden Voraussetzungen die Erledigung hätte ermöglichen können. Auf Grund der engen Anlehnung an den Wortlaut des Art. 23 HBÜ i.V.m. § 14 AusfG ging das Oberlandesgericht München damit von einer eindeutigen Entscheidung des Gesetzgebers aus, wodurch es keine weitere Notwendigkeit mehr sah, die Vorschrift hinsichtlich ihrer ratio bzw. ihres geschichtlichen Hintergrundes zu untersuchen.
Ausschließlich auf den Wortlaut des Art. 23 HBÜ i.V.m. § 14 AusfG stellte offenbar auch das Bundespatentgericht in seinem Beschluss vom 30. August 1993 ab.[652] Hier begehrten die antragstellenden Patentanwälte Einsicht in Teile von Akten eines deut-

---

[650] OLG München, Beschluss vom 31.10.1980 – 9 VA 3/80, JZ 1981, 538, 539.
[651] Siehe oben 2. Kapitel 3. Teil III.
[652] BPatGE 34, 83, 84.

schen Patentnichtigkeitsverfahrens. Diese Aktenteile stammten aus einem US-amerikanischen discovery-Verfahren oder standen zumindest in einem sehr engen Zusammenhang damit. Im Rahmen des Antragsverfahrens war zu klären, ob die Antragsgegnerin ein schutzwürdiges Interesse an der Geheimhaltung dartun konnte. Ein solches ist gemäß § 99 Abs. 3 S. 3 PatG erforderlich, um die Einsicht in die Akten von Nichtigkeitsverfahren verweigern zu können. Im Rahmen der Abwägung der Frage, ob ein solches schutzwürdiges Interesse in dem entschiedenen Fall tatsächlich vorlag, stellte das Bundespatentgericht darauf ab, dass das US-amerikanische discovery-Verfahren mit seiner umfangreichen Ausforschung des Gegners den europäischen Rechtssystemen fremd sei und bezog sich dabei auf die Vorschrift des Art. 23 HBÜ i.V.m. § 14 AusfG, obwohl die einzusehenden Aktenteile hinreichend bestimmt und näher bezeichnet waren. Eine darüber hinausgehende Auseinandersetzung mit den genannten Vorschriften befand auch das Bundespatentgericht offenbar als nicht erforderlich. Im Ergebnis muss davon ausgegangen werden, dass auch nach Ansicht des Bundespatentgerichts auf Grund des Wortlauts des Art. 23 HBÜ i.V.m. § 14 AusfG sämtliche Rechtshilfemaßnahmen im Rahmen eines discovery- bzw. disclosure-Verfahrens ausgeschlossen sind.

Ein Teil der Literatur[653] hat sich der Ansicht der Rechtsprechung angeschlossen und betrachtet die internationale Rechtshilfe nach dem HBÜ im Hinblick auf Verfahren der "discovery of documents" als Äquivalent zu dem im englischen Zivilprozess als "disclosure and inspection of documents" bezeichneten Verfahrensstadium als im Wege des Art. 23 HBÜ i.V.m. § 14 AusfG ausgeschlossen. Dabei wird auch hier ohne nähere Begründung davon ausgegangen, dass ausländische Ersuchen um eine Dokumentenvorlegung im Rahmen eines discovery- bzw. disclosure-Verfahrens am Vorbehalt Deutschlands gemäß Art. 14 AusfG scheitern.[654] Offenbar wird der Wortlaut des Art. 23 HBÜ i.V.m. § 14 AusfG auch von diesen Autoren als so eindeutig angesehen, dass sich nach deren Ansicht eine weitergehende Diskussion über die Vorschrift erübrigt.

Am Wortlaut des Art. 23 HBÜ i.V.m. § 14 AusfG orientiert sich auch Blaschczok.[655] Er kritisiert die Vorschrift des Art. 23 HBÜ zwar insoweit, als er sie für zu weitgehend hält. Nach seiner Ansicht ist zweifelhaft, ob es Art. 23 HBÜ tatsächlich bedurfte, um der drohenden Gefahr der Wirtschaftsspionage und Ausforschung zu begegnen.[656] Ausforschung sei schließlich auch mit anderen Beweismitteln als Urkunden möglich. Aber auch nach Blaschczok kann die fehlende Möglichkeit der Ausforschung die Vertragsstaaten nicht dazu verpflichten, Rechtshilfeersuchen im Rahmen der discovery of documents gleichwohl zu erledigen, da Art. 23 HBÜ zweifelsfrei auf die prozessuale Situation abstelle, in der das Ersuchen ergehe.[657]

---

[653] Zöller-Geimer § 363 Rn. 115; MünchKomm-Musielak, ZPO, Anh. I zu § 363 Art. 23 Rn. 1 ff.; Blaschczok S. 155 ff.; Pfeil-Kammerer S. 233 ff.; Geimer Rn. 2489; Hök S. 290 ff.; Reufels RIW 1999, 667, 670; Greger ZRP 1988, 164, 165 f.; Schlosser ZZP 94 (1981), 369, 391 ff.

[654] Zöller-Geimer § 363 Rn. 115; Geimer Rn. 2489; Pfeil-Kammerer S. 236 f.; Hök S. 290; Greger ZRP 1988, 164, 166; Reufels RIW 1999, 667, 670.

[655] Blaschczok S. 161 f.

[656] Blaschczok S. 160.

[657] Blaschczok S. 161 f.

Musielak[658] argumentiert ergänzend, dass durch Art. 23 HBÜ die generelle Möglichkeit für alle Vertragsstaaten geschaffen worden sei, durch eine entsprechende Erklärung die Erledigung von Rechtshilfeersuchen die discovery of documents betreffend abzulehnen. Dementsprechend könne jeder Vertragsstaat die Erledigung solcher Rechtshilfeersuchen völlig ausschließen, dies aber auch nur in einem beschränkten Umfang tun. Da die von der Bundesrepublik Deutschland zu Art. 23 HBÜ abgegebene Erklärung den Rahmen dieser Bestimmung völlig ausschöpfe, seien die deutschen Gerichte im Verhältnis zu den anderen Vertragsstaaten berechtigt, Rechtshilfeersuchen nicht zu erledigen, die eine Dokumentenvorlegung im Rahmen eines discovery- bzw. disclosure-Verfahrens zum Gegenstand haben. Demgemäß geht Musielak davon aus, dass es bei der umfassenden Ablehnung bleibe, solange die nach § 14 Abs. 2 AusfG vorgesehene Rechtsverordnung nicht erlassen sei.[659]

2. Der historische Ansatz

Junker[660] spricht sich für eine einschränkende Auslegung des Art. 23 HBÜ i.V.m. § 14 AusfG aus. Zur Begründung verweist er auf die Entstehungsgeschichte der Vorschrift.[661] Um diese Argumentation nachvollziehen zu können, erscheint es zunächst erforderlich, die Entstehungsgeschichte des Art. 23 HBÜ näher zu beleuchten:

Die Vorschrift wurde auf Initiative der britischen Delegation in das HBÜ aufgenommen. Diese schlug am dritten Tag der Verhandlungen vor, eine Regelung in das HBÜ aufzunehmen, nach der nur um Rechtshilfe zur Erhebung von Beweismitteln für einen bereits anhängigen Prozess ersucht werden kann, nicht aber von Beweismitteln, die dazu verwendet werden sollen, eine Klage überhaupt erst anzustrengen.[662] Die britische Delegation bezweckte hiermit, den Gefahren der Ausforschung im Rahmen des US-amerikanischen discovery-Verfahrens zu begegnen. Da die Delegierten der anderen Staaten von dem Verfahrensstadium der discovery jedoch keine Kenntnis hatten, betrachteten sie den Vorschlag der britischen Delegation als Regelung der Rechtshilfe im Rahmen von Beweissicherungsverfahren im vorprozessualen Stadium und diskutierten aus diesem Grunde über die mögliche Einfügung der Vorschrift in einen Art. 1 Abs. 2.[663] Vier Tage vor Ende der Konferenz verdeutlichte der britische Delegierte Newman den wahren Hintergrund des Vorschlags. Hierzu erläuterte er den Delegierten das Verfahrensstadium der discovery im Hinblick auf den Austausch von Dokumenten und die von ihm gesehene Gefahr der Industriespionage.[664] Seine Erläuterungen werden in dem angefertigten Protokoll wie folgt wiedergegeben[665]:

"He pointed out that the procedure of discovery of documents between the parties to a lawsuit permitted each party to obtain information as to the strength of the other party's

---

[658] Musielak in: MünchKomm, ZPO, Anh. I zu § 363 Art. 23 Rn. 4.
[659] Musielak in: MünchKomm, ZPO, Anh. I zu § 363 Art. 23 Rn. 4.
[660] Junker, Discovery, S. 284 ff.; Junker JZ 1989, 121, 128 f.
[661] Junker JZ 1989, 121, 128.
[662] Conference de La Haye, Actes et documents de la 11ème session, p. 94.
[663] Hierzu vgl. auch Volken Rn. 214.
[664] Conference de La Haye, Actes et documents de la 11ème session, p. 156 ff.
[665] Conference de La Haye, Actes et documents de la 11ème session, p. 157.

case. One particularly delicate problem which this raised in commercial litigation was the possibility of industrial espionage, if disclosure of documents were ordered as between industrial firms. In domestic litigation this could be strictly controlled by the court, but no such strict control was possible if orders for discovery with respect to foreign litigation were made mandatory on foreign courts to execute by the procedure of Letters of Request. Mr. Newman pointed out that this problem was one which affected all Member States; it did not affect the United Kingdom alone".

Die Delegierten der anderen Länder zeigten sich hierauf merklich überrascht, da sie von dem Verfahrensstadium der discovery offenbar noch nie gehört hatten und es unter diesem Gesichtspunkt außerhalb Großbritanniens auch noch nie zu Konflikten mit dem US-amerikanischen Rechtssystem gekommen war. Auf Grund dieser Erläuterungen und den Anmerkungen des US-amerikanischen Delegierten Amram kamen die Delegierten schließlich zu der Erkenntnis, dass der von Großbritannien eingebrachte Vorschlag von seinem Wortlaut her ungeeignet sei, die Rechtshilfe im Rahmen des discovery-Verfahrens auszuschließen, da es sich hierbei grundsätzlich nicht um ein vorprozessuales Verfahrensstadium handelt.[666] Auf Grund dieser Erkenntnis brachte die britische Delegation am letzten Tag vor der abschließenden Plenarsitzung einen neuen Vorschlag ein, der in die allgemeinen Bestimmungen des HBÜ aufgenommen werden sollte. Dieser lautete in seinem Original-Wortlaut:

"A contracting state may ... declare that it will not execute Letters of Request issued for the purpose of obtaining the disclosure of documents to a party to an action before the trial of the action."

Zur Einschränkung der Vorschrift entschied man sich im Rahmen der abschließenden Verhandlungen dafür, einen entsprechenden Vorbehalt lediglich für den Rechtskreis der common-law-Staaten aufzunehmen. Demgemäß wurde die Formulierung "disclosure of documents to a party to an action before the trial of the action" in der Endfassung des Art. 23 HBÜ durch die Formulierung "pre-trial discovery of documents as known in common law countries" ersetzt.

Der Eindruck der Verunsicherung der Delegierten verstärkt sich in der Umschreibung des discovery-Verfahrens im Rahmen der Denkschrift der deutschen Bundesregierung zur Haager Konferenz, in der es heißt[667]: „Derartige Verfahren dienen dem Zweck, einer Partei vor Beginn des eigentlichen Prozesses einen Überblick über die der Gegenseite zur Verfügung stehenden Beweismittel zu verschaffen." Trotz der Erläuterungen des US-amerikanischen Delegierten Amram, der wie bereits dargelegt klargestellt hatte, dass das discovery-Verfahren regelmäßig gerade nicht in einem vorprozessualen Stadium stattfindet[668], spricht die deutsche Denkschrift missverständlich von einem Verfahren „vor Beginn des eigentlichen Prozesses".

Aus der Entstehungsgeschichte des Art. 23 HBÜ und der bereits dargestellten Interpretation durch die englische Erklärung zu Art. 23 des Haager Beweisübereinkommens folgert Junker, dass lediglich die Ausforschung des prozessualen Gegners im Rahmen

---

[666] Conference de La Haye, Actes et documents de la 11ème session, p.157 f.

[667] Denkschrift zur Haager Konferenz, BT-Drucks. 7/4892 S. 53.

[668] Conference de La Haye, Actes et documents de la 11ème session, p.157 f.

des discovery-Verfahrens verhindert werden sollte.[669] Der Wortlaut sei insoweit offen. Auch § 14 AusfG spreche nicht gegen eine einschränkende Auslegung des Art. 23 HBÜ. Wenn in § 14 Abs. 2 AusfG von Voraussetzungen für die Erledigung eines discovery-Ersuchens die Rede sei, welche durch Rechtsverordnung festzulegen seien, so müssen seiner Ansicht nach diesbezüglich die Bestimmtheitsanforderungen an ein Rechtshilfeersuchen gemeint sein. Dies schließe aber nicht aus, bereits Art. 23 HBÜ i.V.m. § 14 Abs. 1 AusfG in diesem Sinne zu interpretieren. Wenn sich ein wünschenswertes Ergebnis, welches der Gesetzgeber auf § 14 Abs. 2 AusfG stützen wollte, bereits aus Art. 23 HBÜ i.V.m. § 14 Abs. 1 AusfG ergebe, sei dies umso besser.[670]
Darüber hinaus ist nach Ansicht von Junker kein sachlicher Grund ersichtlich, ein US-amerikanisches Ersuchen um einzelne, bestimmt bezeichnete Dokumente nicht zu erledigen, wenn bei einem gleichlautenden Ersuchen aus einem nicht dem common-law angehörigen Vertragsstaat eine Verpflichtung zur Erledigung gegeben sei.[671] Demgemäß kommt Junker zu dem Ergebnis, dass Art. 23 HBÜ nur unspezifizierte oder unsubstantiierte Beweisersuchen blockiere. Dabei müsse hinsichtlich des Grades der Bestimmtheit und Substantiierung des Beweisantrages das gleiche Maß wie bei Art. 3 HBÜ angelegt werden, da die Vorschriften insoweit einen übereinstimmenden Regelungsgehalt hätten.[672]

3. Die ratio legis des Art. 23 HBÜ

Ein Teil der Literatur[673] versucht, die Auslegung des Art. 23 HBÜ i.V.m. § 14 AusfG nach dem Sinn und Zweck der Vorschrift zu bestimmen.
So betrachtet Beckmann[674] die Regelung des Art. 23 HBÜ im Ergebnis als Redaktionsversehen. Insoweit argumentiert er, dass Rechtshilfeersuchen aus common-law-Staaten wegen des dortigen Verfahrensablaufs, der nach Beginn der Hauptverhandlung keine Beweise mehr zulasse, regelmäßig im Stadium der discovery gestellt würden. Aus diesem Grunde würde eine enge Auslegung des Art. 23 HBÜ die Nichterledigung aller Ersuchen aus common-law-Staaten zur Folge haben. In einer solchen Auslegung sei eine „Torpedierung" des HBÜ zu sehen.[675] Außerdem sei nicht einsichtig, warum ein Beweisersuchen aus den USA, das den erhebenden Beweis präzise formuliere und zudem noch substantiiert darlege, dass gerade dieser Beweis entscheidungserheblich sei, vom „Bannstrahl des Erledigungsvorbehaltes getroffen" werden solle.[676] Nach Ansicht von Beckmann solle mit dem Vorbehalt des Art. 23 HBÜ vielmehr vor einem Ausforschungsbeweis geschützt werden, so dass es nicht auf das Verfahrensstadium und erst recht nicht auf den ersuchenden Staat, sondern auf den ausforschenden Cha-

---

[669] Junker, Discovery, S. 296.
[670] Junker, Discovery, S. 296.
[671] Junker JZ 1989, 121, 128.
[672] Junker, Discovery, S. 297.
[673] Stein/Jonas-Berger Anh. zu § 363 A Art. 23 Rn. 142 f.; Schlosser Art. 23 HBÜ Rn. 3 ff.; Beckmann IPRax 1990, 201, 203 f.
[674] Beckmann IPRax 1990, 201, 203 f.
[675] Beckmann IPRax 1990, 201, 203.
[676] Beckmann IPRax 1990, 201, 203.

rakter des Rechtshilfeersuchens ankomme. Deutlich werde dies insbesondere in der Erklärung Großbritanniens zu Art. 23 HBÜ[677], welche wie folgt lautet:
"In accordance with Article 23 Her Majesty's Government declare that the United Kingdom will not execute Letters of Request issued for the purpose of obtaining pre-trial discovery of documents. Her Majesty's Government further declare that Her Majesty's Government understand 'Letters of Request issued for the purpose of obtaining pre-trial discovery of documents' for the purposes of the foregoing Declaration as including any Letter of Request which requires a person:

a. to state what documents relevant to the proceedings to which the Letter of Request relates are, or have been, in his possession, custody or power; or
b. to produce any documents other than particular documents specified in the Letter of Request as being documents appearing to the requested to be, or likely to be, in his possession, custody or power."

In Anlehnung an die englische Erklärung zu Art. 23 HBÜ schlussfolgert Beckmann, dass der Begriff der "discovery of documents" in Art. 23 HBÜ nicht den Verfahrensabschnitt meine, in dem das Ersuchen gestellt sei.[678] Der Vorbehalt solle die Beweisperson nicht vor jedwedem Rechtshilfeersuchen aus einem common-law-Staat im Stadium der discovery schützen, sondern nur vor einem ausforschenden Ersuchen. Somit falle ein Rechtshilfeersuchen grundsätzlich nur dann unter den Erledigungsvorbehalt des Art. 23 HBÜ, wenn es ausforschenden Charakter habe.[679]
Auch Berger[680] hält die am Wortlaut orientierte Auslegung des Art. 23 HBÜ für nicht sachgerecht. Nach seiner Ansicht würde eine wortgetreue Auslegung zu willkürlichen Ergebnissen führen. Stamme ein Rechtshilfeersuchen um eine Dokumentenvorlegung aus Frankreich, müsse es trotz eines Erledigungsvorbehaltes nach Art. 23 HBÜ erledigt werden, während ein englisches Ersuchen nicht erledigt werden müsse, weil es aus einem common-law-Staat stamme. Dieses Ergebnis hält Berger insbesondere deshalb für bemerkenswert, weil Großbritannien selbst den Vorbehalt nach Art. 23 HBÜ erklärt habe. Zweckmäßigerweise deute man Art. 23 HBÜ demnach als Vorbehalt gegen den Ausforschungsbeweis.[681] Damit sei Art. 23 HBÜ so auszulegen, dass er nur gegen eine ausforschende Beweisermittlung gerichtet sei, nicht aber gegen eine Beweisaufnahme unter bestimmter Angabe des Beweismittels und substantiierter Benennung des Beweisthemas. Die Abwehr von Ausforschungsbeweisen stehe daher nicht nur auf der Säule des Art. 3 HBÜ, sondern zugleich auf der des Art. 23 HBÜ.[682]
Sehr ähnlich argumentiert auch Schlosser.[683] Er sieht die Vorschrift des Art. 23 HBÜ i.V.m. § 14 AusfG insgesamt als „missraten" an. Es sei unter Wertungsgesichtspunkten willkürlich, ein aus einem civil-law-Staat kommendes Ersuchen um eine Dokumenten-

---

[677] Vgl. die Erklärung des Vereinigten Königreichs zum Haager Beweisübereinkommen BGBl. 1980 II S. 1297; mit deutscher Übersetzung abgedruckt bei Bülow/Böckstiegel/Geimer/Schütze HBÜ A I 3d.
[678] Beckmann IPRax 1990, 201, 203; ähnlich auch Volken Rn. 216 f.
[679] Beckmann IPRax 1990, 201 204.
[680] Stein/Jonas-Berger Anh. zu § 363 A Art. 23 Rn. 142 f.
[681] Stein/Jonas-Berger Anh. zu § 363 A Art. 23 Rn. 143.
[682] Stein/Jonas-Berger Anh. zu § 363 A Art. 23 Rn. 143.
[683] Schlosser Art. 23 HBÜ Rn. 3 ff.; anders noch Schlosser ZZP 94 (1981), 369, 392 f.

vorlegung zu erledigen, ein unter vergleichbaren Umständen eingehendes Ersuchen aber zurückzuweisen, weil sich das in einem common-law-Staat anhängige Ausgangsverfahren noch im Stadium der discovery befinde. § 14 Abs. 1 AusfG, das der von Deutschland abgegebenen Erklärung auch mit Wirkung nach innen Gesetzeskraft verleihe, sei daher als willkürliche Regelung verfassungswidrig. Die Vorschrift könne jedoch verfassungskonform ausgelegt werden.[684] Dies sei möglich, was den Ausforschungscharakter der begehrten Information anbelange. Schon Art. 3 HBÜ verbürge, dass nur eine Information eingeholt werden dürfe, die thematisch hinreichend bestimmt sei und sich auf spezifizierte Informationsmittel beziehe. Insofern habe es Art. 23 HBÜ nicht bedurft, um inlandsansässige Personen „vor dem Überschwappen einiger Exzesse zu bewahren, die discovery in den USA angenommen hat".[685] Im Ergebnis spricht Schlosser sich dafür aus, Art. 23 HBÜ verfassungskonform dahin einzuschränken, dass unter den notwendigen Spezifikationserfordernissen die Vorlage bestimmter Urkunden auch dann angeordnet werden kann, wenn sich das Ausgangsverfahren in einem common-law-Staat noch im Stadium der discovery befindet.[686]

4. Stellungnahme

Ausgangspunkt der Interpretation des Art. 23 HBÜ i.V.m. § 14 AusfG muss richtigerweise dessen Wortlaut sein. Nach Art. 23 HBÜ kann jeder Vertragsstaat bei der Ratifikation oder dem Beitritt zum HBÜ erklären, dass er Rechtshilfeersuchen nicht erledigt, die ein Verfahren zum Gegenstand haben, das in den Ländern des common law unter der Bezeichnung "pre-trial discovery of documents" bekannt ist. Gemäß der deutschen Ausführungsvorschrift des § 14 Abs. 1 AusfG werden Rechtshilfeersuchen, die ein Verfahren nach Art. 23 HBÜ zum Gegenstand haben, grundsätzlich nicht erledigt. Eine Reduzierung dieser Vorschriften auf ein Spezifizierungs- und Substantiierungserfordernis liegt nach dem Wortlaut des Art. 23 HBÜ i.V.m. § 14 Abs.1 AusfG zunächst einmal fern.

Dies muss umso mehr gelten, als diese Spezifizierungs- und Substantiierungserfordernisse bereits in Art. 3 HBÜ geregelt sind und nicht ersichtlich ist, warum zwei Vorschriften mit dem gleichen Regelungsgehalt in das Haager Beweisübereinkommen aufgenommen worden sein sollten. Art. 3 Abs. 2 lit. g HBÜ bestimmt, dass ein Rechtshilfeersuchen nach dem HBÜ die Urkunden oder die anderen Gegenstände definieren muss, die durch das ersuchte Gericht geprüft werden sollen. Insoweit besteht allgemeine Einigkeit in der Literatur, dass hierdurch ein geeignetes Instrument zur Abwehr von Ausforschungsbeweisen zur Verfügung steht.[687] Die Aufnahme des Art. 23 in das dritte Kapitel des Haager Beweisübereinkommens unter der Überschrift „Allgemeine Bestimmungen" lässt sich unter diesem Aspekt nicht im Sinne der Befürworter einer einschränkenden Auslegung der Vorschrift erklären.

---

684 Schlosser Art. 23 HBÜ Rn. 4.
685 Schlosser Art. 23 HBÜ Rn. 4.
686 Schlosser Art. 23 HBÜ Rn. 5.
687 Vgl. nur Stein/Jonas-Berger Anh. zu § 363 A Art. 3 Rn. 41; Junker, Discovery, S. 307 ff.; Stürner ZVglRWiss 81 (1982), 159, 199 f.; Mann JZ 1981, 840.

Auch die Entstehungsgeschichte der Vorschrift kann nicht für eine einschränkende Auslegung des Art. 23 HBÜ i.V.m. § 14 Abs. 1 AusfG angeführt werden. Der britische Delegierte Newman berichtete zwar unter anderem über die durch das discovery-Verfahren bestehende Gefahr der Industriespionage. Die hiermit verbundene mögliche Ausforschung des prozessualen Gegners war jedoch nur ein Gesichtspunkt, der die Delegierten dazu bewegte, das discovery-Verfahren von der Verpflichtung zur Rechtshilfe auszunehmen.[688] So erläuterte Newman, wie auch Junker[689] selbst darstellt, das gesamte discovery-Verfahren mit seiner prozessualen Verpflichtung zum Austausch beweisrelevanter Dokumente. Diese Verpflichtung in Verbindung mit der möglichen Erhebung von Ausforschungsbeweisen nach US-amerikanischem Zivilprozessrecht verdeutlichte den Delegierten die Gefahr von Rechtshilfeersuchen im Verfahrensstadium der discovery.

Dies wird auch dadurch ersichtlich, dass man den britischen Entwurf der Vorschrift, der nicht auf einen bestimmten Rechtskreis abstellte, im Ergebnis ablehnte und Art. 23 HBÜ ausdrücklich auf das discovery-Verfahren in common-law-Staaten beschränkte. Dies geschah, obwohl der Tagungspräsident Arnold die Aufnahme von Vorschriften, die sich nur auf einen Rechtskreis oder eine Rechtsordnung beschränken, gerade verhindern wollte.[690] Für die Relevanz der prozessualen Verpflichtung zum Austausch von Dokumenten kann auch die bereits zitierte Denkschrift der deutschen Bundesregierung angeführt werden, welche bei der Erläuterung des discovery-Verfahrens gerade auf diese prozessuale Verpflichtung zum Austausch beweisrelevanter Dokumente abstellt.[691] Die Entstehungsgeschichte des Art. 23 HBÜ spricht also dafür, dass man nicht nur der allgemeinen Gefahr der Ausforschung begegnen wollte, sondern im Hinblick auf die angenommene Gefährlichkeit des discovery-Verfahrens mit seiner prozessualen Verpflichtung zum Austausch beweisrelevanter Dokumente den Mitgliedstaaten die Möglichkeit eröffnen wollte, Rechtshilfeersuchen in diesem Bereich nicht erledigen zu müssen. Unter diesem Gesichtspunkt ist auch der konkrete Bezug in Art. 23 HBÜ auf das prozessuale Stadium der discovery zu verstehen.

Für dieses Verständnis des Art. 23 HBÜ spricht im übrigen auch die deutsche Ausführungsvorschrift des § 14 Abs. 2 AusfG. Danach können, soweit die tragenden Grundsätze des deutschen Verfahrensrechts nicht entgegen stehen, Ersuchen im Rahmen des discovery-Verfahrens unter Berücksichtigung der schutzwürdigen Interessen der Betroffenen erledigt werden, wenn die Voraussetzungen der Erledigung und das anzuwendende Verfahren durch eine Rechtsverordnung näher geregelt sind, welche der Bundesminister der Justiz mit Zustimmung des Bundesrates erlassen kann. Auch wenn eine derartige Verordnung niemals erlassen wurde, deuten die in § 14 Abs. 2 AusfG genannten Vorgaben darauf hin, dass es dem Gesetzgeber nicht nur auf die Spezifizierung und Substantiierung der Beweismittel ankam. Die Zielsetzung der Verhinderung

---

688 "*One* particularly delicate problem ... was the possibility of industrial espionage", vgl. Conference de La Haye, Actes et documents de la 11ème session, p. 157.

689 Junker, Discovery, S. 287 f.

690 Conference de La Haye, Actes et documents de la 11ème session, p.157 f. ; vgl. auch Junker, Discovery, S. 289.

691 Denkschrift zur Haager Konferenz, BT-Drucks. 7/4892 S. 53.

von Ausforschungsbeweisen wird bereits durch die Formulierung „soweit die tragenden Grundsätze des deutschen Verfahrensrechts nicht entgegenstehen" verdeutlicht. Die darüber hinaus gehende „Berücksichtigung der schutzwürdigen Interessen der Betroffenen" deutet meines Erachtens darauf hin, dass hiermit nicht nur die Spezifizierung und Substantiierung der zu erhebenden Beweise gemeint ist, sondern auch das „Ob" der Verpflichtung zum Austausch der beweisrelevanten Dokumente. Damit findet sich auch im Wortlaut des § 14 Abs. 2 AusfG die bereits dargelegte Kombination der Verhinderung unspezifizierter bzw. unsubstantiierter Beweiserhebung einerseits und der Einschränkung der im common law allgemein bestehenden prozessualen Verpflichtung zum Austausch der beweisrelevanten Dokumente andererseits wieder.
Demgemäß stand es dem deutschen Gesetzgeber offen, inwiefern er von dem Erledigungsvorbehalt des Art. 23 HBÜ Gebrauch machen wollte. Im Ergebnis hat sich der deutsche Gesetzgeber dafür entschieden, mit § 14 Abs. 1 AusfG zunächst einen Totalvorbehalt auszusprechen, der lediglich im Rahmen einer Rechtsverordnung nach § 14 Abs. 2 AusfG unter Berücksichtigung der dort genannten Vorgaben eingeschränkt werden kann. Hiergegen kann auch nicht die von Beckmann[692] angeführte und bereits dargestellte britische Ausführungsvorschrift zu Art. 23 HBÜ angeführt werden. Diese stellt lediglich die eingeschränkte Ausübung des Erledigungsvorbehaltes des Art. 23 HBÜ durch Großbritannien dar. Insoweit hat Musielak[693] zutreffend festgestellt, dass es jedem Vertragsstaat nach Art. 23 HBÜ freisteht, die Erledigung von Rechtshilfeersuchen im Rahmen von discovery-Verfahren völlig auszuschließen oder dies nur in einem begrenzten Umfang zu tun.[694] Da die Bundesrepublik Deutschland den Erledigungsvorbehalt des Art. 23 HBÜ völlig ausschöpft, ist sie im Verhältnis zu den Vertragsstaaten des common law berechtigt, Rechtshilfeersuchen nicht zu erledigen, die eine Dokumentenvorlegung in einem discovery- bzw. disclosure-Verfahren zum Gegenstand haben. Die britische Ausführungsvorschrift kann daher keine Anhaltspunkte für eine einschränkende Auslegung des Art. 23 HBÜ i.V.m. § 14 Abs. 1 AusfG bieten. Im Gegenteil ist die britische Erklärung zu Art. 23 HBÜ vor dem Hintergrund der geschilderten Entstehungsgeschichte zu verstehen. Da Großbritannien als common-law-Staat selbst über ein disclosure-Verfahren verfügt, konnte es bei der Erklärung eines Vorbehalts nach Art. 23 HBÜ nur um die dort grundsätzlich vorgesehene Verhinderung des Ausforschungsbeweises[695] gehen, wie er in den USA weitestgehend zulässig ist. Den Delegierten der anderen Mitgliedstaaten war jedoch nicht nur der Ausforschungsbeweis, sondern dessen Verknüpfung mit einer prozessualen Verpflichtung zum Austausch beweisrelevanter Dokumente im Rahmen der discovery fremd. Auf Grund dieser Sonderstellung Großbritanniens kann die britische Erklärung zu Art. 23 HBÜ und deren zugrunde liegendes Verständnis gerade nicht zur Auslegung des Art. 23 HBÜ i.V.m. § 14 Abs. 1 AusfG herangezogen werden.
Nach dem hier vertretenen Verständnis des Art. 23 HBÜ i.V.m. § 14 Abs. 1 AusfG kann auch nicht davon ausgegangen werden, dass die Vorschrift willkürlich und damit

---

[692] Beckmann IPRax 1990, 201, 203 f.
[693] MünchKomm-Musielak, ZPO, Anh. I zu § 363 Art. 23 Rn. 4.
[694] Ähnlich auch Schlosser ZZP 94 (1981), 369, 392.
[695] Hierzu siehe oben 2. Kapitel 2. Teil II 3 a bb.

verfassungswidrig sei.[696] Die von den Delegierten angenommene besondere Gefährlichkeit der prozessualen Verpflichtung zum Austausch beweisrelevanter Dokumente und einer zusätzlich möglichen Ausforschung nach kontinentaleuropäischem Verständnis[697] traf nur auf das discovery-Verfahren zu. Aus diesem Grunde wurde die ursprünglich allgemein gehaltene Vorschrift letztendlich auf den Rechtskreis der common-law-Staaten beschränkt, da nur diese ein discovery-Verfahren in ihrer Rechtsordnung vorsahen. In der Besonderheit des discovery-Verfahrens ist auch der sachliche Differenzierungsgrund für Art. 23 HBÜ i.V.m. § 14 Abs. 1 AusfG zu sehen, der die Annahme von Willkür ausschließt.
Im Ergebnis bleibt daher festzustellen, dass die Erledigung von Rechtshilfeersuchen um die Vorlegung von Dokumenten im Rahmen eines discovery- bzw. disclosure-Verfahrens dem Vorbehalt des Art. 23 HBÜ i.V.m. § 14 Abs. 1 AusfG unterfallen. Da eine Rechtsverordnung im Sinne des § 14 Abs. 2 AusfG nicht existiert, bleibt es bei dem Totalvorbehalt des § 14 Abs. 1 AusfG. Eine einschränkende Auslegung der Vorschrift, nach der nur unspezifizierte oder unsubstantiierte Ersuchen nicht erledigt werden können, ist mit der Ansicht der Rechtsprechung[698] und einem Teil der Literatur[699] abzulehnen. Das hieraus resultierende Ergebnis, nach dem Rechtshilfeersuchen um Dokumentenvorlegung aus common-law-Staaten grundsätzlich nicht erledigt werden, ist als vom Gesetzgeber vorgegeben hinzunehmen. Der nachvollziehbare und sicherlich auch berechtigte Wunsch nach einer dahin gehenden Überarbeitung des Haager Beweisübereinkommens[700] und des diesbezüglichen deutschen Ausführungsgesetzes kann nicht im Wege einer einschränkenden Auslegung des Art. 23 HBÜ i.V.m. § 14 Abs. 1 AusfG umgesetzt werden.

2. Teil: Die Europäische Beweisaufnahmeverordnung

Die Bundesrepublik Deutschland hat im November 2000 eine „Initiative im Hinblick auf den Erlass einer Verordnung des Rates über die Zusammenarbeit zwischen den Gerichten der Mitgliedstaaten auf dem Gebiet der Beweisaufnahme in Zivil- und Handelssachen" eingebracht.[701] Hierzu nahmen das Europäische Parlament sowie der Wirtschafts- und Sozialausschuss[702] Stellung. Die Überarbeitung des Verordnungsvor-

---

[696] So aber Schlosser Art. 23 HBÜ Rn. 4 f.
[697] Zu dem unterschiedlichen Verständnis des Ausforschungsbeweises in Deutschland und England siehe oben 2. Kapitel 3. Teil III.
[698] OLG München JZ 1981, 538 ff.; BPatGE 34, 83, 84.
[699] Zöller-Geimer § 363 Rn. 115; MünchKomm-Musielak, ZPO, Anh. I zu § 363 Art. 23 Rn. 1 ff.; Blaschczok S. 155 ff.; Pfeil-Kammerer S. 233 ff.; Geimer Rn. 2489; Hök S. 290 ff.; Reufels RIW 1999, 667, 670; Greger ZRP 1988, 164, 165 f.; Schlosser ZZP 94 (1981), 369, 391 ff.
[700] Hierzu vgl. beispielhaft Trittmann/Leitzen, IPRax 2003, 7, 12.
[701] Amtsblatt EG C 314 vom 03.11.2000 S. 1.
[702] Stellungnahme des Wirtschafts- und Sozialausschusses zu der „Initiative im Hinblick auf den Erlass einer Verordnung des Rates über die Zusammenarbeit zwischen den Gerichten der Mitgliedstaaten auf dem Gebiet der Beweisaufnahme in Zivil- und Handelssachen", vgl. Amtsblatt EG vom 11.05.2001 C 139 S. 10 ff.

schlages durch den Zivilrechtsausschuss (DG H III) des Rates[703] führte im Ergebnis zu der „EG-Verordnung Nr. 1206/2001 des Rates vom 28. Mai 2001 über die Zusammenarbeit zwischen den Gerichten der Mitgliedstaaten auf dem Gebiet der Beweisaufnahme in Zivil- oder Handelssachen“ (EuBVO).[704]

I. Die Rechtsgrundlagen der EuBVO

Die EuBVO ist am 1. Juli 2001 in Kraft getreten, gilt aber gemäß ihrem Art. 24 im Wesentlichen erst ab dem 1. Januar 2004. Zu beachten ist, dass das Vereinigte Königreich und Irland gemäß Art. 3 des dem Vertrag über die Europäische Union und dem Vertrag zur Gründung der Europäischen Gemeinschaft beigefügten Protokoll über die Position des Vereinigten Königreichs und Irlands erklärt haben, dass sie sich an der Annahme und Anwendung der EuBVO beteiligen, vgl. Ziffer 21 der Präambel. Im Gegensatz dazu beteiligt sich Dänemark gemäß den Art. 1, 2 des Protokolls über die Position Dänemarks nicht an der EuBVO, vgl. Ziffer 22 der Präambel.

Die Verordnung stützt sich auf den Vertrag zur Gründung der Europäischen Gemeinschaft und dabei insbesondere auf Art. 61 lit. c EGV und Art. 67 Abs. 1 EGV. Art. 61 EGV bestimmt, dass der Rat zum schrittweisen Aufbau eines Raums der Freiheit, der Sicherheit und des Rechts Maßnahmen im Bereich der justiziellen Zusammenarbeit in Zivilsachen nach Art. 65 EGV erlässt. Diese umfassen nach Art. 65 lit. a 2. Spiegelstrich EGV die Zusammenarbeit bei der Erhebung von Beweismitteln, sofern Maßnahmen im Bereich der justiziellen Zusammenarbeit in Zivilsachen mit grenzüberschreitenden Bezügen geregelt werden, die für das reibungslose Funktionieren des Binnenmarktes erforderlich sind. Das Verfahren für die Annahme der EuBVO bestimmt sich nach Art. 67 EGV, der für Rechtsakte im Bereich der Justiz- und Innenpolitik gilt. Demnach steht das Vorschlagsrecht über einen Rechtsakt für eine Übergangszeit bis zum 1. Juni 2005 sowohl der Kommission als auch den Mitgliedstaaten zu, sog. Koinitiativrecht.[705] Aus diesem Grunde war es der Bundesrepublik Deutschland ohne Mitwirkung der Kommission möglich, einen eigenen Vorschlag hinsichtlich der EuBVO einzubringen.

Auf die vorgenannten Vorschriften nimmt die Verordnung unter Ziffer 1 der Präambel ausdrücklich Bezug. Es wird insoweit darauf verwiesen, dass es auf dem Gebiet der Beweisaufnahme bislang keine Übereinkunft gab, die sämtliche Mitgliedstaaten erfasste. Das bereits ausführlich dargestellte Haager Übereinkommen vom 18. März 1970 über die Beweisaufnahme im Ausland in Zivil- oder Handelssachen gilt lediglich zwischen elf Mitgliedstaaten der Europäischen Union.[706]

Unter Ziffer 3 der Präambel wird weiter festgestellt, dass der Europäische Rat auf seiner Tagung vom 15. und 16. Oktober 1999 in Tampere daran erinnert hat, dass neue verfahrensrechtliche Vorschriften für grenzüberschreitende Fälle insbesondere im Bereich der Beweisaufnahme auszuarbeiten sind. Da es für eine Entscheidung in zivil-

---

[703] Dokument 6850/01, Limite JUSTCIV 28 vom 05.04.2001; Dokument 6850/01 JUSTCIV 28 ADD 1 (Formblätter).

[704] Amtsblatt EG L 174 vom 27.06.2001 S. 1.

[705] Hierzu Callies/Ruffert Art. 67 EGV Rn. 1.

[706] Hierzu vgl. auch Schack, Intern. Zivilverfahrensrecht, Rn. 718a.

oder handelsrechtlichen Verfahren oftmals erforderlich sei, in einem anderen Mitgliedstaat Beweis erheben zu lassen, dürfe sich die Tätigkeit der Gemeinschaft nicht auf den unter die EG-Verordnung Nr.1348/2000 des Rates vom 29. Mai 2000 über die Zustellung gerichtlicher und außergerichtlicher Schriftstücke in Zivil- oder Handelssachen in den Mitgliedstaaten fallenden Bereich der Übermittlung von Schriftstücken[707] beschränken. Vielmehr müsse die Zusammenarbeit der Gerichte der Mitgliedstaaten auf dem Gebiet der Beweisaufnahme weiter verbessert werden. Da die Verbesserung der Zusammenarbeit zwischen den Gerichten auf dem Gebiet der Beweisaufnahme in Zivil- oder Handelssachen auf der Ebene der Mitgliedstaaten nicht ausreichend erreicht werden könne, wolle sich die Gemeinschaft dieser Maßnahmen annehmen. Hiermit wird auf die Voraussetzungen des in Art. 5 EGV niedergelegten Subsidiaritätsprinzips[708] Bezug genommen, nach dem die Gemeinschaft nur tätig werden darf, wenn und soweit die Ziele der in Betracht gezogenen Maßnahme auf der Ebene der Mitgliedstaaten nicht ausreichend erreicht werden können und daher wegen ihres Umfangs oder ihrer Wirkungen besser auf Gemeinschaftsebene umgesetzt werden. Angesichts der Beschränkung der EuBVO auf grenzüberschreitende Maßnahmen auf dem Gebiet der Beweisaufnahme dürften hieran keine Zweifel bestehen. Gemäß Ziffer 5 S. 2 der Präambel ist auch der ebenfalls in Art. 5 EGV niedergelegte Grundsatz der Verhältnismäßigkeit[709] berücksichtigt, da die Verordnung nicht über das für die Erreichung der bezweckten Ziele erforderliche Maß hinausgehe.

II. Das EG-Beweisaufnahmedurchführungsgesetz

Konkretisiert wird die EuBVO durch das „Gesetz zur Durchführung gemeinschaftsrechtlicher Vorschriften über die grenzüberschreitende Beweisaufnahme in Zivil- oder Handelssachen in den Mitgliedstaaten (EG-Beweisaufnahmedurchführungsgesetz)".[710] Dieses tritt nach seinem Art. 2 am 1. Januar 2004 in Kraft; gleichzeitig tritt das EG-Zustellungsdurchführungsgesetz vom 9. Juli 2001[711] außer Kraft. Das Gesetz verfolgt nach der Begründung des Regierungsentwurfs ein dreifaches Ziel. Vorrangig solle von dem Gestaltungsspielraum, den die Verordnung den Mitgliedstaaten einräumt, in dem Maße Gebrauch gemacht werden, in dem dies unter Berücksichtigung der bisherigen Rechtshilfepraxis und künftiger Bedürfnisse geboten erscheine. Es sollen daher erstens Regelungen getroffen werden, für die eine Änderung oder Ergänzung der Rechtshilfeordnung für Zivilsachen (ZRHO) sowie die vorgesehenen gemeinschaftsrechtlichen Erklärungen gegenüber der Europäischen Kommission nach Art. 22 EuBVO nicht ausreichen würden. Zweitens sollen bestehende Regelungen der internationalen Zustellung in der Europäischen Union übersichtlicher gestaltet und in die Zivilprozessordnung zurückgeführt werden. Hierzu wird in der ZPO ein Elftes Buch zur justiziellen

---

[707] Amtsblatt EG L 160 vom 30.06.2000 S. 37.

[708] Hierzu Callies/Ruffert Art. 5 EGV Rn. 1 ff.

[709] Vgl. hierzu Callies/Ruffert Art. 5 EGV Rn. 45 ff.

[710] Noch nicht veröffentlicht; der Volltext des im Gesetzgebungsverfahren unverändert gebliebenen Regierungsentwurfs ist unter http://www.bmj.bund.de/ger/themen/internationale_zusammenarbeit/10000690/?sid=7fa079fc9f4174f4ae8838cb6577f380 abrufbar.

[711] BGBl. 2001 I 1536.

Zusammenarbeit in der Europäischen Union geschaffen. Dies diene der Öffnung der ZPO für gemeinschaftsrechtliche Rechtsakte über die justizielle Zusammenarbeit in Zivilsachen. Außerdem ermögliche die Schaffung des neuen Buches eine einheitliche, leicht auffindbare und systematisch zusammenhängende Regelung. Seine Erweiterungsfähigkeit stelle sicher, dass auch künftig umzusetzende Rechtsakte des europäischen Zivilprozessrechts aufgenommen werden könnten, soweit diese eine ähnlich enge Verknüpfung mit den Verfahrens- und Zuständigkeitsregeln der ZPO aufweisen. Letztlich sollen durch das EG-Beweisaufnahmedurchführungsgesetz die Regeln des dinglichen Arrestes im Ausland vereinfacht werden.
Das neu in die ZPO eingefügte Elfte Buch unterteilt sich in zwei Abschnitte. Abschnitt 1 regelt die Zustellung nach der Verordnung (EG) Nr. 1348/2000 vom 29. Mai 2000.[712] In den §§ 1067, 1068 ZPO wird die Zustellung durch diplomatische oder konsularische Vertreter sowie durch die Post geregelt. Die §§ 1069-1071 ZPO befassen sich mit Zuständigkeitsregelungen, Bestimmungen über die zu verwendende Sprache und der Regelung der Parteizustellung aus dem Ausland. Abschnitt 2 des Elften Buches der ZPO betrifft die Beweisaufnahme nach der EuBVO. Auf diesen wird in dem ebenfalls neu eingefügten § 363 Abs. 3 ZPO ausdrücklich hingewiesen. § 1072 ZPO definiert den Anwendungsbereich der EuBVO in Übereinstimmung mit Art. 1 EuBVO. In § 1073 ZPO werden die Teilnahmerechte der Beteiligten näher definiert. Die Zuständigkeiten nach der EuBVO werden in § 1074 ZPO festgelegt.[713] § 1075 ZPO bestimmt, dass aus dem Ausland eingehende Ersuchen auf Beweisaufnahmen sowie Mitteilungen nach der EuBVO in deutscher Sprache abgefasst oder von einer Übersetzung in die deutsche Sprache begleitet sein müssen. Zu den neu eingefügten Regelungen der ZPO wird im Folgenden an den relevanten Punkten noch eingehender Stellung genommen.

III. Die Ziele der EuBVO

Die bezweckten Ziele der EuBVO werden in der Präambel der Verordnung näher definiert. Allgemein soll die Zusammenarbeit zwischen den Gerichten auf dem Gebiet der Beweisaufnahme zum Zwecke des reibungslosen Funktionierens des Binnenmarkts verbessert, insbesondere vereinfacht und beschleunigt werden. Eine effiziente Abwicklung gerichtlicher Verfahren in Zivil- oder Handelssachen setze demnach voraus, dass die Übermittlung der Ersuchen um Beweisaufnahme und deren Erledigung direkt und auf schnellstmöglichem Wege zwischen den Gerichten der Mitgliedstaaten erfolge. Die schnelle Übermittlung der Ersuchen um Beweisaufnahme erfordere den Einsatz aller geeigneten Mittel, wobei bestimmte Bedingungen hinsichtlich der Lesbarkeit und der Zuverlässigkeit des eingegangenen Dokuments zu beachten seien. Damit ein Höchstmaß an Klarheit und Rechtssicherheit gewährleistet sei, müsse ein Ersuchen anhand eines Formblatts übermittelt werden. Aus denselben Gründen empfehle es sich, auch

---

[712] Verordnung über die Zustellung gerichtlicher und außergerichtlicher Schriftstücke in Zivil- oder Handelssachen in den Mitgliedstaaten, Amtsblatt EG Nr. L 160 S. 37.

[713] Die Europäische Kommission hat ein Handbuch mit den zuständigen Gerichten in den Mitgliedstaaten im Internet veröffentlicht; vgl. http://europa.eu.int/comm/justice_home/fsj/civil/documents/doc/manuel_final_7.pdf.

für die weitere Kommunikation zwischen den betreffenden Gerichten nach Möglichkeit Formblätter zu verwenden.
Als weiteres Ziel der Verordnung wird die möglichst rasche Erledigung von Ersuchen um Beweisaufnahme definiert. Kann das Ersuchen nicht innerhalb von 90 Tagen bei dem ersuchten Gericht erledigt werden, so soll dieses das ersuchende Gericht hiervon unter Angabe der Gründe, die einer zügigen Erledigung des Ersuchens entgegen stehen, in Kenntnis setzen. Um die Wirksamkeit der Verordnung zu gewährleisten, soll die Möglichkeit, die Erledigung eines Ersuchens um Beweisaufnahme abzulehnen, auf eng begrenzte Ausnahmefälle beschränkt werden. Hierbei soll das ersuchte Gericht das Ersuchen grundsätzlich nach Maßgabe des Rechts seines Mitgliedstaates erledigen.
Schließlich wird in der Präambel festgestellt, dass die nach der Verordnung übermittelten Daten geschützt werden müssen. Diesbezüglich finden sich jedoch in der Verordnung selbst keine Regelungen, da insoweit die Richtlinie 95/46/EG des Europäischen Parlaments und des Rates vom 24. Oktober 1995 zum Schutz natürlicher Personen bei der Verarbeitung personenbezogener Daten und zum freien Datenverkehr[714] sowie die Richtlinie 97/66/EG des Europäischen Parlaments und des Rates vom 15. Dezember 1997 über die Verarbeitung personenbezogener Daten und den Schutz der Privatsphäre im Bereich der Telekommunikation[715] Anwendung finden. Die Erreichung der vorgenannten Ziele soll gemäß Art. 23 EuBVO überprüft werden. Demnach hat die Kommission bis spätestens 1. Januar 2007 und danach alle fünf Jahre einen Bericht über die Anwendung der Verordnung zu erstellen, welcher dem Europäischen Parlament, dem Rat und dem Wirtschafts- und Sozialausschuss vorzulegen ist. Ein besonderer Augenmerk ist dabei nach Art. 23 EuBVO auf die Tätigkeit der Zentralstellen sowie die Art und Weise der Durchführung von Beweisaufnahmen zu richten.

IV. Der Aufbau der EuBVO

Die EuBVO gliedert sich in drei Kapitel. Im ersten Kapitel finden sich allgemeine Bestimmungen über den Anwendungsbereich der Verordnung sowie die Organisation der Kommunikation zwischen den Gerichten der Mitgliedstaaten.
Das zweite Kapitel untergliedert sich in fünf Abschnitte, wobei in Abschnitt 1 die Art und Weise der Übermittlung von Ersuchen um Beweisaufnahmen sowie deren Form und notwendiger Inhalt geregelt ist. Abschnitt 2 beschreibt die Verfahrensweise der Entgegennahme von Ersuchen durch das ersuchte Gericht und dessen Pflichten bei Unvollständigkeit des Ersuchens. Abschnitt 3 regelt die Beweisaufnahme durch das ersuchte Gericht, während sich Abschnitt 4 mit der unmittelbaren Beweisaufnahme durch das ersuchende Gericht befasst. Die Kostenregelungen ergeben sich aus Abschnitt 5 des zweiten Kapitels. Inhalt des dritten Kapitels sind die Schlussbestimmungen, welche Regelungen über das Verhältnis zu anderen völkerrechtlichen Vereinbarungen und sonstige Durchführungsbestimmungen enthalten.
Im Anhang der EuBVO sind zahlreiche Formblätter enthalten, mit Hilfe derer folgende Mitteilungen verfasst werden sollen:

---

[714] Amtsblatt EG L 281 vom 23.11.1995 S. 31.
[715] Amtsblatt EG L 24 vom 30.01.1998 S. 1

- Ersuchen um Durchführung einer Beweisaufnahme (Formblatt A),
- Empfangsbestätigung über den Eingang eines Ersuchens um Beweisaufnahme (Formblatt B),
- Bitte um ergänzende Angaben für die Durchführung einer Beweisaufnahme (Formblatt C),
- Bestätigung des Eingangs der Kaution oder der Sicherheit (Formblatt D),
- Mitteilung über die besondere Form der Erledigung des Ersuchens und/oder unter Einsatz von Kommunikationstechnologie (Formblatt E),
- Unterrichtung über Termin und Ort der Beweisaufnahme und über die Bedingungen für die Beteiligung (Formblatt F),
- Mitteilung über Verzögerungen (Formblatt G),
- Benachrichtigung über das Ergebnis des Ersuchens (Formblatt H),
- Ersuchen um direkte Beweisaufnahme (Formblatt I), und
- Mitteilungen der Zentralstelle bzw. zuständigen Behörde (Formblatt J).

V. Die Anwendbarkeit der EuBVO

Art. 1 Abs. 1 EuBVO regelt den Anwendungsbereich der Verordnung. Danach ist die Verordnung in Zivil- oder Handelssachen anzuwenden, wenn das Gericht eines Mitgliedstaates nach seinen innerstaatlichen Rechtsvorschriften

a. das zuständige Gericht eines anderen Mitgliedstaates um eine Beweisaufnahme ersucht, oder
b. darum ersucht, in einem anderen Mitgliedstaat unmittelbar Beweis erheben zu dürfen.

Art. 1 Abs. 2 EuBVO stellt klar, dass um eine Beweisaufnahme nicht ersucht werden darf, wenn die Beweise nicht zur Verwendung in einem bereits eingeleiteten oder zu eröffnenden Verfahren bestimmt sind.

1. Der Begriff der Zivil- oder Handelssache

Wie auch im Rahmen des Haager Beweisübereinkommens stellt sich zunächst die Frage, wie der Begriff der Zivil- oder Handelssache im Sinne des Art. 1 Abs. 1 EuBVO auszulegen ist. Im Gegensatz zum Haager Beweisübereinkommen besteht der Vorteil der EuBVO darin, dass die einheitliche Auslegung für alle Mitgliedstaaten dadurch gesichert ist, dass der EuGH für die Auslegung der Verordnung im Vorabentscheidungsverfahren zuständig ist.[716] Nach Art. 234 EGV kann ein Gericht eines Mitgliedstaates entscheidungserhebliche Fragen bezüglich der Auslegung und der Gültigkeit von Gemeinschaftsrecht an den EuGH richten. Eingeschränkt wird die Vorschrift des Art. 234 EGV in Bezug auf die EuBVO jedoch durch die Sonderregelung des Art. 68 EGV. Während nach Art. 234 Abs. 2 EGV auch die unteren Fachgerichte die Möglichkeit einer Vorlage an den EuGH haben, beschränkt sich die Vorlagebefugnis nach Art. 68 Abs. 1 EGV auf die funktionell letztinstanzlichen Gerichte.[717] Auf Grund der

---

[716] Hierzu auch Heß IPRax 2001, 389, 393 bei Fn. 67.

[717] Callies/Ruffert Art. 68 EGV Rn. 2; zur Definition des Begriffs des „funktionell letztinstanzlichen Gerichts" vgl. auch Callies/Ruffert Art. 234 EGV Rn. 19.

durch den EuGH sichergestellten einheitlichen Auslegung sprechen folglich noch weitergehende Gründe als im Rahmen der Auslegung des Begriffes der Zivil- oder Handelssache im Sinne des HBÜ[718] dafür, die Auslegung des Begriffs der Zivil- oder Handelssache im Sinne der EuBVO nicht über das Recht der jeweils betroffenen Mitgliedstaaten zu definieren, sondern eine „verordnungsautonome" Auslegung anzunehmen. Dies entspricht im übrigen der Rechtsprechung des EuGH in Bezug auf den Begriff der Zivil- und Handelssache im Sinne des Art. 1 EuGVÜ. In seinem Urteil vom 14. Oktober 1976[719] entschied der EuGH diesbezüglich, dass der Begriff der Zivil- und Handelssache als autonomer Begriff anzusehen sei, bei dessen Auslegung die Zielsetzung und die Systematik des Übereinkommens sowie die allgemeinen Rechtsgrundsätze, die sich aus der Gesamtheit der innerstaatlichen Rechtsordnungen ergeben, berücksichtigt werden müssten.[720] In dem entschiedenen Fall kam der EuGH zu dem Schluss, dass ein Rechtsstreit hinsichtlich einer Entscheidung, die eine Behörde im Zusammenhang mit der Ausübung hoheitlicher Befugnisse getroffen hat, vom Anwendungsbereich des EuGVÜ ausgeschlossen ist. Diese Grundsätze können auch für die Auslegung des Begriffs der Zivil- oder Handelssache im Sinne der EuBVO herangezogen werden.[721]

Einer eigenen, gemeinschaftsrechtlichen Begriffsbildung bedarf es im Ergebnis schon deshalb, um einheitlich in allen Mitgliedstaaten gelten zu können, da es die Mitgliedstaaten anderenfalls in der Hand hätten, den Anwendungsbereich eigenmächtig zu beschneiden.[722] Letztlich steht und fällt ein überzeugender Geltungsanspruch des EG-Rechts mit seiner einheitlichen Auslegung.[723]

2. Das Verfahrensstadium der Zivil- oder Handelssache

Gemäß Art. 1 Abs. 2 EuBVO können Ersuchen um eine Beweisaufnahme lediglich für bereits eingeleitete oder noch zu eröffnende Verfahren gestellt werden. Damit wird deutlich, dass das jeweilige Zivil- oder Handelsverfahren in dem ersuchenden Staat anhängig sein oder zumindest unmittelbar bevorstehen muss.

Da das deutsche selbstständige Beweisverfahren nach den §§ 485 ff. ZPO den Zweck hat, Beweismittel für ein bevorstehendes Zivilverfahren zu sichern, muss auch ein darauf bezogenes Ersuchen um Beweisaufnahme unter den Anwendungsbereich der EuBVO fallen. Gleiches gilt für die Beweisaufnahme gemäß den §§ 358 ff. ZPO, die nur innerhalb eines anhängigen Rechtsstreits in Betracht kommt. Die im englischen Zivilprozessrecht verankerte disclosure and inspection of documents ist ebenfalls regelmäßig unproblematisch, da auch sie grundsätzlich nur im Rahmen eines anhängigen Rechtsstreits Anwendung findet. In den Fällen des Supreme Court Act 1981 section 33, des County Courts Act 1984 section 52 und der search order gemäß CPR 25.1 (1) (h) ist jeweils erforderlich, dass sich die Beweisaufnahme auf einen unmittelbar bevor-

---

[718] Hierzu siehe oben 3. Kapitel 1. Teil II 2 a.
[719] EuGH NJW 1977, 489 f.
[720] EuGH NJW 1977, 489, 490.
[721] Ebenso Berger IPRax 2001, 522.
[722] Streinz Rn. 500.
[723] So EuGHE 1980, 75 ff.; vgl. auch Oppermann Rn. 688.

stehenden Prozess bezieht.[724] Insoweit fällt auch die englische disclosure and inspection of documents unter den Anwendungsbereich des Art. 1 Abs. 2 EuBVO. Schiedsgerichte hingegen sind keine staatlichen Gerichte und können daher keine Ersuchen um Beweisaufnahme nach der EuBVO stellen. Sie sind darauf angewiesen, einen Antrag bei dem jeweiligen inländischen staatlichen Gericht zu stellen, welches sich dann wiederum nach den Vorschriften der EuBVO an ein ausländisches Gericht wenden kann.[725]

3. Die Konkurrenz zu anderen Wegen der Beweisaufnahme

Weiter stellt sich die Frage, wie sich das Verhältnis der EuBVO zu anderen Wegen der grenzüberschreitenden Beweisaufnahme gestaltet. Hierbei muss grundlegend zwischen zwei verschiedenen Problemkomplexen differenziert werden: Zunächst ist zu klären, inwieweit die EuBVO andere Wege der grenzüberschreitenden Beweisaufnahme verdrängt. Sofern und soweit dies nicht der Fall ist, schließt sich in einem zweiten Schritt die Frage an, welche Form der grenzüberschreitenden Beweisaufnahme die Gerichte der Mitgliedstaaten vorrangig anzuwenden haben.

a. Die Exklusivität der EuBVO

Zunächst soll daher der Frage nachgegangen werden, in welchem Verhältnis die Anwendung der EuBVO zu anderen Wegen der Beweisaufnahme steht und inwieweit sie diese verdrängt. Als solche Wege der Beweisaufnahme hinsichtlich im Ausland belegener Beweismittel kommen neben der EuBVO in Betracht:

- die Anwendung des Haager Beweisübereinkommens,
- die unmittelbare Beweisaufnahme im Inland mit der Verpflichtung der Parteien oder Dritten, die Beweismittel aus dem Ausland zu beschaffen, oder
- die freiwillige Mitwirkung des ersuchten Gerichts.

aa. Das Verhältnis zum Haager Beweisübereinkommen

Das Verhältnis der EuBVO zu bestehenden oder künftigen Übereinkünften oder Vereinbarungen zwischen Mitgliedstaaten ist in Art. 21 EuBVO näher geregelt. Nach dessen Abs. 1 hat die EuBVO im Verhältnis der Mitgliedstaaten untereinander Vorrang vor den Bestimmungen sämtlicher geschlossener bilateraler oder multilateraler Übereinkünfte oder Vereinbarungen, insbesondere hinsichtlich des Haager Übereinkommens vom 1. März 1954 über den Zivilprozess und des Haager Übereinkommens vom 18. März 1970 über die Beweisaufnahme im Ausland in Zivil- oder Handelssachen. Die nachrangigen bilateralen oder multilateralen Vereinbarungen bzw. Übereinkünfte sind jedoch gemäß Art. 21 Abs. 2 EuBVO weiterhin wirksam, sofern sie mit der EuBVO vereinbar sind. Den Mitgliedstaaten steht es damit auch in Zukunft offen, eine über die EuBVO hinaus gehende Regelung ihrer internationalen Beziehungen zur weiteren Vereinfachung der Durchführung einer Beweisaufnahme im Ausland zu schaffen oder beizubehalten. Die EuBVO regelt folglich nur einen Mindeststandard im Verhältnis

[724] Siehe oben 2. Kapitel 2. Teil II 3 c.
[725] Vgl. auch Berger IPRax 2001, 522, 523.

zwischen den Mitgliedstaaten. Schulze[726] hat insoweit die Frage aufgeworfen, wie sich das zeitliche Anwendungskonzept des Art. 24 EuBVO auf die bestehenden Regelungen auswirkt. Da die EuBVO bereits seit dem 1. Juli 2001 in Kraft ist, könnten die bestehenden nationalen Regelungen bis zur Geltung der EuBVO ab dem 1. Januar 2004 ähnlich der richtlinienkonformen Auslegung einer „verordnungskonformen" Auslegung unterliegen.[727] Hinsichtlich des Haager Beweisübereinkommens könnte hierdurch die bereits dargestellte Auslegung des Art. 23 HBÜ i.V.m. § 14 Abs. 1 AusfG tangiert sein mit der Folge, dass die Vorschrift im Verhältnis zu dem Vereinigten Königreich einschränkend auszulegen sein könnte. In diesem Fall käme für die Übergangszeit bis zum 1. Januar 2004 entgegen der hier vertretenen Ansicht in Betracht, Rechtshilfeersuchen um Dokumentenvorlegung im Rahmen eines disclosure-Verfahrens trotz § 14 Abs. 1 AusfG auszuführen. Ausgangspunkt der Überlegungen von Schulze ist die Rechtsprechung des BGH, der zur Auslegung und rechtsfortbildenden Ergänzung der bis 1998 geltenden Insolvenzgesetze (KO/GesO/VerglO) die bereits verkündete, aber erst ab dem 1. Januar 1999 in Kraft getretene Insolvenzordnung (InsO) herangezogen hat.[728] Die Einbeziehung künftigen Rechts rechtfertige sich aus dem Fortschrittsgedanken und den hieraus begründeten Annahmen, das neuere sei das bessere Recht und im Reformgesetz werde ein verbessertes Gerechtigkeitsmodell verwirklicht.[729] Das Idealbild vom gerechten und materiell richtigen Urteil verlange geradezu nach einer möglichst weitgehenden Einbeziehung des künftigen Rechts. Überdies sei ein die Interpretation beeinflussender Wertewandel bereits eingetreten und im verkündeten Gesetz zum Ausdruck gebracht worden.[730]

Meines Erachtens kann die Problematik der zukunftskonformen Auslegung im Hinblick auf die 1999 in Kraft getretene InsO nicht auf das Verhältnis von HBÜ und EuBVO übertragen werden. Denn im Gegensatz zur InsO löst die EuBVO das HBÜ gerade nicht ab. Gemäß Art. 21 Abs. 2 EuBVO bleiben die sonstigen bilateralen oder multilateralen Vereinbarungen bzw. Übereinkünfte weiterhin wirksam, sofern sie mit der EuBVO vereinbar sind. Im übrigen verdrängt die EuBVO das Haager Beweisübereinkommen nur im Verhältnis zwischen den teilnehmenden Mitgliedstaaten. Würde man eine einschränkende Auslegung des Art. 23 HBÜ i.V.m. § 14 AusfG annehmen, hätte dies eine gespaltene Anwendung der Vorschrift zur Folge. Während Ersuchen um Dokumentenvorlegung nach dem Haager Beweisübereinkommen aus dem Vereinigten Königreich erledigt werden müssten, könnten gleichartige Ersuchen aus den USA weiterhin abgelehnt werden. Davon abgesehen ist die Bindung der Gerichte an das derzeit geltende Recht nach Art. 20 Abs. 3, 97 Abs. 1 GG zu beachten. Hiernach verbietet sich die Auslegung des geltenden Rechts entgegen dem Wortsinn und den anerkannten Auslegungsgrundsätzen. Auch der BGH hat die Wertung der InsO regelmäßig nur als ergänzendes Argument hinsichtlich der Auslegung der bis 1998 geltenden In-

[726] Schulze IPRax 2001, 527, 529.
[727] So Schulze IPRax 2001, 527, 529.
[728] Vgl. etwa BGH NJW 1997, 1857, 1859; BGH WM 1998, 304, 305; BGH WM 1998, 43, 45; BGHZ 129, 236, 245.
[729] Schulze NJW 1998, 2100, 2101.
[730] Schulze NJW 1998, 2100, 2101 m.w.N.

solvenzgesetze verwandt.[731] Dementsprechend bedürfte es für eine zukunftskonforme Auslegung des Art. 23 HBÜ i.V.m. § 14 AusfG einer expliziten gesetzlichen Regelung, die im Rahmen der EuBVO gerade nicht getroffen wurde.[732] Aus diesem Grunde muss eine einschränkende Auslegung des Art. 23 HBÜ i.V.m. § 14 AusfG auch im Hinblick auf die zukünftige Regelung der Dokumentenvorlegung durch die EuBVO ausscheiden.

bb. Das Verhältnis zur unmittelbaren Beweisaufnahme

Weiterhin gilt es zu klären, ob die EuBVO die Gerichte der Mitgliedstaaten in Zukunft daran hindern wird, eine eigene unmittelbare Beweiserhebung auch hinsichtlich solcher Dokumente vorzunehmen, die sich in einem anderen Mitgliedstaat befinden. Eine ausdrückliche Regelung dieser Problematik wurde im Rahmen der EuBVO nicht getroffen, so dass insoweit keine Klarheit herrscht. Da sich die Frage des Verhältnisses zu einer unmittelbaren Beweisaufnahme im Inland jedoch bei sämtlichen internationalen Beweisabkommen stellt, soll im Folgenden auf den diesbezüglichen Diskussionsstand in Literatur und Rechtsprechung zurückgegriffen werden.

(1). Ausschluss der unmittelbaren Beweisaufnahme im Inland

Teilweise wurde die Ansicht vertreten, die unmittelbare Beweisaufnahme vor dem Prozessgericht sei ausgeschlossen, wenn sich das Beweismittel im Ausland befinde. So hat die deutsche Bundesregierung im Jahre 1985/1986 in zwei amicus curiae Schriftsätzen die Auffassung vertreten, dass die völkerrechtlich relevante Handlung auf deutschem Boden stattfinde, wenn ein ausländisches Gericht die Vorlegung von in Deutschland belegenen Dokumenten anordnet.[733] Maßgeblich sei nicht die Verwertung, sondern das Sammeln des Beweismaterials.[734] Demgemäß stelle eine von ausländischen Gerichten angeordnete Vorlegung von in Deutschland belegenen Dokumenten eine Verletzung der deutschen Justizhoheit dar.[735] Anordnungen mit dem Inhalt, in Deutschland befindliche Dokumente vorzulegen, seien ausschließlich den Gerichten der Bundesrepublik vorbehaltene Amtshandlungen. Ausländische Gerichte seien somit auf die Gewährung von Rechtshilfe angewiesen.[736] Im Ergebnis wurde hier somit davon ausgegangen, dass die unmittelbare Beweisaufnahme im Inland bei auslandsbelegenen Dokumenten auf Grund des Eingriffs in fremde Hoheitsrechte ausgeschlossen sei.

(2). Konkurrenz der unmittelbaren Beweisaufnahme im Inland

Nach anderer Ansicht steht die unmittelbare Beweisaufnahme vor dem Prozessgericht auch bei auslandsbelegenen Beweismitteln in Konkurrenz zu der Beweisaufnahme im

---

731 So BGH NJW 1997, 1857, 1859.
732 Im Ergebnis für die InsO ebenso Schulze NJW 1998, 2100, 2102.
733 Vgl. die Wiedergabe der Schriftsätze bei Heidenberger RIW 1986, 489 ff.
734 Vgl. die Besprechung bei Geimer Rn. 2366; Junker, Discovery, S. 392; Stürner ZVglRWiss 81 (1982), 159, 211.
735 Heidenberger RIW 1986, 489, 491.
736 Vgl. Heidenberger RIW 1986, 489, 491.

Ausland. In diesem Sinne entschied der US-amerikanische Supreme Court im Jahre 1987.[737] In der zugrunde liegenden Entscheidung ging es um einen Schadensersatzanspruch aus Produkthaftung, den der Pilot und ein Passagier eines Flugzeuges im Nachgang zu einem Flugunfall von dem französischen Flugzeughersteller Aérospatiale gefordert hatte. Im Ergebnis hat der US Supreme Court den Vorschriften der internationalen Beweisübereinkommen, hier insbesondere dem Haager Beweisübereinkommen, den zwingenden Charakter abgesprochen, zugleich aber deren Anwendung befürwortet, wenn hierdurch die Beschaffung von im Ausland belegenen Beweismitteln erleichtert werde.

Der US Supreme Court beruft sich insoweit darauf, dass auch frühere Übereinkünfte wie die Übereinkommen über den Zivilprozess von 1905 und 1954 nie einen zwingenden Charakter gehabt hätten. Im übrigen greift er das amerikanische Rechtsprinzip der "comity" auf und überträgt dieses unter dem Begriff der "international comity (comitas gentium)" auf die hier diskutierte Frage. Dabei handelt es sich um ein Abwägungsverfahren im Hinblick auf völkerrechtliches Gewohnheitsrecht, das in der US-amerikanischen Rechtsprechung zuletzt in den Holocaust-Verfahren präzisiert wurde.[738] Danach wird aus der international comity ein Katalog von Abwägungskriterien abgeleitet, der die Anwendbarkeit der internationalen Beweisübereinkommen bestimmen soll. Dies soll unabhängig von dem allgemein anerkannten Grundsatz gelten, dass aus der international comity gerade keine völkerrechtlich relevanten Pflichten hergeleitet werden können.[739] Die vorgenannte Abwägung soll zunächst die nationalen und internationalen Interessen berücksichtigen. Das nationale Interesse an einem effektiven Rechtsschutz wird hierbei dem internationalen Interesse ausländischer Staaten im Hinblick auf ihre territoriale Integrität, die Vermeidung ausufernder Beweiserhebungen und Regeln, welche grundlegende Freiheitsrechte, Eigentumsrechte oder die Privatsphäre schützen, gegenübergestellt.[740] Der US Supreme Court forderte diesbezüglich eine auf den konkreten Fall zugeschnittene Betrachtung ("on a case-by-case basis").[741]

Darüber hinaus gehend fordern die US-amerikanischen Gerichte in den letzten Jahren, dass derjenige, der sich auf die Anwendung eines internationalen Beweisübereinkommens beruft, den Nachweis zu führen hat, dass dieses Übereinkommen in dem Rechtshilfeverkehr mit dem betreffenden ausländischen Staat in den vergangenen Jahren gut funktioniert hat und aus diesem Grunde davon auszugehen ist, dass in dem streitigen Verfahren eine ausführliche und schnelle Beweisaufnahme durchgeführt werden wird.[742]

---

[737] Société Nationale Industrielle Aérospatiale v. U.S. District Court 482 U.S. 529 at 538 = JZ 1987, 984 ff.

[738] Fishel v. BASF-Group, 175 F.R.D. 525 (S.D. Iowa 1997).

[739] Hierzu Geimer Rn. 192b; Reufels RIW 1999, 667, 673.

[740] Brief for the United States and the Securities and Exchange Commission as amici curiae, I.L.M. 1986, 1504, 1507.

[741] Société Nationale Industrielle Aérospatiale v. U.S. District Court 482 U.S. 529 at 538 = JZ 1987, 984 ff.

[742] Born S. 920 m.w.N.

Festzuhalten bleibt, dass nach Ansicht der US-amerikanischen Rechtsprechung die unmittelbare Beweiserhebung auch von im Ausland belegenen Beweismitteln grundsätzlich nicht durch bestehende Beweisübereinkommen ausgeschlossen ist.
Auch der BGH geht ohne weiteres davon aus, dass im Ausland belegene Beweismittel unmittelbar durch das inländische Gericht herangezogen werden können. In einem Rechtsstreit aus dem Jahre 1986[743] nahm der von einer Deutschen nichtehelich geborene Kläger den in Italien lebenden Beklagten italienischer Staatsangehörigkeit auf Feststellung der Vaterschaft und Zahlung des Regelunterhalts in Anspruch. Für beide Ansprüche war gemäß Art. 18 Abs. 1 S. 1 EGBGB bzw. Art. 20 Abs. 1 S. 1 EGBGB deutsches Recht anwendbar. Der Beklagte bestritt die Vaterschaft und verweigerte zugleich eine Blutentnahme. Der BGH stellte diesbezüglich fest, dass der Beklagte ohne Rücksicht auf seine Staatsangehörigkeit und seinen Aufenthaltsort durch § 372a Abs. 1 ZPO verpflichtet sei, die Blutentnahme zu dulden. Die in § 372a Abs. 2 ZPO vorgesehenen Zwangsmaßnahmen könne das deutsche Gericht jedoch nicht ausführen, solange sich der Beklagte im Ausland befinde. Die Inanspruchnahme von Rechtshilfe durch die italienischen Gerichte hielt der BGH für aussichtslos, da die Durchsetzung einer Blutentnahme nach italienischem Recht gemäß Art. 118 C.proc.civ. nicht möglich war. Aus diesem Grunde berücksichtigte der BGH die Weigerung des Beklagten im Rahmen der Beweiswürdigung und kam im Ergebnis zu dem Schluss, dass dieser die Vaterschaftsvermutung des § 1600o Abs. 2 S. 1 BGB nicht durch schwerwiegende Zweifel erschüttern konnte.
Auch in anderen Fällen ist der BGH ohne weitere Diskussion grundsätzlich davon ausgegangen, dass die Möglichkeit der unmittelbaren Beweisaufnahme im Inland unter Herbeischaffung des Beweismittels aus dem Ausland neben der Möglichkeit eines Ersuchens um Rechtshilfe bei einem ausländischen Gericht steht.[744]
Die ganz herrschende Meinung in der Literatur[745] zum internationalen Beweisverfahrensrecht geht in Bezug auf die bestehenden internationalen Beweisübereinkommen gleichfalls davon aus, dass die Inanspruchnahme von Rechtshilfe durch ausländische Gerichte nur eine Möglichkeit der Beweiserhebung darstellt. Die unmittelbare Beweisaufnahme durch das inländische Gericht sei auch bei im Ausland belegenen Beweismitteln unproblematisch möglich.[746] Das Gericht könne es anstelle der Beweisaufnahme im Ausland vorziehen darauf hinzuarbeiten, dass Beweismittel aus dem Ausland „importiert" würden.[747] Im Hinblick auf die Dokumentenvorlegung wird argumentiert, dass die Parteien sogar zum persönlichen Erscheinen verpflichtet werden könnten, so dass man ihnen erst recht die Vorlegung transportabler Dokumente zumuten könne.[748]

---

[743] BGH NJW 1986, 2371 ff.
[744] Vgl. nur BGH NJW 1990, 3088 ff.; BGH IPRax 1981, 57 f.; BGH ZZP 105 (1992), 500 ff.
[745] Zöller-Geimer § 363 Rn. 40; Schack Rn. 711; Junker, Discovery, S. 392 f.; Daoudi S. 99; Schlosser in: Habscheid S. 112; Drobnig in: Habscheid S. 114; Stürner JZ 1981, 521, 524; Stürner JZ 1987, 607, 610; Schlosser ZZP 94 (1981), 369, 394; Schlosser IPRax 1987, 153, 154.
[746] Deutlich MünchKomm-Musielak § 363 Rn. 1.
[747] So Geimer Rn. 2380.
[748] Schack Rn. 711.

Auch werde die Territorialhoheit des bei Dokumenten meist zufälligen Belegenheitsstaates nicht ernsthaft betroffen.[749]

(3). Stellungnahme

Meines Erachtens kann die Frage des Verhältnisses des Anwendungsbereichs der EuBVO zu einer unmittelbaren Beweisaufnahme im Inland unter Herbeischaffung des auslandsbelegenen Dokumentes bereits dem Wortlaut des Art. 1 Abs. 1 EuBVO entnommen werden. Danach *ist* die Verordnung in Zivil- oder Handelssachen anzuwenden, *wenn* das Gericht eines Mitgliedstaates nach seinen innerstaatlichen Rechtsvorschriften das zuständige Gericht eines anderen Mitgliedstaates um eine Beweisaufnahme ersucht oder darum ersucht, in einem anderen Mitgliedstaat unmittelbar Beweis erheben zu dürfen. Durch die Formulierung „ist" wird deutlich, dass die Anwendung der Vorschriften der EuBVO nicht zur Disposition des Gerichts stehen. Jedoch wird der Anwendungsbereich der EuBVO durch Art. 1 Abs. 1 EuBVO zugleich eingeschränkt. Denn die Verordnung ist dann, aber auch nur dann anzuwenden, wenn um die Durchführung einer Beweisaufnahme durch das ersuchte Gericht oder die unmittelbare Beweiserhebung durch das ersuchende Gericht eines anderen Mitgliedstaates ersucht wird. Im Umkehrschluss ergibt sich hieraus, dass die Vorschriften der EuBVO keine Anwendung finden, wenn das Gericht beabsichtigt, eine unmittelbare Beweisaufnahme hinsichtlich des im europäischen Ausland belegenen Beweismittels im Inland durchzuführen. Folglich kann die EuBVO auch keine einschränkende Wirkung auf die Befugnis des Gerichts zur unmittelbaren Beweisaufnahme im Inland entfalten.[750]

Das Gericht hat sich mithin primär nicht die Frage zu stellen, ob es die Vorschriften der EuBVO anwenden muss oder nicht. Die Frage lautet vielmehr, ob das Gericht eine Beweiserhebung im Inland oder eine Beweiserhebung im europäischen Ausland beabsichtigt. Entscheidet sich ein deutsches Gericht für eine Beweiserhebung im Inland, so sind die Vorschriften der EuBVO zweifellos nicht anwendbar. Die Beweiserhebung erfolgt vielmehr allein nach den Vorschriften der ZPO. Selbstverständlich kann der Beweisbeschluss jedoch nicht mit einer auslandsbezogenen Zwangsmittelandrohung versehen werden, da es insoweit an der erforderlichen Gerichtsgewalt auf fremdem Hoheitsgebiet fehlt.[751] Dies beachten jedoch selbst die sonst eher extensiv ausgerichteten US-amerikanischen Gerichte.[752] Es ist in diesem Zusammenhang entgegen der Ansicht der deutschen Bundesregierung auch nicht ersichtlich, aus welchem Grunde allein die Durchführung einer Beweisaufnahme in einem ausländischen Staat die Souveränität Deutschlands verletzen sollte. Bezugspunkt einer derartigen Verletzung der

---

[749] So Schack Rn. 711.

[750] Im Ergebnis, jedoch ohne Begründung, wohl auch Heß JZ 2001, 573, 580 zum Entwurf der EuB-VO; vorsichtig bejahend auch Schulze IPRax 2001, 527, 528.

[751] Hierzu vgl. auch Born S. 920; auch die englischen Gerichte beachten dies, vgl. Mackinnon v. Donaldson Lufkin & Assurantie Maatschappij "De Zeven Provincien" [1987] AC 24, HL; Matthews/Malek Rn. 2.86.

[752] So z.B. in FTC v. Compagnie des SGPM, 636 F. 2d 1300, 1311, 1313 (D.C.Cir. 1980); Orlich v. Helm Bros. Inc., 560 N.Y.S. 2d 10 (N.Y.App.Div. 1990).

Souveränität Deutschlands kann allenfalls das Beweismittel sein, welches sich auf deutschem Hoheitsgebiet befindet. Da das ausländische Gericht auf deutschem Hoheitsgebiet jedoch keine hoheitlichen Zwangsmittel einsetzen darf und wird, kann eine Verletzung der Souveränität Deutschlands durch das ausländische Gericht im Ergebnis nicht angenommen werden.
Entscheidet sich das Gericht für eine Beweiserhebung im europäischen Ausland, so ist es gezwungen, die Vorschriften der EuBVO als Minimalstandards anzuwenden. Darüber hinaus hat das Gericht auch die sonstigen bilateralen oder multilateralen Vereinbarungen bzw. Übereinkünfte zu beachten, die gemäß Art. 21 Abs. 2 EuBVO weiterhin wirksam sind, sofern sie mit der EuBVO vereinbar sind. In einem zweiten Schritt muss sich das Gericht im Falle einer Beweisaufnahme im europäischen Ausland entscheiden, ob es

- das zuständige Gericht eines anderen Mitgliedstaates um eine Beweisaufnahme ersucht, oder
- darum ersucht, in einem anderen Mitgliedstaat unmittelbar Beweis erheben zu dürfen.

Nicht von dem Anwendungsbereich der EuBVO umfasst ist demgemäß der Fall, dass ein Rechtshilfeersuchen im Hinblick auf die Beibringung von Beweismitteln aus dem Ausland vor das Prozessgericht gerichtet ist.[753]
Im Ergebnis stehen die Vorschriften der EuBVO, der sonstigen bilateralen bzw. multilateralen Übereinkommen oder der ZPO in keinem Fall zur Disposition des Gerichts. Dieses hat lediglich über den Ort sowie die konkrete Durchführung der Beweisaufnahme zu entscheiden. Welche Vorschriften auf die durchzuführende Beweisaufnahme anzuwenden sind, ist eine zwingende Folge dieser Entscheidung.

cc. Das Verhältnis zur freiwilligen Mitwirkung

Als weitere Alternative der internationalen Rechtshilfe kommt der vertragslose Rechtshilfeverkehr in Betracht.[754] In Deutschland wird der internationale Rechtshilfeverkehr bei Fehlen einer zwischenstaatlichen Vereinbarung nach § 3 Abs. 1 Nr. 2 ZRHO[755] auf Grund gegenseitigen Entgegenkommens abgewickelt. Grundlage dieses Gegenseitigkeitsprinzips, welches sich in den §§ 110 Abs. 2 Nr. 1, 328 Abs. 1 Nr. 5 ZPO widerspiegelt, ist die sogenannte „courtoisie internationale", die gegenseitige internationale Höflichkeit.[756] Hierbei handelt es sich nicht um eine völkerrechtliche Verpflichtung zur Gewährung von Rechtshilfe, sondern um einen im gegenseitigen Interesse vorgenommenen freiwilligen Akt. Dem liegt die Einsicht zugrunde, dass jeder Staat immer wieder auf die Gewährung von internationaler Rechtshilfe angewiesen sein wird.

---

[753] So etwa das Ersuchen des AG Wiesbaden, Beschluss vom 14.02.2000, Az. 54aF 2455/99-24; hierzu auch Schulze IPRax 2001, 527, 529.
[754] Hierzu eingehend Schack Rn. 170.
[755] Rechtshilfeordnung für Zivilsachen, abgedruckt bei Bülow/Böckstiegel/Geimer/Schütze Band III GI (Nr. 900).
[756] Vgl. Daoudi S. 27; Linke Rn. 447.

Diese Möglichkeit des vertragslosen Rechtshilfeverkehrs wird durch die EuBVO nicht ausgeschlossen, sondern lediglich im Rahmen ihres Anwendungsbereichs überlagert. Die EuBVO statuiert insoweit eine Verpflichtung der Mitgliedstaaten zur Erledigung eines nach ihren Vorschriften gestellten Ersuchens und setzt damit die Minimalvoraussetzungen der Gewährung von Rechtshilfe zwischen den Mitgliedstaaten fest. Gemäß Art. 21 Abs. 2 EuBVO sind alle bilateralen oder multilateralen Vereinbarungen bzw. Übereinkünfte weiterhin wirksam, sofern sie mit der EuBVO vereinbar sind. Den Mitgliedstaaten steht es damit auch in Zukunft offen, eine über die EuBVO hinaus gehende Regelung ihrer internationalen Beziehungen zur weiteren Vereinfachung der Durchführung einer Beweisaufnahme im Ausland zu schaffen oder beizubehalten. Demgemäß muss es den Mitgliedstaaten auch möglich sein, im vertragslosen Rechtshilfeverkehr über den Anwendungsbereich der EuBVO hinaus gehende internationale Rechtshilfe zu gewähren. Die EuBVO schließt die Gewährung internationaler Rechtshilfe auf freiwilliger Basis folglich nicht aus.

b. Der Anwendungsvorrang der EuBVO

Nachdem nunmehr festgestellt wurde, dass die Beweisaufnahme im Ausland neben der Möglichkeit der Beweisaufnahme im Inland unter Herbeischaffung der auslandsbelegenen Dokumente besteht, stellt sich im weiteren die bereits im Hinblick auf das HBÜ in Literatur und Rechtsprechung umstrittene Frage, welche dieser Möglichkeiten durch die Gerichte vorrangig zu berücksichtigen ist. Auf Grund der parallelen Problematik soll diesbezüglich wiederum auf den Diskussionsstand hinsichtlich der Anwendung des HBÜ zurückgegriffen werden.

aa. Vorrang der Beweisaufnahme im Ausland

Leipold[757] ist der Ansicht, dass die Beweisaufnahme im Ausland den gesetzlichen Regelfall darstelle. Der Wortlaut des § 363 ZPO lasse darauf schließen, dass der Gesetzgeber die Vernehmung im Ausland von vorneherein für zulässig ansah und nicht von Ausnahmebestimmungen abhängig machen wollte.[758] Würde jedoch der Versuch der Beweisbeschaffung misslingen, etwa weil der Zeuge nicht freiwillig vor dem Prozessgericht erscheine, dürfe das Gericht keinesfalls unter Berufung auf den Grundsatz der Beweisunmittelbarkeit eine Beweisaufnahme im Wege der ausländischen Rechtshilfe unterlassen.[759]

bb. Vorrang der Beweisaufnahme im Inland

Nach anderer Ansicht besteht ein Vorrang der Beweisaufnahme im Inland. So geht Musielak[760] geht davon aus, dass die Beweisaufnahme im Grundsatz vor dem Prozessgericht durchgeführt und das Beweismittel zu diesem Zweck herbeigeschafft werden soll. Zur Einhaltung des Grundsatzes der Beweisunmittelbarkeit seien zunächst alle Möglichkeiten auszuschöpfen, mittels derer es dem Gericht möglich sei, sich einen

[757] Leipold ZZP 105 (1992), 507 ff.
[758] Leipold ZZP 105 (1992), 507, 510.
[759] Leipold ZZP 105 (1992), 507, 512.
[760] MünchKomm-Musielak, ZPO, § 363 Rn. 1.

eigenen und unmittelbaren Eindruck von dem Beweismittel zu machen. Sei eine Beweisbeschaffung nicht möglich, solle die Beweisaufnahme im Ausland zunächst durch das Prozessgericht selbst oder durch einen beauftragten Richter durchgeführt werden. Erst wenn dies aus rechtlichen oder tatsächlichen Gründen nicht möglich wäre, sei eine Beweisaufnahme im Wege der Rechtshilfe vorzunehmen.[761]
Auch Daoudi[762] ist der Ansicht, dass die Beweisaufnahme im Inland unter Herbeischaffung des auslandsbelegenen Beweismittels Vorrang gegenüber der Beweisaufnahme im Ausland genieße.[763] Zur Begründung beruft auch er sich auf den Grundsatz der Unmittelbarkeit der Beweisaufnahme nach § 355 Abs. 1 S. 1 ZPO. Der bloß mittelbaren Beweisaufnahme fehle letztlich die „klärende Kraft".[764] Ohne persönlichen Kontakt mit dem Gericht und den Parteien sei die Neigung, unwahre oder bewusst unvollständige Aussagen zu treffen, in der Regel weitaus größer als bei einer unmittelbaren Vernehmung. Auf Dauer werde die Rechtspflege durch die Einhaltung des Unmittelbarkeitsgrundsatzes zeitlich weniger beansprucht.[765] In diesem Sinne diene der Unmittelbarkeitsgrundsatz der Prozessbeschleunigung.[766] Das Gericht habe die Entscheidung über das „Ob" einer Beweisaufnahme gemäß § 363 ZPO stets im Lichte des § 355 Abs. 1 S. 1 ZPO zu treffen und im Hinblick auf dessen Bedeutung vorrangig andere Maßnahmen zur Erlangung eines unmittelbaren Eindrucks der Beweismittel vorzuziehen. Auch bei Belegenheit von Beweismitteln im Ausland könne damit gerechnet werden, dass beispielsweise Urkunden freiwillig vorgelegt würden.[767] Zudem spreche der Grundsatz der Parteiöffentlichkeit der Beweisaufnahme gemäß § 357 Abs. 1 ZPO für einen Vorrang der Beweisaufnahme im Inland. Denn die mit dem Sachverhalt vertrauten Parteien seien oftmals am besten in der Lage, die zur Aufklärung sachdienlichen Fragen zu stellen oder leichtfertige Aussagen zu verhindern. Im Rahmen einer Beweisaufnahme im Ausland könnten aber Komplikationen hinsichtlich der Einhaltung des Grundsatzes der Parteiöffentlichkeit auftreten.[768] Auch aus diesem Grunde bestehe ein von den Gerichten zu beachtender Vorrang der Beweisaufnahme im Inland unter Herbeischaffung des auslandsbelegenen Beweismittels.

cc. Entscheidung nach Zweckmäßigkeitsgesichtspunkten

Die auf den ersten Blick unübersichtliche und uneinheitliche Rechtsprechung des BGH lässt sich in ihrem Kern darauf zurückführen, dass die Entscheidung zwischen einer Beweisaufnahme im Ausland und einer Beweisaufnahme im Inland unter Herbeischaffung der auslandsbelegenen Beweismittel letztlich nach Zweckmäßigkeitsge-

[761] MünchKomm-Musielak, ZPO, § 363 Rn. 1.
[762] Daoudi S. 66 ff.
[763] Daoudi S. 75.
[764] Daoudi S. 67.
[765] Daoudi S. 67.
[766] Daoudi S. 68.
[767] Daoudi S. 70.
[768] Daoudi S. 73 f.

sichtspunkten zu treffen ist.[769] Der BGH argumentiert, dass der Grundsatz der Unmittelbarkeit der Beweisaufnahme gemäß § 355 Abs. 1 S. 1 ZPO nicht uneingeschränkt gelte. Nach § 355 Abs. 1 S. 2 ZPO dürfe die Beweisaufnahme in den durch das Gesetz bestimmten Fällen einem Mitglied des Prozessgerichts oder einem anderen Gericht übertragen werden.[770] Insoweit könne kein allgemein bestehender Vorrang der einen oder anderen Möglichkeit angenommen werden. Im Ergebnis versucht der BGH je nach den Umständen des Einzelfalls zu einer möglichst effektiven Beweiserhebung zu gelangen.

dd. Stellungnahme

Ausgangspunkt der Überlegungen müssen die Vorschriften der §§ 355 ff. ZPO sein. Danach gilt der in § 355 Abs. 1 S. 1 ZPO statuierte Grundsatz der Unmittelbarkeit der Beweisaufnahme. Dieser Grundsatz wird jedoch in den Vorschriften der §§ 355 ff. ZPO an vielen Stellen durchbrochen. Für den Fall einer Beweisaufnahme im Ausland sieht das Gesetz in § 363 ZPO ausdrücklich die Möglichkeit vor, dass der Vorsitzende des Gerichts die ausländische zuständige Behörde um Aufnahme des Beweises ersuchen kann. Hinsichtlich dieser Vorschrift ist zunächst festzustellen, dass sie lediglich das Vorgehen des Gerichts für den Fall normiert, dass es sich für eine Beweisaufnahme im Ausland entschieden hat. Eine Regelung der Frage, ob die durchzuführende Beweisaufnahme im Ausland stattfinden soll oder nicht, findet sich in § 363 ZPO nicht.[771] Wie sich bereits aus dem Wortlaut der Vorschrift „Soll die Beweisaufnahme im Ausland erfolgen..." ergibt, zeigt § 363 ZPO lediglich die Rechtsfolge auf, wenn sich das Gericht für eine Beweisaufnahme im Ausland entschieden hat. Ein direktes Vorrangverhältnis zwischen der Möglichkeit der Beweisaufnahme im Ausland und der Möglichkeit der Beweisaufnahme im Inland unter Herbeischaffung des auslandsbelegenen Dokumentes ergibt sich aus § 363 ZPO damit nicht.

Die vorgetragenen Ansichten in der Literatur sind meines Erachtens schon aus dem Grunde abzulehnen, dass sie nicht hinreichend zwischen den unterschiedlichen Beweismitteln der ZPO differenzieren. Für die hier untersuchte Vorlegung von Dokumenten kann nicht argumentiert werden, dass der Grundsatz der Unmittelbarkeit der Beweisaufnahme vorrangig sei, weil dem Prozessgericht anderenfalls der persönliche Eindruck fehle.[772] Dieses Argument mag bei einer Zeugenvernehmung durchgreifen, nicht aber bei der Vorlegung von Dokumenten. Hier fehlt es an einem persönlichen Eindruck, welches das Gericht von den vorzulegenden Dokumenten erlangen könnte. Die objektive Wiedergabe des Inhalts eines Dokumentes ist auch einem ausländischen Gericht unproblematisch möglich. Im Übrigen kann das Prozessgericht nach dem noch näher zu erläuternden Art. 17 EuBVO[773] auch eine unmittelbare Beweisaufnahme im europäischen Ausland durchführen, so dass der Grundsatz der Unmittelbarkeit der

---

[769] BGH IPRax 1981, 57; BGH NJW 1990, 3088, 3089 f.; BGH ZZP 105 (1992), 500, 501 ff.; zustimmend Schulze IPRax 2001, 527, 532 f.

[770] BGH IPRax 1981, 57, 58.

[771] Ebenso Geimer Rn. 2380.

[772] So Daoudi S. 67.

[773] Hierzu siehe unten 3. Kapitel 2. Teil VII 2.

Beweisaufnahme auch diesbezüglich nicht als Argument für eine Beweisaufnahme im Inland herangezogen werden kann.
Auch der Begründungsansatz hinsichtlich des Grundsatzes der Parteiöffentlichkeit gemäß § 357 Abs. 1 ZPO kann jedenfalls bezüglich der Vorlegung von Dokumenten nicht überzeugen. Die Argumentation, die mit dem Sachverhalt vertrauten Parteien seien oftmals am besten in der Lage, die zur Aufklärung sachdienlichen Fragen zu stellen oder leichtfertige Aussagen zu verhindern, kann wiederum allenfalls bei Zeugenvernehmungen gelten, nicht aber bei der Vorlegung von Dokumenten.
Ob die Beweisaufnahme im Inland dabei tatsächlich zur Gerichtsentlastung und Prozessbeschleunigung beiträgt, erscheint zweifelhaft. Für die Dokumentenvorlegung wurden die zum Teil erheblichen Differenzen der Rechtssysteme des common law im Vergleich zum civil law bereits aufgezeigt. Gerade hier bestand in der Vergangenheit ein enormes Konfliktpotential. Aus diesem Grunde erscheint es bedenklich, wenn davon ausgegangen wird, dass im internationalen Rechtshilfeverkehr in der Regel eine freiwillige Vorlegung von Dokumenten erfolge.[774] Die angestrebte Gerichtsentlastung und Prozessbeschleunigung wird vielmehr dadurch in ihr Gegenteil verkehrt, dass das Prozessgericht im Rahmen einer Beweisaufnahme im Inland keine Möglichkeit zur Zwangsanwendung hat, wenn die Vorlegung des Dokumentes gerade nicht freiwillig erfolgt.
Im Ergebnis kann daher im Hinblick auf die Dokumentenvorlegung weder ein Vorrang für die Beweisaufnahme im Inland noch ein Vorrang für die Beweisaufnahme im Ausland festgestellt werden. Dem Prozessgericht stehen grundsätzlich beide Möglichkeiten zur Verfügung. Eine diesbezügliche Entscheidung hat das Prozessgericht im Rahmen seines pflichtgemäßen Ermessens nach den Umständen des Einzelfalls zu treffen. Das Zweckmäßigkeitskriterium des BGH[775] erscheint insoweit geeignet, diese Umstände des Einzelfalls hinreichend zu berücksichtigen und der Effektivität der Rechtspflege Geltung zu verschaffen. Da die EuBVO wie bereits dargelegt keine diesbezügliche Regelung trifft, ist dem auch in Zukunft zu folgen.

c. Die konsularische Beweisaufnahme

Eine weitere Problemstellung im Rahmen der Konkurrenzen ergibt sich im Hinblick auf die Beweisaufnahme durch diplomatische oder konsularische Vertreter. Eine solche Form der Beweisaufnahme ist im zweiten Kapitel des Haager Beweisübereinkommens seit langem geregelt. Nach Art. 15 Abs. 1 HBÜ kann ein diplomatischer oder konsularischer Vertreter eines Vertragsstaates in Zivil- oder Handelssachen im Hoheitsgebiet eines anderen Vertragsstaates und in dem Bezirk, in dem er sein Amt ausübt, ohne Anwendung von Zwang Beweis für ein Verfahren aufnehmen, das vor einem Gericht eines von ihm vertretenen Staates anhängig ist, wenn nur Angehörige desselben Staates betroffen sind. Darüber hinaus kann er nach Art. 16 Abs. 1 HBÜ auch dann Beweis erheben, wenn Angehörige des Empfangsstaates oder eines dritten Staa-

---

[774] So die Annahme von Daoudi S. 70.
[775] BGH IPRax 1981, 57; BGH NJW 1990, 3088, 3089 f.; BGH ZZP 105 (1992), 500, 501 ff.; zustimmend Schulze IPRax 2001, 527, 531 f.

tes betroffen sind, sofern eine durch den Empfangsstaat bestimmte zuständige Behörde ihre Genehmigung hierzu allgemein oder für den Einzelfall erteilt hat und der Vertreter die Auflagen erfüllt, welche die zuständige Behörde in der Genehmigung festgesetzt hat.[776] Dem weit verbreiteten Souveränitätsverständnis, wonach die Beweisaufnahme durch Organe anderer Staaten die Gebietshoheit des Staates, in dem der Beweis erhoben wird, verletzt[777], wird in Art. 33 Abs. 1 HBÜ dahin gehend entsprochen, dass jeder Vertragsstaat die Anwendung des zweiten Kapitels ausschließen kann.[778] Von dieser Möglichkeit haben jedoch lediglich Argentinien[779] und Singapur[780] sowie mit Einschränkungen China[781], Polen[782], Südafrika[783] und Venezuela[784] Gebrauch gemacht.
Die Beweisaufnahme durch diplomatische oder konsularische Vertreter bietet sich in der Praxis vornehmlich im Rahmen des Zeugenbeweises an. Für die Vorlegung von Dokumenten ist sie hingegen weniger relevant, soll aber der Vollständigkeit halber hier erwähnt werden. Dies gilt umso mehr, als gerade die weitere Anwendbarkeit der Beweisaufnahme durch diplomatische oder konsularische Vertreter im Rahmen der EuBVO noch ungeklärt erscheint. Begründet ist diese Problematik darin, dass die Beweisaufnahme durch diplomatische oder konsularische Vertreter in der EuBVO keine Erwähnung findet. Auch in dem deutschen EG-Beweisaufnahmedurchführungsgesetz[785] findet sich keine diesbezügliche Regelung. Aus diesem Grunde stellt sich die Frage, ob die Beweisaufnahme durch diplomatische oder konsularische Vertreter in Zukunft weiterhin möglich oder durch die EuBVO ausgeschlossen sein wird. Zu dieser Fragestellung hat Jastrow[786] Stellung genommen. Nach seiner Ansicht lässt sich aus der Tatsache, dass die Beweisaufnahme durch diplomatische oder konsularische Vertreter weder in der EuBVO noch im Rahmen des EG-Beweisaufnahmedurchführungsgesetzes erwähnt wird, nicht schließen, dass diese hierdurch als unzulässig zu betrachten ist.[787] Der Nichterwähnung lägen andere Motive zugrunde. Bei den Verhandlungen über die EuBVO sei sich die Mehrheit der Mitgliedstaaten einig gewesen, die konsularische Beweisaufnahme unangetastet zu lassen; hierauf habe vor allem Frankreich Wert gelegt. Eine europäische Regelung der konsularischen Beweisaufnahme sei aber nicht vorgenommen worden, da man hier keinen inhaltlichen Bedarf gesehen habe, europäische Regeln für eine problemlose und im völkerrechtlichen Einvernehmen

---

776 Hierzu vgl. Zöller-Geimer § 363 Rn. 60 ff.; vgl. auch Schlosser Vorbem. zu Artt. 15-22 HBÜ Rn. 1 ff.
777 Vgl. Denkschrift BT Ds. 7/4892, 56 l. Sp.
778 Hierzu Stein/Jonas Anh. zu § 363 A Vorbem. zu Art. 15 bis 22 Rn. 110.
779 BGBl. II1988, 823.
780 BGBl. II 1981, 962.
781 BGBl. II 1998, 1729.
782 BGBl. II 1996, 2495.
783 BGBl. II 1997, 225.
784 BGBl. II 1994, 3647.
785 Noch nicht veröffentlicht; der Volltext des im Gesetzgebungsverfahren unverändert gebliebenen Regierungsentwurfs ist unter http://www.bmj.bund.de/ger/themen/internationale_zusammenarbeit/10000690/?sid=7fa079fc9f4174f4ae8838cb6577f380 abrufbar.
786 Jastrow, IPRax 2004, Heft 1.
787 Jastrow, IPRax 2004, Heft 1, Ziffer II 2.

zweier Staaten verlaufende Form der Beweisaufnahme zu schaffen. Diese Form der Beweisaufnahme solle nicht der Verordnung unterfallen, aber auch nicht untersagt werden. In der Rückschau hätte sich nach Ansicht von Jastrow jedoch aus praktischen Gründen ein klarstellender Hinweis empfohlen.[788]

Die Beweisaufnahme durch diplomatische oder konsularische Vertreter könne jedoch wie bislang unter § 363 Abs. 2 ZPO gefasst werden. Zudem könne die gerichtliche Praxis die Zulässigkeit solcher Vernehmungen auch den neuen EU-Länderabschnitten in der ZRHO entnehmen. Die konsularische Beweisaufnahme unterliegt nach Ansicht von Jastrow folgenden Kriterien: Völkerrechtlich sei zu prüfen, ob der Staat, in dem die Beweisaufnahme durchgeführt werden soll, der dortigen deutschen Auslandsvertretung weiterhin entsprechende Befugnisse einräumt. Dazu sei er nicht verpflichtet, auf Grundlage der Gegenseitigkeit aber oft daran interessiert. Weiter sei in jedem Einzelfall anzufragen, ob die betroffene deutsche Auslandsvertretung über entsprechende Kapazitäten zur Zeugenvernehmung verfügt, was vor allem bei schwer erreichbaren Zeugen sowie bei komplexen Beweisthemen nicht mehr als Regelfall vorausgesetzt werden könne. Schließlich solle das Gericht prüfen, ob nicht von der EuBVO vorgesehene Beweisaufnahmewege – die unmittelbare Beweisaufnahme, aber auch klassische Rechtshilfe, beides kombinierbar etwa mit Telefon- oder Videokonferenzen – effektiver sei.[789]

Meines Erachtens ist ein anderer Ansatz zu bevorzugen. Der noch näher zu erläuternde[790] Art. 17 Abs. 3 EuBVO ermöglicht die Durchführung einer Beweisaufnahme im Ausland von einem nach Maßgabe des Rechts des Mitgliedstaates des ersuchenden Gerichts bestimmten Gerichtsangehörigen oder von einer anderen Person wie etwa einem Sachverständigen. Die beispielhafte Nennung des Sachverständigen verdeutlicht, dass auch sonstige Vertreter des Gerichts als „andere Person" im Sinne des Art. 17 Abs. 3 EuBVO in Betracht kommen. Hieraus lässt sich nach meiner Ansicht schließen, dass auch diplomatische oder konsularische Vertreter durch das ersuchende Gericht als „andere Person" im Sinne des Art. 17 Abs. 3 EuBVO mit der Durchführung einer Beweisaufnahme im Ausland beauftragt werden können, da sie im Hinblick auf ihre unabhängige Stellung mit Sachverständigen vergleichbar erscheinen. Die Beweisaufnahme durch diplomatische oder konsularische Vertreter richtet sich hinsichtlich ihrer Voraussetzungen und dem anzuwendenden Verfahren nach der Vorschrift des Art. 17 EuBVO. Dies bedeutet jedoch nicht, dass den Mitgliedstaaten weitergehende Vereinbarungen oder Übereinkünfte untersagt würden. Gemäß Art. 21 Abs. 2 EuBVO bleiben die sonstigen bilateralen oder multilateralen Vereinbarungen bzw. Übereinkünfte weiterhin wirksam, sofern sie mit der EuBVO vereinbar sind. Eine über die Regelungen der EuBVO hinaus gehende Vereinbarung ist daher weiterhin wirksam bzw. kann weiterhin wirksam von den Mitgliedstaaten geschlossen werden. Existiert beispielsweise eine Erklärung des Mitgliedstaates, in welchem die Beweisaufnahme durchgeführt werden soll, nach der diplomatischen und konsularischen Vertretern die

---

[788] Jastrow, IPRax 2004, Heft 1, Ziffer II 2 Abs. 2.
[789] Jastrow, IPRax 2004, Heft 1, Ziffer II 2 Abs. 4 und 5.
[790] Vgl. unten 3. Kapitel 2. Teil VII 2.

Anwendung von Zwangsmitteln erlaubt ist, so gilt diese über die EuBVO hinaus gehende Regelung weiter fort. Eine solche Möglichkeit bestand bereits im Rahmen des Art. 18 HBÜ und wurde zum Beispiel vom Vereinigten Königreich wahrgenommen.[791] Für diesen Ansatz spricht meines Erachtens auch die bereits geschilderte[792] Entwicklung der EuBVO aus dem Verordnungsentwurf der Bundesrepublik Deutschland[793]. In diesem Verordnungsentwurf war in dem Art. 21 Abs. 2 EuBVO entsprechenden Art. 19 Abs. 2 folgende Regelung enthalten: „Diese Verordnung hindert einzelne Mitgliedstaaten nicht daran, Übereinkünfte oder Vereinbarungen zur weiteren Beschleunigung oder Vereinfachung der Erledigung von Ersuchen um Vornahme gerichtlicher Handlungen beizubehalten oder zu schließen, sofern sie mit dieser Verordnung vereinbar sind. In solchen Übereinkünften oder Vereinbarungen kann auch vorgesehen werden, dass diplomatische oder konsularische Vertreter oder Beauftragte eines Mitgliedstaates in einem anderen Mitgliedstaat ohne Zwangsmaßnahmen gerichtliche Handlungen im Zusammenhang mit einem bei einem Gericht ihres Mitgliedstaates anhängigen Verfahren vornehmen können." Satz 2 des Verordnungsentwurfs wurde im Rahmen der Überarbeitung durch den Zivilrechtsausschuss des Rates[794] ersatzlos gestrichen. Verständlich wird dies vor dem Hintergrund, dass die unmittelbare Beweisaufnahme durch das ersuchende Gericht im Ausland nach Art. 17 EuBVO in dem Verordnungsentwurf der Bundesrepublik Deutschland noch nicht vorgesehen war und erst im Rahmen der Überarbeitung eingefügt wurde. In dem Verordnungsentwurf konnte die Beweisaufnahme durch diplomatische oder konsularische Vertreter unter keine Vorschrift subsumiert werden. Durch Einfügung des Artikels 17 in die EuBVO wurde die Regelung des Art. 19 Abs. 2 S. 2 des Verordnungsentwurfs konsequenterweise gegenstandslos und aus diesem Grunde gestrichen.
Gegen den hier vertretenen Ansatz kann auch nicht das deutsche EG-Beweisaufnahmedurchführungsgesetz angeführt werden. Hier wird in Absatz 2 des neu eingefügten § 1073 ZPO unter der Überschrift „Teilnahmerechte" folgende Regelung getroffen: „Eine unmittelbare Beweisaufnahme im Ausland nach Artikel 17 Abs. 3 der Verordnung (EG) Nr. 1206/2001 dürfen Mitglieder des Gerichts sowie von diesem beauftragte Sachverständige durchführen." Die Vorschrift schränkt Art. 17 Abs. 3 EuBVO in Bezug auf den Begriff der „anderen Person" dahin gehend ein, dass die Beweisaufnahme außer von Mitgliedern des Gerichts nur von beauftragten Sachverständigen durchgeführt werden darf. Fraglich erscheint jedoch die Rechtsetzungskompetenz des deutschen Gesetzgebers zur Einschränkung des Art. 17 Abs. 3 EuBVO. Die Begründung des Regierungsentwurfs[795] verweist insoweit darauf, dass das Teilnahme-

[791] BGBl. II 1980, 1290, 1297; hierzu vgl. auch Stein/Jonas Anh. zu § 363 A Art. 18 Rn. 128 f.
[792] Siehe oben die Einleitung zur EuBVO, vgl. 3. Kapitel 2. Teil.
[793] Initiative im Hinblick auf den Erlass einer Verordnung des Rates über die Zusammenarbeit zwischen den Gerichten der Mitgliedstaaten auf dem Gebiet der Beweisaufnahme in Zivil- und Handelssachen, vgl. Amtsblatt EG C 314 vom 03.11.2000 S.1.
[794] Dokument 6850/01, Limite JUSTCIV 28 vom 05.04.2001; Dokument 6850/01 JUSTCIV 28 ADD 1 (Formblätter).
[795] Die Gesetzesbegründung ist abrufbar unter http://www.bmj.bund.de/ger/themen/internationale_zusammenarbeit/10000690/?sid=7fa079fc9f4174f4ae8838cb6577f380.

recht im Unterschied zum Haager Beweisübereinkommen nicht mehr von dem Recht des Staates abhängt, dessen Gerichte um die Beweisaufnahme ersucht werden, sondern von dem Recht des Staates des ersuchenden Gerichts. Für ein deutsches Gericht, das eine Beweisaufnahme im Ausland beantragt, bedeutet dies, dass deutsches Recht entsprechende Teilnahmerechte bestimmen muss. Diese Feststellungen sollen auch hier nicht bestritten werden. Systematisch betrachtet verwundert jedoch, dass eine Regelung des Art. 17 EuBVO unter der Überschrift „Teilnahmerechte" getroffen und sich hierauf auch in ihrer Begründung bezogen wird. Die Teilnahme- und Beteiligungsrechte der Artikel 11 und 12 der EuBVO finden nach ihrem eindeutigen Wortlaut in Art. 11 Abs. 1 bzw. Art. 12 Abs. 1 EuBVO nur auf die Beweisaufnahme durch das ersuchte Gericht Anwendung. Dies wird zudem durch ihre Stellung im dritten Abschnitt der Verordnung verdeutlicht, während die unmittelbare Beweisaufnahme des ersuchenden Gerichts nach Art. 17 EuBVO in Abschnitt 4 der Verordnung geregelt ist. Art. 17 EuBVO regelt die Beweisaufnahme *durch* das ersuchende Gericht und gerade nicht nur dessen Teilnahme oder Beteiligung. Insoweit erscheint die Regelung des neu eingefügten §1073 Abs. 2 ZPO unter der Überschrift und unter Bezugnahme auf die Teilnahmerechte der EuBVO verfehlt. In diesem Sinne lässt sich der EuBVO im Hinblick auf Art. 17 Abs. 3 EuBVO auch keine Regelung entnehmen, nach der sich die Auslegung bzw. Definition des Begriffs der „anderen Person" nach dem Recht des Mitgliedstaates des ersuchenden Gerichts bestimmt. Nach der Vorschrift des Art. 17 Abs. 3 EuBVO wird die Beweisaufnahme

- von einem nach Maßgabe des Rechts des Mitgliedstaates des ersuchenden Gerichts bestimmten Gerichtsangehörigen oder
- von einer anderen Person wie etwa einem Sachverständigen durchgeführt.

Das Recht des Mitgliedstaates des ersuchenden Gerichts bestimmt folglich nur die Möglichkeit der Bestimmung von Gerichtsangehörigen, nicht aber auch die Definition der „anderen Person" im Sinne der Vorschrift. Hierfür spricht meines Erachtens auch, dass eine parallele Vorschrift zu Art. 12 Abs. 2 S. 2 EuBVO, nach der sich der Begriff der anderen Person als Beauftragte im Sinne des Art. 12 Abs. 1 EuBVO nach dem Recht des Mitgliedstaates des ersuchenden Gerichts bestimmt, im Rahmen des Art. 17 EuBVO nicht existiert. Im Ergebnis richtet sich die Auslegung des Begriffs der anderen Person im Sinne des Art. 17 Abs. 3 EuBVO daher nicht nach dem Recht des Mitgliedstaates des ersuchenden Gerichts, sondern ausschließlich nach der Verordnung. Diesbezüglich ist jedoch kein Grund ersichtlich, warum diplomatische oder konsularische Vertreter eine Beweisaufnahme nicht als andere Person im Sinne des Art. 17 Abs. 3 EuBVO durchführen können sollten. In letzter Konsequenz bedeutet dies, dass der neu eingefügte § 1073 Abs. 2 ZPO in Bezug auf die Definition der anderen Person im Sinne des Art. 17 Abs. 3 EuBVO auf Grund seiner einschränkenden Wirkung gegen das höherrangige Recht der EuBVO verstößt und insoweit ohne Rechtswirkung ist.[796] Festzuhalten ist im Ergebnis, dass die Durchführung einer Beweisaufnahme im Aus-

---

[796] Zum Verhältnis des EU-Rechts zum nationalen Recht vgl. EuGH EuGHE 1968, 373; EuGHE 1978, 629; Oppermann Rn. 632 ff.

land durch diplomatische oder konsularische Vertreter gemäß Art. 17 EuBVO weiterhin zulässig ist.

VI. Die Voraussetzungen eines Ersuchens gemäß der EuBVO

Ist der Anwendungsbereich der EuBVO eröffnet und hat sich das Prozessgericht für eine Beweisaufnahme im europäischen Ausland entschieden, stellt sich die Frage, welchen Inhalt ein Ersuchen gemäß der EuBVO haben muss und auf welchem Wege es übermittelt wird.

1. Der Inhalt eines Ersuchens nach der EuBVO

Gemäß Art. 4 Abs. 1 S. 1 EuBVO wird ein Ersuchen unter Verwendung des im Anhang der Verordnung enthaltenen Formblattes A oder gegebenenfalls des Formblattes I gestellt. Das Ersuchen muss folgende Angaben enthalten:

- das ersuchende und ggf. das ersuchte Gericht,
- den Namen und die Anschrift der Parteien und ggf. ihrer Vertreter,
- die Art und den Gegenstand der Rechtssache sowie eine gedrängte Darstellung des Sachverhalts,
- die Bezeichnung der durchzuführenden Beweisaufnahme,
- bei einem Ersuchen um Vernehmung einer Person
    - Name und Anschrift der zu vernehmenden Person
    - die Fragen, welche an die zu vernehmende Person gerichtet werden sollen, oder den Sachverhalt, über den sie vernommen werden soll
    - ggf. einen Hinweis auf ein nach dem Recht des Mitgliedstaates des ersuchenden Gerichts bestehendes Zeugnisverweigerungsrecht
    - ggf. den Antrag, die Vernehmung unter Eid oder eidesstattlicher Versicherung durchzuführen, und ggf. die dabei zu verwendende Formel,
    - ggf. alle anderen Informationen, die das ersuchende Gericht für erforderlich hält
- bei einem Ersuchen um eine sonstige Beweisaufnahme die Urkunde oder die anderen Gegenstände, die geprüft werden sollen, und
- ggf. Anträge des Gerichts und deren Erläuterungen.

Art. 4 Abs. 2 EuBVO stellt klar, dass weder das Ersuchen noch die dem Ersuchen beigefügten Unterlagen der Beglaubigung oder einer anderen gleichwertigen Formalität bedürfen.

Das Ersuchen ist dabei grundsätzlich in der Sprache des ersuchten Mitgliedstaates abzufassen, vgl. Art. 5 S. 1 EuBVO. Jeder Mitgliedstaat kann neben seiner eigenen Amtssprache auch noch andere Sprachen für das Ausfüllen der Formblätter zulassen, vgl. Art. 5 S. 2 EuBVO. Hiervon hat der deutsche Gesetzgeber in § 1075 ZPO nicht Gebrauch gemacht, sondern vielmehr festgelegt, dass aus dem Ausland eingehende Ersuchen auf Beweisaufnahme sowie Mitteilungen nach der EuBVO in deutscher Sprache abgefasst oder von einer Übersetzung in die deutsche Sprache begleitet sein müssen. Nach Art. 4 Abs. 3 EuBVO sind auch Schriftstücke, deren Beifügung das ersuchende Gericht für die Erledigung des Ersuchens für notwendig hält, mit einer Übersetzung in die Sprache zu versehen, in der das Ersuchen abgefasst wurde.

2. Die Übermittlung eines Ersuchens nach der EuBVO

Im Hinblick auf die Übermittlung der Ersuchen bestimmt jeder Mitgliedstaat gemäß Art. 3 Abs. 1 EuBVO eine Zentralstelle. Bundesstaaten wie die Bundesrepublik Deutschland können nach Art. 3 Abs. 2 EuBVO auch mehrere Zentralstellen benennen. Gemäß § 1074 Abs. 3 ZPO bestimmen die Landeregierungen durch Rechtsverordnung die Stelle, die in dem jeweiligen Land

1. als deutsche Zentralstelle im Sinne von Art. 3 Abs. 1 EuBVO zuständig ist,
2. als zuständige Stelle Ersuchen auf unmittelbare Beweisaufnahme im Sinne von Art. 17 EuBVO entgegen nimmt.

Die jeweils zuständige Zentralstelle ist jedoch im Grundsatz nicht für die Weiterleitung der Ersuchen zuständig. Ihre Aufgabe besteht lediglich darin,

- den Gerichten Auskünfte zu erteilen,
- nach Lösungswegen zu suchen, wenn bei einem Ersuchen Schwierigkeiten auftreten, und
- in Ausnahmefällen auf die Bitte des ersuchenden Gerichts das Ersuchen an das zuständige Gericht weiterzuleiten.

Im Übrigen findet gemäß Art. 2 Abs. 1 EuBVO ein unmittelbarer Geschäftsverkehr zwischen den Gerichten der Mitgliedstaaten statt. Im Hinblick hierauf ist jeder Mitgliedstaat nach Art. 2 Abs. 2 EuBVO verpflichtet, eine Liste der für die Durchführung von Beweisaufnahmen nach der EuBVO zuständigen Gerichte zu erstellen. In diese Liste sind auch der örtliche Zuständigkeitsbereich und ggf. die besondere fachliche Zuständigkeit dieser Gerichte aufzunehmen.

Sämtliche Ersuchen und Mitteilungen nach der EuBVO sollen gemäß Art. 6 der Verordnung auf schnellstmöglichem Wege übermittelt werden, mit dem sich der ersuchte Mitgliedstaat einverstanden erklärt hat. Die Übermittlung kann dabei auf jedem geeigneten Übermittlungsweg erfolgen, sofern das empfangene Dokument mit dem versandten Dokument inhaltlich genau übereinstimmt und alle darin enthaltenen Angaben lesbar sind, vgl. Art. 6 S. 2 EuBVO. Neben dem Postweg kommen daher auch elektronische Übermittlungstechniken in Betracht. Eine Versendung per Telefax dürfte dabei ohne weiteres die Voraussetzungen des Art. 6 EuBVO erfüllen. Darüber hinaus kommt eine Versendung auf elektronischen Datenträgern in Betracht, wobei hier jedoch die vollständige Kompatibilität der Systeme des ersuchenden Gerichts und des ersuchten Gerichts zu definieren wäre. Auch eine Versendung per e-mail erscheint hiernach möglich[797], sofern auch hier eine Kompatibilität der Systeme vorläge und der Datenschutz gemäß der Richtlinie 95/46/EG des Europäischen Parlaments und des Rates vom 24. Oktober 1995 zum Schutz natürlicher Personen bei der Verarbeitung personenbezogener Daten und zum freien Datenverkehr[798] sowie der Richtlinie 97/66/EG des Europäischen Parlaments und des Rates vom 15. Dezember 1997 über die Verarbeitung personenbezogener Daten und den Schutz der Privatsphäre im Bereich der Telekommunikation[799] gewährleistet wäre.

---

[797] Ebenso Berger IPRax 2001, 522, 523.

[798] Amtsblatt EG L 281 vom 23.11.1995 S. 31.

[799] Amtsblatt EG L 24 vom 30.01.1998 S. 1

Grundsätzlich zu beachten ist jedoch die in Art. 6 Abs. 1 EuBVO genannte Einschränkung, nach der nur solche Übermittlungswege in Betracht kommen, mit denen sich der ersuchte Mitgliedstaat einverstanden erklärt hat. Diese in Art. 7 Abs. 1 der Initiative der Bundesrepublik Deutschland[800] noch nicht enthaltene Einschränkung wird wohl im Ergebnis dazu führen, dass zumindest anfänglich nicht alle technisch möglichen Übermittlungswege genutzt werden können. Insoweit wird es darauf ankommen, auf welche konkreten Übermittlungswege die Mitgliedstaaten sich in Zukunft einigen werden. Positiv ist sicherlich zu vermerken, dass die Vorschrift des Art. 6 EuBVO nicht auf bestimmte Übermittlungswege beschränkt wurde und somit auch für zukünftige Technologien offen ist.

3. Die Verpflichtungen des ersuchten Gerichts

Das ersuchte Gericht ist verpflichtet, dem ersuchenden Gericht innerhalb von sieben Tagen nach Eingang des Ersuchens eine Empfangsbestätigung unter Verwendung des Formblattes B im Anhang der Verordnung zu übersenden, vgl. Art. 7 Abs. 1 EuBVO. Hält das ersuchte Gericht sich für unzuständig, muss es das Ersuchen gemäß Art. 7 Abs. 2 EuBVO unmittelbar an das zuständige Gericht seines Mitgliedstaates weiterleiten und das ersuchende Gericht hiervon in Kenntnis setzen. Kann ein Ersuchen nicht erledigt werden, weil es nicht alle inhaltlich erforderlichen Angaben enthält, hat das ersuchte Gericht das ersuchende Gericht hiervon unverzüglich, spätestens aber innerhalb von 30 Tagen nach Eingang des Ersuchens in Kenntnis zu setzen. Dabei sollen die fehlenden Angaben möglichst genau bezeichnet werden, vgl. Art. 8 Abs. 1 EuBVO. Die gleiche Verfahrensweise ordnet Art. 8 Abs. 2 EuBVO sinngemäß für den Fall an, dass ein Ersuchen nicht erledigt werden kann, weil eine Kaution oder ein Vorschuss erforderlich ist. Im Übrigen ist das ersuchte Gericht unter den nachfolgend erörterten Voraussetzungen der Abschnitte 3 und 4 des zweiten Kapitels der EuBVO zur Durchführung der ersuchten Beweisaufnahme verpflichtet.

VII. Die Dokumentenvorlegung gemäß der EuBVO

Die Erledigung eines Ersuchens um Dokumentenvorlegung gemäß der EuBVO bestimmt sich nach dem Inhalt des Ersuchens. Im Anwendungsbereich der Verordnung kann das ersuchende Gericht gemäß Art. 1 Abs. 1 EuBVO nach seinen Rechtsvorschriften

a. das zuständige Gericht eines anderen Mitgliedstaates um eine Beweisaufnahme ersuchen, oder
b. darum ersuchen, in einem anderen Mitgliedstaat unmittelbar Beweis erheben zu dürfen.

1. Die Beweisaufnahme durch das ersuchte Gericht

Im Falle eines Ersuchens im Sinne des Art. 1 Abs. 1 lit. a EuBVO erledigt das ersuchte Gericht das Ersuchen gemäß Art. 10 Abs. 1 EuBVO unverzüglich, spätestens aber innerhalb von 90 Tagen nach Eingang des Ersuchens. Ist das ersuchte Gericht hierzu

---

[800] Amtsblatt EG C 314 vom 03.11.2000 S. 1.

nicht der Lage, setzt es das ersuchende Gericht hiervon gemäß Art. 15 EuBVO in Kenntnis. Dabei sind die Gründe für die Verzögerung anzugeben sowie der Zeitraum, der nach Einschätzung des ersuchten Gerichts für die Erledigung des Ersuchens voraussichtlich benötigt wird.

a. Das Verfahren der Beweisaufnahme

Das ersuchte Gericht wendet nach Art. 10 Abs. 2 EuBVO bei der Durchführung der Beweisaufnahme im Grundsatz das Recht seines Mitgliedstaates an.

aa. Besondere Formen der Durchführung der Beweisaufnahme

Das ersuchende Gericht kann jedoch gemäß Art. 10 Abs. 3 EuBVO beantragen, dass das Ersuchen nach einer besonderen Form erledigt wird, die das Recht seines Mitgliedstaates vorsieht. Das ersuchte Gericht hat dem Antrag zu entsprechen, wenn nicht

- die beantragte Form mit dem Recht des Mitgliedstaates des ersuchten Gerichts unvereinbar oder
- die Erledigung des Ersuchens in der beantragten Form wegen erheblicher tatsächlicher Schwierigkeiten unmöglich ist.

Darüber hinaus kann das ersuchende Gericht nach Art. 10 Abs. 4 EuBVO beantragen, die Beweisaufnahme unter Verwendung von Kommunikationstechnologie durchzuführen. Hierbei kommt insbesondere die Durchführung einer Videokonferenz in Betracht. Das ersuchte Gericht hat dem Antrag zu entsprechen, wenn nicht die Verwendung der Kommunikationstechnologie

- mit dem Recht des Mitgliedstaates des ersuchten Gerichts unvereinbar oder
- wegen erheblicher tatsächlicher Schwierigkeiten unmöglich ist.

Verfügt eines der Gerichte nicht über die erforderlichen technischen Einrichtungen, können diese von den Gerichten im gegenseitigen Einvernehmen zur Verfügung gestellt werden, vgl. Art. 10 Abs. 4 S. 4 EuBVO. Hieraus lässt sich im Umkehrschluss entnehmen, dass ein nicht die technischen Voraussetzungen erfüllendes Gericht nicht zur Durchführung einer Beweisaufnahme unter Verwendung neuer Kommunikationstechnologien verpflichtet ist. Die Bereitstellung der erforderlichen technischen Mittel kann nur im gegenseitigen Einvernehmen geschehen. Aus diesem Grunde ist unter Berücksichtigung der aktuellen technischen Ausstattung der deutschen Zivilgerichte zu erwarten, dass die tatsächliche Nutzung moderner Kommunikationstechnologien in naher Zukunft kaum realisiert werden wird.

Im Hinblick auf die Vereinbarkeit der Nutzung von Videokonferenzen mit dem deutschen Recht ist der neu in die ZPO eingefügte § 128a zu beachten.[801] Nach § 128a Abs. 2 ZPO kann das Gericht im Einverständnis mit den Parteien gestatten, dass sich ein Zeuge, ein Sachverständiger oder eine Partei während der Vernehmung an einem anderen Ort aufhält. Die Vernehmung muss dabei zeitgleich in Bild und Ton in das Sitzungszimmer übertragen werden. Eine Aufzeichnung der Vernehmung ist gemäß § 128a Abs. 3 S. 1 ZPO ausdrücklich nicht gestattet. Ebenso wenig sind nach § 128a

[801] Eingefügt im Rahmen des „Gesetzes zur Reform des Zivilprozesses (Zivilprozessreformgesetz-ZPO-RG)"; vgl. BGBl. 2001 I S. 1887 ff.

ZPO etwa schriftliche Befragungen per e-mail möglich, da nur eine unmittelbare Kommunikation in Echtzeit in Betracht kommt.[802] Damit ist die Nutzung von Videokonferenzen aber zumindest im Grundsatz mit dem deutschen Zivilprozessrecht vereinbar. Die Ablehnung eines Antrages auf Verwendung einer Videokonferenz nach Art. 10 Abs. 4 EuBVO ist daher in der Regel nicht mit der Begründung möglich, die Verwendung neuer Kommunikationstechnologien sei mit dem deutschen Recht nicht vereinbar. Letztlich kommt es daher in Deutschland allein auf die tatsächlichen Möglichkeiten der Gerichte im Hinblick auf die vorhandenen technischen Mittel zur Umsetzung von Videokonferenzen an. Diesbezüglich hat jeder Mitgliedstaat gemäß Art. 22 Nr. 3 EuBVO der Kommission bis zum 1. Juli 2003 mitzuteilen, über welche technischen Mittel die zuständigen Gerichte verfügen. Eine Verpflichtung zur Anschaffung von technischen Kommunikationsmitteln lässt sich der EuBVO dabei nicht entnehmen.[803] In Art. 17 Abs. 4 S. 3 EuBVO wird lediglich statuiert, dass die Zentralbehörde oder die zuständige Stelle im Sinne des Art. 3 EuBVO den Einsatz moderner Kommunikationstechnologien wie Video- und Telekonferenzen fördert.

bb. Die Anwesenheits- und Beteiligungsrechte

Gemäß Art. 11 Abs. 1 EuBVO haben die Parteien und gegebenenfalls ihre Vertreter das Recht, bei der Beweisaufnahme durch das ersuchte Gericht zugegen zu sein, sofern eine solche Möglichkeit im Recht des Mitgliedstaates des ersuchenden Gerichts vorgesehen ist.[804] Der neu in die ZPO eingefügte § 1073 Abs. 1 verweist insoweit nochmals ausdrücklich auf die Vorschriften über die Beteiligung von Parteien, deren Vertretern und Sachverständigen in einem entsprechenden Verfahren an einer inländischen Beweisaufnahme. Das Anwesenheitsrecht der Parteien bzw. deren Vertreter hat das ersuchende Gericht nach Art. 11 Abs. 2 EuBVO im Rahmen seines Ersuchens oder zu einem späteren Zeitpunkt zu beantragen. Im Gegenzug hat auch das ersuchte Gericht die Möglichkeit, die Anwesenheit der Parteien oder ihrer Vertreter anzuregen, vgl. Art. 11 Abs. 5 EuBVO. Beantragt das ersuchende Gericht darüber hinaus die Beteiligung der Parteien bzw. deren Vertreter an der Durchführung der Beweisaufnahme, so legt das ersuchte Gericht gemäß Art. 11 Abs. 3 EuBVO die Bedingungen für ihre Teilnahme fest. Diese Bedingungen sowie den Ort und den Zeitpunkt der Durchführung der Beweisaufnahme teilt es den Parteien oder ihren Vertretern mit, vgl. Art. 11 Abs. 4 EuBVO. Die Anwesenheits- und Beteiligungsrechte von Beauftragten des ersuchenden Gerichts sind in Art. 12 EuBVO festgelegt. Der Begriff der „Beauftragten“ umfasst dabei gemäß Art. 12 Abs. 2 EuBVO sowohl die Gerichtsangehörigen des ersuchenden Gerichts als auch andere Personen wie zum Beispiel Sachverständige. Diese haben nach Art. 12 Abs. 1 EuBVO ein Anwesenheitsrecht bei der Durchführung der Beweisaufnahme, sofern eine derartige Anwesenheit mit dem Recht des Mitgliedstaates des ersuchenden Gerichts vereinbar ist. Diesbezüglich muss das ersuchende Gericht dem ersuchten Gericht in seinem Ersuchen oder zu einem späteren Zeitpunkt mitteilen, dass

---

[802] Ebenso Schulze IPRax 2001, 527, 529.

[803] Vgl. auch Schulze IPRax 2001, 527, 529.

[804] Zu den Anwesenheits- und Beteiligungsrechten vgl. auch Schack, Intern. Zivilverfahrensrecht, Rn. 718a.

seine Beauftragten zugegen sein werden und gegebenenfalls, dass ihre Beteiligung beantragt wird, vgl. Art. 12 Abs. 3 EuBVO. Die Bedingungen hierfür legt wiederum das ersuchte Gericht fest und teilt diese dem ersuchenden Gericht neben dem Ort und dem Zeitpunkt der Durchführung der Beweisaufnahme mit.[805]

b. Die Verpflichtung zur Durchführung der Beweisaufnahme

Die grundsätzlich bestehende Verpflichtung des ersuchten Gerichts zur Erledigung des Ersuchens ergibt sich aus Art. 10 Abs. 1 EuBVO, nach dem das ersuchte Gericht das Ersuchen unverzüglich, spätestens aber innerhalb von 90 Tagen nach Eingang des Ersuchens zu erledigen hat. Hierzu wendet das ersuchte Gericht gemäß Art. 13 EuBVO – soweit erforderlich – geeignete Zwangsmaßnahmen in den Fällen und dem Umfang an, wie sie das Recht seines Mitgliedstaates für die Erledigung eines zum gleichen Zweck gestellten Ersuchens inländischer Behörden oder einer beteiligten Partei vorsieht.

aa. Die Aussageverweigerungsrechte der EuBVO

Die grundsätzlich bestehende Verpflichtung zur Erledigung eines Ersuchens um Durchführung einer Beweisaufnahme wird lediglich durch Art. 14 EuBVO eingeschränkt. Nach dessen Abs. 1 wird ein Ersuchen um Vernehmung einer Person nicht erledigt, wenn sich die betreffende Person auf ein Recht zur Aussageverweigerung oder auf ein Aussageverbot beruft, das

a. nach dem Recht des Mitgliedstaates des ersuchten Gerichts vorgesehen ist oder
b. nach dem Recht des Mitgliedstaates des ersuchenden Gerichts vorgesehen und im Ersuchen bezeichnet oder erforderlichenfalls auf Verlangen des ersuchten Gerichts von dem ersuchenden Gericht bestätigt worden ist.

Im Falle der Geltendmachung eines Aussageverweigerungsrechtes oder eines Aussageverbotes steht dem ersuchten Gericht folglich kein Ermessensspielraum hinsichtlich der Erledigung des Ersuchens zu. Es ist verpflichtet, die Erledigung abzulehnen.

bb. Die sonstigen Ablehnungsgründe

Über ein mögliches Aussageverweigerungsrecht oder Aussageverbot hinaus kann das ersuchte Gericht die Durchführung der Beweisaufnahme gemäß Art. 14 Abs. 2 EuBVO ablehnen, wenn alternativ

a. das Ersuchen nicht in den Anwendungsbereich der Verordnung nach Art. 1 EuBVO fällt,
b. die Erledigung des Ersuchens nach dem Recht des Mitgliedstaates des ersuchten Gerichts nicht in den Bereich der Gerichtsgewalt fällt,
c. das ersuchende Gericht der Aufforderung des ersuchten Gerichts auf Ergänzung des Ersuchens gemäß Art. 8 EuBVO nicht innerhalb von 30 Tagen, nachdem das ersuchte Gericht um Ergänzung des Ersuchens gebeten hat, nachkommt, oder

[805] Hierzu eingehend Schulze IPRax 2001, 527, 529 ff.

d. eine Kaution oder ein Vorschuss, die nach Art. 18 Abs. 3 EuBVO verlangt wurden, nicht innerhalb von 60 Tagen nach dem entsprechenden Verlangen des ersuchenden Gerichts hinterlegt bzw. einbezahlt wird.

Im Hinblick auf die Ablehnungsgründe des Art. 14 Abs. 2 EuBVO besteht ein Ermessen des ersuchten Gerichts in Bezug auf die Ablehnung der Erledigung des Ersuchens, wie die Formulierung „kann" verdeutlicht. Das ersuchte Gericht ist in diesen Fällen also lediglich berechtigt, nicht aber verpflichtet, die Erledigung des Ersuchens um Durchführung einer Beweisaufnahme abzulehnen. Wird die Erledigung eines Ersuchens aus den vorgenannten Gründen abgelehnt, hat das ersuchte Gericht das ersuchende Gericht unter Verwendung des Formblattes H innerhalb von 60 Tagen nach Eingang des Ersuchens davon in Kenntnis zu setzen, vgl. Art. 14 Abs. 4 EuBVO. Art. 14 Abs. 3 EuBVO stellt in diesem Zusammenhang klar, dass die Erledigung durch das ersuchte Gericht nicht allein aus dem Grunde abgelehnt werden darf, dass ein Gericht nach dem Recht seines Mitgliedstaates eine ausschließliche Zuständigkeit für die Sache in Anspruch nimmt oder das Recht jenes Mitgliedstaates ein Verfahren nicht kennt, das dem entspricht, für welches das Ersuchen gestellt wird. Im Ergebnis werden hierdurch bestimmte nationale Interessen des ersuchten Mitgliedstaates gegenüber dem Interesse des ersuchenden Mitgliedstaates an der Durchführung der Beweisaufnahme zurückgestellt.

Der Ablehnungsgrund des Art. 14 Abs. 2 lit. a EuBVO stellt letztlich eine Klarstellung dar. Hiernach kann die Erledigung eines Ersuchens um Durchführung einer Beweisaufnahme abgelehnt werden, wenn das Ersuchen nicht in den Anwendungsbereich der Verordnung nach Art. 1 EuBVO fällt. Da für den Fall, dass der Anwendungsbereich der EuBVO nicht eröffnet wäre, ohnehin keine allgemeine Verpflichtung zur Erledigung eines Ersuchens nach Art. 10 Abs. 1 EuBVO bestünde, beinhaltet Art. 14 Abs. 2 lit. a EuBVO im Ergebnis keinen materiellen Grund zur Ablehnung der Erledigung eines Ersuchens.

Nach Art. 14 Abs. 2 lit. b EuBVO kann die Erledigung eines Ersuchens abgelehnt werden, wenn diese nach dem Recht des Mitgliedstaates des ersuchten Gerichts nicht in den Bereich der Gerichtsgewalt fällt. Eine Pflicht zur Erledigung eines Ersuchens besteht daher insbesondere dann nicht, wenn sich die innerstaatliche Gerichtsbarkeit nicht auf die Auskunftsperson oder das vorzulegende Dokument erstreckt.

Der Ablehnungsgrund des Art. 14 Abs. 2 lit. c EuBVO ist formeller Natur. So kann die Erledigung eines Ersuchens hiernach abgelehnt werden, wenn ein unvollständiges Ersuchen trotz Aufforderung durch das ersuchte Gericht gemäß Art. 8 EuBVO nicht ergänzt wird. Auf diesem Wege wird sichergestellt, dass die nach Art. 4 EuBVO erforderlichen Angaben hinreichende Berücksichtigung finden. Im Hinblick auf die Dokumentenvorlegung ist hier insbesondere Art. 4 Abs. 1 lit. f EuBVO zu beachten. Danach muss ein Ersuchen um Dokumentenvorlegung die Urkunden oder die anderen Gegenstände bezeichnen, die im Wege der Durchführung der Beweisaufnahme geprüft werden sollen. Hierbei handelt es sich um ein Bestimmtheitserfordernis, welches die Erledigung von Ersuchen ausschließen soll, die keine konkreten Angaben über die vorzulegenden Dokumente enthalten.[806] Nicht den Anforderungen des Art. 4 EuBVO entsprechend wäre somit zum Beispiel ein Ersuchen, auf Grund dessen eine Beweisaufnahme hinsichtlich einer nicht näher definierten Gruppe von Dokumenten durchgeführt werden soll.

Gemäß Art. 14 Abs. 2 lit. d EuBVO kann die Erledigung eines Ersuchens schließlich aus dem Grunde abgelehnt werden, dass eine Kaution bzw. ein Vorschuss trotz Aufforderung durch das ersuchte Gericht nicht geleistet wird. Auch insoweit besteht folglich kein materieller Grund für die Ablehnung eines Ersuchens.

cc. Der Umfang der Ablehnungsgründe

Die dargestellten Ablehnungsgründe des Art. 14 EuBVO sind für Ersuchen um Durchführung einer Beweisaufnahme abschließend. Weitergehende Ablehnungsgründe sieht die EuBVO nicht vor. Insbesondere ist im Hinblick auf die Durchführung der Beweisaufnahme durch das ersuchte Gericht kein allgemeiner ordre-public-Vorbehalt vorgesehen, nach dem ein Ersuchen abgelehnt werden könnte, weil die beantragte Beweisaufnahme wesentlichen Rechtsgrundsätzen des Mitgliedstaates des ersuchten Gerichts zuwiderliefe.[807]

Auch findet sich in der EuBVO keine Sonderregelung hinsichtlich der Dokumentenvorlegung im Verhältnis zu den Staaten des common law und insbesondere England. Ein englisches Ersuchen um Dokumentenvorlegung ist daher von dem ersuchten Gericht so zu erledigen wie jedes andere Ersuchen um Durchführung einer Beweisaufnahme auch. Aus diesem Grunde kann ein Ersuchen um Dokumentenvorlegung auch nicht allgemein mit der Begründung abgelehnt werden, dass es aus einem Verfahren der englischen disclosure and inspection of documents entstamme. Nichts anderes ergibt sich auch aus der Erklärung des Rates der Europäischen Union, welche dieser im Rahmen der Annahme der EuBVO getätigt hat.[808] Diese lautet wie folgt: „The scope of this Regulation does not cover pre-trial discovery, including so-called 'fishing expeditions'." Die Erklärung mag auf den ersten Blick verwundern, da sie sich offensichtlich auf die US-amerikanische discovery und die dort möglichen "fishing expeditions" bezieht, obwohl die Vereinigten Staaten von Amerika selbstverständlich nicht vom Geltungsbereich der EuBVO umfasst sind. Verständlich wird die Erklärung jedoch vor dem Hintergrund der Überarbeitung des Verordnungsvorschlages durch den Zivilrechtsausschuss (DG H III) des Rates.[809] Der Verordnungsvorschlag der Bundesrepublik Deutschland[810] ging ursprünglich nicht von der Teilnahme des Vereinigten Königreichs und Irlands aus. Diese signalisierten jedoch bald ihre Bereitschaft zur Teilnahme an der EuBVO. Im Rahmen der Überarbeitung des Verordnungsvorschlages sah der

---

[806] Vgl. den übereinstimmenden Wortlaut von Art. 3 Abs. 1 lit. g HBÜ; zu dessen paralleler Auslegung vgl. MünchKomm-Musielak, ZPO, § 363 Anh. I Art. 3 Rn. 1.

[807] Hierzu auch Geimer Rn. 2387b.

[808] Protokoll über die 2350. Tagung des Rates (Justiz, Inneres und Katastrophenschutz) vom 28. und 29. Mai 2001 in Brüssel, 9205/01 ADD 1.

[809] Dokument 6850/01, Limite JUSTCIV 28 vom 05.04.2001; Dokument 6850/01 JUSTCIV 28 ADD 1 (Formblätter).

[810] Amtblatt EG C 314 vom 03.11.2000 S.1.

Zivilrechtsausschuss des Rates sich daher mit der Frage konfrontiert, inwiefern das System der englischen disclosure mit den Regelungen der EuBVO vereinbar ist. Da man sich außerstande sah, eine diesbezügliche detaillierte Regelung in die EuBVO aufzunehmen, entschied man sich für die oben zitierte Erklärung des Rates. Die US-amerikanischen Begrifflichkeiten verwandte man offenbar um zu verdeutlichen, dass nur eine ausforschende Beweisaufnahme verhindert werden sollte, nicht aber der Ausschluss des gesamten englischen disclosure-Verfahrens vom Anwendungsbereich der EuBVO. Eine solche Intention stünde auch konträr zu der expliziten Einbeziehung des Vereinigten Königreichs in den Anwendungsbereich der Verordnung.

Im Ergebnis besteht die Möglichkeit der Ablehnung eines Ersuchens um Dokumentenvorlegung nur sehr eingeschränkt. Von den Ablehnungsgründen des Art. 14 Abs. 2 EuBVO kommt als materielle Begründung der Ablehnung allenfalls in Betracht, dass die Erledigung des Ersuchens nach dem Recht des Mitgliedstaates des ersuchten Gerichts nicht in den Bereich der Gerichtsgewalt fällt. Dies wird jedoch regelmäßig nicht der Fall sein, da das ersuchende Gericht die Rechtshilfe des ersuchten Gerichts nur dann in Anspruch nehmen wird, wenn das relevante Dokument der Gerichtsgewalt des ersuchten Gerichts unterfällt. Die sonstigen Ablehnungsgründe des Art. 14 Abs. 2 EuBVO greifen nur bei formellen Fehlern, die ebenfalls regelmäßig nicht vorliegen werden bzw. durch das ersuchende Gericht beseitigt werden können.

Als tatsächlich relevante Ablehnungsgründe verbleiben letztlich nur die Weigerungsrechte des Art. 14 Abs. 1 EuBVO. Hierbei können sowohl die Weigerungsrechte des Staates des ersuchenden Gerichts als auch des Staates des ersuchten Gerichts in Betracht kommen. Im deutsch-englischen Rechtshilfeverkehr werden hier regelmäßig die §§ 383 ff. ZPO Anwendung finden, da diese wie bereits dargestellt[811] sehr viel weitergehend sind als die privileges des englischen Rechts. Die allgemein bestehende Vorlegungspflicht im Hinblick auf Dokumente im englischen Zivilprozessrecht wird im deutsch-englischen Rechtshilfeverkehr dazu führen, dass es auch in Deutschland verstärkt auf die Weigerungsrechte der §§ 383 ff. ZPO ankommt. Da die Vorlegungspflichten sich im deutschen Zivilprozess schwerpunktmäßig nach dem materiellen Recht bestimmen, war die Frage der Weigerungsrechte bislang überwiegend irrelevant. So kam zum Beispiel von vorneherein kein materiell-rechtlicher Anspruch auf Vorlegung von Dokumenten in Betracht, welche der Rechtsanwalt des prozessualen Gegners erstellt hatte. Durch die Gewährung internationaler Rechtshilfe im Rahmen der EuBVO wird dieser Schwerpunkt insoweit verschoben werden.

Diese Tendenz entspricht jedoch auch den aktuellen Entwicklungen des deutschen Zivilprozessrechts. Nach dem im Rahmen des „Gesetzes zur Reform des Zivilprozesses (Zivilprozessreformgesetz-ZPO-RG)“[812] neu gefassten § 142 Abs. 1 ZPO kann das Gericht anordnen, dass eine Partei oder ein Dritter die in ihrem oder seinem Besitz befindlichen Urkunden und sonstigen Unterlagen, auf die sich eine Partei bezogen hat, vorlegt. Dritte sind nach § 142 Abs. 2 S. 1 ZPO zur Vorlegung nicht verpflichtet, so-

---

[811] Zum deutschen Recht siehe oben 2. Kapitel 1. Teil III 1 b bb (2); zu den englischen privileges vgl. oben 2. Kapitel 2. Teil II 5.

[812] Gesetz zur Reform des Zivilprozesses (Zivilprozessreformgesetz-ZPO-RG); vgl. BGBl. 2001 I S. 1887 ff.

weit ihnen diese nicht zumutbar ist oder sie zur Zeugnisverweigerung berechtigt sind. Insoweit verweist auch das deutsche Zivilprozessrecht bezüglich der Verpflichtung zur Vorlegung von Dokumenten ausdrücklich auf die Zeugnisverweigerungsrechte der §§ 383 ff. ZPO.

dd. Das Verfahren nach Erledigung des Ersuchens

Besteht hiernach eine Verpflichtung des ersuchten Gerichts zur Erledigung des Ersuchens, und ist dieses seiner Verpflichtung nachgekommen, so richtet sich das weitere Verfahren nach Art. 16 EuBVO. Demgemäß muss das ersuchte Gericht die Schriftstücke, aus denen sich die Erledigung des Ersuchens ergibt, unverzüglich dem ersuchenden Gericht übermitteln. Dabei hat es gegebenenfalls diejenigen Schriftstücke, die ihm von dem ersuchenden Gericht überlassen worden sind, ebenfalls zurückzusenden. Den Schriftstücken ist zusätzlich eine Erledigungsbestätigung unter Verwendung des Formblattes H beizufügen, vgl. Art. 16 S. 2 EuBVO.

2. Die Beweisaufnahme durch das ersuchende Gericht

Die Beweisaufnahme durch das ersuchende Gericht im Sinne des Art. 1 Abs. 1 lit. b EuBVO wird durch Art. 17 EuBVO näher geregelt.

a. Das Verfahren der unmittelbaren Beweisaufnahme

Beabsichtigt das ersuchte Gericht demgemäß die Durchführung einer unmittelbaren Beweisaufnahme in einem anderen Mitgliedstaat, so übermittelt es der Zentralstelle oder der zuständigen Behörde in diesem Staat unter Verwendung des Formblattes I ein entsprechendes Ersuchen. Jeder Mitgliedstaat ist insoweit gemäß Art. 3 Abs. 3 EuBVO verpflichtet, eine Zentralstelle im Sinne des Art. 3 Abs. 1 EuBVO oder eine oder mehrere zuständige Behörden als verantwortliche Stellen für die Entscheidung über Ersuchen nach Art. 17 EuBVO zu benennen. Die genannte Zentralstelle oder die zuständige Behörde des ersuchten Mitgliedstaates teilt dem ersuchenden Gericht gemäß Art. 17 Abs. 4 S. 1 EuBVO unter Verwendung des Formblattes J innerhalb von 30 Tagen nach Eingang des Ersuchens mit, ob dem Ersuchen stattgegeben werden kann und – soweit erforderlich – unter welchen Bedingungen nach Maßgabe des Rechts ihres Mitgliedstaates die betreffende Handlung vorzunehmen ist. In diesem Zusammenhang ist es der Zentralstelle oder der zuständigen Behörde gemäß Art. 17 Abs. 4 S. 2 EuBVO möglich, ein Gericht ihres Mitgliedstaates zu bestimmen, welches an der Beweisaufnahme teilnimmt, um die ordnungsgemäße Anwendung der Vorschrift des Art. 17 EuBVO und die Einhaltung der festgelegten Bedingungen sicherzustellen. Einen Zeitrahmen für die Durchführung der Beweisaufnahme durch das ersuchende Gericht unter Teilnahme eines Gerichts des Mitgliedstaates der Zentralstelle bzw. zuständigen Behörde bestimmt die EuBVO nicht. Insofern erscheinen Verzögerungen des Verfahrens im Wege der Einschaltung eines mit Kontrollfunktionen beauftragten inländischen Gerichts möglich und wahrscheinlich.

b. Die Verpflichtung zur Zulassung einer unmittelbaren Beweisaufnahme

Die möglichen Ablehnungsgründe hinsichtlich der Durchführung einer unmittelbaren Beweisaufnahme durch das ersuchende Gericht werden in Art. 17 Abs. 5 EuBVO abschließend genannt. Eine besondere Regelung der Erledigung von Ersuchen hinsichtlich der Vorlegung von Dokumenten findet sich in der EuBVO auch im Hinblick auf die unmittelbare Beweisaufnahme durch das ersuchende Gericht nicht. Dementsprechend ist von der grundsätzlich bestehenden Verpflichtung zur Zulassung der unmittelbaren Beweisaufnahme durch das ersuchende Gericht auszugehen. Die Zentralstelle oder die zuständige Behörde kann ein Ersuchen um Durchführung einer unmittelbaren Beweisaufnahme nur insoweit ablehnen, als alternativ

a. das Ersuchen nicht in den Anwendungsbereich der EuBVO nach Art. 1 der Verordnung fällt,
b. das Ersuchen nicht alle nach Art. 4 EuBVO erforderlichen Angaben enthält, oder
c. die beantragte unmittelbare Beweisaufnahme wesentlichen Rechtsgrundsätzen ihres Mitgliedstaates zuwiderläuft.

aa. Art. 17 Abs. 5 lit. a EuBVO

Art. 17 Abs. 5 lit. a EuBVO hat wie auch die Vorschrift des Art. 14 Abs. 2 lit. a EuBVO lediglich eine klarstellende Funktion. Eine Verpflichtung zur Zulassung einer unmittelbaren Beweisaufnahme durch das ersuchende Gericht soll nur im Rahmen des Anwendungsbereichs der EuBVO nach Art. 1 der Verordnung bestehen. Aus diesem Grunde kann die Erledigung eines Ersuchens abgelehnt werden, wenn der Anwendungsbereich der EuBVO nicht eröffnet ist.

bb. Art. 17 Abs. 5 lit. b EuBVO

Gemäß Art. 17 Abs. 5 lit. b EuBVO ist die Ablehnung der Erledigung eines Ersuchens auch mit der Begründung möglich, dass das Ersuchen nicht alle nach Art. 4 EuBVO erforderlichen Angaben enthält. Im Hinblick auf die Dokumentenvorlegung ist hier wiederum insbesondere Art. 4 Abs. 1 lit. f EuBVO zu beachten, wonach ein Ersuchen um Dokumentenvorlegung die Urkunden oder die anderen Gegenstände bezeichnen muss, die im Wege der Durchführung der Beweisaufnahme geprüft werden sollen. Die hinreichend bestimmte Angabe der Dokumente, hinsichtlich derer eine Beweisaufnahme durchgeführt werden soll, ist damit auch im Rahmen der unmittelbaren Beweisaufnahme durch das ersuchende Gericht Voraussetzung der Verpflichtung zur Zulassung eines Ersuchens. Anders als in Art. 14 Abs. 2 lit. c EuBVO ist es jedoch nicht erforderlich, dass die Zentralstelle bzw. die zuständige Behörde vor Ablehnung des Ersuchens zunächst gemäß Art. 8 EuBVO eine Bitte um Ergänzung des Ersuchens an das ersuchende Gericht richtet. Die Ablehnung der Erledigung eines unvollständigen Ersuchens um Durchführung einer Beweisaufnahme durch das ersuchende Gericht ist damit unmittelbar möglich. Im Ergebnis bleibt es dem ersuchenden Gericht aber selbstverständlich überlassen, ein erneutes und vollständiges Ersuchen an die Zentralstelle bzw. die zuständige Behörde des ausländischen Mitgliedstaates zu richten. Hierdurch beginnt die 30-Tage-Frist des Art. 17 Abs. 4 S. 1 EuBVO jedoch ebenfalls erneut.

cc. Art. 17 Abs. 5 lit. c EuBVO

Als weiterer Ablehnungsgrund kommt Art. 17 Abs. 5 lit. c EuBVO in Betracht, sofern die beantragte unmittelbare Beweisaufnahme wesentlichen Rechtsgrundsätzen des

Mitgliedstaates der Zentralstelle bzw. zuständigen Behörde zuwiderläuft. Hierbei handelt es sich letztlich um die Festlegung eines ordre-public-Vorbehalts[813], auf den im Rahmen der Beweisaufnahme durch das ersuchte Gericht nach den Art. 10 ff. EuBVO gerade verzichtet wurde.
Insofern liegt die Frage nahe, ob das englische Verfahren der disclosure and inspection of documents allgemein betrachtet gegen den deutschen ordre public verstößt. Wäre dies der Fall, könnten englische Ersuchen um Dokumentenvorlegung im Rahmen eines disclosure-Verfahrens generell nicht im Wege der unmittelbaren Beweisaufnahme durch das ersuchende Gericht durchgeführt werden. Zur Beantwortung der Frage, ob das disclosure-Verfahren wesentlichen Rechtsgrundsätzen des deutschen Rechts zuwiderläuft, kann auf den bereits dargestellten[814] Vergleich der Dokumentenvorlegung in Deutschland und England zurückgegriffen werden. Als wesentlicher Unterschied stellt sich hier zunächst die konkrete Ausgestaltung der Ansprüche auf Dokumentenvorlegung dar. Während der Schwerpunkt in Deutschland auf materiellen Herausgabeansprüchen liegt, bestimmt das englische Zivilprozessrecht einen allgemeinen prozessualen Vorlegungsanspruch. Prozessuale Vorlegungsansprüche sind jedoch auch dem deutschen Recht nicht fremd. Dies zeigen bereits die Vorschriften der §§ 142, 423 ZPO. Insoweit kann allein auf Grund der prozessualen Ausgestaltung der Ansprüche auf Dokumentenvorlegung in England nicht davon ausgegangen werden, dass das englische disclosure-Verfahren wesentlichen deutschen Rechtsgrundsätzen zuwider liefe.
Nichts anderes ergibt sich auch im Hinblick auf die Ausforschungsproblematik. So ist in der Literatur im Rahmen der Auslegung des § 328 Nr. 4 ZPO bereits umstritten, ob das Ausforschungsverbot überhaupt zum deutschen ordre public gehört.[815] Der BGH[816] hat dahin gehend Stellung bezogen, dass die bloße Möglichkeit einer nach deutschem Recht unzulässigen Ausforschung nicht ausreiche, um die Unvereinbarkeit mit deutschem Recht anzunehmen. Hierauf kommt es jedoch im Ergebnis nicht an, da auch nach englischem Recht die Ausforschung des prozessualen Gegners grundsätzlich missbilligt wird.[817] Zudem wird dem Bestimmtheitserfordernis durch Art. 17 Abs. 5 lit. b EuBVO Rechnung getragen, der im Falle von nicht hinreichend bezeichneten Dokumenten die Ablehnung der Erledigung des Ersuchens ermöglicht.
Folglich kann allein die Tatsache, dass ein Ersuchen im Rahmen eines dis-closure-Verfahrens gestellt wird, nicht als Ablehnungsgrund im Sinne des Art. 17 Abs. 5 lit. c EuBVO angeführt werden. Es sind keine wesentlichen Grundsätze des deutschen

---

[813] Vgl. auch Heß IPRax 2001, 389, 393 bei Fn. 67; Heß JZ 2001, 573, 579; Schulze IPRax 2001, 527, 533.
[814] Siehe oben 2. Kapitel 3. Teil III.
[815] Vgl. Hök S. 285; Stürner S. 92; Gottwald ZZP 103 (1990), 257, 283; Stürner/Brand Jura 1983, 422, 427; Schilken Jura 1988, 525, 532; Arens ZZP 96 (1983), 1, 10; Stiefel/Stürner VersR 1987, 829, 831; Schütze in: FS Stiefel S. 697, 703; Schlosser ZZP 94 (1981), 369, 383; Peters ZZP 82 (1969), 200, 208; Henry GRUR Int 1983, 82, 97; Büttner ZZP 67 (1954), 73, 84.
[816] BGH ZIP 1992, 1707, 1710; vgl. auch LG Berlin RIW 1989, 988, 990.
[817] Rio Tinto Zinc Corp. v. Westinghouse Electric Corp. [1978] AC 547 at 609; Radio Corp. of America v. Raulan Corp. [1956] 1 All ER 549 at 554; vgl. auch Lang S. 215.

Rechts ersichtlich, welche allgemein betrachtet durch das englische Verfahren der disclosure and inspection of documents verletzt sein könnten. Demgemäß müssen im Einzelfall besondere Gründe dafür vorliegen, um ein englisches Ersuchen um Dokumentenvorlegung im Wege der unmittelbaren Beweisaufnahme durch das ersuchende Gericht nach Art. 17 Abs. 5 lit. c EuBVO ablehnen zu können.

c. Die Durchführung der Beweisaufnahme

Liegt keiner der vorgenannten Ablehnungsgründe vor, besteht eine grundsätzliche Verpflichtung der Zentralstelle bzw. zuständigen Behörde zur Zulassung der unmittelbaren Beweisaufnahme durch das ersuchende Gericht. In diesem Fall wird die Beweisaufnahme gemäß Art. 17 Abs. 3 EuBVO von einem durch das ersuchende Gericht bestimmten Gerichtsangehörigen oder von einer anderen Person wie etwa einem Sachverständigen durchgeführt. Die nur beispielhafte Aufführung der Person des Sachverständigen zeigt, dass das ersuchende Gericht die Beweisaufnahme auch von einer anderen Person wie zum Beispiel einem Rechtsanwalt vornehmen lassen kann. Dabei hat die Person, welche mit der Durchführung der Beweisaufnahme beauftragt ist, grundsätzlich das Recht des Mitgliedstaates des ersuchenden Gerichts anzuwenden, vgl. Art. 17 Abs. 6 EuBVO.

Diese sehr weitgehenden Eingriffe in die Hoheitsrechte des Mitgliedstaates des ersuchten Gerichts werden jedoch durch verschiedene Schranken relativiert. Zum einen darf die mit der Durchführung der Beweisaufnahme beauftragte Person das Recht des Mitgliedstaates des ersuchenden Gerichts nur unter Beachtung der durch die Zentralstelle bzw. zuständige Behörde des Mitgliedstaates des ersuchten Gerichts bestimmten Bedingungen anwenden. Zur Kontrolle der Einhaltung dieser Bedingungen kann wie bereits dargestellt nach Art. 17 Abs. 4 S. 2 EuBVO ein inländisches Gericht bestimmt werden.[818] Als weitere wichtige Einschränkung ist zu beachten, dass die unmittelbare Beweisaufnahme durch das ersuchende Gericht gemäß Art. 17 Abs. 2 S. 1 EuBVO nur dann statthaft ist, wenn sie auf freiwilliger Grundlage und ohne Zwangsmaßnahmen erfolgen kann.[819] Für den Fall der Verweigerung der Vorlegung eines Dokumentes durch dessen Besitzer ist die zwangsweise Durchsetzung im Wege der unmittelbaren Beweisaufnahme damit nicht möglich. Dem ersuchenden Gericht bleibt es jedoch überlassen, ein Ersuchen um Durchführung einer Beweisaufnahme durch das ersuchte Gericht gemäß den Art. 10 ff. EuBVO zu stellen, im Rahmen dessen nach Art. 13 EuBVO auch Zwangsmaßnahmen möglich sind.

Auf die Freiwilligkeit der Mitwirkung an der Beweisaufnahme durch das ersuchende Gericht hat dieses nach Art. 17 Abs. 2 S. 2 EuBVO diejenigen Personen hinzuweisen, deren Vernehmung durch die Beweisaufnahme erforderlich wird. Diese Aufklärungspflicht nimmt eine Warnfunktion wahr, welche nach ihrem Sinn und Zweck immer dann aufzugreifen ist, wenn die Mitwirkung einer Person an der Beweisaufnahme notwendig ist. Damit hat ein Hinweis nicht nur im Falle der Zeugenvernehmung zu

---

[818] Hierzu auch Geimer Rn. 2378c.

[819] Hierzu vgl. auch Schack, Intern. Zivilverfahrensrecht, Rn. 718a; Heß IPRax 2001, 389, 393; Heß JZ 2001, 573, 579; Thorn, IPRax 2002, 349, 351.

erfolgen, sondern auch dann, wenn eine Person zur Vorlegung eines Dokumentes aufgefordert wird. Auch hier findet eine Vernehmung im Sinne des Art. 17 Abs. 2 S. 2 EuBVO statt.

3. Die Verwendung der Dokumente für andere Verfahren

Nach Durchführung der Beweisaufnahme und Verwertung der erlangten Beweismittel stellt sich regelmäßig die Frage, wie mit den Beweismitteln weiter verfahren werden kann. So ist es durchaus wahrscheinlich, dass neben dem Zivilprozess, für dessen Zwecke ein Ersuchen im Anwendungsbereich der EuBVO erledigt wurde, weitere Verfahren anhängig sind, in welchen die Verwertung der erlangten Beweismittel in Betracht kommt. In diesem Zusammenhang stellt sich die Frage, ob und inwieweit eine solche Verwertung in anderen Verfahren zulässig ist.

Der Anwendungsbereich der Verordnung beschränkt sich nach Art. 1 Abs. 1 EuBVO auf Zivil- und Handelssachen. In Art. 1 Abs. 2 EuBVO wird darüber hinaus festgelegt, dass um eine Beweisaufnahme dann nicht ersucht werden darf, wenn die Beweise nicht zur Verwendung in einem bereits eingeleiteten oder zu eröffnenden gerichtlichen Verfahren bestimmt sind. Damit steht aber lediglich fest, dass die ursprüngliche Grundlage des Ersuchens ein bereits eingeleitetes oder zu eröffnendes Zivil- oder Handelsverfahren sein muss. Keine Aussage trifft Art. 1 EuBVO über die Zulässigkeit der Weiterverwendung der hierdurch erlangten Beweismittel in anderen Verfahren.

Unproblematisch ist die Zulässigkeit der Weiterverwendung der erlangten Beweismittel lediglich im Hinblick auf andere Zivil- oder Handelsverfahren zu bejahen, die selbst in den Anwendungsbereich der EuBVO fielen. In diesen Fällen wäre ohnehin ein erneutes Ersuchen um Beweisaufnahme möglich, so dass sich die wiederholte Beweisaufnahme als bloße Formalität darstellen würde. Die Verwertung der erlangten Beweismittel in einem anderen Zivil- oder Handelsverfahren ist daher im Sinne einer effektiven Rechtspflege als zulässig zu beurteilen.

Als problematischer stellt sich die Weiterverwendung der erlangten Beweismittel in Straf- oder Verwaltungsverfahren dar. Diese fallen nicht unter den Anwendungsbereich der EuBVO, so dass ein diesbezüglich gestelltes Ersuchen abzulehnen wäre. Da der Anwendungsbereich der EuBVO jedoch nach deren Präambel möglichst weit gefasst und die Ablehnungsgründe hinsichtlich der Erledigung eines Ersuchens auf eng gefasste Ausnahmefälle begrenzt sein soll, muss hieraus geschlossen werden, dass allein die mögliche oder wahrscheinliche Weiterverwertung der erlangten Beweismittel in einem Straf- oder Verwaltungsverfahren keinen Ablehnungsgrund darstellen kann. Folglich kann ein Ersuchen nicht mit der Begründung abgelehnt werden, dass die Ergebnisse der Beweisaufnahme tatsächlich für ein Straf- oder Verwaltungsverfahren verwandt werden sollen, wenn die Beweisaufnahme auch für das anhängige Zivil- oder Handelsverfahren von Bedeutung ist. Hierfür spricht auch ein Vergleich der Regelungen der EuBVO und des Verordnungsentwurfs der Bundesrepublik Deutschland[820]. In

---

[820] Initiative der Bundesrepublik Deutschland im Hinblick auf den Erlass einer Verordnung des Rates über die Zusammenarbeit zwischen den Gerichten der Mitgliedstaaten auf dem Gebiet der Beweisaufnahme in Zivil- und Handelssachen; vgl. Amtsblatt EG vom 03.11.2000 C 314 S. 1 ff.

dem Verordnungsentwurf der Bundesrepublik Deutschland fand sich in Art. 20 Abs. 1 folgende Regelung: „Das ersuchte Gericht und die Empfangsstelle dürfen die nach dieser Verordnung übermittelten Informationen - einschließlich personenbezogener Daten - nur zu dem Zweck verwenden, zu dem sie übermittelt worden sind." Diese Regelung ist nicht in die EuBVO übernommen worden. Sie wurde vielmehr ersatzlos gestrichen. Hieraus kann geschlossen werden, dass ein allgemeines Verwertungsverbot hinsichtlich anderer Verfahren von dem Verordnungsgeber nicht beabsichtigt war.[821]

4. Die Kosten der Beweisaufnahme

Für die Erledigung eines Ersuchens darf gemäß Art. 18 Abs. 1 EuBVO die Erstattung von Gebühren oder Auslagen im Grundsatz nicht verlangt werden. Ausnahmen gelten nach Art. 18 Abs. 2 S. 1 EuBVO lediglich bei

- Aufwendungen für Sachverständige,
- Aufwendungen für Dolmetscher, und
- Auslagen, die durch die Erledigung des Ersuchens in einer bestimmten Form gemäß Art. 10 Abs. 3, 4 EuBVO entstanden sind.

Ob und inwieweit diese Kosten auf die Parteien des Rechtsstreits umzulegen sind, bestimmt sich gemäß Art. 18 Abs. 2 S. 2 EuBVO nach dem Recht des Mitgliedstaates des ersuchenden Gerichts.

Einen Vorschuss oder eine Kaution kann das ersuchte Gericht nur für den Fall verlangen, dass um die Stellungnahme eines Sachverständigen ersucht wurde. In allen anderen Fällen kann die Erledigung eines Ersuchens nicht von einer Kaution oder einem Vorschuss abhängig gemacht werden, vgl. Art. 18 Abs. 3 EuBVO. Für die hier untersuchte Dokumentenvorlegung kann ein Vorschuss damit selbst dann nicht verlangt werden, wenn dem ersuchten Gericht im Rahmen der Durchführung der Beweisaufnahme in einer besonderen Form wie zum Beispiel der Videokonferenz Kosten entstehen. Diese sind nachträglich von dem ersuchenden Gericht zu erstatten, wodurch im Ergebnis die Beschleunigung des Verfahrens gefördert wird.

3. Teil: Der Vergleich von HBÜ und EuBVO

Nachdem das Haager Beweisübereinkommen und die Europäische Beweisaufnahmeverordnung im Hinblick auf die zivilprozessuale Dokumentenvorlegung im deutsch-englischen Rechtshilfeverkehr nunmehr ausführlich dargestellt wurden, sollen die Regelungen im Weiteren verglichen und insbesondere die Frage verfolgt werden, ob die bereits dargestellten[822] Ziele der EuBVO erreicht werden.

I. Die Anwendbarkeit der Regelungen

Im Verhältnis der teilnehmenden Mitgliedstaaten untereinander ist die EuBVO gegenüber dem Haager Beweisübereinkommen nach Art. 21 Abs. 1 EuBVO vorrangig. Letzteres ist jedoch gemäß Art. 21 Abs. 2 EuBVO weiterhin wirksam, sofern es mit den

---

[821] Vgl. auch Berger IPRax 2001, 522, 526.

[822] Siehe oben 3. Kapitel 2. Teil III.

Vorschriften der EuBVO vereinbar ist. Das HBÜ findet somit weiterhin Anwendung, wenn es über die Regelungen der EuBVO hinausgeht.
So kann die gerichtliche Behörde eines Vertragsstaates gemäß Art. 1 Abs. 1 HBÜ in Zivil- und Handelssachen nach ihren innerstaatlichen Rechtsvorschriften die zuständige Behörde eines anderen Vertragsstaates ersuchen, eine Beweisaufnahme oder eine andere gerichtliche Handlung vorzunehmen. Der Anwendungsbereich der EuBVO umfasst alle Ersuchen in Zivil- und Handelssachen, wenn das Gericht eines Mitgliedstaates nach seinen innerstaatlichen Rechtsvorschriften das zuständige Gericht eines anderen Mitgliedstaates um eine Beweisaufnahme ersucht oder darum ersucht, in einem anderen Mitgliedstaat unmittelbar Beweis erheben zu dürfen. Der Bereich der Ersuchen um eine Beweisaufnahme durch das ersuchte Gericht wird daher vollständig durch die EuBVO überlagert, so dass eine Anwendung der Vorschriften des HBÜ allenfalls dann in Betracht käme, wenn dessen Regelungen über die der EuBVO hinausgingen. Da das HBÜ im Hinblick auf die Dokumentenvorlegung jedoch nicht über die Regelungen der EuBVO hinausgeht, kommt eine ergänzende Anwendung des HBÜ diesbezüglich nicht in Betracht.
Etwas anderes muss allerdings für Ersuchen um eine „andere gerichtliche Handlung" im Sinne des Art. 1 Abs. 1 HBÜ gelten, bei denen gerade nicht um eine Beweisaufnahme im Sinne des Art. 1 Abs. 1 EuBVO ersucht wird. Diesbezüglich ist der Anwendungsbereich der EuBVO nicht eröffnet, so dass infolge dessen kein Anwendungsvorrang gegenüber dem HBÜ besteht. Auch zwischen den an der EuBVO teilnehmenden Mitgliedstaaten bleibt das HBÜ somit im Hinblick auf Ersuchen relevant, welche eine andere gerichtliche Handlung als eine Beweisaufnahme im Sinne des Art. 1 Abs. 1 EuBVO betreffen. Als solche Handlung ist zum Beispiel die Bitte des ersuchenden Gerichts an das ersuchte Gericht anzusehen, ein in seinem Staat belegenes Dokument zu beschaffen und dieses dem ersuchenden Gericht zur Verfügung zu stellen. Die Beweisaufnahme findet hier durch das ersuchende Gericht innerhalb der Grenzen seiner Gerichtsgewalt statt, so dass der Anwendungsbereich des Art. 1 EuBVO nicht eröffnet ist. Lediglich die Beschaffung und Übermittlung des Beweismittels an das ersuchende Gericht wird durch das ersuchte Gericht vorgenommen. Ein derartiges Verfahren hatte das Amtsgericht Wiesbaden in einem Vaterschaftsfeststellungsverfahren gewählt, in dem es einen inländischen Sachverständigen mit der Blutuntersuchung des präsumtiven italienischen Vaters beauftragte und im Wege der Rechtshilfe um die Durchsetzung einer Blutentnahme an dessen Wohnsitz in Italien und Übersendung der Proben an den inländischen Sachverständigen ersuchte.[823] Der Appellationshof Lecce lehnte das Ersuchen des Amtsgerichts im Ergebnis aus Gründen des italienischen ordre public ab.
Selbstverständlich bleibt das HBÜ auch dann weiterhin anwendbar, wenn entweder das ersuchende Gericht oder das ersuchte Gericht nicht dem Recht der an der EuBVO

[823] Vgl. das unveröffentlichte Gutachten des Instituts für ausländisches und internationales Privat- und Wirtschaftsrecht der Universität Heidelberg (Prof. Dr. E. Jayme) zu den Entscheidungen des Appellationshofes Lecce, Beschluss vom 28.09.2000 (Az. 66/2000 Est. Cron 2185) und des AG Wiesbaden, Beschluss vom 14.02.200 (Az. 54 aF 2455/99-24); hierzu auch Schulze IPRax 2001, 527, 529.

teilnehmenden Mitgliedstaaten unterliegt. So sind etwa Ersuchen, an denen Dänemark[824] beteiligt ist, grundsätzlich nach den Vorschriften des HBÜ abzuwickeln.

II. Die Form eines Ersuchens

Sowohl das HBÜ als auch die EuBVO setzen hinsichtlich der Angaben in einem Ersuchen die Einhaltung gewisser Formvorschriften voraus. Hiernach müssen als Grundlage der Verpflichtung zur Erledigung eines Ersuchens folgende Angaben enthalten sein:

- das ersuchende und ggf. das ersuchte Gericht,
- die Namen und die Anschrift der Parteien und ggf. ihrer Vertreter,
- die Art und der Gegenstand der Rechtssache sowie eine gedrängte Darstellung des Sachverhaltes, sowie
- die Bezeichnung der durchzuführenden Handlung.

Im Falle der hier untersuchten Dokumentenvorlegung müssen darüber hinaus sowohl im Rahmen des HBÜ als auch der EuBVO die Urkunden oder die anderen Gegenstände benannt werden, welche im Wege der Erledigung des Ersuchens geprüft werden sollen. Hierdurch wird im Ergebnis das Bestimmtheitserfordernis abgesichert, durch welches die Möglichkeit einer Ausforschung des prozessualen Gegners eingeschränkt werden soll.[825]

Das Ersuchen muss nach Art. 4 Abs. 1 HBÜ bzw. Art. 5 S. 1 EuBVO grundsätzlich in der Sprache des Staates des ersuchten Gerichts verfasst sein. Jeder Mitgliedstaat kann nach Art. 33 HBÜ bzw. Art. 5 S. 2 EuBVO zusätzlich neben seiner eigenen Amtssprache auch andere Sprachen für das Verfassen eines Ersuchens zulassen. Die EuBVO betreffend hat der deutsche Gesetzgeber nunmehr in dem neu eingefügten § 1075 ZPO geregelt, dass aus dem Ausland eingehende Ersuchen auf Beweisaufnahme sowie Mitteilungen nach der EuBVO in deutscher Sprache abgefasst oder von einer Übersetzung in die deutsche Sprache begleitet sein müssen. Einer Legalisation, Beglaubigung oder einer anderen Formalität bedarf ein Ersuchen gemäß Art. 3 Abs. 3 HBÜ bzw. Art. 4 Abs. 2 EuBVO hingegen nicht.

Eine klare Differenzierung zwischen der Regelung der Formvorschriften des HBÜ und der EuBVO muss jedoch in Bezug auf die Standardisierung von Ersuchen und diesbezüglichen Mitteilungen getroffen werden. Das HBÜ enthält insoweit zwar Vorgaben über den notwendigen Inhalt eines Ersuchens, verpflichtet die Vertragsstaaten aber nicht zur Einhaltung einer bestimmten Form. Demgegenüber verpflichtet die EuBVO die teilnehmenden Mitgliedstaaten zur Verwendung der im Anhang enthaltenen zahlreichen Formulare, welche zu einer Standardisierung der Ersuchen und diesbezüglichen Mitteilungen führen sollen. Für das Ersuchen um eine Beweisaufnahme wird die Verwendung des Formblattes A oder des Formblattes I in Art. 4 Abs. 1 EuBVO festgeschrieben. Die Empfangsbestätigung des ersuchten Gerichts ist gemäß Art. 7 Abs. 1 EuBVO unter Verwendung des Formblattes B an das ersuchende Gericht zu übersen-

---

[824] Dänemark beteiligt sich gemäß den Art. 1, 2 des dem Vertrag über die Europäische Union und dem Vertrag zur Gründung der Europäischen Gemeinschaft beigefügten Protokolls über die Position Dänemarks nicht an der EuBVO, vgl. auch Ziffer 22 der Präambel der EuBVO.

[825] Hierzu MünchKomm-Musielak, ZPO, § 363 Anh. I Art. 3 Rn. 1; Stein/Jonas-Berger Anh. zu § 363 A Art. 23 Rn. 143; Schlosser Art. 23 HBÜ Rn. 4; Junker, Discovery, S. 297 in bezug auf das HBÜ.

den. Im Falle eines unvollständigen Ersuchens ist das Formblatt C, im Falle einer fehlenden Kaution oder eines fehlenden Vorschusses das Formblatt D zu verwenden. Weitere Vorschriften über die Nutzung der im Anhang der EuBVO enthaltenen Formblätter finden sich in den Artikeln 10 Abs. 3 und 4, 11 Abs. 4, 12 Abs. 5, 14 Abs. 4, 15 S. 1, 16 S. 2, 17 Abs. 4 EuBVO.
Die Verwendung der Formulare geht mit der Verpflichtung des ersuchenden und des ersuchten Gerichts zu einer umfassenden gegenseitigen Information einher. So bestehen in jedem Verfahrensstadium festgelegte Informationspflichten wie zum Beispiel hinsichtlich des Orts und des Zeitpunkts der Verhandlung nach Art. 11 Abs. 4 EuBVO oder der Bedingungen der Teilnahme von Beauftragten des ersuchenden Gerichts an der Verhandlung gemäß Art. 12 Abs. 5 EuBVO. Im Ergebnis wird hierdurch bezweckt, ein Höchstmaß an Klarheit und Rechtssicherheit zu schaffen, wie auch in Ziffer 9 der Präambel zur EuBVO ausdrücklich ausgeführt wird.
Im Hinblick auf die Vorgabe von detaillierten Formblättern durch die EuBVO erscheint es nachvollziehbar, dass diesbezüglich ein gesteigertes Maß an Klarheit und Rechtssicherheit geschaffen werden wird. Die Vereinheitlichung der Ersuchen wie auch der in diesem Zusammenhang vorgeschriebenen Mitteilungen kann dazu beitragen, Missverständnissen vorzubeugen und die Übersicht über die enthaltenen Informationen zu verbessern. Gleichzeitig wird die Wahrscheinlichkeit erhöht, dass das ersuchende Gericht dem ersuchten Gericht sämtliche notwendigen Informationen zur Verfügung stellt und sich auf diesem Wege Nachfragen erübrigen. Auf Grund der umfassenden Mitteilungspflichten wird insbesondere das ersuchende Gericht ständig über den aktuellen Stand des Verfahrens informiert, was ebenfalls zu einer größeren Transparenz und Klarheit führen dürfte. Im Ergebnis ist davon auszugehen, dass die EuBVO im Vergleich zum HBÜ zu einem verbesserten und insbesondere stärker strukturierten Informationsaustausch zwischen ersuchendem und ersuchtem Gericht führen dürfte. Vor dem Hintergrund der in Europa bestehenden sprachlichen Barrieren erscheint diese Vereinheitlichung sinnvoll und begrüßenswert.

III. Die Verfahrensbeschleunigung

Das Haager Beweisübereinkommen sieht hinsichtlich des Zeitablaufs der Erledigung eines Ersuchens in zahlreichen Vorschriften eine „unverzügliche" oder „rasche" Erledigung vor: Gemäß Art. 5 HBÜ unterrichtet die Zentrale Behörde unverzüglich die Behörde des ersuchenden Staates, wenn sie der Ansicht ist, dass das Ersuchen nicht dem Übereinkommen entspricht. Ist die ersuchte Behörde nicht zuständig, so wird das Ersuchen nach Art. 6 HBÜ von Amts wegen unverzüglich an die nach den Rechtsvorschriften ihres Staates zuständige Behörde weitergeleitet. Das ersuchte Gericht ist gemäß Art. 9 Abs. 3 HBÜ verpflichtet, das Ersuchen rasch zu erledigen. Wird das Ersuchen ganz oder teilweise nicht erledigt, muss dies der ersuchenden Behörde nach Art. 13 Abs. 2 HBÜ unverzüglich mitgeteilt werden. Konkrete Zeitvorgaben oder für die Gerichte zwingende Fristen sind im Rahmen des Haager Beweisübereinkommens jedoch nicht vorgesehen. Aus diesem Grunde bestehen insoweit Auslegungsspielräume hinsichtlich der Frage, wie schnell die „rasche" Erledigung eines Ersuchens tatsächlich zu erfolgen hat. Diese Auslegungsspielräume haben in der Vergangenheit zu Verzögerungen geführt.

Hierzu trägt auch die Einschaltung der Zentralen Behörde bei, welche gemäß Art. 2 Abs. 1 HBÜ sämtliche Ersuchen entgegen nimmt und sie an das zuständige Gericht weiterleitet. Die hierdurch entstehenden Verfahrensverzögerungen wurden bereits frühzeitig erkannt. Aus diesem Grunde wurden teilweise Vereinbarungen über den unmittelbaren Geschäftsverkehr zwischen den Gerichten geschlossen, welche von Art. 2 HBÜ abweichen.[826] Im Hinblick auf Deutschland bestehen derartige Vereinbarungen im Verhältnis zu Dänemark[827], Frankreich[828], Luxemburg[829], den Niederlanden[830], Norwegen[831], Polen[832] und der Schweiz[833].

Die EuBVO zielt in diesem Zusammenhang auf eine allgemeine Beschleunigung des Verfahrens ab, die mittels verschiedener Maßnahmen erreicht werden soll. So werden zunächst konkrete Fristen für bestimmte Handlungen und Mitteilungen gesetzt. Demgemäß wird das ersuchte Gericht gemäß Art. 7 Abs. 1 EuBVO verpflichtet, dem ersuchenden Gericht innerhalb von sieben Tagen nach Eingang des Ersuchens eine Empfangsbestätigung zu übersenden. Kann ein Ersuchen nicht erledigt werden, weil es nicht alle erforderlichen Angaben nach Art. 4 EuBVO enthält, so setzt das ersuchte Gericht unverzüglich, spätestens aber innerhalb von 30 Tagen nach Eingang des Ersuchens das ersuchende Gericht gemäß Art. 8 Abs. 1 EuBVO davon in Kenntnis. Bestehen keine Hindernisse hinsichtlich der Erledigung des Ersuchens, hat das ersuchte Gericht die Beweisaufnahme nach Art. 10 Abs. 1 EuBVO unverzüglich, spätestens aber innerhalb von 90 Tagen nach Eingang des Ersuchens durchzuführen. Weitere Fristen werden in den Artikeln 8 Abs. 2, 14 Abs. 4, 15 S. 1, 17 Abs. 4 S. 1 EuBVO festgelegt. Hierdurch entfallen im Ergebnis die im Rahmen des HBÜ bestehenden Auslegungsspielräume der Gerichte hinsichtlich des konkreten Zeitrahmens der Erledigung eines Ersuchens und der in diesem Zusammenhang erforderlichen Mitteilungen.

Als weitere Maßnahme der Verfahrensbeschleunigung im Vergleich zum Haager Beweisübereinkommen wird die Kommunikation zwischen dem ersuchenden Gericht und dem ersuchten Gericht nach Art. 2 Abs. 1 EuBVO grundsätzlich unmittelbar zwischen

[826] Gemäß Art. 31 HBÜ sind Zusatzvereinbarungen zu dem Abkommen von 1905 und dem Übereinkommen von 1954, die Vertragsstaaten geschlossen haben, auch auf das HBÜ anzuwenden, es sei denn, dass die beteiligten Staaten etwas anderes vereinbaren.

[827] Art. 1 der deutsch-dänischen Vereinbarung zur Vereinfachung des Rechtshilfeverkehrs vom 01.06.1910; vgl. RGBl. 1910, 871, 873.

[828] Art. 4 der deutsch-französischen Vereinbarung vom 06.05.1961 zur weiteren Vereinfachung des Rechtshilfeverkehrs nach dem HZPÜ 1954; vgl. BGBl. 1961 II, 1040.

[829] Art. 1 der deutsch-luxemburgischen Vereinbarung zur weiteren Vereinfachung des Rechtshilfeverkehrs vom 01.08.1909; vgl. RGBl. 1909, 907, 910.

[830] Art. 4 Abs. 1 des deutsch-niederländischen Vertrages vom 30.08.1962 zur weiteren Vereinfachung des Rechtshilfeverkehrs nach dem HZPÜ 1954; vgl. BGBl. 1964 II, 468.

[831] Art. 5 der deutsch-norwegischen Vereinbarung vom 17.06.1977 zur weiteren Vereinfachung des Rechtshilfeverkehrs nach dem HZPÜ 1954; vgl. BGBl. 1979 II, 1292.

[832] Deutsch-polnische Vereinbarung vom 14.12.1992 zur weiteren Erleichterung des Rechtsverkehrs nach dem Haager Übereinkommen über den Zivilprozess; vgl. BGBl. 1994 II, 361.

[833] Art. 18 der deutsch-schweizerischen Vereinbarung vom 30.04.1910 zur weiteren Vereinfachung des Rechtshilfeverkehrs; vgl. RGBl. 1910, 674.

den beteiligten Gerichten stattfinden.[834] Die auch im Rahmen der EuBVO verfahrenstechnisch einbezogenen Zentralstellen oder zuständigen Behörden der Mitgliedstaaten haben lediglich die Funktion,

- den Gerichten Auskünfte zu erteilen,
- nach Lösungswegen zu suchen, wenn bei einem Ersuchen Schwierigkeiten auftreten, und
- in Ausnahmefällen auf Ersuchen eines ersuchenden Gerichts ein Ersuchen an das zuständige Gericht weiterzuleiten.

Im Regelfall findet daher gemäß Art. 2 Abs. 1 EuBVO der unmittelbare Geschäftsverkehr zwischen den Gerichten statt. Hierdurch wird die für die Weiterleitung der Ersuchen von der Zentralstelle an das zuständige ersuchte Gericht benötigte Zeit eingespart.[835] Zu begrüßen ist in diesem Zusammenhang auch, dass die diesbezügliche Vorschrift des Art. 3 Abs. 1 des Verordnungsvorschlages der Bundesrepublik Deutschland[836] nicht übernommen wurde. Dieser sah vor, dass jeder Mitgliedstaat in Abweichung von dem Grundsatz des unmittelbaren Geschäftsverkehrs

a. ein Gericht oder eine andere Behörde als Übermittlungsstelle bestimmen kann, die für die Übermittlung von Ersuchen an einen anderen Mitgliedstaat zuständig ist,
b. ein Gericht oder eine andere Behörde als Empfangsstelle bestimmen kann, die für die Entgegennahme von Ersuchen aus einem anderen Mitgliedstaat und deren Weiterleitung an das ersuchte Gericht zuständig ist, oder
c. ein Gericht oder eine andere Behörde zur Wahrnehmung der unter den Buchstaben a und b genannten Aufgaben bestimmen kann.

Im Zuge dieser Regelung hätte der unmittelbare Geschäftsverkehr zwischen den Gerichten im Ergebnis durch die Mitgliedstaaten verhindert werden können. Zurecht wurde diese Vorschrift ersatzlos gestrichen, da sie dem erklärten Ziel der Verfahrensbeschleunigung entgegen gewirkt hätte.[837]

Als weitere Neuerung im Vergleich zum Haager Beweisübereinkommen stehen im Rahmen der EuBVO weitgehende Möglichkeiten der Übermittlung der Ersuchen und der sonstigen Mitteilungen zur Verfügung. Gemäß Art. 6 EuBVO werden Ersuchen und Mitteilungen nach der Verordnung auf dem schnellstmöglichen Wege übermittelt, mit dem der ersuchte Mitgliedstaat sich einverstanden erklärt hat. Die Übermittlung kann dabei auf jedem geeigneten Übermittlungsweg erfolgen, sofern das empfangene Dokument mit dem versandten Dokument inhaltlich genau übereinstimmt und alle darin enthaltenen Angaben lesbar sind. Damit werden einerseits die bestehenden Übermittlungsmöglichkeiten per Telefax, e-mail[838] oder elektronischer Datenträger eingeschlossen, andererseits aber auch die Möglichkeit der Übermittlung durch zukünftige

---

[834] Zur Beschleunigung des Verfahrens im Wege des unmittelbaren Geschäftsverkehrs vgl. auch Heß IPRax 2001, 389, 393.

[835] Vgl. auch Geimer Rn. 2378c.

[836] Amtsblatt EG vom 03.11.2000 C 314 S. 1, 3.

[837] Ähnlich auch Schulze IPRax 2001, 527, 531, nach dessen Ansicht die Vorschrift eine „unübersichtliche bürokratische Vielfalt" erzeugt hätte.

[838] Hierzu Berger IPRax 2001, 522, 523.

Technologien offen gehalten. Auch im Hinblick auf die Nutzung moderner Kommunikationstechnologien könnte durch das Entfallen der Postwege eine erhebliche Verfahrensbeschleunigung erreicht werden. Dies setzt aber voraus, dass die Mitgliedstaaten sich hiermit einverstanden erklären und die entsprechenden technischen Voraussetzungen schaffen. Insoweit ist abzuwarten, welche Erklärungen die Mitgliedstaaten bis zum 1. Juli 2003 gemäß Art. 22 Nr. 3 EuBVO abgeben werden. Zu begrüßen ist aber in jedem Fall, dass die EuBVO hinsichtlich der Übermittlungswege für zukünftige Technologien offen gehalten wurde, indem keine konkreten Kommunikationswege festgeschrieben wurden.

Zusammenfassend betrachtet stellt die EuBVO verschiedene Maßnahmen zur Verfügung, welche die Erledigung eines Ersuchens um Beweisaufnahme im Vergleich zu Ersuchen nach dem Haager Beweisübereinkommen beschleunigen wird.[839] Der tatsächliche Umfang der Verfahrensbeschleunigung wird jedoch insbesondere im Hinblick auf die Nutzung moderner Kommunikationstechnologien von der konkreten Ausgestaltung der Möglichkeiten der EuBVO durch die Mitgliedstaaten abhängen.

IV. Die Regelung der Dokumentenvorlegung

Eine klare Differenzierung zwischen dem Haager Beweisübereinkommen und der EuBVO ist auch im Hinblick auf die Regelung der Dokumentenvorlegung im deutsch-englischen Rechtshilfeverkehr festzustellen.

Im Rahmen des Haager Beweisübereinkommens hat die Dokumentenvorlegung im Rechtshilfeverkehr mit common-law-Staaten in Art. 23 HBÜ eine spezielle Regelung erfahren. Hiernach kann jeder Vertragsstaat bei der Ratifikation oder dem Beitritt zum HBÜ erklären, dass er Rechtshilfeersuchen nicht erledigt, die ein Verfahren zum Gegenstand haben, das in den Ländern des common law unter der Bezeichnung "pre-trial discovery of documents" bekannt ist. Diesen Vorbehalt des Art. 23 HBÜ hat die Bundesrepublik Deutschland nach § 14 Abs. 1 AusfG[840] erklärt. Demgemäß werden im Verhältnis zu England als common-law-Staat solche Rechtshilfeersuchen im Sinne des HBÜ nicht erledigt, die eine Dokumentenvorlegung zum Gegenstand haben. Zwar wurde in der Literatur[841] vielfach der Versuch unternommen, eine einschränkende Auslegung des Art. 23 HBÜ vorzunehmen, nach der lediglich unspezifizierte oder unsubstantiierte Ersuchen nicht erledigt werden müssten. Diese Ansicht ist jedoch aus den bereits dargestellten Gründen abzulehnen.[842] Mit der Ansicht der Rechtsprechung[843] und einem Teil der Literatur[844] ist daher festzustellen, dass Rechtshilfeersu-

[839] Ebenso die Einschätzung von Geimer Rn. 2378c; ähnlich auch Berger IPRax 2001, 522, 523.

[840] Gesetz zur Ausführung des Haager Übereinkommens vom 15. November 1965 über die Zustellung gerichtlicher und außergerichtlicher Schriftstücke im Ausland in Zivil- oder Handelssachen und des Haager Übereinkommens vom 18. März 1970 über die Beweisaufnahme im Ausland in Zivil- und Handelssachen vom 22.11.1997, BGBl. I S. 3105.

[841] Vgl. Stein/Jonas-Berger Anh. zu § 363 A Art. 23 Rn. 142 f.; Schlosser Art. 23 HBÜ Rn. 3 ff.; Junker, Discovery, S. 284 ff.; Beckmann IPRax 1990, 201, 203 f.

[842] Hierzu siehe oben 3. Kapitel 1. Teil IV 3.

[843] OLG München JZ 1981, 538 ff.; BPatGE 34, 83, 84.

chen um Vorlegung von Dokumenten im Rahmen eines discovery- bzw. disclosure-Verfahrens dem Erledigungsvorbehalt des Art. 23 HBÜ i.V.m. § 14 Abs. 1 AusfG unterfallen. Da eine Rechtsverordnung im Sinne des § 14 Abs. 2 AusfG nicht existiert, bleibt es bei Ersuchen um Dokumentenvorlegung im Rahmen des Haager Beweisübereinkommens bei dem Totalvorbehalt des § 14 Abs. 1 AusfG.

Im Gegensatz hierzu findet sich in der EuBVO keine Sonderregelung hinsichtlich der Dokumentenvorlegung. Ersuchen, die auf eine Beweisaufnahme mittels Dokumentenvorlegung gerichtet sind, werden nach den allgemeinen Vorschriften der EuBVO behandelt. Dabei ist der Anwendungsbereich der Verordnung gemäß Art. 1 Abs. 1 EuBVO eröffnet, wenn das Gericht eines Mitgliedstaates nach seinen innerstaatlichen Rechtsvorschriften

- das zuständige Gericht eines anderen Mitgliedstaates um eine Beweisaufnahme ersucht, oder
- darum ersucht, in einem anderen Mitgliedstaat unmittelbar Beweis erheben zu dürfen.

Die bereits im Rahmen des Haager Beweisübereinkommens vorgesehene Beweisaufnahme durch das ersuchte Gericht ist demnach auch im Wege der EuBVO möglich. Ebenso wie nach Art. 11 Abs. 1 HBÜ wird die Erledigung des Ersuchens gemäß Art. 14 Abs. 1 EuBVO abgelehnt, wenn die von der Beweisaufnahme betroffene Person ein Weigerungsrecht geltend macht, das nach dem Recht des Mitgliedstaates des ersuchten Gerichts oder des ersuchenden Gerichts vorgesehen ist. Anders als in Art. 12 Abs. 1 lit. b HBÜ ist im Rahmen der EuBVO jedoch kein allgemeiner ordre-public-Vorbehalt vorgesehen.[845] Demnach kann bei einer Beweisaufnahme durch das ersuchte Gericht im Anwendungsbereich der EuBVO nicht geltend gemacht werden, dass der ersuchte Staat die Erledigung für geeignet hält, seine Hoheitsrechte oder seine Sicherheit zu gefährden.

Anders als im Anwendungsbereich des Haager Beweisübereinkommens werden die Ablehnungsgründe hinsichtlich eines Ersuchens um Beweisaufnahme durch das ersuchte Gericht abschließend in Art. 14 EuBVO geregelt. Demgegenüber enthält Art. 12 HBÜ nur die Gründe, aus denen ein Ersuchen wegen einer Kollision mit bestimmten nationalen Interessen abgelehnt werden kann und nicht - wie der Wortlaut[846] der Bestimmung nahe legen könnte - eine abschließende Aufzählung aller in Betracht kommenden Ablehnungsgründe.[847]

Neben dem Ersuchen um die Durchführung einer Beweisaufnahme durch das ersuchte Gericht besteht darüber hinaus erstmalig die Möglichkeit der unmittelbaren Beweisaufnahme durch das ersuchende Gericht auf fremdem Staatsgebiet.[848] Diese nach Art. 17 EuBVO gegebene Möglichkeit wird aber zugleich durch verschiedene Maß-

---

[844] Zöller-Geimer § 363 Rn. 115; MünchKomm-Musielak, ZPO, Anh. I zu § 363 Art. 23 Rn. 1 ff.; Blaschczok S. 155 ff.; Pfeil-Kammerer S. 233 ff.; Geimer Rn. 2489; Hök S. 290 ff.; Reufels RIW 1999, 667, 670; Greger ZRP 1988, 164, 165 f.; Schlosser ZZP 94 (1981), 369, 391 ff.

[845] Hierzu auch Geimer Rn. 2378b.

[846] „Die Erledigung eines Rechtshilfeersuchens *kann nur insoweit* abgelehnt werden...".

[847] Vgl. auch MünchKomm-Musielak, ZPO, Anh. I zu § 363 Art. 12 Rn. 1.

[848] Hierzu auch Geimer Rn. 2378c.

nahmen eingeschränkt. So ist die unmittelbare Beweisaufnahme nach Art. 17 Abs. 2 S. 1 EuBVO nur statthaft, wenn sie auf freiwilliger Grundlage und ohne Zwangsmaßnahmen erfolgen kann. Macht die unmittelbare Beweisaufnahme die Vernehmung einer Person erforderlich, so teilt das ersuchende Gericht dieser Person gemäß Art. 17 Abs. 2 S. 2 EuBVO mit, dass die Vernehmung auf freiwilliger Grundlage erfolgt. Darüber hinaus ist in Bezug auf die unmittelbare Beweisaufnahme durch das ersuchende Gericht ein ordre-public-Vorbehalt vorgesehen[849], auf den im Rahmen der Beweisaufnahme durch das ersuchte Gericht gerade verzichtet wurde. So kann die Erledigung des Ersuchens gemäß Art. 17 Abs. 5 lit. c EuBVO abgelehnt werden, wenn die beantragte unmittelbare Beweisaufnahme wesentlichen Rechtsgrundsätzen des Mitgliedstaates des ersuchten Gerichts zuwiderläuft. Schließlich sieht Art. 17 Abs. 4 S. 1 EuBVO ein Genehmigungserfordernis für Ersuchen um unmittelbare Beweisaufnahmen durch das ersuchende Gericht vor.[850] Diesbezüglich können auch Bedingungen gestellt werden, nach deren Maßgabe die unmittelbare Beweisaufnahme durch das ersuchende Gericht vorzunehmen ist. Die Zentralstelle oder die zuständige Behörde des ersuchten Staates hat nach Art. 17 Abs. 4 S. 2 EuBVO insbesondere die Möglichkeit, ein Gericht ihres Mitgliedstaates zu bestimmen, welches an der Beweisaufnahme teilnimmt, um die ordnungsgemäße Anwendung der Vorschriften der EuBVO und die Einhaltung der festgelegten Bedingungen sicherzustellen. Auf Grund der zahlreichen Einschränkungen der unmittelbaren Beweisaufnahme und der fehlenden Möglichkeit zur Ausübung geeigneter Zwangsmaßnahmen, wie sie in Art. 13 EuBVO für die Beweisaufnahme durch das ersuchte Gericht vorgesehen sind, ist die Effektivität der unmittelbaren Beweisaufnahme daher letztlich in Frage zu stellen.[851]

V. Schlussbemerkungen

Abschließend ist festzustellen, dass die Regelungen der EuBVO in vielen Punkten auf dem Haager Beweisübereinkommen basieren. Die Ähnlichkeit der Regelungen wurde insbesondere bei der „Initiative der Bundesrepublik Deutschland im Hinblick auf den Erlass einer Verordnung des Rates über die Zusammenarbeit zwischen den Gerichten der Mitgliedstaaten auf dem Gebiet der Beweisaufnahme in Zivil- und Handelssachen“[852] deutlich. Im Wege der Überarbeitung des Verordnungsvorschlages durch den Zivilrechtsausschuss (DG H III) des Rates[853], die im Ergebnis zu den Regelungen der EuBVO führte, wurde diese Ähnlichkeit jedoch etwas abgeschwächt. Dies gilt vor allem im Hinblick auf die erst im Rahmen der Überarbeitung[854] eingefügte Möglich-

---

[849] Vgl. auch Heß JZ 2001, 573, 579; Schulze IPRax 2001, 527, 532.

[850] Heß kritisiert zum Entwurf der diesbezüglichen Vorschrift in Art. 15a EuBVO-E, die Regelung stehe in auffallendem Kontrast zum Bestreben der Gemeinschaft, zeit- und kostenintensive Prüfungsverfahren abzuschaffen; vgl. Heß JZ 2001, 573, 579 bei Fn. 109.

[851] Geimer beschreibt die Regelung des Art. 17 EuBVO im Ergebnis als „reichlich kompromissbehaftet“, vgl. Geimer Rn. 2378c.

[852] Amtsblatt EG C 314 vom 03.11.2000 S. 1.

[853] Dokument 6850/01, Limite JUSTCIV 28 vom 05.04.2001; Dokument 6850/01 JUSTCIV 28 ADD 1 (Formblätter).

[854] Hierzu auch Schulze IPRax 2001, 527, 533.

keit der unmittelbaren Beweisaufnahme durch das ersuchende Gericht nach Art. 17 EuBVO.

Auf Grund der zahlreichen Maßnahmen der Verordnung zur Beschleunigung des Verfahrens kann davon ausgegangen werden, dass die EuBVO unter diesem Gesichtspunkt tatsächlich erhebliche Verbesserungen gegenüber dem Haager Beweisübereinkommen realisieren wird. Dies gilt selbst dann, wenn die Möglichkeiten der elektronischen Kommunikation zunächst auf Grund mangelnder Ausstattung der Gerichte nicht genutzt werden können. Die deutlichste Verbesserung der EuBVO im Hinblick auf die Dokumentenvorlegung ist jedoch, dass eine solche nunmehr einheitlich für alle Mitgliedstaaten[855] geregelt und insbesondere im deutsch-englischen Rechtshilfeverkehr grundsätzlich ermöglicht wird. Die Rechtsunsicherheit, die durch die Diskussion über Art. 23 HBÜ in den vergangenen Jahren entstanden ist, wird mit der Geltung der EuBVO ab dem 1. Januar 2004 beseitigt sein. Die EuBVO bedeutet im Ergebnis einen erheblichen Fortschritt auf dem Weg zu einer europäischen Rechtsangleichung und der möglichen Schaffung eines umfassenden europäischen Beweisverfahrensrechts.

[855] Gemäß Art. 1 Abs. 3 EuBVO bezeichnet der Ausdruck „Mitgliedstaat" im Sinne der Verordnung die Mitgliedstaaten mit Ausnahme Dänemarks.

4. Kapitel: Auswirkungen auf die deutsche Rechtspraxis

Im Hinblick auf die Regelungen der zivilprozessualen Dokumentenvorlegung in Deutschland und England sowie die Neuerungen der ab dem 1. Januar 2004 anwendbaren EuBVO sollen im Folgenden die Auswirkungen auf die deutsche Rechtspraxis näher beleuchtet werden.

Zunächst soll dabei der Frage nachgegangen werden, wie sich die konkreten Verfahrensschritte der Einführung eines im Ausland belegenen Dokumentes in einen deutschen Zivilprozess darstellen. Hierbei soll abweichend von der bisherigen systematischen Darstellung der verschiedenen Regelungen dazu übergegangen werden, die zivilprozessuale Dokumentenvorlegung aus der Perspektive der Beteiligten des Verfahrens zu untersuchen. Im Anschluss daran soll überprüft werden, ob die EuBVO auch im Hinblick auf die Entwicklung bzw. Anwendung der ZPO Auswirkungen haben wird. Letztlich soll ein Ausblick auf die zukünftige Entwicklung der EuBVO im Gesamtkontext des europäischen Zivilverfahrensrechts gegeben werden.

1. Teil: Auswirkungen auf internationale Zivilverfahren

Im Rahmen eines Zivilprozesses mit internationalem Hintergrund stellt sich für die Beteiligten regelmäßig die Frage, wie sich der konkrete Verfahrensgang für sie darstellt und welche Möglichkeiten sie im Einzelnen haben, auf die Beweiserhebung Einfluss zu nehmen. Dabei kommt zunächst die Situation in Betracht, dass eine Partei Beweis über ein im Ausland belegenes Dokument erheben möchte. Demgegenüber steht die Situation, dass eine Partei die Beweiserhebung hinsichtlich eines im Ausland belegenen Dokumentes verhindern möchte. Schließlich ist zu erörtern, wie ein am Verfahren unbeteiligter Dritter auf die gerichtliche Aufforderung zur Vorlegung eines Dokumentes reagieren kann.

I. Die Einführung eines Dokumentes in den Zivilprozess

Ist ein Zivilverfahren mit internationalem Hintergrund vor einem deutschen Gericht anhängig, wird sich für die Parteien und deren Prozessbevollmächtigte regelmäßig die Frage stellen, wie sie im Zusammenhang mit ihrer Beweisführung auf im Ausland belegene Dokumente zurückgreifen können.

1. Das anwendbare Verfahrensrecht

Um diese Frage beantworten zu können, muss zunächst geklärt werden, nach welchem Recht sich die Beweiserhebung vor dem deutschen Gericht richtet.

a. Das lex-fori-Prinzip

Der BGH verfährt in ständiger Rechtsprechung nach folgendem Grundsatz: „Die deutschen Gerichte wenden in den vor ihnen anhängigen Verfahren nur deutsches Verfahrensrecht an.“[856] Dieses Prinzip der lex fori ist im deutschen Recht zwar nicht festgeschrieben, wird jedoch national und international ganz überwiegend anerkannt. Das

---

[856] BGH NJW 1985, 552, 553; BGH WM 1977, 793, 794; vgl. auch Soergel-Kegel Vor Art. 7 EGBGB Rn. 639 m.w.N.

lex-fori-Prinzip sei „eine der ältesten und am wenigsten bestrittene Regel des internationalen Privatrechts", weshalb es als "unquestionable" angesehen werde.[857] Einen gesetzlichen Niederschlag hat das lex-fori-Prinzip zum Beispiel mit Art. 12 IPRG in Italien sowie mit Art. 8 Nr. 2 C.civ. in Spanien gefunden.
Zur dogmatischen Begründung des lex-fori-Prinzips wurden in der Literatur zahlreiche Ansätze entwickelt. So wurde unter Verweis auf die öffentlich-rechtliche Natur des Verfahrensrechts argumentiert, dass jenes die Tätigkeit von Staatsorganen auf deren Staatsgebiet regele und sowohl für das Gericht als auch die Parteien wesentliche Verhaltensnormen aufstelle. Aus diesem Grunde müssten die Gerichte als Staatsorgane grundsätzlich nur ihr innerstaatliches Verfahrensrecht anwenden.[858] Eine andere Ansicht betrachtet den Zivilprozess als Form und will auf ihn den kollisionsrechtlichen Grundsatz „locus regit formam actus" anwenden.[859] Teilweise wird auch der deutsche ordre public zur Begründung des lex-fori-Prinzips herangezogen.[860] Durchgesetzt hat sich letztlich keine dieser Ansichten. Das Prinzip der lex fori wird heute primär als Folge der Erfordernisse von Rechtssicherheit und Prozessökonomie angesehen.[861] Die Anwendung deutschen Prozessrechts sei in weiten Bereichen ein „Gebot der praktischen Vernunft".[862] Das ihm vertraute Verfahrensrecht wisse der Richter schnell und sicher anzuwenden. Die Anwendung eines ausländischen Verfahrensrechts hingegen koste Zeit und Geld, ließe den Richter unsicher werden und könne dadurch seine Autorität gefährden.[863]
Das Prinzip der lex fori verdient im Ergebnis Zustimmung. So kann nicht verleugnet werden, dass der Grundsatz der Anwendung des nationalen Verfahrensrechts aus prozessökonomischen Gründen sinnvoll erscheint. Selbst wenn man die Ansicht vertritt, dass ein allgemeines Prinzip nicht bestehe und eine Anknüpfung nur im Rahmen von konkreten Einzelfragen sinnvoll behandelt werden könne[864], so zeigt sich doch anhand von Fallbeispielen, dass die lex fori in aller Regel Anwendung findet. Aus diesem Grunde kann meines Erachtens durchaus von einem bestehenden Regel-Ausnahme-Verhältnis ausgegangen werden, welches die Basis des lex-fori-Prinzips darstellt.

b. Lex fori und Dokumentenvorlegung

Viel wichtiger als die Frage, ob an dem Grundsatz der lex fori festgehalten werden soll oder nicht, erscheint jedoch die Frage, in welchen Fällen die Anwendung ausländischer Verfahrensnormen in Betracht kommt. Gerade im Hinblick auf die Dokumentenvorlegung in Deutschland und England wird diese Problematik relevant. So wurden die

---

[857] Geimer Rn. 319 m.w.N.; vgl. auch Rixen S. 24.
[858] Keller/Siehr S. 587; von Craushaar S. 21 ff.
[859] Hierzu vgl. Coester-Waltjen, Internationales Beweisrecht, Rn. 128; vgl. auch Schack, Internationales Zivilverfahrensrecht, Rn. 42.
[860] Hierzu Keller/Siehr S. 587; Mössle S. 269.
[861] Nagel/Gottwald § 1 Rn. 40; Schack, Internationales Zivilverfahrensrecht, Rn. 43; Geimer Rn. 322; Leipold S. 27; Rixen S. 24 ff.
[862] Geimer Rn. 322.
[863] Schack, Internationales Zivilverfahrensrecht, Rn. 43.
[864] So Schack, Internationales Zivilverfahrensrecht, Rn. 44.

Unterschiede in den Regelungen der zivilprozessualen Dokumentenvorlegung in Deutschland und England bereits dargestellt.[865] Im Hinblick auf das lex-fori-Prinzip ist hierbei insbesondere die Tatsache problematisch, dass sich ein Anspruch auf Vorlegung eines Dokumentes im englischen Recht vornehmlich aus dem Verfahrensrecht ergibt, während sich ein Anspruch auf Dokumentenvorlegung im deutschen Recht ganz überwiegend nach dem materiellen Recht richtet.[866]

aa. Die Problematik

So stellt sich die Frage, nach welchem Recht ein Begehren um Dokumentenvorlegung zu beurteilen ist, wenn das diesbezügliche Zivilverfahren in Deutschland anhängig ist, materiellrechtlich jedoch englisches Recht Anwendung findet. In dieser Konstellation wäre nach dem lex-fori-Prinzip das deutsche Zivilverfahrensrecht anwendbar, welches prozessuale Ansprüche auf Dokumentenvorlegung nur in Ausnahmefällen vorsieht, so zum Beispiel in den §§ 142, 144, 423 ZPO. Auch das englische materielle Recht sähe in aller Regel keine Ansprüche auf Dokumentenvorlegung vor, da sich diese hier aus dem Prozessrecht ergeben. So verpflichten bereits die prozessualen Regelungen der "disclosure and inspection of documents" gemäß CPR 31 die Parteien des englischen Zivilprozesses dazu, sich über die für den Rechtsstreit relevanten Dokumente zu erklären und diese regelmäßig auch vorzulegen.[867] Würde in dieser Konstellation strikt danach verfahren, deutsches Prozessrecht und englisches materielles Recht anzuwenden, bestünden im Ergebnis regelmäßig überhaupt keine Ansprüche auf Vorlegung von Dokumenten.

bb. Die Anpassung

Vornehmlich im Zusammenhang mit Auskunftsansprüchen wird die Problematik der Widersprüche zwischen mehreren zur Anwendung berufenen Rechtsordnungen in der Literatur unter dem Begriff der Anpassung oder der Angleichung behandelt. Mit anderen Worten ergeben sich Anpassungsprobleme immer dann, wenn die Kollisionsnormen einer Rechtsordnung unterschiedliche Sachrechte zur Regelung von zusammenhängenden Teilfragen eines einheitlichen Lebenssachverhaltes berufen.[868] Beispielhaft kann hier die Problematik von familienrechtlichen Auskunftsansprüchen angeführt werden. Der Anspruch auf Auskunft über das Vermögen des Ehepartners ist im deutschen materiellen Recht gemäß den §§ 1580, 1605 BGB geregelt. In Österreich ist der entsprechende Auskunftsanspruch hingegen verfahrensrechtlich geregelt. Findet in einem Scheidungsverfahren nun deutsches Verfahrensrecht und österreichisches materielles Recht Anwendung, so entsteht hier die Problematik, dass keiner der Auskunftsnormen Anwendung findet, obwohl beide Rechtsordnungen die Notwendigkeit einer Auskunftspflicht vorsehen.

Eine Anpassung ist somit geboten, wenn das Zusammenspiel der verschiedenen anwendbaren Sachrechte zu einer wesentlichen Störung der Interessenwertung bei min-

---

[865] Siehe oben 2. Kapitel 3. Teil.

[866] Hierzu siehe oben 2. Kapitel 3. Teil IV.

[867] Hierzu siehe oben 2. Kapitel 2. Teil II.

[868] Mansel FamRZ 1997, 1198.

destens einem der Sachrechte führt.[869] Inhaltlich geht es folglich um die Auflösung eines Normenwiderspruchs, hinsichtlich dessen teilweise noch zwischen der Normenhäufung und dem Normenmangel differenziert wird.[870] Als Lösungsmöglichkeit einer Anpassung kommt zum einen der materiell-rechtlichen Ansatz in Betracht.[871] Hiernach wird das materielle Recht der einen oder beiden berufenen Rechtsordnungen dahin gehend verändert, dass sich das gewünschte Ergebnis eines Auskunftsanspruchs einstellt. Hiernach bleiben die Kollisionsrechte des Internationalen Privatrechts unverändert. Hingegen werden die Rechtssätze des materiellen Rechts dahin gehend verändert, dass der Normenwiderspruch entfällt. Begründet wird diese Ansicht damit, dass es sich um eine spezielle Art des Auslandssachverhaltes handele. Die Sachrechtsanwendung müsse an die Tatsache angepasst werden, dass Teile des einheitlichen Lebenssachverhaltes von einem anderen Recht beurteilt werde.[872] Eine weitere Möglichkeit der Anpassung bietet der kollisionsrechtliche Ansatz.[873] Hiernach wird der Konflikt auf der Ebene des Kollisionsrechts beseitigt, indem man an den einheitlichen Sachverhalt einheitlich anknüpft und diesen so einer der beiden Rechtsordnungen ausdrücklich zuweist. Mit anderen Worten wird hier entweder die Grenze zwischen zwei Kollisionsnormen verschoben oder eine neue Kollisionsnorm gebildet. Hierbei handele es sich um den speziellen Fall eines zulässigen Abgehens von einer gegebenen Kollisionsnorm, weil die konkrete Interessenlage von der in der Kollisionsnorm vorausgesetzten so stark abweiche, dass sie die kollisionsrechtliche Entscheidung nicht mehr trage und auch das allgemeine Kontinuitätsinteresse ein Festhalten an der Norm nicht gebiete.[874] Die Lösung der Anpassungsproblematik wird weitestgehend in einer Interessenabwägung im Einzelfall gesehen.[875] Hierbei sei die Lösung anzuwenden, welche im Hinblick auf den konkreten Sachverhalt den geringst möglichen Eingriff in das bestehende Recht darstelle.[876] Dies gebiete die Bindung des Richters an das Gesetz sowie die Erfordernisse der Rechtssicherheit. Im Ergebnis sei daher anzustreben, die Lösung nach Möglichkeit einer der beiden widerstreitenden Rechtsordnungen zu entnehmen und nicht auf ein drittes Recht auszuweichen oder gar eine völlig neue Lösung zu konstruieren.[877]

cc. Die Verlagerung der Problematik

Im Hinblick auf die hier problematische Anpassung von Ansprüchen auf Dokumentenvorlegung vertreten Nagel/Gottwald[878] folgenden Ansatz: Da in einigen Staaten die

---

[869] Looschelders S. 125.
[870] Hierzu vgl. Kropholler § 34 III.
[871] Kegel/Schurig § 8 III; von Hoffmann § 6 Rn. 37.
[872] Kegel/Schurig § 8 II 1.
[873] Hierzu vgl. von Hoffmann § 6 Rn. 36; Kegel/Schurig § 8 III 1.
[874] Kegel/Schurig § 8 III 1.
[875] OLG Hamm FamRZ 1968, 321; OLG Saarbrücken FamRZ 1966, 42; LG Wuppertal FamRZ 1976, 714; Kropholler § 34 IV 2.
[876] Kegel/Schurig § 8 III 1.
[877] Kropholler § 34 IV 2.
[878] Internationales Zivilprozessrecht § 9 Rn. 148.

prozessuale Vorlegungspflicht so weit ausgedehnt sei, dass für eine materiellrechtliche Vorlegungspflicht kein oder kaum Raum bleibe, frage es sich, ob der deutsche Richter insoweit auf die ausländische prozessuale Vorlegungspflicht zurückgreifen dürfe. Nach Ansicht von Nagel/Gottwald muss der deutsche Prozessrichter dem inländischen oder ausländischen Beweisführer eine Frist setzen. Es sei dann dessen Sache, sich die Urkunde von einem ausländischen Beklagten oder einem ausländischen Dritten zu besorgen.[879] Gemäß § 430 ZPO i.V.m. § 424 Nr. 5 ZPO könne der Beweisführer als Grund angeben, der Gegner bzw. der Dritte sei ihm nach dem ausländischen Prozessrecht zur Vorlegung bzw. Herausgabe der Urkunde verpflichtet. Das ausländische Prozessrecht könne durch Vorlage der entsprechenden Vorschriften glaubhaft gemacht werden.[880]

dd. Stellungnahme

Meines Erachtens muss eine Lösung der vorgenannten Problematik unter Zugrundelegung des lex-fori-Prinzips entwickelt werden. Ausgangspunkt der Überlegungen ist der verfassungsmäßig verbürgte Anspruch auf effektiven Rechtsschutz gemäß Art. 19 Abs. 4 GG. Dieser gilt grundsätzlich sowohl für die inländische als auch für die ausländische Partei eines Zivilverfahrens vor deutschen Gerichten. Demgemäß verbietet sich jeglicher Lösungsansatz, der die Effektivität des Rechtsschutzes in den Hintergrund drängt oder zumindest wesentlich behindert.[881]

In dieser Hinsicht ist die Funktion des Verfahrensrechts zu beachten, welches dem materiellen Recht Geltung zu verschaffen hat.[882] Wenn aber das Internationale Privatrecht die Anwendung des englischen materiellen Rechts vorschreibt, dann kann dessen effektive Umsetzung vor deutschen Gerichten letztlich nicht dadurch verhindert werden, dass die Unterschiede zwischen der deutschen und der englischen Zivilverfahrensordnung zu einem Ausschluss der prozessualen Dokumentenvorlegung führen. Aus diesem Grunde müssen meines Erachtens die nach dem lex-fori-Prinzip anwendbaren Vorschriften der ZPO so angepasst werden, dass im Ergebnis eine in der Praxis handhabbare und effektive Dokumentenvorlegung ermöglicht wird.[883] Ausgehend von den Regelungen der ZPO über den Urkundsbeweis und den Augenscheinsbeweis ist insofern der prozessuale Vorlegungsanspruch der englischen CRP 31 zu berücksichtigen.

Eine Parallele kann hierbei im Hinblick auf die neu gefassten Vorschriften der §§ 142, 144 ZPO gezogen werden, die nach dem Willen des Gesetzgebers ebenfalls eine rein prozessuale Vorlegungsverpflichtung begründen.[884] Nach § 142 Abs. 1 S. 1 ZPO kann

---

[879] Nagel/Gottwald, Internationales Zivilprozessrecht, § 9 Rn. 148.

[880] Nagel/Gottwald, Internationales Zivilprozessrecht, § 9 Rn. 148 a.E.

[881] Ähnlich auch Nagel/Gottwald, Internationales Zivilprozessrecht, § 1 Rn. 50.

[882] BGHZ 18, 98, 106; BGHZ 10, 333, 336; Rixen S. 20; Eschenfelder S. 85; Schumann in: FS Larenz S. 571, 603.

[883] Zur Zulässigkeit der Anpassung des deutschen Verfahrensrechts an das ausländische materielle Recht vgl. v. Bar, IPR, Band 1, Rn. 365, 371.

[884] Hierzu vgl. auch oben 2. Kapitel 1. Teil III 1 b bb (2) insbesondere im Hinblick auf die neu eingeführte prozessuale Vorlegungsverpflichtung auch gegenüber am Prozess unbeteiligten Dritten.

das Gericht anordnen, dass eine Partei oder ein Dritter die in ihrem oder seinem Besitz befindlichen Urkunden oder sonstigen Unterlagen, auf die sich eine Partei bezogen hat, vorlegt. Eine entsprechende Regelung sieht § 144 ZPO für den Augenscheinsbeweis vor. Das dem Gericht hier zur Verfügung stehende Ermessen verdichtet sich im Falle der hier geschilderten Problematik im Wege der verfassungskonformen Auslegung dahin gehend, dass das Gericht zu einer Anordnung der Vorlegung verpflichtet ist.[885] Dies kann freilich nur dann gelten, wenn die im Rahmen der §§ 142, 144 ZPO ohnehin relevanten berechtigten Belange der Verhinderung einer Ausforschung des Gegners[886] sowie des Geheimnis- und Persönlichkeitsschutzes[887] nicht entgegen stehen.
Bei Vorlegungsanordnungen gegenüber in Deutschland ansässigen Dritten sind darüber hinaus die Vorschriften der §§ 142 Abs. 2 S. 1, 144 Abs. 2 S. 1 ZPO zu beachten, nach denen Dritte zur Vorlegung von Urkunden und sonstigen Unterlagen oder zur Duldung der Augenscheinnahme nicht verpflichtet sind, soweit ihnen diese nicht zumutbar ist oder sie zur Zeugnisverweigerung gemäß den §§ 383 bis 385 ZPO berechtigt sind. Diese Voraussetzungen müssen im Hinblick auf das lex-fori-Prinzip beachtet werden, obwohl sie nach englischem Recht nicht oder nur weniger weitgehend vorgesehen sind. Die Lösung der im Zusammenhang mit den Zeugnisverweigerungsrechten entstehenden Interessenkonflikte hat der deutsche Gesetzgeber für das Staatsgebiet der Bundesrepublik Deutschland abschließend geregelt.[888] Nur hierdurch kann der Rechtsfrieden auf dem Gebiet der Bundesrepublik Deutschland gesichert und den hier ansässigen Bürgern hinreichende Rechtssicherheit gewährleistet werden. Dieser Gedanke lässt sich im Übrigen auch den Artikeln 11 Abs. 1 HBÜ, 14 Abs. 1 EuBVO entnehmen, die bei Ersuchen um eine Beweisaufnahme nicht nur die Weigerungsrechte nach dem Recht des ersuchenden Staates, sondern ausdrücklich auch die Weigerungsrechte nach dem Recht des ersuchten Staates berücksichtigen.
Im Ergebnis sind nach der hier vertretenen Ansicht einerseits die Interessen der Parteien im Hinblick auf einen effektiven Rechtsschutz gewahrt, da die Entscheidung über eine Vorlegungsverpflichtung innerhalb des bereits anhängigen Verfahrens getroffen und nicht wie bei der von Nagel/Gottwald[889] vertretenen Ansicht auf ein weiteres Verfahren verschoben wird. Andererseits wird dem lex-fori-Prinzip Geltung verschaffen und die Systematik der anzuwendenden Vorschriften der ZPO gewahrt. Hierdurch wendet das deutsche Gericht die ihm vertrauten Vorschriften an und begegnet nicht der Gefahr, mangels Rechtskenntnis an Autorität zu verlieren. Gleichzeitig birgt die hier vertretene Lösung nur einen geringen Eingriff in das geltende Recht, da die Problemlösung ohne Anpassung des materiellen Rechts oder des Kollisionsrechts auf der Ebene

---

885 Ausnahmsweise kommt eine Fristsetzung zur Herbeischaffung durch den Beweisführer dann in Betracht, wenn die §§ 142, 144 ZPO nicht weit genug gehen, also z.B. wenn eine umfangreiche Suche des zur Vorlegung Verpflichteten erforderlich wäre; durch eine weite Auslegung des Begriffs des Besitzes i.S.d. § 142 ZPO dürfte dies jedoch nur äußerst selten der Fall sein.
886 Hierzu Zöller-Greger § 142 Rn 1; Baumbach/Lauterbach-Hartmann § 142 Rn. 2.
887 Vgl. BT-Drucks. 14/6036 S. 120.
888 Zu den sehr seltenen Ausnahmen vgl. Baumbach/Lauterbach-Hartmann Einf. vor §§ 383-389 Rn. 1.
889 Internationales Zivilprozessrecht § 9 Rn. 148.

der Ermessensausübung erfolgt. In diesem Sinne wird auch der im Rahmen der Anpassungsproblematik weit verbreiteten Forderung Geltung verschafft, dass der geringst mögliche Eingriff in das bestehende Recht zu wählen sei.[890] Auf Grund dessen erscheint die Ermessensreduzierung im Zusammenhang mit der Anwendung der §§ 142, 144 ZPO durch das deutsche Gericht als überzeugende Lösung für den Fall, dass ein deutsches Gericht nach den einschlägigen Regelungen deutsches Zivilverfahrensrecht und englisches materielles Recht anzuwenden hat. Damit bleibt festzuhalten, dass sich die Einführung eines Dokumentes in einen vor deutschen Gerichten anhängigen Zivilprozess unabhängig vom dem anzuwendenden materiellen Recht nach den Regelungen der ZPO richtet.

2. Die Beweiserhebung

Die Partei, die nach der wie soeben festgestellt anwendbaren ZPO ein im Ausland belegenes Dokument zu Beweiszwecken in das Zivilverfahren einführen möchte, muss sich zunächst die Frage stellen, welche konkreten Vorschriften der ZPO auf das heranzuziehende Dokument anwendbar sind.

a. Der Beweisantrag

Der grundsätzlich zu stellende Beweisantrag steht in Abhängigkeit davon, ob es sich bei dem betreffenden Dokument um eine Urkunde im Sinne der §§ 415 ff. ZPO oder um ein Augenscheinsobjekt im Sinne der §§ 371 ff. ZPO handelt.

aa. Der Urkundsbeweis

Handelt es sich um eine Urkunde im Sinne der §§ 415 ff. ZPO[891], und befindet sich die Urkunde nach der Behauptung des Beweisführers im Besitz des Gegners, so wird der Beweis gemäß § 421 ZPO durch den Antrag angetreten, dem Gegner die Vorlegung der Urkunde aufzugeben. Der Antrag des Beweisführers muss dabei nach § 424 S. 1 ZPO folgende Angaben enthalten:

1. die Bezeichnung der Urkunde,
2. die Bezeichnung der Tatsachen, die durch die Urkunde bewiesen werden sollen,
3. die möglichst vollständige Bezeichnung des Inhalts der Urkunde,
4. die Angabe der Umstände, auf welche die Behauptung sich stützt, dass die Urkunde sich in dem Besitz des Gegners befindet, und
5. die Bezeichnung des Grundes, der die Verpflichtung zur Vorlegung der Urkunde ergibt, wobei der Grund glaubhaft zu machen ist.

Befindet sich die Urkunde nach der Behauptung des Beweisführers im Besitz eines Dritten, so wird der Beweis gemäß § 428 ZPO durch den Antrag angetreten, zur Herbeischaffung der Urkunde eine Frist zu bestimmen oder eine Anordnung nach § 142 ZPO zu erlassen.

Im Falle der Anordnung nach § 142 ZPO ist es dem Gericht auch möglich, die Vorlegung einer Urkunde ohne vorherigen Beweisantrag der beweisbelasteten Partei zu

---

[890] Vgl. hierzu nur Kegel/Schurig § 8 III 1 mit weiteren Nachweisen.
[891] Hierzu siehe oben 2. Kapitel 1. Teil III 1 a.

bestimmen.[892] Die Anordnung von Amts wegen steht jedoch im pflichtgemäßen Ermessen des Gerichts und wird in der Praxis nur in Ausnahmefällen ergehen[893], so dass von Seiten der beweisbelasteten Partei nicht auf den Beweisantrag verzichtet werden sollte.

bb. Der Augenscheinsbeweis

Handelt es sich bei dem zu Beweiszwecken heranzuziehenden Dokument um ein Augenscheinsobjekt[894], so wird der Beweis gemäß § 371 Abs. 1 S. 1 durch die Bezeichnung des Gegenstandes des Augenscheins und durch die Angabe der zu beweisenden Tatsache angetreten. Befindet sich der Gegen-stand nach der Behauptung des Beweisführers im Besitz eines Dritten, so wird der Beweis nach § 371 Abs. 2 S. 1 ZPO außerdem durch den Antrag angetreten, zur Herbeischaffung des Gegenstandes eine Frist zu setzen oder eine Anordnung nach § 144 ZPO zu erlassen.

Die Anordnung nach § 144 ZPO kann ebenso wie im Rahmen des § 142 ZPO von Amts wegen ohne vorherigen Beweisantritt der beweisbelasteten Partei ergehen. Da es sich jedoch auch hierbei in der Praxis um den Ausnahmefall handelt, sollte in der Regel ein entsprechender Beweisantrag gestellt werden.

b. Die Entscheidung des Gerichts

Liegt nach dem Vorgesagten ein ordnungsgemäßer Beweisantrag vor, ist das Gericht zu einer Entscheidung hierüber verpflichtet. Kommt es zu dem Schluss, dass eine Beweisaufnahme für die Entscheidung über den anhängigen Streitgegenstand erforderlich ist, stellt sich im Hinblick auf im Ausland belegene Dokumente die Frage, wie auf diese zugegriffen werden kann. Hierfür stehen verschiedene Möglichkeiten zur Verfügung. Die anzuwendenden Vorschriften richten sich dabei nach der Entscheidung des Gerichts, die Beweisaufnahme im Inland oder im Ausland durchzuführen.

aa. Die Beweiserhebung im Inland

Eine Beweisaufnahme im Inland kommt insbesondere dann in Betracht, wenn viel dafür spricht, dass das betreffende Dokument freiwillig ins Inland verbracht werden wird. In diesem Fall kann der Prozess im Ergebnis beschleunigt werden, da die Inanspruchnahme ausländischer Behörden bzw. Gerichte entfällt. Sinnvoll kann eine Beweisaufnahme im Inland auch dann sein, wenn gleichzeitig mit der Dokumentenvorlegung noch weitere Beweismittel in das Verfahren eingeführt werden und nur so dem Grundsatz der Parteiöffentlichkeit der Beweisaufnahme nach § 357 Abs. 1 ZPO Geltung verschafft werden kann. Dies käme beispielsweise dann in Frage, wenn ein Dritter nicht nur zur Vorlegung eines Dokumentes verpflichtet werden soll, sondern darüber hinaus auch zu einer Zeugenaussage. Ist es in diesem Fall einfacher, den Zeugen aus dem Ausland vor das Prozessgericht zu laden, als die Parteien ins Ausland zu verbringen, so kann dies für eine Beweisaufnahme im Inland sprechen. Denn die mit

---

[892] Hierzu siehe oben 2. Kapitel 1. Teil III 1 b bb.

[893] Zu den das Ermessen leitenden Grundsätzen vgl. unten 4. Kapitel 2. Teil I 2.

[894] Hierzu siehe oben 2. Kapitel 1. Teil III 2 a.

dem Sachverhalt vertrauten Parteien sind oftmals am Besten in der Lage, die zur Aufklärung sachdienlichen Fragen zu stellen oder leichtfertige Aussagen zu verhindern.[895] Zu beachten ist jedoch, dass die vorgenannten Überlegungen keine für das Gericht zwingende Folge nach sich ziehen. Die Entscheidung zwischen einer Beweisaufnahme im Inland und einer Beweisaufnahme im Ausland hat das Gericht ausschließlich einzelfallbezogen nach Zweckmäßigkeitsgesichtspunkten zu treffen.[896] Jedenfalls im Hinblick auf die Dokumentenvorlegung besteht grundsätzlich weder ein Vorrang für die Beweisaufnahme im Inland noch ein Vorrang für die Beweisaufnahme im Ausland.[897]

Entscheidet sich das Gericht demnach für eine Beweiserhebung im Inland unter Herbeischaffung des Dokumentes aus dem Ausland, sind hierauf ausschließlich die Vorschriften der ZPO anwendbar. Die Anwendung ausländischer Verfahrensvorschriften oder solche der EuBVO oder des HBÜ kommt nicht in Betracht. Selbstverständlich kann der Beweisbeschluss jedoch nicht mit einer auslandsbezogenen Zwangsmittelandrohung versehen werden, da es insoweit an der erforderlichen Gerichtsgewalt auf fremdem Hoheitsgebiet fehlt.[898] Ist mit einer Verweigerung der Dokumentenvorlegung z.B. durch einen im Ausland ansässigen Dritten zu rechnen, sollte von einer Beweisaufnahme im Inland Abstand genommen werden. Der Beweisführer sollte insoweit eruieren, ob eine Beweisaufnahme im Inland erfolgversprechend erscheint. Ist dies der Fall, sollte er dem Prozessgericht die erheblichen Zweckmäßigkeitsgesichtspunkte vortragen und eine Entscheidung des Gerichts zugunsten der Beweiserhebung im Inland anregen.

bb. Die Beweiserhebung im Ausland

Entscheidet sich das Prozessgericht für die Durchführung einer Beweisaufnahme im europäischen Ausland, so kommt ab dem 1. Januar 2004 die Anwendung der Vorschriften der EuBVO in Betracht. Diese gilt in unmittelbarer Wirkung für alle europäischen Mitgliedstaaten mit Ausnahme Dänemarks.[899] Die Mitgliedstaaten sind jedoch weiterhin berechtigt, über die Vorschriften der EuBVO hinaus gehende Regelungen in bilateralen oder multilateralen Vereinbarungen bzw. Übereinkünften zu treffen.[900] Bestehende Vereinbarungen bleiben gemäß Art. 21 Abs. 2 EuBVO weiterhin wirksam, sofern sie mit der EuBVO vereinbar sind.

Voraussetzung für die Anwendung der EuBVO ist, dass das anhängige Verfahren vom Anwendungsbereich der Verordnung umfasst wird. Nach Art. 1 Abs. 1 EuBVO ist die Verordnung auf Verfahren in Zivil- oder Handelssachen anzuwenden, wenn das Gericht eines Mitgliedstaates nach seinen innerstaatlichen Rechtsvorschriften

---

[895] Daoudi S. 73; Stadler ZZP 110 (1997), 137, 147; Schneider ZZP 74 (1961), 87, 88.

[896] So auch BGH IPRax 1981, 57; BGH NJW 1990, 3088, 3089 f.; BGH ZZP 105 (1992), 500, 501 ff.; Schulze IPRax 2001, 527, 532 f.

[897] Hierzu siehe oben 3. Kapitel 2. Teil V 3 b ee.

[898] Hierzu siehe oben 3. Kapitel 2. Teil V 3 a bb (5); vgl. auch Born S. 920.

[899] Vgl. Ziffer 22 der Präambel zur EuBVO.

[900] Hierzu siehe oben 3. Kapitel 2. Teil V 3 a aa.

a. das zuständige Gericht eines anderen Mitgliedstaates um eine Beweisaufnahme ersucht, oder
b. darum ersucht, in einem anderen Mitgliedstaat unmittelbar Beweis erheben zu dürfen.

Um eine Beweisaufnahme darf hierbei gemäß Art. 1 Abs. 2 EuBVO nur dann ersucht werden, wenn die Beweise zur Verwendung in einem bereits eingeleiteten oder noch zu eröffnenden Verfahren bestimmt sind.
Im Ergebnis stehen dem Gericht hier wiederum zwei Entscheidungsmöglichkeiten zur Verfügung: Auf der einen Seite kommt in Betracht, die Beweisaufnahme durch das in dem betreffenden europäischen Mitgliedstaat zuständige Gericht durchführen zu lassen. Auf der anderen Seite kann das Prozessgericht auch darum ersuchen, die Beweisaufnahme selbst in dem betreffenden Mitgliedstaat durchführen zu dürfen.

(1). Die Beweiserhebung im Ausland durch das ersuchte Gericht

Entscheidet sich das Prozessgericht dafür, die Beweiserhebung im Ausland nicht selbst durchzuführen, so muss es unter Verwendung des hierfür vorgesehenen Formblattes A bei dem zuständigen ausländischen Gericht um die Durchführung der Beweisaufnahme ersuchen.

(a). Das Ersuchen um eine Beweisaufnahme

Im Rahmen des Formblattes A sind dabei alle für die Beweisaufnahme wesentlichen Daten mitzuteilen. So sind gemäß Art. 4 Abs. 1 S. 1 EuBVO zum Beispiel das ersuchende und das ersuchte Gericht, der Name und die Anschrift der Parteien und ggf. deren Vertreter, die Art und der Gegenstand der Rechtssache, eine gedrängte Darstellung des Sachverhaltes sowie die Bezeichnung der durchzuführenden Beweisaufnahme anzugeben. Bei Beweiserhebungen im Hinblick auf Dokumente ist zu beachten, dass jene durch das ersuchende Gericht hinreichend bestimmt bezeichnet werden müssen. Art. 4 Abs. 1 S. 2 lit. f EuBVO stellt insoweit fest, dass der Beweisaufnahme unterliegende Urkunden und sonstige Gegenstände in dem Ersuchen um eine Beweisaufnahme angegeben werden müssen. Hierbei handelt es sich um ein Bestimmtheitserfordernis, durch welches die Möglichkeit einer Ausforschung des prozessualen Gegners eingeschränkt werden soll.[901] Im deutschen Zivilprozess werden hierdurch regelmäßig keine Probleme entstehen, da die Parteien für die von ihnen behaupteten Tatsachen[902] ohnehin ein konkret bestimmtes Beweismittel zu benennen haben. So ist das Gericht grundsätzlich nur im Falle eines hinreichend bestimmten Beweisantrages zur Durchführung einer Beweiserhebung verpflichtet.[903] Fehlt es an der hinreichenden Bestimmtheit des Beweismittels, kann die Klage ohne Beweiserhebung wegen Beweisfälligkeit zu Ungunsten der beweisbelasteten Partei entschieden werden.[904]

---

[901] MünchKomm-Musielak, ZPO, § 363 Anh. I Art. 3 Rn. 1; Stein/Jonas-Berger Anh. zu § 363 A Art. 23 Rn. 143; Schlosser Art. 23 HBÜ Rn. 4; Junker, Discovery, S. 297 sämtliche in Bezug auf das HBÜ.
[902] Zu den Anforderungen vgl. BGH NJW-RR 1994, 377, 378 f.
[903] Vgl. die Vorschriften der §§ 355 ff. ZPO; siehe auch Tief S. 45.
[904] Hierzu siehe auch oben 2. Kapitel 1. Teil II 2 a.

Das Ersuchen muss nach Art. 2 Abs. 1 EuBVO grundsätzlich unmittelbar an das ersuchte Gericht gerichtet werden. Diesbezüglich ist jeder Mitgliedstaat verpflichtet, den anderen Mitgliedstaaten eine Liste mit der Bezeichnung der zuständigen Gerichte zur Verfügung zu stellen, vgl. Art. 2 Abs. 2 EuBVO. Treten in diesem Zusammenhang Probleme auf, kann das Ersuchen gemäß Art. 3 Abs. 1 EuBVO auch an die von jedem Mitgliedstaat zu benennende Zentralstelle gerichtet werden.
Die Übermittlung des Ersuchens kann gemäß Art. 6 S. 1 EuBVO auf jedem geeigneten Übermittlungswege erfolgen, mit dem sich der ersuchte Mitgliedstaat einverstanden erklärt hat. Welche konkreten Übermittlungswege dies sein werden, müssen die Mitgliedstaaten der Kommission bis zum 1. Juli 2003 mitteilen, vgl. Art. 22 S. 1 Nr. 3 EuBVO.

(b). Die Verpflichtungen des ersuchten Gerichts
Das ersuchte Gericht ist verpflichtet, dem ersuchenden Gericht innerhalb von sieben Tagen nach Eingang des Ersuchens eine Empfangsbestätigung unter Verwendung des Formblattes B im Anhang der Verordnung zu übersenden, vgl. Art. 7 Abs. 1 EuBVO. Hält das ersuchte Gericht sich für unzuständig, muss es das Ersuchen gemäß Art. 7 Abs. 2 EuBVO unmittelbar an das zuständige Gericht seines Mitgliedstaates weiterleiten und das ersuchende Gericht hiervon in Kenntnis setzen. Im Falle von Formfehlern muss das ersuchende Gericht gemäß Art. 8 EuBVO innerhalb von 30 Tagen nach Eingang des Ersuchens bei dem ersuchten Gericht hiervon informiert werden.
Liegt ein formell ordnungsgemäßes Ersuchen um eine Beweisaufnahme vor, ist das ersuchte Gericht gemäß Art. 10 Abs. 1 EuBVO grundsätzlich verpflichtet, das Ersuchen unverzüglich, spätestens aber innerhalb von 90 Tagen nach Eingang des Ersuchens zu erledigen. Ist das ersuchte Gericht hierzu nicht in der Lage, muss es das ersuchende Gericht gemäß Art. 15 EuBVO unter Verwendung des Formblattes H hiervon in Kenntnis setzen. Dabei sind die Gründe für die Verzögerung anzugeben sowie der Zeitraum, der nach Einschätzung des ersuchten Gerichts für die Erledigung des Ersuchens voraussichtlich benötigt werden wird.
Im Rahmen der Erledigung des Ersuchens muss das Gericht geeignete Zwangsmaßnahmen in den Fällen und dem Umfang anwenden, wie sie das Recht seines Mitgliedstaates für die Erledigung eines zum gleichen Zweck gestellten Ersuchens inländischer Behörden oder einer beteiligten Partei vorsieht, vgl. Art. 13 EuBVO. Eine Beweisaufnahme im europäischen Ausland durch das ersuchte Gericht ist folglich dann anzustreben, wenn die Erforderlichkeit der Anwendung von Zwangsmaßnahmen wahrscheinlich ist. Auch hier sollte die beweisbelastete Partei die Bereitschaft des Vorlegungsverpflichteten zur Mitwirkung an dem Verfahren eruieren und dem Gericht die sich hieraus ergebenden Zweckmäßigkeitsgesichtspunkte für eine Beweisaufnahme im Ausland durch das ersuchte Gericht vortragen. Ist mit einer Weigerung des Vorlegungsverpflichteten zu rechnen, so muss darüber hinaus geprüft werden, ob die zwangsweise Durchsetzung der Vorlegungspflicht in dem Recht des Mitgliedstaates des ersuchten Gerichts überhaupt vorgesehen ist. Der Beweisführer bzw. das Gericht sollte sich diesbezüglich also mit dem Recht des Mitgliedstaates des ersuchten Gerichts vertraut machen und die Frage klären, ob in dem konkret vorliegenden Fall Zwangsmaßnahmen zulässig sind.

Nach erfolgter Durchführung der Beweisaufnahme ist das ersuchte Gericht nach Art. 16 EuBVO verpflichtet, dem ersuchenden Gericht unverzüglich die Schriftstücke zu übermitteln, aus denen sich die Erledigung des Ersuchens ergibt.

(2). Die Beweiserhebung im Ausland durch das Prozessgericht

Als weitere Möglichkeit der Beweisaufnahme im Ausland kann sich das Prozessgericht nach den Vorschriften der EuBVO auch dahin gehend entscheiden, die Beweisaufnahme selbst durchzuführen.

(a). Das Ersuchen um eine Beweisaufnahme

In diesem Fall muss das Prozessgericht unter Verwendung des Formblattes I ein Ersuchen an den betreffenden Mitgliedstaat richten. Empfänger des Ersuchens ist hierbei die von dem jeweiligen Mitgliedstaat bestimmte Zen-tralstelle oder zuständige Behörde, die der Kommission von den Mitgliedstaaten gemäß Art. 22 S. 1 Nr. 1 EuBVO bis zum 1. Juli 2003 unter Angabe von Name und Anschrift mitzuteilen sind. Ähnlich wie auch im Rahmen des Formblattes A müssen in dem Ersuchen alle für die Beweisaufnahme wesentlichen Daten mitgeteilt werden. So sind gemäß dem auch hier anwendbaren Art. 4 Abs. 1 S. 1 EuBVO das ersuchende und das ersuchte Gericht, der Name und die Anschrift der Parteien und ggf. deren Vertreter, die Art und der Gegenstand der Rechtssache, eine gedrängte Darstellung des Sachverhaltes sowie die Bezeichnung der durchzuführenden Beweisaufnahme anzugeben. Ebenso wie bei der Beweiserhebung durch ein ausländisches Gericht ist im Hinblick auf die Vorlegung von Dokumenten zu beachten, dass diese durch das ersuchende Gericht hinreichend bestimmt bezeichnet werden. Die Übermittlung des Ersuchens kann auch hier gemäß Art. 6 S. 1 EuBVO auf jedem geeigneten Übermittlungswege erfolgen, mit dem sich der ersuchte Mitgliedstaat einverstanden erklärt hat.

(b). Die Verpflichtung zur Zulassung der Beweisaufnahme

Bei Vorliegen eines formell ordnungsgemäßen Ersuchens ist die Zentralstelle bzw. die zuständige Behörde des ersuchten Staates nach Art. 17 Abs. 4 S. 1 EuBVO verpflichtet, dem ersuchenden Gericht unter Verwendung des Formblattes J innerhalb von 30 Tagen nach Eingang des Ersuchens mitzuteilen, ob dem Ersuchen stattgegeben werden kann. Hierbei besteht wiederum eine grundsätzliche Verpflichtung der Zentralstelle bzw. der zuständigen Behörde, die Beweisaufnahme durch das Prozessgericht zuzulassen. Das Prozessgericht verfährt in diesem Fall gemäß Art. 17 Abs. 6 EuBVO grundsätzlich nach Maßgabe des Rechts seines Mitgliedstaates. Die Beweisaufnahme kann dabei nach Art. 17 Abs. 3 EuBVO von einem durch das Prozessgericht bestimmten Gerichtsangehörigen oder von einer anderen Person wie etwa einem Sachverständigen durchgeführt werden.

Jedoch ist die unmittelbare Beweisaufnahme im Ausland durch das Prozessgericht gemäß Art. 17 Abs. 2 EuBVO nur dann statthaft, wenn sie auf freiwilliger Grundlage und ohne Zwangsmaßnahmen erfolgen kann.[905] Anders als im Rahmen der Beweisauf-

---

[905] Hierzu vgl. auch Schack, Intern. Zivilverfahrensrecht, Rn. 718a.

nahme durch das ersuchte Gericht verspricht die unmittelbare Beweisaufnahme durch das Prozessgericht somit keinen Erfolg, wenn eine freiwillige Mitwirkung des zur Vorlegung von Dokumenten Verpflichteten nicht zu erwarten ist.

II. Die Verteidigungsmöglichkeiten der Parteien

Soll eine Partei zur Vorlegung von im Ausland belegenen Dokumenten verpflichtet werden, so stellt sich für sie regelmäßig die Frage, welche Verteidigungsmöglichkeiten ihr hiergegen zur Verfügung stehen. Diesbezüglich muss wiederum danach differenziert werden, ob die Beweiserhebung im Inland oder im Ausland stattfinden soll.

1. Die Beweiserhebung im Inland

Im Falle der Verpflichtung einer Partei zur Verbringung eines im Ausland belegenen Dokumentes nach Deutschland und zu dessen Vorlegung vor dem deutschen Gericht sind wie bereits festgestellt ausschließlich die Vorschriften der ZPO anwendbar. In Betracht kommt hier die Anwendung der §§ 421 ff. ZPO bzw. der §§ 142, 144 ZPO.

a. Die Vorlegungsanordnung nach den §§ 421 ff. ZPO

Im Hinblick auf den Beweis durch Urkunden richtet sich die Vorlegungsverpflichtung der Parteien nach den §§ 421 - 427 ZPO, welche über § 371 Abs. 2 S. 2 ZPO auch auf den Beweis durch Augenschein anwendbar sind.

aa. Die Voraussetzungen der Vorlegungsanordnung

Als Verteidigungsmöglichkeit der Partei, die zur Vorlegung eines Dokumentes verpflichtet werden soll, kommt zunächst das Bestreiten der Behauptung des Beweisführers in Betracht, das Dokument befinde sich in ihrem Besitz. In diesem Fall ist das Gericht verpflichtet, die Partei nach § 426 S. 1 ZPO über den Verbleib des Dokumentes zu vernehmen. Gemäß § 426 S. 2 ZPO ist der Partei dabei in der Ladung zum Vernehmungstermin aufzugeben, nach dem Verbleib des Dokumentes sorgfältig zu forschen. Im Hinblick auf die Vernehmung sind die §§ 449 - 454 ZPO entsprechend anwendbar, vgl. § 426 S. 3 ZPO. Selbstverständlich hat die Partei auch hier die prozessuale Wahrheitspflicht des § 138 Abs. 1 ZPO zu beachten. Ebenso darf das vorzulegende Dokument nicht arglistig beseitigt oder zur Benutzung untauglich gemacht werden. In diesem Fall könnte das Gericht die Behauptungen des Beweisführers gemäß den §§ 444, 371 Abs. 3 ZPO als bewiesen ansehen. Die Aussage der Partei über den Verbleib oder die Existenz des betreffenden Dokumentes hat das Gericht nach § 453 i.V.m. § 286 ZPO frei zu würdigen. Gelangt das Gericht demnach zu der Überzeugung, dass sich das Dokument im Besitz der Partei befindet, so ordnet es gemäß § 426 S. 4 ZPO die Vorlegung an.

Als weitere Verteidigungsstrategie im Rahmen der §§ 421 ff. ZPO kommt in Betracht, die Vorlegungspflichten der §§ 422, 423 ZPO zu verneinen. Insbesondere sollte die Partei es im Hinblick auf die Vorlegungspflicht des § 423 ZPO vermeiden, in dem Verfahren oder in vorbereitenden Schriftsätzen auf solche Dokumente Bezug zu nehmen, deren Vorlegung nicht beabsichtigt ist. Die Vorlegungspflicht des § 422 ZPO richtet sich ausschließlich nach bürgerlichem Recht, so dass die Partei insoweit die Möglichkeit hat, die Voraussetzungen der von dem Beweisführer vorgetragenen An-

spruchsnorm substantiiert zu bestreiten. Welchen konkreten Vortrag dies erfordert, richtet sich nach der Darlegungslast der Partei in der konkreten Situation.[906]
Schließlich kann die Partei, welche zur Vorlegung eines Dokumentes verpflichtet werden soll, auf die Einhaltung der Formerfordernisse des § 424 ZPO verweisen. Insbesondere ist das Dokument nach § 424 Nr. 1 ZPO konkret zu bezeichnen und dessen Inhalt nach § 424 Nr. 3 ZPO möglichst vollständig anzugeben. Nur wenn diese Voraussetzungen erfüllt sind und das Gericht die Tatsache, die durch das Dokument bewiesen werden soll, für erheblich und den Antrag des Beweisführers für begründet erachtet, ordnet es die Vorlegung des Dokumentes gemäß § 425 ZPO an. Die Entscheidung des Gerichts über den Vorlegungsantrag ist hierbei grundsätzlich nicht anfechtbar.[907]

bb. Die Rechtsfolgen der Vorlegungsanordnung

Ist eine Vorlegungsanordnung nach den §§ 425, 426 S. 4 ZPO ergangen, ist die Partei grundsätzlich zur Vorlegung des Dokumentes verpflichtet. Jedoch ist zu beachten, dass die Vorlegung nicht zwangsweise durchgesetzt werden kann. Die in diesem Fall eintretenden Rechtsfolgen bestimmen sich ausschließlich nach § 427 ZPO. Kommt die Partei der Vorlegungsanordnung nicht nach oder gelangt das Gericht im Falle des § 426 ZPO zu der Überzeugung, dass sie nicht sorgfältig nach dem Verbleib des Dokumentes geforscht hat, so kann gemäß § 427 S. 1 ZPO eine vom Beweisführer beigebrachte Abschrift des Dokumentes als richtig angesehen werden. Ist eine Abschrift des Dokumentes nicht beigebracht, so können die Behauptungen des Beweisführers über die Beschaffenheit und den Inhalt des Dokumentes als bewiesen angenommen werden.
Das Gericht entscheidet insoweit im Rahmen seiner freien Beweiswürdigung nach § 286 Abs. 1 S. 1 ZPO. Die Partei, welche zur Vorlegung eines Dokumentes verpflichtet wurde, kann folglich entscheiden, ob sie der Anordnung des Gerichts nachkommt oder nicht. Legt sie das betreffende Dokument nicht vor, verbleibt ihr grundsätzlich die Möglichkeit, auf die Entscheidung des Gerichts im Rahmen der freien Beweiswürdigung argumentativ einzuwirken und Gründe dafür vorzutragen, dass die Behauptungen des Beweisführers nicht als erwiesen anzusehen sein sollten.

b. Die Vorlegungsanordnung nach den §§ 142, 144 ZPO

Bei der Beweiserhebung im Inland unter Herbeischaffung eines im Ausland belegenen Dokumentes kommt ferner die Anwendung der §§ 142, 144 ZPO in Betracht. Hiernach kann das Gericht auch ohne einen vorherigen Beweisantrag von Amts wegen die Vorlegung eines Dokumentes anordnen. Voraussetzung ist auch hier, dass sich das Dokument im Besitz der Partei befindet, die zur Vorlegung verpflichtet werden soll. Anders als im Rahmen der §§ 421 ff. ZPO kann die Partei nach den §§ 142, 144 ZPO allerdings nicht dazu verpflichtet werden, nach dem Verbleib des Dokumentes zu forschen.[908] Bei Anwendung des § 142 ZPO muss darüber hinaus die Voraussetzung

---

[906] Hierzu siehe oben 2. Kapitel 1. Teil I 2.
[907] Vgl. Baumbach/Lauterbach-Hartmann § 425 Rn. 5; Thomas/Putzo-Thomas § 425 Rn. 5.
[908] Hierzu vgl. auch Baumbach/Lauterbach-Hartmann § 142 Rn. 8.

erfüllt sein, dass sich eine Partei auf das Dokument bezogen hat. Aus diesem Grunde sollte die Partei, welche die Vorlegung eines in ihrem Besitz befindlichen Dokumentes verhindern möchte, die Bezugnahme auf das Dokument ebenso wie im Rahmen des § 423 ZPO möglichst vermeiden.
Erscheint es zumindest als möglich, dass die Vorlegungsanordnung zu einer Ausforschung nicht vorgetragener Sachverhaltselemente führen könnte, sollte die Partei ihre diesbezüglichen Vorbehalte vortragen. So ist allgemein anerkannt, dass die Vorlegungsanordnung nach den §§ 142, 144 ZPO nicht zur Ausforschung einer Partei führen darf.[909] In diesem Zusammenhang kann die Partei insbesondere auf die der ZPO zugrunde liegende Verhandlungsmaxime verweisen, nach dem nur die Parteien den streitigen Lebenssachverhalt in den Prozess einführen können.[910] Ebenso hat das Gericht im Rahmen der Ausübung seines Ermessens die berechtigten Belange des Geheimnis- und Persönlichkeitsschutzes zu berücksichtigen.[911]
Ist eine Vorlegungsanordnung gegenüber einer Partei ergangen, so ist diese grundsätzlich zur Vorlegung des betreffenden Dokumentes verpflichtet. Die Vorlegungsanordnung des Gerichts ist nicht anfechtbar.[912] Jedoch besteht auch insoweit keine Möglichkeit der zwangsweisen Durchsetzung der Vorlegungsanordnung gegenüber einer Partei. Die Nichtbefolgung der Vorlegungsanordnung ist aber im Rahmen der freien Beweiswürdigung des Gerichts nach § 286 Abs. 1 S. 1 ZPO zu berücksichtigen. Darüber hinaus kommt bei einer Fristversäumung der vorlegungsverpflichteten Partei die Anwendung des § 296 Abs. 1 i.V.m. § 273 Abs. 2 Nr. 5 ZPO in Betracht.[913] Im Ergebnis kann die zur Vorlegung eines Dokumentes verpflichtete Partei daher auch hier die Entscheidung treffen, ob sie dem Gericht das Dokument tatsächlich vorlegt oder nicht.

2. Die Beweiserhebung im Ausland

Soll die Partei eines Zivilverfahrens im Rahmen einer Beweisaufnahme im europäischen Ausland zur Vorlegung eines Dokumentes verpflichtet werden, stellt sich auch hier die Frage der zur Verfügung stehenden Verteidigungsmittel. Dabei kann die Partei, die zur Vorlegung eines Dokumentes verpflichtet werden soll, ebenso wie bei der Beweisaufnahme im Inland versuchen, die Anordnung der Dokumentenvorlegung bzw. einen diesbezüglichen Beweisbeschluss zu verhindern. Gelingt ihr dies nicht, verbleiben zur Verteidigung gegenüber der Vorlegungsanordnung allenfalls die nach der EuBVO bestehenden Rechte. Unter Anwendung der ab dem 1. Januar 2004 geltenden EuBVO ist hier wiederum zwischen der Beweisaufnahme durch das ersuchte Gericht und der Beweisaufnahme durch das Prozessgericht zu differenzieren.

---

[909] Hierzu siehe oben 2. Kapitel 1. Teil III 1 b bb (3); vgl. auch Zöller-Greger § 142 Rn. 1; Baumbach/Lauterbach-Hartmann § 142 Rn. 2.
[910] Hierzu eingehend Baumbach/Lauterbach-Hartmann Grundzüge vor § 128 Rn. 20 ff; zur Terminologie vgl. Prütting NJW 1980, 361, 362 f.
[911] Vgl. BT-Drucks. 14/6036 S. 120.
[912] Anfechtbar ist allenfalls die auf ihr beruhende Endentscheidung; vgl. auch Baumbach/Lauterbach-Hartmann § 142 Rn. 28.
[913] Vgl. Thomas/Putzo-Reichold § 142 Rn. 5; Zöller-Greger § 142 Rn. 4.

a. Die Beweiserhebung im Ausland durch das ersuchte Gericht

Wird die Beweisaufnahme im Ausland von dem ersuchten Gericht durchgeführt, so wendet dieses gemäß Art. 13 EuBVO geeignete Zwangsmaßnahmen in den Fällen und in dem Umfang an, wie sie das Recht seines Mitgliedstaates für die Erledigung eines zum gleichen Zweck gestellten Ersuchens inländischer Behörden oder einer beteiligten Partei vorsieht. Folglich muss sich die Partei hier darüber informieren, welche Zwangsmittel zur Durchsetzung der Anordnung einer Dokumentenvorlegung in dem betreffenden Mitgliedstaat zulässig sind. Im englischen Zivilprozess kommen hier zum Beispiel anders als in Deutschland Sanktionen wegen Missachtung des Gerichts ("contempt of court") in Betracht.[914] In diesem Fall wäre für die Partei, die zur Vorlegung eines Dokumentes verpflichtet werden soll, eine Beweiserhebung im Inland günstiger, da nach der ZPO keine vergleichbaren Sanktionen gegenüber Parteien vorgesehen sind.

Weitere Verteidigungsmöglichkeiten bestehen allenfalls im Hinblick auf die Wahrung der formellen Voraussetzungen der EuBVO. So muss das Ersuchen in den Anwendungsbereich des Art. 1 Abs. 1 EuBVO[915] fallen und den inhaltlichen Anforderungen der Artikel 4 f. EuBVO[916] entsprechen. Insoweit könnte die Partei das ersuchte Gericht zur Ablehnung der Erledigung des Ersuchens anhalten. Ein ordre-public-Vorbehalt ist dagegen im Rahmen der Beweiserhebung durch das ersuchte Gericht nicht vorgesehen, so dass sich die zur Vorlegung verpflichtete Partei nicht darauf berufen kann, dass die beantragte Beweisaufnahme wesentlichen Rechtsgrundsätzen des Mitgliedstaates des ersuchten Gerichts zuwiderliefe.[917]

b. Die Beweiserhebung im Ausland durch das Prozessgericht

Wird die Beweisaufnahme im Ausland von dem Prozessgericht durchgeführt, so kann dieses keine Zwangsmittel anwenden. Gemäß Art. 17 Abs. 2 EuBVO ist die unmittelbare Beweisaufnahme durch das Prozessgericht nur dann statthaft, wenn sie auf freiwilliger Grundlage und ohne Zwangsmaßnahmen erfolgen kann. Die Partei, die zur Vorlegung eines Dokumentes verpflichtet werden soll, kann folglich auch in diesem Fall entscheiden, ob sie an der Beweisaufnahme mitwirkt oder nicht. Jedoch wird das Prozessgericht die Weigerung der Vorlegung eines Dokumentes auch hier im Rahmen seiner freien Beweiswürdigung gemäß § 286 Abs. 1 S. 1 ZPO würdigen. Darüber hinaus wäre es dem Prozessgericht auch möglich, die Beweisaufnahme im Wege eines weiteren Ersuchens an das Gericht des europäischen Mitgliedstaates zu wiederholen, um die Anwendung von Zwangsmitteln zu ermöglichen.

Über die Wahrung der formellen Voraussetzungen entscheidet bei der Beweisaufnahme durch das Prozessgericht die Zentralstelle oder die zuständige Behörde des ersuchten Mitgliedstaates. Die zur Vorlegung verpflichtete Partei hat insoweit die Möglich-

---

914 Hierzu Sime S. 287; Arnheim/Stirling/Tromans S. 111; Matthews/Malek Rn. 11.26.

915 Siehe oben 3. Kapitel 2. Teil V.

916 Hierzu siehe oben 3. Kapitel 2. Teil VI 1.

917 Hierzu vgl. auch Geimer Rn. 2387b; Berger, IPRax, 2001, 522, 524; a.A. wohl Schütze, Rechtsverfolgung im Ausland, Rn. 196a.

keit, bei ersichtlichen Mängeln die Ablehnung der Erledigung des Ersuchens bei der Zentralstelle bzw. zuständigen Behörde des ersuchten Mitgliedstaates anzuregen.

III. Die Verteidigungsmöglichkeiten eines Dritten

Als weitere durch die Einführung der EuBVO am 1. Januar 2004 betroffene Fallkonstellation ist zu untersuchen, inwiefern ein in Deutschland ansässiger Dritter zur Vorlegung eines Dokumentes verpflichtet werden kann, welches zu Beweiszwecken für ein im europäischen Ausland anhängiges Zivilverfahren benötigt wird. Die Verteidigungsmöglichkeiten des Dritten hängen in diesem Fall zunächst davon ab, ob die Beweisaufnahme durch das ausländische Prozessgericht oder durch ein deutsches Gericht durchgeführt werden soll.

1. Die Beweiserhebung durch das ausländische Prozessgericht

Wird ein an dem im Ausland anhängigen Zivilverfahren unbeteiligter Dritter von dem ausländischen Prozessgericht zur Vorlegung eines Dokumentes aufgefordert, so ist wiederum zu differenzieren. Hier besteht zunächst die Möglichkeit, dass der Dritte zur Vorlegung des Dokumentes vor dem Prozessgericht im europäischen Ausland aufgefordert wird. In diesem Fall würde die Beweisaufnahme folglich im Ausland durchgeführt. Auf der anderen Seite käme in Betracht, dass die Vorlegung im Zusammenhang mit einer von dem ausländischen Prozessgericht auf dem Hoheitsgebiet der Bundesrepublik Deutschland durchgeführten Beweisaufnahme erfolgen soll.

a. Die Beweiserhebung im Ausland

Wird der Dritte zur Vorlegung eines Dokumentes vor dem Prozessgericht im europäischen Ausland aufgefordert, so sind die Vorschriften der EuBVO grundsätzlich nicht anwendbar. Der Anwendungsbereich der Verordnung ist nach Art. 1 Abs. 1 EuBVO nur dann eröffnet, wenn ein Ersuchen um Beweisaufnahme an einen Mitgliedstaat gerichtet wird. In der an einen Dritten gerichteten Aufforderung zur Vorlegung eines Dokumentes kann ein solches Ersuchen jedoch nicht gesehen werden, da Ersuchen im Sinne der EuBVO bei dem zuständigen Gericht des Mitgliedstaates oder dessen Zentralstelle bzw. zuständigen Behörde einzureichen sind, vgl. die Artikel 2, 3 EuBVO. Die Beweiserhebung erfolgt hier ausschließlich nach dem auf den im Ausland anhängigen Prozess anwendbaren Verfahrensrecht.[918]
Zu beachten ist für den Dritten in diesem Fall, dass das ausländische Prozessgericht auf deutschem Hoheitsgebiet keinerlei Zwangsmittel anwenden darf. Selbst die Androhung eines solchen Zwangsmittels ist dem ausländischen Gericht verwehrt. Ihm fehlt es insoweit an der erforderlichen Gerichtsgewalt auf fremdem Hoheitsgebiet.[919] Aus diesem Grunde kann der Dritte sich grundsätzlich frei entscheiden, ob er zu einer freiwilligen Mitwirkung an der im Ausland durchgeführten Beweisaufnahme bereit ist oder nicht. Mangels Einbindung in das Prozessrechtsverhältnis hat der Dritte auch keine prozessualen Sanktionen oder sonstige Nachteile zu befürchten.

---

[918] Hierzu siehe oben 3. Kapitel 2. Teil III 3 a bb (5).
[919] Hierzu Born S. 920.

Dem ausländischen Gericht steht es jedoch in den Grenzen seines Verfahrensrechts frei, dem Dritten Zwangsmittel anzudrohen, die räumlich auf das Hoheitsgebiet des ausländischen Staates begrenzt sind. Die Beschränkung der Gerichtsgewalt greift also nur solange, wie sich der Dritte auf deutschem Staatsgebiet befindet. Insofern sollte der Dritte im Rahmen seiner Entscheidung zweckmäßigerweise berücksichtigen, ob er in Zukunft einen Aufenthalt in dem Hoheitsgebiet des ausländischen Staates beabsichtigt oder ob in dem ausländischen Staat sonstige Vermögenswerte vorhanden sind, auf die das Gericht im Bereich seiner Gerichtsgewalt möglicherweise Zugriff nehmen könnte.

b. Die Beweiserhebung im Inland

Soll die Beweiserhebung durch das ausländische Gericht auf dem Staatsgebiet der Bundesrepublik Deutschland erfolgen, so ist dies ausschließlich unter den Voraussetzungen der EuBVO möglich. Insbesondere muss eine vorherige Zulassung der Beweisaufnahme durch die deutsche Zentralstelle bzw. die zuständige Behörde gemäß Art. 17 Abs. 4 S. 1 EuBVO vorliegen. Jede andere Form der Beweiserhebung durch ein ausländisches Gericht auf deutschem Staatsgebiet wäre völkerrechtswidrig.
Für den zur Vorlegung von Dokumenten aufgeforderten Dritten ist hier wiederum zu beachten, dass das ausländische Gericht keine Zwangsmittel anwenden und solche auch nicht androhen darf. Art. 17 Abs. 2 S. 1 EuBVO bestimmt insoweit, dass die unmittelbare Beweisaufnahme durch das Prozessgericht nur dann statthaft ist, wenn sie auf freiwilliger Grundlage und ohne Zwangsmaßnahmen erfolgen kann. Diesbezüglich ist der Dritte gemäß Art. 17 Abs. 2 S. 2 EuBVO von dem Prozessgericht aufzuklären. Auch hier kann der an dem Zivilverfahren unbeteiligte Dritte folglich frei entscheiden, ob er dem Prozessgericht die Mitwirkung an der Beweisaufnahme versagt oder nicht. Prozessuale Sanktionen oder Nachteile kommen mangels Einbindung des Dritten in das Prozessrechtsverhältnis ebenfalls nicht in Betracht. In seine Entscheidung sollte der Dritte jedoch einbeziehen, dass es dem Prozessgericht möglich ist, ein erneutes Ersuchen um Beweisaufnahme durch ein deutsches Gericht zu stellen, im Rahmen dessen die Anwendung von Zwangsmitteln nach deutschem Recht gemäß Art. 13 EuBVO möglich ist. Die Weigerung des Dritten zur Vorlegung eines Dokumentes vor dem ausländischen Prozessgericht könnte aus diesem Grunde möglicherweise nur zu einer Verzögerung des Verfahrens führen.
Ist der Dritte grundsätzlich zu einer Vorlegung des betreffenden Dokumentes vor dem ausländischen Prozessgericht bereit, so kann es aus seiner Sicht zweckmäßig erscheinen, bei der zur Entscheidung über die Zulassung der Beweisaufnahme berufenen deutsche Zentralstelle bzw. zuständigen Behörde die Verordnung von Auflagen anzuregen. Hierzu stehen der Zentralstelle bzw. der zuständigen Behörde verschiedene Möglichkeiten zur Verfügung, die im Rahmen der EuBVO nicht abschließend aufgeführt werden. Art. 17 Abs. 4 S. 1 EuBVO bestimmt insoweit lediglich, dass die Zentralstelle bzw. zuständige Behörde dem ausländischen Prozessgericht mitteilt, unter welchen Bedingungen nach Maßgabe des Rechts des ersuchten Mitgliedstaates die betreffende Handlung im Rahmen der Beweisaufnahme vorzunehmen ist. Nach Art. 17 Abs. 4 S. 2 EuBVO kann insbesondere ein deutsches Gericht bestimmt werden, das an der Beweisaufnahme teilnimmt, um sicherzustellen, dass die Vorschrift des Art. 17

EuBVO ordnungsgemäß angewandt wird und die festgelegten Bedingungen eingehalten werden. Die Teilnahme eines deutschen Gerichts erscheint aus der Perspektive des Dritten hier sinnvoll und kann insbesondere in der Anfangsphase der Anwendung der EuBVO ab dem 1. Januar 2004 helfen, möglicherweise bestehende Vorbehalte gegenüber ausländischen Gerichten zu überwinden.

Fraglich erscheint jedoch, ob es dem Dritten im Zusammenhang mit der zeitlichen Abfolge der Zulassung der Beweisaufnahme durch die Zentralstelle bzw. zuständige Behörde überhaupt möglich ist, Bedingungen für die Durchführung der Beweisaufnahme anzuregen. Grundsätzlich darf das ausländische Prozessgericht nämlich erst dann in Deutschland tätig werden und den hier ansässigen Dritten zur Vorlegung eines Dokumentes auffordern, wenn die Zulassung der Beweisaufnahme bereits vorliegt. Die Bedingungen, unter denen die Beweisaufnahme durch das ausländische Gericht durchzuführen sind, müssen jedoch gemäß Art. 17 Abs. 4 S. 1 EuBVO bereits im Rahmen der Mitteilung über die Zulassung genannt werden. Eine nachträgliche Vorgabe von Bedingungen durch die Zentralstelle bzw. zuständige Behörde sieht die Vorschrift des Art. 17 EuBVO nicht vor. Hier ist jedoch zu bedenken, dass es dem Dritten ohnehin freisteht, ob er der Aufforderung des ausländischen Prozessgerichts zur Vorlegung eines Dokumentes nachkommt, da dieses wie bereits dargestellt nicht zur Anwendung von Zwangsmitteln befugt ist. Ist der Dritte folglich nur unter bestimmten Bedingungen wie zum Beispiel der Teilnahme eines deutschen Gerichts zur Vorlegung des Dokumentes bereit, so wäre es augenscheinlich nicht sinnvoll, dies unter Hinweis auf die bereits abgeschlossene und bedingungslos erteilte Zulassung der Beweisaufnahme zu verweigern. Denn in diesem Fall könnte der Dritte seine Mitwirkung an der Beweisaufnahme vollständig verweigern. Aus Gründen der Prozessökonomie muss es der Zentralstelle bzw. der zuständigen Behörde daher möglich sein, Bedingungen im Hinblick auf die Beweisaufnahme auch nach deren Zulassung zu stellen. Der Dritte hat folglich auch nach der Zulassung der Beweisaufnahme die Möglichkeit, die Vorgabe von Bedingungen für die Durchführung der Beweisaufnahme bei der Zentralstelle bzw. der zuständigen Behörde anzuregen. Einen Anspruch darauf, dass die Zentralstelle bzw. die zuständige Behörde die angeregten Bedingungen nachträglich berücksichtigt, hat der Dritte freilich nicht. Er kann hieraus lediglich seine Konsequenzen ziehen und die Mitwirkung an der Durchführung der Beweisaufnahme durch das ausländische Prozessgericht verweigern.

2. Die Beweiserhebung durch ein deutsches Gericht

Wird die Beweiserhebung für einen im Ausland anhängigen Zivilprozess von einem deutschen Gericht durchgeführt, so verfährt dieses gemäß Art. 10 Abs. 2 EuBVO grundsätzlich nach deutschem Recht. Soweit erforderlich, wendet das Gericht gemäß Art. 13 EuBVO geeignete Zwangsmaßnahmen in den Fällen und in dem Umfang an, wie sie das deutsche Recht für die Erledigung eines zum gleichen Zweck gestellten Ersuchens inländischer Behörden oder einer beteiligten Partei vorsieht.

Gemäß § 429 S. 1 ZPO kann ein Dritter grundsätzlich nur im Wege der Klage zur Vorlegung eines Dokumentes genötigt werden. Dieser Grundsatz gilt auch nach dem am 1. Januar 2002 in Kraft getretenen „Gesetz zur Reform des Zivilprozesses (Zivilprozessreformgesetz – ZPO-RG)“[920] vom 27. Juli 2001 fort. Die Gesetzgebungsbegründung verweist ausdrücklich darauf, dass auch in Zukunft kein direkter Zwang zur Vorlegung eines Dokumentes gegenüber einem Dritten ausgeübt werden darf.[921] Jedoch stellt der neu eingefügte § 429 S. 2 ZPO klar, dass die neu gefasste Vorschrift des § 142 ZPO unberührt bleibt. Nach § 142 Abs. 2 S. 2 ZPO ist die Regelung des Zeugniszwangs gemäß § 390 ZPO auf die Vorlegung von Dokumenten entsprechend anwendbar. Nach § 390 Abs. 1 S. 1 ZPO können dem Dritten die durch seine Weigerung verursachten Kosten auferlegt werden, wenn die Vorlegung ohne Angabe eines Grundes oder aus einem rechtskräftig für unerheblich erklärten Grund verweigert wird. Zugleich wird gegen ihn ein Ordnungsgeld und für den Fall, dass dieses nicht beigetrieben werden kann, Ordnungshaft festgesetzt, vgl. § 390 Abs. 1 S. 2 ZPO. Im Falle wiederholter Weigerung ist gemäß § 390 Abs. 2 S. 1 ZPO auf Antrag zur Erzwingung der Vorlegung die Haft anzuordnen, jedoch nicht über den Zeitpunkt der Beendigung des Prozesses in dem jeweiligen Rechtszug hinaus. Zulässig ist folglich nur eine indirekte Form des Zwangs gegenüber dem unberechtigt nicht zur Vorlegung eines Dokumentes bereiten Dritten. Zurecht kritisiert Münch[922] die Leugnung des Zwangs im Rahmen der Begründung zum ZPO-RG[923], da direkter und indirekter Zwang letztlich gleich wirken. Nur schwerlich erscheint ein Fall vorstellbar, in dem sich ein Dritter auch trotz Vollzug einer Ordnungshaft nicht dazu bewegen lässt, ein in seinem Besitz befindliches Dokument vorzulegen.

Im Ergebnis muss ein zur Vorlegung verpflichteter Dritter folglich mit der Anwendung indirekten Zwangs durch das deutsche Gericht rechnen. Dies gilt jedoch nur dann, wenn er auch tatsächlich zur Vorlegung des betreffenden Dokumentes verpflichtet ist. Nach Art. 14 Abs. 1 EuBVO kann er sich zur Abwendung einer solchen Verpflichtung auf ein Recht zur Aussageverweigerung oder auf ein Aussageverbot berufen,

a. das nach deutschem Recht vorgesehen ist oder
b. das nach dem Recht des Mitgliedstaates des ersuchenden Gerichts vorgesehen und im Ersuchen bezeichnet oder erforderlichenfalls auf Verlangen des deutschen Gerichts von dem ersuchenden Gericht bestätigt worden ist.

Dem Dritten stehen folglich die Weigerungsrechte beider beteiligten Staaten als eine Form der „Meistbegünstigung“ zu. Folglich hat sich der Dritte nicht nur mit dem deutschen Recht, sondern auch mit dem ausländischen Recht und dessen Weigerungsrechten zu befassen. Wie bereits die Formulierung des Art. 14 Abs. 1 lit. b EuBVO vermuten lässt, werden regelmäßig nicht alle in Betracht kommenden ausländischen Weigerungsrechte in dem Ersuchen aufgeführt sein. Aus diesem Grunde bleibt es letztlich der Initiative des Dritten überlassen, inwieweit er sich über die nach dem ausländischen Recht bestehenden Weigerungsrechte informiert. Die im englischen Recht bestehenden “privileges”[924] stellen dem Dritten jedoch regelmäßig keine über die Weigerungsrechte

[920] BGBl. 2001 I S. 1887 ff.
[921] Vgl. BT-Drucks. 14/4722 S. 90 f.; BR-Drucks. 536/00 S. 231.
[922] Münch DStR 2002, 85, 93 bei Fn. 79.
[923] Vgl. BT-Drucks. 14/4722 S. 90 f.; BR-Drucks. 536/00 S. 231.
[924] Hierzu siehe oben 2. Kapitel 2. Teil II 5.

der ZPO[925] hinaus gehenden Rechte zur Verfügung. Das dem englischen "privilege against self-incrimination"[926] entsprechende deutsche Weigerungsrecht ist in § 384 Nr. 2 ZPO festgelegt. Das "legal professional privilege"[927] findet sich in § 383 Abs. 1 Nr. 6 ZPO wieder. Ebenso wird das Pressegeheimnis durch § 383 Abs. 1 Nr. 5 ZPO geschützt. Die "without prejudice communication"[928] schützt regelmäßig nur die in Vergleichsverhandlungen getretenen Parteien und deren Vertreter, nicht aber einen an dem Zivilverfahren unbeteiligten Dritten. Ausnahmsweise kommt in Betracht, dass die im englischen Recht vorgesehene "public interest immunity"[929] den Vorlegungsverpflichteten weitergehend schützt als das deutsche Recht. Hierfür müsste jedoch die wohl nur selten gegebene Voraussetzung erfüllt sein, dass die Offenlegung des Dokumentes dem öffentlichen Interesse schaden würde.[930] Aus diesem Grunde erscheint es für den zur Vorlegung verpflichteten Dritten regelmäßig nicht erfolgversprechend, sich gemäß Art. 14 Abs. 1 lit. b EuBVO auf die englischen Weigerungsrechte zu berufen. Folglich verbleiben dem Dritten zur Verteidigung gegenüber einer gerichtlichen Aufforderung zur Vorlegung eines Dokumentes die bereits dargestellten[931] deutschen Weigerungsrechte nach § 142 Abs. 2 S. 1 2. Alt. i.V.m. §§ 383 bis 385 ZPO. Darüber hinaus kann der Dritte gemäß § 142 Abs. 2 S. 1 1. Alt. ZPO geltend machen, die Vorlegung des Dokumentes sei ihm nicht zumutbar. Hierauf kann er sich berufen, wenn die Bedeutung der vorzulegenden Dokumente in keinem Verhältnis zu dem persönlichen Aufwand stünde, den der Dritte im Rahmen der Erfüllung seiner Vorlegungsverpflichtung erbringen müsste.[932]

2. Teil: Auswirkungen auf die ZPO und Ausblick

Ab dem 1. Januar 2004 wird die EuBVO in den europäischen Mitgliedstaaten mit Ausnahme von Dänemark[933] die Beweisaufnahme im Ausland erheblich vereinfachen. Die im deutsch-englischen Rechtshilfeverkehr bislang wegen Art. 23 HBÜ i.V.m. § 14 AusfG ausgeschlossene Vorlegung von Dokumenten wird dann möglich sein. Dies bedeutet gleichzeitig, dass ab dem 1. Januar 2004 in Deutschland Beweisaufnahmen stattfinden werden, deren Ergebnisse für ein englisches disclosure-Verfahren bestimmt sind. Die Verpflichtung zur Vorlegung richtet sich dabei grundsätzlich nach dem Recht

---

925 Hierzu siehe oben 2. Kapitel 1. Teil III 1 b bb (2).
926 Vgl. oben 2. Kapitel 2. Teil II 5 a und f.
927 Hierzu siehe oben 2. Kapitel 2. Teil II 5 b.
928 Hierzu vgl. 2. Kapitel 2. Teil II 5 c.
929 Siehe oben 2. Kapitel 2. Teil II 5 d.
930 Hierzu Evans v. Chief Constable of Surrey [1989] 2 All ER 594; Burmah Oil v. Bank of England [1979] 3 WLR 722 at 746; D. v. N.S.P.C.C. [1978] AC 171 at 203; Duncan v. Cammell Laird & Co. Ltd. [1942] AC 624 at 641 f.; zur Vereinbarkeit mit Art 6 EMRK siehe Rowe v. United Kingdom, The Times 1. March 2000; vgl. auch Sime S. 286; Plant Rn. 48.32; Schaaff S. 78; Lang S. 210; Cromie S. 140.
931 Hierzu siehe oben 2. Kapitel 1. Teil III 1 b bb (2).
932 Vgl. auch Thomas/Putzo-Reichold § 143 Rn. 2.
933 Nach Ziffer 22 der Präambel zur EuBVO beteiligt sich Dänemark gemäß den Art. 1 und 2 des dem Vertrag über die Europäische Union und dem Vertrag zur Gründung der Europäischen Gemeinschaft beigefügten Protokolls über die Position Dänemarks nicht an der EuBVO.

des ersuchenden Mitgliedstaates. Mit anderen Worten findet die aus dem englischen Recht hervorgehende prozessuale Vorlegungspflicht auch auf dem Staatsgebiet der Bundesrepublik Deutschland Anwendung. Der zur Vorlegung eines Dokumentes Verpflichtete kann nicht einwenden, dass ein gleichartiger prozessualer Vorlegungsanspruch nach deutschem Recht nicht bestünde. Ihm verbleiben im Wesentlichen nur die nach deutschem Recht bestehenden Weigerungsrechte. Vor diesem Hintergrund stellt sich die nachfolgend zu untersuchende Frage, welche Auswirkungen die EuBVO auf das deutsche Zivilverfahrensrecht haben wird und wie sich darauf aufbauend die zukünftige Entwicklung des europäischen Zivilverfahrensrechts gestalten könnte.

I. Die Entwicklung der ZPO

Zunächst soll hier der Frage nachgegangen werden, welche Auswirkungen die EuBVO auf die deutsche Zivilprozessordnung haben wird. Hierbei ist zwischen den unmittelbaren Auswirkungen einerseits und den in Zukunft möglichen mittelbaren Auswirkungen andererseits zu differenzieren.

1. Die unmittelbaren Auswirkungen der EuBVO

Die EuBVO ist für die teilnehmenden Mitgliedstaaten in allen ihren Teilen verbindlich und gilt gemäß dem Vertrag zur Gründung der Europäischen Gemeinschaft unmittelbar. Auf Grund des Vorrangs des Gemeinschaftsrechts[934] beanspruchen die Vorschriften der EuBVO gegenüber dem nationalen Recht einen Anwendungsvorrang, nicht jedoch auch einen Geltungsvorrang.[935] Dies bedeutet, dass nationale Regelungen, die Gemeinschaftsrecht widersprechen, auf rein innerstaatliche Sachverhalte weiter angewendet werden können.[936] Dem entspricht auch der in Art. 1 Abs. 1 EuBVO festgelegte Anwendungsbereich der Verordnung. Hiernach ist die EuBVO nur dann anzuwenden, wenn das Gericht eines Mitgliedstaates nach seinen innerstaatlichen Rechtsvorschriften

- das zuständige Gericht eines anderen Mitgliedstaates um die Durchführung einer Beweisaufnahme ersucht, oder
- darum ersucht, in einem anderen Mitgliedstaat unmittelbar Beweis erheben zu dürfen.

Die Verordnung ist folglich nur im Hinblick auf Beweisaufnahmen im europäischen Ausland anwendbar und regelt somit keine rein innerstaatlichen Zivilverfahren ohne Auslandsbezug. Dies ist unter dem Gesichtspunkt der indirekten Inländerdiskriminierung auch dann grundsätzlich zulässig, wenn im Rahmen der EuBVO weitergehende verfahrenstechnische Möglichkeiten zur Verfügung stehen als im nationalen Recht.[937] Jeder Bürger ist zunächst dem in seinem Staat geltenden nationalen Recht unterwor-

---

[934] Ständige Rechtsprechung des EuGH, vgl. grundlegend EuGH Rs. 6/64, Costa/ENEL, Slg. 1964, 1251, 1269 f.; siehe auch EuGH Rs. C-224/97, Ciola/Land Vorarlberg, EuZW 1999, 406 f.

[935] EuGH Rs. 196/77, Simmenthal II, Slg. 1978, 629 R. 17,18; vgl. auch Oppermann Rn. 545.

[936] Vgl. auch Biervert in: Schwarze Art. 249 EGV Rn. 7.

[937] Vgl. hierzu z.B. Art. 10 Abs. 3 EuBVO, der die Durchführung der Beweisaufnahme nach einer besonderen, nach ausländischem Recht zulässigen Form ermöglicht; zur Inländerdiskriminierung im Einflussbereich des Sekundärrechts vgl. Hammerl, Inländerdiskriminierung, S. 158 f.

fen.[938] Demgemäß kann eine Verordnung ohne Verstoß gegen den allgemeinen Gleichheitssatz vorsehen, dass sie ihre Wirkung nur im grenzüberschreitenden Verkehr entfaltet.[939] Die Unionsbürger können sich bei reinen Inlandssachverhalten folglich nicht auf die EuBVO berufen. Im Hinblick auf das Binnenmarktprinzip des EG-Vertrages erscheint dies auch nachvollziehbar. In einem Raum ohne Binnengrenzen, in dem der freie Verkehr von Waren, Personen, Dienstleistungen und Kapital nach den Bestimmungen des EG-Vertrages gewährleistet wird, müssen zu dessen Verwirklichung nicht zwingend auch die nur für Inländer geltenden Normen angeglichen werden.[940] Insbesondere der Gesichtspunkt der Subsidiarität des Art. 5 EGV spricht dafür, den Mitgliedstaaten ein Maximum an Souveränität unter gleichzeitiger Harmonisierung der Vorschriften für den grenzüberschreitenden Verkehr zu belassen.[941] Folglich wird sich die EuBVO jedenfalls nicht unmittelbar auf Zivilverfahren auswirken, die reine Inlandssachverhalte zum Streitgegenstand haben.
Das Verfahren der Beweisaufnahme im Ausland im Verhältnis von Deutschland zu einem außereuropäischen Staat regelt die EuBVO ebenfalls nicht. So richten sich zum Beispiel Beweisaufnahmen im Rechtshilfeverkehr zwischen Deutschland und den USA weiterhin allein nach den Vorschriften des HBÜ. Die Weitergeltung des HBÜ sowie der im Zusammenhang hiermit getroffenen bilateralen und multilateralen Übereinkünfte wird explizit durch Art. 21 EuBVO geregelt.

2. Die mittelbaren Auswirkungen der EuBVO

Fraglich ist, ob das Inkrafttreten der EuBVO sowie deren Anwendung ab dem 1. Januar 2004 zumindest mittelbar Auswirkungen auf die weitere Entwicklung bzw. Anwendung der ZPO haben wird. In jedem Fall werden die deutschen Gerichte gezwungen sein, ihre bislang bestehende Distanzierung von dem englischen disclosure-Verfahren aufzugeben und sich mit der Anwendung einer allgemeinen prozessualen Vorlegungsverpflichtung zu beschäftigen. Die Tendenz zu einem prozessualen Vorlegungsanspruch zeigt sich jedoch auch unabhängig von dem Inkrafttreten der EuBVO. So hat der deutsche Gesetzgeber durch das „Gesetz zur Reform des Zivilprozesses (Zivilprozessreformgesetz - ZPO-RG)“[942] vom 27. Juli 2001 eine erweiterte und von materiellrechtlichen Ansprüchen losgelöste[943] Vorlegungspflicht nach den §§ 142, 144 ZPO geschaffen, welche ansatzweise in die Richtung einer allgemeinen prozessualen Editionspflicht deuten.[944]
Gottwald[945] geht diese Regelung noch nicht weit genug. Nach seiner Ansicht sollte der Pflicht des Gerichts zur materiellen Prozessleitung eine Aufklärungspflicht der Partei-

---

[938] Vgl. nur EuGHE 1982, 3723 ff.
[939] Hierzu eingehend Hammerl, Inländerdiskriminierung, S. 78.
[940] Vgl. auch Dauses EuZW 1995, 649, 650.
[941] Ebenso Hammerl, Inländerdiskriminierung, S. 159.
[942] BGBl. 2001 I S. 1887 ff.
[943] Vgl. BT-Drucks. 14/4722 S. 92; hierzu auch Münch DStR 2002, 85, 94.
[944] Hierzu siehe oben 2. Kapitel 1. Teil III 1 b bb.
[945] Gottwald, Stellungnahme zum Entwurf eines Gesetzes zur Reform des Zivilprozesses – Drucksache 14/3750 und zum Entwurf eines Gesetzes zur Vereinfachung des zivilgerichtlichen Verfahrens -

en entsprechen. Denn der Zivilprozess lebe von der Eigenverantwortung der Parteien für das Prozessergebnis. Bedauerlich sei, dass die Vorschriften der §§ 142, 144 ZPO im Ermessen des Gerichts stünden und nur nach richterlicher Anordnung aktuell würden. Da es ein Hauptanliegen der Novellierung der ZPO sei, die rasche, gütliche Beilegung des Rechtsstreits zu fördern, sei es konsequenter, die prozessuale Editionspflicht von Urkunden und anderen vorlegungsfähigen Beweisgegenständen mit der Klageerhebung und ohne richterliche Anordnung entstehen zu lassen. Gottwald wiederholt seinen im Rahmen des Juristentag-Gutachtens von 1996[946] gemachten Vorschlag zur Einfügung der folgenden Vorschrift in die ZPO[947]: „Jede Partei hat sich über die vom Gegner behaupteten Tatsachen zu erklären und zu streitigen Tatsachen alle relevanten Urkunden vorzulegen, die sie in ihrem Besitz hat oder die sie sich ohne weiteres beschaffen kann."

Auch wenn Gottwald sich mit seinem Vorschlag im Rahmen des Gesetzgebungsverfahrens zum ZPO-RG wie auch schon auf dem 61. Deutschen Juristentag von 1996 nicht durchsetzen konnte, so zeigen die erweiterten Vorlegungspflichten insbesondere gegenüber am Verfahren unbeteiligten Dritten doch die Tendenz zu einer allgemeinen prozessualen Editionspflicht auf. Meines Erachtens ist jedoch zu begrüßen, dass die prozessualen Vorlegungspflichten der §§ 142, 144 ZPO nur nach einer ausdrücklichen richterlichen Anordnung bestehen und lediglich im Rahmen des pflichtgemäßen Ermessens des Gerichts Anwendung finden. Auf diese Weise liegt der Schwerpunkt der Vorlegungspflichten weiterhin systemgetreu im materiellen Recht. Gleichzeitig kann das Gericht jedoch dann eine Vorlegungsanordnung erlassen, wenn dies nach Würdigung der Umstände des Einzelfalls und unter Berücksichtigung der berechtigten Belange des zur Vorlegung Verpflichteten erforderlich erscheint. Durch diese Kombination von materiellen und prozessualen Vorlegungspflichten können die deutschen Gerichte den Umgang mit einer prozessualen Editionspflicht und gleichzeitig deren Auswirkungen auf den anhängigen Zivilprozess steuern. Eine dahin gehende Regelung steht auch im Einklang mit den Erfahrungen des englischen Rechts. Hier wurde die allgemeine prozessuale Editionspflicht gerade auf Grund ihrer uferlosen Ausweitung wieder verstärkt unter die Kontrolle des Gerichts gestellt und das "Active Case Management"[948] eingeführt.

Sofern die prozessuale Anordnung der Dokumentenvorlegung nach den §§ 142, 144 ZPO von den deutschen Gerichten wie bislang nur sehr zurückhaltend in Anspruch

---

Drucksache 14/163, S. 2 f.; vgl. http://www.jura.uni-erlangen.de/Lehrstuehle/Zivilrecht1/justizreform/gottwald.htm vom 28. Februar 2002; ähnlich auch Heß JZ 2001, 573, 580, der eine prozessuale Urkundeneditionspflicht jedoch nur im Bereich des Europäischen Justizraums vorschlägt.

[946] Gottwald, Gutachten zum 61. Deutschen Juristentag 1996 in Karlsruhe, A 15 ff.; hierzu vgl. Lang S. 97 f.; hierzu siehe auch oben 2. Kapitel 1. Teil III 1 c bb (2) (d).

[947] Gottwald, Stellungnahme zum Entwurf eines Gesetzes zur Reform des Zivilprozesses – Drucksache 14/3750 und zum Entwurf eines Gesetzes zur Vereinfachung des zivilgerichtlichen Verfahrens - Drucksache 14/163, S. 3; http://www.jura.uni-erlangen.de/Lehrstuehle/Zivilrecht1/ justizreform/gottwald.htm vom 28. Februar 2002.

[948] Hierzu siehe oben 2. Kapitel 2. Teil I 1 allgemein sowie 2. Kapitel 2. Teil II 1 im Hinblick auf das disclosure-Verfahren.

genommen werden wird, bietet die EuBVO eine sehr gute Möglichkeit, die Umsetzung einer allgemeinen prozessualen Editionspflicht vor deutschen Gerichten zu erproben. Die Erfahrungen, die in Zukunft hiermit gemacht werden, können entscheidend zu der Lösung der Frage beitragen, ob tatsächlich eine allgemeine prozessuale Editionspflicht in das deutsche Zivilverfahrensrecht aufgenommen werden soll und wie eine solche aus-gestaltet sein könnte. Nach geltendem Recht haben die deutschen Gerichte jedoch weiterhin zu beachten, dass sie im Hinblick auf die Anordnung der Urkundenvorlegung gemäß § 142 ZPO bzw. der Einnahme des Augenscheins gemäß § 144 ZPO zur Ausübung ihres pflichtgemäßen Ermessens verpflichtet sind.[949] Folglich haben sich die Gerichte daher an den Grundsätzen des deutschen Zivilverfahrens zu orientieren. Ermessensleitend muss insbesondere der Grundsatz der Parteiherrschaft[950] berücksichtigt werden. Hiernach obliegt die Entscheidung, ob und zu welcher Behauptung das Gericht einen Beweis erheben darf und muss, im Grundsatz den Parteien des Rechtsstreits.[951] Beruht das Unterlassen der Stellung eines Beweisantrages nicht auf der Nachlässigkeit der Partei, sondern auf einem wohlüberlegten Grunde, so nimmt die Partei ihre Beweisfälligkeit bewusst in Kauf. In diesem Fall ist kein Grund ersichtlich, der das Gericht zu der Anordnung einer Dokumentenvorlegung nach den §§ 142, 144 ZPO veranlassen könnte.[952] Anders ist nur dann zu entscheiden, wenn die Beweisinitiative des Gerichts nicht zum Ausgleich der fehlenden Aktivität der beweisbelasteten Partei ergeht, sondern im mangelnden Beurteilungsvermögen des Gerichts ihren Grund hat. In diesem Fall ist keine Kollision mit dem Grundsatz der Parteiherrschaft ersichtlich.[953] Das Gericht hat jedoch auch insoweit diejenigen Beweismittel vorrangig auszuschöpfen, die von den Parteien angeboten wurden. Nur für den Fall, dass das mangelnde Beurteilungsvermögen des Gerichts nicht durch die von den Parteien angebotenen Beweismittel beseitigt werden kann, kommt die Anordnung der Dokumentenvorlegung nach den §§ 142, 144 ZPO in Betracht.[954] Ist demnach die Vorlegung eines Dokumentes unter Abwägung aller Umstände des Einzelfalls für die sachgerechte Entscheidung des Rechtsstreits erforderlich, liegt ein hinreichender sachlicher Grund für eine Anordnung nach den §§ 142, 144 ZPO vor. Im Rahmen der Abwägung des Gerichts haben jedoch auch noch weitere Umstände Berücksichtigung zu finden. So hat das Gericht darauf zu achten, dass es im Wege der Anordnung nach den §§ 142, 144 ZPO nicht zu einer Ausforschung[955] des prozessualen Gegners kommt, welche das deutsche Zivilverfahrensrecht gerade zu verhindern beabsichtigt. Hierbei ist insbesondere der vom BGH vertretene Grundsatz zu berücksichtigen, nach dem niemand verpflichtet ist, dem Gegner für seinen Prozesssieg das Material zu verschaffen, über das er nicht schon von sich aus

[949] BGHZ 66, 62, 68; BayObLGZ 1996, 165; RGZ 155, 37, 39; Baumbach/Lauterbach-Hartmann § 142 Rn. 5; Zöller-Greger § 144 Rn. 2.
[950] Hierzu Baumbach/Lauterbach-Hartmann Grundzüge vor § 128 Rn. 18.
[951] Vgl. auch oben 2. Kapitel 1. Teil II 2 a.
[952] MünchKomm-Peters, ZPO, §§ 142-144 Rn. 4; vgl. auch Habscheid ZZP 96 (1983), 306, 309.
[953] Ähnlich auch MünchKomm-Peters, ZPO, §§ 142-144 Rn. 5.
[954] Wohl ähnlich ohne Begründung Triebel/Zons, BB 2002, Beilage 7 zu Heft 46/2002, 26, 28.
[955] Hierzu siehe oben 2. Kapitel 1. Teil II 2 b; vlg. auch Trittmann/Leitzen, IPRax 2003, 7, 11.

sich aus verfügt.[956] Darüber hinaus hat das Gericht die berechtigten Belange des Geheimnis- und Persönlichkeitsschutzes des zur Vorlegung eines Dokumentes Verpflichteten in seine Abwägung einzubeziehen.[957] Auch wenn die Zeugnisverweigerungsrechte der §§ 383 bis 385 ZPO und das Kriterium der Zumutbarkeit gemäß den §§ 142 Abs. 2 S. 1, 144 Abs. 2 S. 1 ZPO nur für die Verpflichtung von Dritten gilt, kann dies nicht bedeuten, dass die berechtigten Belange der zur Vorlegung verpflichteten Partei keine Berücksichtigung finden. Sie haben vielmehr in die Abwägung der Umstände des Einzelfalls mit einzufließen. Da die §§ 142 Abs. 1 S. 1, 144 Abs. 1 S. 1 ZPO keinen Vorlegungsanspruch voraussetzen, damit in ihrem Anwendungsbereich sehr weit gefasst und im Hinblick auf die Gesamtsystematik der ZPO als Ausnahmevorschriften[958] anzusehen sind, muss der Ausübung des pflichtgemäßen Ermessens ein besonderer Stellenwert beigemessen werden.

II. Die EuBVO und das europäische Zivilverfahrensrecht

Abschließend stellt sich die Frage, wie die EuBVO in den Gesamtkontext der Entwicklung eines europäischen Zivilverfahrensrechts einzuordnen ist und wie sich ihre mögliche Weiterentwicklung darstellen könnte.

1. Die Entwicklung des europäischen Zivilverfahrensrechts

Ausgangspunkt der Entwicklung des europäischen Zivilverfahrensrechts[959] sind die Art. 61, 65 EGV. Nach Art. 61 lit. c EGV erlässt der Rat zum schrittweisen Aufbau eines Raums der Freiheit, der Sicherheit und des Rechts Maßnahmen im Bereich der justiziellen Zusammenarbeit in Zivilsachen. Diese umfassen nach Art. 65 EGV folgende Maßnahmen, soweit sie für das reibungslose Funktionieren des Binnenmarktes erforderlich sind:

a. Verbesserung und Vereinfachung
    - des Systems für die grenzüberschreitende Zustellung gerichtlicher und außergerichtlicher Schriftstücke;
    - der Zusammenarbeit bei der Erhebung von Beweismitteln;
    - der Anerkennung und Vollstreckung gerichtlicher und außergerichtlicher Entscheidungen in Zivil- und Handelssachen;

b. Förderung der Vereinbarkeit der in den Mitgliedstaaten geltenden Kollisionsnormen und Vorschriften zur Vermeidung von Kompetenzkonflikten;

c. Beseitigung der Hindernisse für eine reibungslose Abwicklung von Zivilverfahren, erforderlichenfalls durch Förderung der Vereinbarkeit der in den Mitgliedstaaten geltenden zivilrechtlichen Verfahrensvorschriften.

---

[956] BGH JZ 1991, 630, 630 f.; BGH NJW 1958, 1491; BGH VersR 1958, 768; BGH WM 1963, 864, 864 f.; ähnlich auch RGZ 63, 408, 410.

[957] Vgl. BT-Drucks. 14/6036 S. 120.

[958] Siehe oben 2. Kapitel 1. Teil III 1 c bb (2) (d); vgl. auch Prütting, Gegenwartsprobleme der Beweislast, S. 138.

[959] Zum Begriff des „Europäischen Zivilprozessrechts" vgl. Kropholler, Europ. Zivilprozessrecht, Einleitung Rn. 17; Heß IPRax 2001, 389 ff.; zu den aktuellen Entwicklungen vgl. Kohler IPRax 2003, 401 ff.

Die Entwicklung des europäischen Zivilverfahrensrechts stellt letztlich eine Notwendigkeit zur Verwirklichung der Marktfreiheiten im Binnenmarkt dar. Denn grenzüberschreitende Tätigkeiten, deren Ausübung die Marktfreiheiten garantieren, bedürfen einer prozessualen Absicherung.[960] In diesem Sinne erfasst die aktuelle Harmonisierungspolitik der Gemeinschaft das grenzüberschreitende Zivilverfahrensrecht unter allen Aspekten.[961]
Nach den Schlussfolgerungen des Europäischen Rates im Rahmen seiner Tagung vom 15. und 16. Oktober 1999 in Tampere[962] sollen insbesondere ein besserer Zugang zum Recht in Europa, die gegenseitige Anerkennung gerichtlicher Entscheidungen sowie eine größere Konvergenz im Bereich des Zivilrechts gewährleistet werden. Gemäß Ziffer 30 der Schlussfolgerungen sollen hierbei vereinfachte und beschleunigte grenzüberschreitende Gerichtsverfahren bei verbraucher- und handelsrechtlichen Klagen mit geringem Streitwert sowie bei Unterhaltsklagen und bei unbestrittenen Forderungen geschaffen werden. Für in grenzüberschreitenden Rechtsstreitigkeiten zu verwendende Formulare und Schriftstücke sollen gemeinsame Mindeststandards aufgestellt werden, vgl. Ziffer 31 der Schlussfolgerungen. Nach Ziffer 33 ist eine verbesserte gegenseitige Anerkennung von gerichtlichen Entscheidungen und Urteilen sowie die als notwendig erachtete Annäherung der diesbezüglichen Rechtsvorschriften vorgesehen. Der Europäische Rat forderte insbesondere den weiteren Abbau der Zwischenmaßnahmen zur Anerkennung bzw. Vollstreckung einer ausländischen Entscheidung. Diese mittelfristig zu verfolgenden Ziele wurden in der Zwischenzeit bereits teilweise umgesetzt. In der jüngsten Vergangenheit wurden zahlreiche Maßnahmen zur europäischen Prozessrechtsangleichung vorgenommen.[963]
Beispielhaft zu nennen ist die „Verordnung (EG) Nr. 1348/2000 des Rates vom 29. Mai 2000 über die Zustellung gerichtlicher und außergerichtlicher Schriftstücke in Zivil- oder Handelssachen in den Mitgliedstaaten“[964] (ZustVO), die am 31. Mai 2001 in Kraft getreten ist.[965] Die Verordnung ist nach ihrem Art. 1 Abs. 1 in Zivil- oder Handelssachen anzuwenden, in denen ein gerichtliches oder außergerichtliches Schriftstück von einem Mitgliedstaat in einen anderen zum Zwecke der Zustellung zu übermitteln ist. Ähnlich wie im Rahmen der EuBVO lässt Art. 14 Abs. 1 ZustVO neben der Zustellung im Wege des Rechtshilfeverkehrs auch eine unmittelbare postalische Zustellung im Ausland zu. Diese Möglichkeit wird für die Bundesrepublik Deutschland durch Art. 14 Abs. 2 ZustVO i.V.m. dem neu in die ZPO eingefügten § 1068 Abs. 2[966]

---

[960] Vgl. auch Heß IPRax 2001, 389, 390.
[961] Zum Maßnahmenprogramm des Rats der europäischen Justizminister vom 30.11.2000 vgl. Heß JZ 2001, 573, 578 ff.
[962] NJW 2000, 1925.
[963] Kritisch Kohler, Europäisches Kollisionsrecht zwischen Amsterdam und Nizza, S. 9 ff.; auch Heß IPRax 2001, 389, 396 kritisiert die „atemberaubende Geschwindigkeit der europäischen Prozessrechtsangleichung“.
[964] Amtsblatt EG L 160 vom 30.06.2000 S. 37 ff.
[965] Hierzu vgl. auch Heß JZ 2001, 573 577; ders. IPRax 2001, 389, 392 f.
[966] Die Vorschrift tritt am 01.01.2004 in Kraft; bis dahin gilt der gleichlautende § 2 ZustDG, Gesetz zur Durchführung gemeinschaftsrechtlicher Vorschriften über die Zustellung gerichtlicher und außergerichtlicher Schriftstücke in Zivil- oder Handelssachen in den Mitgliedstaaten (EG-

wieder eingeschränkt. Nach § 1068 Abs. 2 S. 1 ZPO ist eine unmittelbare Zustellung nur in der Versandform des Einschreibens mit Rückschein zulässig. Das zuzustellende Schriftstück muss dabei gemäß § 1068 Abs. 2 S. 2 ZPO regelmäßig in deutscher Sprache abgefasst sein, wenn nicht der Adressat des Schriftstückes Staatsangehöriger des Übermittlungsstaates ist. Zu beachten ist hier jedoch, dass anders als im Rahmen der unmittelbaren Beweisaufnahme im europäischen Ausland nach Art. 17 EuBVO kein Genehmigungsverfahren für die postalische Direktzustellung gemäß Art. 14 ZustVO erforderlich ist. Offenbar wurde der Eingriff in die Hoheitsrechte der Mitgliedstaaten durch eine Zustellung im Ausland hier weniger schwerwiegend betrachtet als die Durchführung einer Beweisaufnahme im Ausland. Dies erscheint auch durchaus nachvollziehbar in Anbetracht der Tatsache, dass das Prozessgericht bei einer unmittelbaren Beweisaufnahme im Ausland auf fremdem Hoheitsgebiet tätig wird, während es bei einer postalischen Direktzustellung nur die Zustellung im Ausland bewirkt, ohne hier selbst tätig zu werden. Eine weitere Regelung auf dem Gebiet des europäischen Zivilverfahrensrechts wurde in jüngster Zeit mit der „Verordnung (EG) Nr. 44/2001 des Rates vom 22. Dezember 2000 über die gerichtliche Zuständigkeit und die Anerkennung und Vollstreckung von Entscheidungen in Zivil- und Handelssachen“[967] (EuGVVO) getroffen. Diese trat gemäß Art. 76 der Verordnung am 1. März 2002 in Kraft. Auch die „Verordnung (EG) Nr. 1347/2000 des Rates vom 29. Mai 2000 über die Zuständigkeit und die Anerkennung und Vollstreckung von Entscheidungen in Ehesachen und in Verfahren betreffend die elterliche Verantwortung für die gemeinsamen Kinder der Ehegatten“[968], die am 1. März 2001 in Kraft trat, steht in diesem Kontext. Hiermit zusammenhängend ist auch die Entscheidung des Rates vom 28. Mai 2001 über die Einrichtung eines Europäischen Justiziellen Netzes für Zivil- und Handelssachen[969] zu verstehen, welche nach Art. 21 der Entscheidung ab dem 1. Dezember 2002 gelten wird.[970] Das sogenannte „Netz“ setzt sich nach Art. 2 Abs. 1 der Entscheidung zusammen aus

- von den Mitgliedstaaten zu benennenden Kontaktstellen,
- den im Rahmen der Rechtsvorschriften im Bereich der justiziellen Zusammenarbeit in Zivil- und Handelssachen vorgesehenen Zentralstellen und Zentralbehörden, also zum Beispiel der nach Art. 3 EuBVO zu benennenden Zentralstelle oder zuständigen Behörde[971],
- Verbindungsrichtern, und

Zustellungsdurchführungsgesetz – ZustDG) vom 9. Juli 2001, vgl. BGBl. 2001 I 1536; zu den seht unterschiedlichen Vorbehalten der Mitgliedstaaten über die Modalitäten der postalischen Direktzustellung vgl. den Überblick der Kommission nach Art. 23 ZustVO, Amtsblatt EG C 151 vom 22. Mai 2001 S. 4 ff. und C 202 vom 18. Juli 2001 S. 10 ff.

[967] Amtsblatt EG L 12 vom 16. Januar 2001 S. 1 ff.

[968] Amtsblatt EG L 160 vom 30. Juni 2000 S. 19 ff.; hierzu auch Heß JZ 2001, 573, 575 f.

[969] Amtsblatt EG L 174 vom 27. Juni 2001 S. 25 ff.

[970] Vgl. hierzu auch Heß JZ 2001, 573, 580 f.

[971] Hierzu siehe oben 3. Kapitel 2. Teil VI 2.

- gegebenenfalls anderen Justiz- oder Verwaltungsbehörden, die Zuständigkeiten im Bereich der justiziellen Zusammenarbeit in Zivil- und Handelssachen besitzen und deren Teilnahme am Netz dem betreffenden Mitgliedstaat sinnvoll erscheint.

Die Zuständigkeit des Netzes umfasst nach Art. 3 Abs. 1 der Entscheidung die Erleichterung der justiziellen Zusammenarbeit zwischen den Mitgliedstaaten in Zivil- und Handelssachen einschließlich der Konzipierung, schrittweisen Einrichtung und Aktualisierung eines Informationssystems für die Mitglieder des Netzes sowie eines Informationssystems für die Öffentlichkeit im Internet. In Art. 3 Abs. 2 der Entscheidung werden die folgenden Zielsetzungen des Netzes definiert:

- reibungslose Abwicklung von Verfahren mit grenzüberschreitenden Bezügen und Erleichterung der Ersuchen um justizielle Zusammenarbeit zwischen den Mitgliedstaaten insbesondere in den Fällen, in denen kein Gemeinschaftsrechtsakt oder keine internationale Übereinkunft anwendbar ist,
- wirksame und praktische Umsetzung von Gemeinschaftsrechtsakten oder geltenden Übereinkünften zwischen zwei oder mehreren Mitgliedstaaten, sowie
- Einrichtung und Unterhaltung eines Informationssystems für die Öffentlichkeit über die justizielle Zusammenarbeit in Zivil- und Handelssachen in der Europäischen Union, die maßgeblichen Gemeinschaftsrechtsakte und internationalen Übereinkünfte und das nationale Recht der Mitgliedstaaten insbesondere hinsichtlich des Zugangs zum Recht.

Die EuBVO stellt folglich nur einen Teil der gesamten Entwicklung des europäischen Zivilverfahrensrechts dar, welches die umfassende Regelung grenzüberschreitender Zivil- und Handelsverfahren zum Ziel hat. Die angestrebte umfassende Information der Öffentlichkeit ist dabei sehr zu begrüßen.

2. Die Weiterentwicklung der EuBVO

Nach Art. 23 EuBVO ist eine Überprüfung der Effektivität der getroffenen Regelungen in der Verordnung selbst vorgesehen. So hat die Kommission dem Europäischen Parlament, dem Rat und dem Wirtschafts- und Sozialausschuss bis zum 1. Januar 2007 und danach alle fünf Jahre einen Bericht über die Anwendung der EuBVO vorzulegen. Hierbei ist ein besonderer Augenmerk auf die Tätigkeit der nach Art. 3 EuBVO bestimmten Zentralstelle oder zuständigen Behörde, die praktische Anwendung der unmittelbaren Beweisaufnahme durch das ersuchende Gericht nach Art. 17 EuBVO, und die Anwendung der Kostenvorschrift des Art. 18 EuBVO zu legen.

In diesem Zusammenhang stellt sich die Frage, welche Möglichkeiten der Weiterentwicklung der EuBVO bei einer künftigen Überarbeitung in Betracht kommen könnten. Die herkömmliche Durchführung der Beweisaufnahme durch das ersuchte Gericht gemäß den Art. 10 ff. EuBVO wird dabei keine wesentlichen Verbesserungsmöglichkeiten bieten. Wie bereits der Wortlaut des Art. 23 EuBVO andeutet, wird der Schwerpunkt der Weiterentwicklung der Verordnung im Bereich der unmittelbaren Beweisaufnahme durch das ersuchende Gericht nach Art. 17 EuBVO liegen.

Hier erscheint insbesondere das nach Art. 17 Abs. 4 EuBVO vorgesehene Genehmigungsverfahren als problematisch im Hinblick auf die Zielsetzung der schnellstmöglichen Erledigung[972] eines Ersuchens. Vor allem durch die kontrollierende Teilnahme eines inländischen Gerichts gemäß Art. 17 Abs. 4 S. 2 EuBVO sind Verzögerungen zu erwarten, welche durch die Abgleichung der möglichen Termine beider Gerichte entstehen können. Ähnlich wie in Art. 14 Abs. 2 ZustVO[973] i.V.m. § 2 ZustDG[974] könnte auch die unmittelbare Beweisaufnahme durch das ersuchende Gericht ohne gesondertes Genehmigungsverfahren zulässig werden. Denkbar wäre hier insbesondere die Ersetzung des Genehmigungsverfahrens durch ein Anzeigeverfahren, nach dem etwa das ausländische Gericht verpflichtet würde, die beabsichtigte Beweisaufnahme innerhalb eines bestimmten Zeitraums vor deren Durchführung gegenüber der inländischen Zentralstelle bekannt zu geben. Auch hier könnte die Zentralstelle bei Bedarf kontrollierend einschreiten, ohne dass es eines verfahrensverzögernden Genehmigungsverfahrens bedürfte.

Mittelfristig dürften auch die Regelungen des Art. 17 Abs. 2 sowie Abs. 5 lit. c EuBVO überarbeitet werden müssen. Im Rahmen der europäischen Prozessrechtsangleichung werden in Zukunft kaum noch Fälle ersichtlich sein, in denen die beantragte unmittelbare Beweisaufnahme wesentlichen Rechtsgrundsätzen des ersuchten Mitgliedstaates im Sinne des Art. 17 Abs. 5 lit. c EuBVO zuwiderläuft. Darüber hinaus wird sich vor dem Hintergrund der zukünftigen Erfahrungen mit der unmittelbaren Beweisaufnahme durch ein ausländisches Gericht die Frage stellen, ob diesem nicht entgegen Art. 17 Abs. 2 EuBVO die - wenn auch eingeschränkte - Möglichkeit zur Anwendung von Zwangsmitteln zugestanden werden sollte. Im Hinblick auf die Fortführung der geplanten Maßnahmen zur Entwicklung des europäischen Zivilverfahrensrechts erschiene dies als das einzig konsequente Ziel der Weiterentwicklung der EuBVO.

In einem ersten Schritt wird es jedoch ab dem 1. Januar 2004 darauf ankommen, die Möglichkeiten der EuBVO zu nutzen und die Verordnung nicht entgegen ihrer Zielsetzung anzuwenden. Diese Aufgabe kommt insbesondere den nach Art. 3 Abs. 3 EuBVO zu bestimmenden Zentralstellen und zuständigen Behörden zu, denen die Entscheidung über die Genehmigung einer unmittelbaren Beweisaufnahme nach Art. 17 EuBVO und deren Bedingungen obliegt. Hier sollte die Vorgabe der Bedingungen für die Durchführung einer unmittelbaren Beweisaufnahme nicht derart extensiv gehandhabt werden, dass die ersuchenden Gerichte von dieser neu geschaffenen Möglichkeit der Beweisaufnahme Abstand nehmen und weiterhin nur die herkömmliche Erledigung eines Ersuchens durch das ersuchte Gericht in Anspruch nehmen.

---

[972] Vgl. Ziffer 10 der Präambel zur EuBVO, Amtsblatt EG L 174 vom 27.06.2001 S. 1 ff.

[973] Amtsblatt EG L 160 vom 30.06.2000 S. 37 ff.

[974] Vgl. BGBl. 2001 I 1536; vgl. auch § 1068 ZPO, der am 01.01.2004 in Kraft tritt.

5. Kapitel: Zusammenfassung

I. Die Erhebung einer Klage im deutschen Zivilprozess erfordert die Angabe eines Klagegrundes im Wege der Darstellung eines konkreten Lebensvorgangs, aus dem der Kläger die begehrte Rechtsfolge herleitet. Hierbei hat er grundsätzlich alle anspruchsbegründenden Tatsachen vorzutragen und gegebenenfalls zu beweisen.

1. Hinsichtlich der konkreten Ausgestaltung der Beweislast bestehen vielfache Abstufungen, welche letztlich die Zielsetzung widerspiegeln, dass für die Frage der Beweislast und Beweiswürdigung generell die aus der Lebenserfahrung gewonnenen praktischen Erkenntnisse zu beachten sind und keine Partei in unerträgliche Beweisnot gebracht werden soll.[975] Der Beweisantritt hat grundsätzlich substantiiert zu erfolgen, das heißt die Partei ist verpflichtet, für die behaupteten und konkret bezeichneten Tatsachen jeweils ein bestimmtes Beweismittel zu benennen, mittels dessen sie das Gericht von der Wahrheit der zu beweisenden Behauptung zu überzeugen beabsichtigt.[976] Als im deutschen Zivilprozess prinzipiell unzulässig anzusehen ist der sogenannte Ausforschungsbeweis, bei dem der Beweis zur Beschaffung einer beweiserheblichen Tatsache als Grundlage für neue Behauptungen dient, also eine willkürliche aus der Luft gegriffene Behauptung vorliegt, für die tatsächliche Anhaltspunkte gänzlich fehlen. Dem Beweisführer ist es jedoch möglich, seinen Beweisantrag auf durch Tatsachen belegte Vermutungen zu stützen. Ein unzulässiger Ausforschungsantrag liegt erst dann vor, wenn der Beweisantrag sich aus der Sicht des Gerichts als rechtsmissbräuchlich darstellt.[977]

2. Dokumente als Beweismittel im deutschen Zivilprozess können den Vorschriften über den Beweis durch Urkunden gemäß den §§ 415 ff. ZPO und über den Beweis durch Augenschein nach den §§ 371 ff. ZPO unterfallen.

a. Die §§ 415 ff. ZPO finden nur dann Anwendung, wenn es sich bei dem Dokument um eine Urkunde im Sinne der ZPO handelt. Elektronische Daten wie zum Beispiel e-mails oder auf Datenträgern gespeicherte Dateien sind nach dem durch das „Gesetz zur Anpassung der Formvorschriften des Privatrechts und anderer Vorschriften an den modernen Rechtsgeschäftsverkehr“[978] vom 13. Juli 2001 erklärten gesetzgeberischen Willen nicht als Urkunden zu behandeln, obwohl hierfür vieles sprechen würde.[979]
Die Verpflichtung zur Vorlegung von Urkunden richtet sich im deutschen Zivilprozess über den Verweis des § 422 ZPO schwerpunktmäßig nach dem materiel-

[975] Siehe oben 2. Kapitel 1. Teil II 1.
[976] Hierzu siehe oben 2. Kapitel 1. Teil II 2 a.
[977] Siehe oben 2. Kapitel 1. Teil II 2 b.
[978] BGBl. I 2001, 1542.
[979] Hierzu siehe oben 2. Kapitel 1. Teil III 1 a cc.

len Recht. Von besonderer Bedeutung ist hierbei § 810 BGB als allgemeine, auf den Zweck oder den Inhalt der Urkunde abstellende Vorschrift, welche auf Grund der vergleichbaren Interessenlage auf elektronische Daten analog anwendbar ist.[980] Neben den gesetzlich festgelegten Vorlegungsansprüchen gewährt die Rechtsprechung im Einzelfall einen Vorlegungsanspruch aus Treu und Glauben gemäß § 242 BGB, welcher jedoch strengen Voraussetzungen unterliegt.[981] Ein darüber hinaus gehender allgemeiner prozessrechtlicher Vorlegungsanspruch ist der ZPO nicht zu entnehmen.[982] In Ausnahmefällen kommt allerdings eine in das Ermessen des Gerichts gestellte Beweiserhebung von Amts wegen gemäß § 142 ZPO in Betracht, welche durch das am 1. Januar 2002 in Kraft getretene „Gesetz zur Reform des Zivilprozesses“[983] auf die Inanspruchnahme von am Rechtsstreit unbeteiligten Dritten erweitert wurde.[984]

b. Unter den Beweis durch Augenschein nach den §§ 371 ff. ZPO fällt jede unmittelbare Sinneswahrnehmung über die Beschaffenheit von Personen und Gegenständen oder über Vorgänge. Hiernach richtet sich auch die Beweiserhebung im Hinblick auf elektronische Dokumente.[985] Die Vorlegungspflichten entsprechen auf Grund des Verweises des § 371 Abs. 2 S. 2 ZPO nunmehr denen des Urkundenbeweises.

II. Im englischen Zivilprozessrecht, das in den “Civil Procedure Rules” geregelt ist, findet die Klageerhebung mittels der sogenannten “claim form” statt, einem vorgegebenen und standardisierten Formular. Im Rahmen dessen hat der Kläger die “particulars of claim” vorzutragen, welche konkrete Angaben über die Tatsachen enthalten müssen, auf die sich der Kläger zur Begründung seines Anspruchs beruft.[986] Hierüber hat sich der Beklagte mittels der “defence” zu erklären.[987]

1. Nach Feststellung der streitigen Tatsachen kann das Verfahren in das Stadium der “disclosure and inspection of documents” übergehen. Hierbei erklären sich die Parteien über die ihnen zur Verfügung stehenden und für den Rechtsstreit relevanten Dokumente und legen diese gegebenenfalls gegenüber ihrem prozessualen Gegner offen.[988] Über den Umfang des disclosure-Verfahrens entscheidet das zuständige Gericht entsprechend der Bedeutung des Rechtsstreits.[989] Die Erklärungspflicht der Parteien umfasst alles, in oder auf dem eine Informationsdarstel-

[980] Vgl. oben 2. Kapitel 1. Teil III c bb (2).
[981] Hierzu siehe oben 2. Kapitel 1. Teil III c bb (2) (c).
[982] Siehe oben 2. Kapitel 1. Teil III c bb (2) (d).
[983] BGBl. 2001 I S. 1887 ff.
[984] Vgl. oben 2. Kapitel 1. Teil III 1 b bb.
[985] Hierzu siehe 2. Kapitel 1. Teil III 2 a.
[986] Siehe oben 2. Kapitel 2. Teil I 3 a.
[987] Hierzu vgl. 2. Kapitel 2. Teil I 3 b.
[988] Siehe oben 2. Kapitel 2. Teil II.
[989] Hierzu 2. Kapitel 2. Teil II 1.

lung festgehalten oder gespeichert ist.[990] Anzugeben sind auch solche Dokumente, die sich nachteilig auf den eigenen Vortrag auswirken.[991] Nach CPR 31.10 haben die Parteien ein Verzeichnis über alle relevanten Dokumente zu erstellen und diese in einer hinreichenden und möglichst präzisen Art und Weise zu identifizieren.[992] Die Erklärungs- und Vorlegungsverpflichtung kann in bestimmten, durch Gesetz oder durch die Rechtsprechung festgelegten Fällen auch gegenüber an dem Rechtsstreit unbeteiligten Dritten geltend gemacht werden.[993] Darüber hinaus ist es unter engen Voraussetzungen möglich, die Vorlegung eines Dokumentes bereits im Vorfeld der "disclosure and inspection of documents" durchzusetzen.[994]

2. Die Vorlegung eines Dokumentes kann nur dann verweigert werden, wenn die betreffende Person durch ein sogenanntes "privilege" geschützt ist.[995] Das "privilege against self-incrimination" besagt, dass niemand zur Vorlegung eines Dokumentes gezwungen werden kann, das ihn selbst oder seinen Ehegatten der Gefahr einer strafrechtlichen Verurteilung aussetzen kann.[996] Nach den Grundätzen des "legal professional privilege" kann die Offenlegung des für die Rechtsverfolgung und Rechtsberatung erforderlichen Schriftverkehrs nicht erzwungen werden.[997] Die "without prejudice communication" berechtigt zur Verweigerung der Vorlegung von solchen Dokumenten, die im Hinblick auf den möglichen Abschluss eines außergerichtlichen Vergleichs und der Vereinbarung verfasst wurden, dass deren Inhalt nicht zum Nachteil des Gegners verwendet werden darf, wenn es im Ergebnis nicht zu einer Einigung kommt.[998] Nach der "public interest immunity" kann die Vorlegung eines Dokumentes verweigert werden, wenn die Offenlegung dem öffentlichen Interesse schaden würde.[999] Im Einzelfall kann die Vorlegung eines Dokumentes auch dann verweigert werden, wenn hierdurch Informanten der Presse[1000] oder beleidigende Inhalte[1001] bekannt würden. Die Berufsgeheimnisse der Ärzte, Priester, Sozialarbeiter, Steuerberater oder Wirtschaftsprüfer[1002] sind im englischen Recht hingegen ebenso wie Geschäftsgeheimnisse[1003] regelmäßig nicht geschützt.

---

[990] Vgl. oben 2. Kapitel 2. Teil II 2.
[991] Siehe oben 2. Kapitel 2. Teil II 3 a bb.
[992] Vgl. 2. Kapitel 2. Teil II 3 a cc.
[993] Hierzu siehe oben 2. Kapitel 2. Teil II 3 b.
[994] Siehe oben 2. Kapitel 2. Teil II 3 c.
[995] Vgl. 2. Kapitel 2. Teil II 5.
[996] Siehe oben 2. Kapitel 2. Teil II 5 a.
[997] Hierzu siehe oben 2. Kapitel 2. Teil II 5 b.
[998] Vgl. oben 2. Kapitel 2. Teil II 5 c.
[999] Siehe oben 2. Kapitel 2. Teil II 5 d.
[1000] Hierzu siehe oben 2. Kapitel 2. Teil II 5 e.
[1001] Siehe oben 2. Kapitel 2. Teil II 5 f.
[1002] Hierzu oben 2. Kapitel 2. Teil II 5 g.
[1003] Siehe oben 2. Kapitel 2. Teil II 5 h.

III. Der Vergleich des deutschen und des englischen Zivilprozessrechts zeigt, dass beide Verfahrensordnungen von dem Grundsatz der Parteiherrschaft ausgehen. Historisch betrachtet besteht jedoch in England wie auch in Deutschland die Tendenz, den Grundsatz der Parteiherrschaft zugunsten eines stärkeren Einflusses der Gerichte einzuschränken.[1004]

1. Sowohl nach der deutschen ZPO als auch nach den englischen CPR ist jedenfalls im Grundsatz die Substantiierung des Sachvortrages der Parteien im Vorfeld der Beweiserhebung erforderlich.[1005] Hierdurch wird in beiden Verfahrensordnungen beabsichtigt, eine ausforschende Beweiserhebung zu verhindern. Im Vergleich der beiden Verfahrensordnungen ist jedoch festzustellen, dass der Verhinderung einer Ausforschung des Gegners in Deutschland stärkere Bedeutung beigemessen wird, während das englische Offenheitsprinzip eine Ausforschung im Einzelfall zugunsten der Ermittlung der Wahrheit in Kauf nimmt.[1006] Diese Tendenz zeigt sich auch deutlich bei der Frage, wie weit eine gerichtliche Entscheidung im Rahmen des einstweiligen Rechtsschutzes gehen darf.[1007]

2. Die Verpflichtung zur Vorlegung eines Dokumentes kann sich in Deutschland und England sowohl aus dem Verfahrensrecht als auch aus dem materiellen Recht ergeben. Der Schwerpunkt der Vorlegungsansprüche liegt in Deutschland auch nach der Reform durch das „Gesetz zur Reform des Zivilprozesses"[1008] vom 27. Juli 2001 auf dem materiellen Recht, während sich die Vorlegungsansprüche in England vornehmlich aus dem Prozessrecht herleiten.[1009] Die Vorlegungspflichten gestalten sich dabei im englischen Zivilprozess im Hinblick auf alle Arten von Dokumenten einheitlich, während der enge Urkundenbegriff der ZPO dazu führt, dass zwischen dem Beweis durch Urkunden gemäß den §§ 415 ff. ZPO und dem Beweis durch Augenschein nach den §§ 371 ff. ZPO differenziert werden muss.[1010] Für den Fall, dass die Vorlegung eines Dokumentes verweigert wird, ist jedoch beiden Verfahrensordnungen gemeinsam, dass jeweils derjenige um gerichtlichen Rechtsschutz zu ersuchen hat, der die Vorlegung des Dokumentes begehrt.[1011]

3. Sowohl im deutschen als auch im englischen Zivilverfahren ist es möglich, an dem Rechtsstreit unbeteiligte Dritte zur Vorlegung eines Dokumentes zu verpflichten. Tendenziell ist auch hier festzustellen, dass die Vorlegungspflichten

---

[1004] Vgl. oben 2. Kapitel 3. Teil I.
[1005] Hierzu siehe 2. Kapitel 3. Teil II.
[1006] Siehe oben 2. Kapitel 3. Teil III.
[1007] Vgl. oben 2. Kapitel 3. Teil VI.
[1008] BGBl. 2001 I S. 1887 ff.
[1009] Hierzu 2. Kapitel 3. Teil IV.
[1010] Vgl. 2. Kapitel 3. Teil V.
[1011] Siehe oben 2. Kapitel 3. Teil VIII.

Dritter im englischen Zivilprozess extensiver gehandhabt werden als in Deutschland.[1012]

IV. Das Haager Beweisübereinkommen vom 18. März 1970[1013] regelt die Erledigung von Ersuchen, welche die gerichtliche Behörde eines Vertragsstaates in Zivil- oder Handelssachen an die zuständige Behörde eines anderen Vertragsstaates mit dem Begehren richtet, eine Beweisaufnahme oder eine andere gerichtliche Handlung vorzunehmen. Der Begriff der Zivil- oder Handelssache ist hierbei weit auszulegen.[1014] Die mögliche Verwendung der Ergebnisse einer nach dem Haager Beweisübereinkommen erfolgten Beweisaufnahme für Straf- oder Verwaltungsverfahren stellt in diesem Zusammenhang keinen Ablehnungsgrund dar.[1015] Formell muss das Rechtshilfeersuchen den Anforderungen des Art. 3 HBÜ entsprechen, wobei im Hinblick auf die Dokumentenvorlegung zu beachten ist, dass die bestimmte Bezeichnung der vorzulegenden Dokumente erforderlich ist. Die Entgegennahme von Rechtshilfeersuchen erfolgt über national eingerichtete Zentralstellen, welche mit der Weiterleitung der Ersuchen an das jeweils zuständige Gericht beauftragt sind.[1016]
Die Regelung der Dokumentenvorlegung im Rechtshilfeverkehr mit common-law-Staaten hat mit Art. 23 HBÜ i.V.m. § 14 AusfG eine Sonderregelung erfahren, wonach Rechtshilfeersuchen nicht erledigt werden, die einer Beweiserhebung im Rahmen der sogenannten "pre-trial discovery of documents" zuzuordnen sind. Diesem von Deutschland erklärten Vorbehalt unterfällt auch das englische Verfahren der "disclosure and inspection of documents".[1017] Die von Teilen der Literatur vertretene einschränkende Auslegung des Art. 23 HBÜ i.V.m. § 14 AusfG ist im Ergebnis abzulehnen, da die diesbezüglichen Auslegungsansätze nicht zu überzeugen vermögen.[1018]

V. Die „EG-Verordnung Nr. 1206/2001 des Rates vom 28. Mai 2001 über die Zusammenarbeit zwischen den Gerichten der Mitgliedstaaten auf dem Gebiet der Beweisaufnahme in Zivil- oder Handelssachen“[1019] (EuBVO) ist am 1. Juli 2001 in Kraft getreten, gilt aber gemäß Art. 24 EuBVO im Wesentlichen erst ab dem 1. Januar 2004. Konkretisiert wird die EuBVO durch das EG-Beweisaufnahmedurchführungsgesetz.[1020]

[1012] Hierzu 2. Kapitel 3. Teil VI.
[1013] BGBl. 1977 II 1472.
[1014] Siehe oben 3. Kapitel 1. Teil II 2 a.
[1015] Vgl. 3. Kapitel 1. Teil II 2 b.
[1016] Hierzu 3. Kapitel 1. Teil III 1.
[1017] Siehe oben 3. Kapitel 1. Teil IV.
[1018] Siehe oben 3. Kapitel 1. Teil IV 4.
[1019] Amtsblatt EG L 174 vom 27.06.2001 S. 1 ff.
[1020] Hierzu näher 3. Kapitel 2. Teil II.

1. Die Verordnung, die auch im Verhältnis zu England gilt, ist in Zivil- oder Handelssachen anzuwenden, wenn das Gericht eines Mitgliedstaates entweder das zuständige Gericht eines anderen Mitgliedstaates um eine Beweisaufnahme ersucht oder darum ersucht, in einem anderen Mitgliedstaat unmittelbar Beweis erheben zu dürfen.[1021] Gegenüber dem Haager Beweisübereinkommen ist die EuBVO gemäß ihrem Art. 21 vorrangig. Die nachrangigen bilateralen oder multilateralen Vereinbarungen bzw. Übereinkünfte sind jedoch weiterhin wirksam, sofern sie mit den Vorschriften der EuBVO vereinbar sind. Eine zukunftskonforme Auslegung der bis zum 1. Januar 2004 anwendbaren Vereinbarungen bzw. Übereinkünfte im Hinblick auf die Regelungen der EuBVO ist in diesem Zusammenhang abzulehnen.[1022] Ebenso kann nicht angenommen werden, dass die EuBVO die Möglichkeit der Beweisaufnahme durch das inländische Prozessgericht unter Herbeischaffung der auslandsbelegenen Dokumente ausschließt.[1023] Das Prozessgericht kann vielmehr nach Zweckmäßigkeitsgesichtspunkten entscheiden, ob eine Beweisaufnahme im Inland oder eine Beweisaufnahme im Ausland durchgeführt werden soll.[1024] Weiterhin möglich gemäß Art. 17 EuBVO ist auch die Beweisaufnahme durch diplomatische oder konsularische Vertreter.[1025]

2. Inhaltlich muss ein Ersuchen den Anforderungen des Art. 4 EuBVO entsprechen und im Hinblick auf die Dokumentenvorlegung insbesondere die zu prüfenden Dokumente genau bezeichnen.[1026] Die Übermittlung findet grundsätzlich im unmittelbaren Geschäftsverkehr zwischen den Gerichten statt und kann dabei auf jedem geeigneten Übermittlungsweg erfolgen, sofern das empfangene Dokument mit dem versandten Dokument inhaltlich genau übereinstimmt und alle darin enthaltenen Angaben lesbar sind. Hierdurch ist eine Übermittlung auch auf elektronischem Wege möglich.[1027] Für die Erledigung des Ersuchens werden in der EuBVO klare Fristen gesetzt.[1028]

3. Die EuBVO ermöglicht eine zivilprozessuale Dokumentenvorlegung im Rechtshilfeverkehr zwischen Deutschland und England. Die anwendbaren Vorschriften richten sich hierbei nach der Entscheidung des ersuchenden Gerichts, ob die Beweisaufnahme durch das ersuchte Gericht oder durch das ersuchende Gericht selbst durchgeführt werden soll.

a. Entscheidet sich das ersuchende Gericht dafür, die Beweisaufnahme von dem ersuchten Gericht durchführen zu lassen, so ist dieses dazu verpflichtet, das Ersu-

[1021] Vgl. oben 3. Kapitel 2. Teil V.
[1022] Hierzu siehe oben 3. Kapitel 2. Teil V 3 a aa.
[1023] Siehe oben 3. Kapitel 2. Teil V 3 a bb.
[1024] Vgl. 3. Kapitel 2. Teil V 3 b.
[1025] Hierzu 3. Kapitel 2. Teil V 3 c.
[1026] Siehe oben 3. Kapitel 2. Teil VI 1.
[1027] Hierzu 3. Kapitel 2. Teil VI 2.
[1028] Vgl. 3. Kapitel 2. Teil VI 3.

chen unverzüglich, spätestens aber innerhalb von 90 Tagen nach Eingang des Ersuchens zu erledigen. Hierbei wendet das ersuchte Gericht – soweit erforderlich – geeignete Zwangsmaßnahmen in den Fällen und dem Umfang an, wie sie das Recht seines Mitgliedstaates für die Erledigung eines zum gleichen Zweck gestellten Ersuchens inländischer Behörden oder einer beteiligten Partei vorsieht.[1029]

Die Ablehnung eines Ersuchens kommt in Betracht, wenn sich die von der Beweisaufnahme betroffene Person auf ein Recht zur Aussageverweigerung oder auf ein Aussageverbot beruft, das entweder nach dem Recht des Mitgliedstaates des ersuchten Gerichts vorgesehen ist oder nach dem Recht des Mitgliedstaates des ersuchenden Gerichts vorgesehen und im Ersuchen bezeichnet oder erforderlichenfalls auf Verlangen des ersuchten Gerichts von dem ersuchenden Gericht bestätigt worden ist.

Im Übrigen sieht die EuBVO die Ablehnung der Erledigung eines Ersuchens nur aus bestimmten formellen Gründen vor. Ein allgemeiner ordre-public-Vorbehalt, nach dem die Erledigung eines Ersuchens abgelehnt werden könnte, weil die beantragte Beweisaufnahme wesentlichen Rechtsgrundsätzen des Mitgliedstaates des ersuchten Gerichts zuwiderliefe, ist nicht vorgesehen.[1030]

b. Entscheidet sich das ersuchende Gericht dafür, die Beweisaufnahme im europäischen Ausland selbst durchzuführen, so ist hierfür die Genehmigung einer von jedem Mitgliedstaat zu benennenden Zentralstelle bzw. zuständigen Behörde erforderlich. Diese hat dem ersuchten Gericht innerhalb von 30 Tagen nach Eingang des Ersuchens mitzuteilen, ob dem Ersuchen stattgegeben werden kann und – soweit erforderlich – unter welchen Bedingungen nach Maßgabe des Rechts ihres Mitgliedstaates die betreffende Handlung vorzunehmen ist.[1031] Als eine solche Bedingung kommt beispielsweise die Teilnahme eines inländischen Gerichts in Betracht. Zu beachten ist in diesem Zusammenhang, dass das ersuchende Gericht nicht zur Anwendung von Zwangsmaßnahmen befugt ist. Die Durchführung der Beweisaufnahme darf nur auf freiwilliger Grundlage erfolgen.[1032]

Abgelehnt werden kann die Genehmigung einer Beweisaufnahme durch das ersuchende Gericht, wenn die beantragte unmittelbare Beweisaufnahme wesentlichen Rechtsgrundsätzen des Mitgliedstaates der Zentralstelle bzw. der zuständigen Behörde zuwiderläuft.[1033] Im Übrigen kann ein Ersuchen nur auf Grund formeller Mängel abgelehnt werden.[1034]

[1029] Siehe oben 3. Kapitel 2. Teil VII 1 b.
[1030] Hierzu 3. Kapitel 2. Teil VII 1 b cc.
[1031] Vgl. oben 3. Kapitel 2. Teil VII 2 a.
[1032] Siehe oben 3. Kapitel 2. Teil VII 2 c.
[1033] Hierzu 3. Kapitel 2. Teil VII 2 b cc.
[1034] Vgl. oben 3. Kapitel 2. Teil VII 2 b aa und bb.

c. Die nach den Vorschriften der EuBVO erhobenen Beweismittel können nachfolgend in anderen Zivil- oder Handelsverfahren, aber auch in Straf- oder Verwaltungsverfahren zu Beweiszwecken herangezogen werden.[1035]

VI. Der Vergleich der Vorschriften des Haager Beweisübereinkommens mit den Regelungen der EuBVO zeigt die Fortschritte auf, die ab dem 1. Januar 2004 im Hinblick auf die zivilprozessuale Dokumentenvorlegung im deutsch-englischen Rechtshilfeverkehr erzielt werden können.

1. Dabei ist zunächst zu beachten, dass die EuBVO gegenüber dem Haager Beweisübereinkommen vorrangig anwendbar ist. Die Mitgliedstaaten können jedoch weiterhin Abkommen bzw. Übereinkünfte treffen, sofern diese mit den Vorschriften der EuBVO vereinbar sind. Anwendbar bleibt das Haager Beweisübereinkommen, wenn ein Gericht nicht um eine Beweisaufnahme, sondern um eine „andere gerichtliche Handlung" im Sinne des Art. 1 Abs. 1 HBÜ ersucht. Auch bleibt das Haager Beweisübereinkommen in solchen Fällen anwendbar, in denen entweder das ersuchende Gericht oder das ersuchte Gericht nicht dem Recht der an der EuBVO teilnehmenden Mitgliedstaaten unterliegt.[1036] Die Beweisaufnahme durch diplomatische oder konsularische Vertreter richtet sich dagegen fortan nach Art. 17 EuBVO.[1037]

2. Die formellen Anforderungen an ein Ersuchen stimmen bei dem Haager Beweisübereinkommen und der EuBVO im Wesentlichen überein. Eine Neuerung der EuBVO sind jedoch die für sämtliche Verfahrensstadien vorgegebenen Formblätter, die Verzögerungen durch formelle Fehler vermeiden sollen. Diese Intention geht mit den erweiterten Pflichten des ersuchenden Gerichts und des ersuchten Gerichts zu einer umfassenden gegenseitigen Information einher.[1038]

3. Die EuBVO zielt stärker als das Haager Beweisübereinkommen auf eine Beschleunigung des Verfahrens ab. Hierzu werden für einzelne Verfahrenshandlungen konkrete Fristen gesetzt, die im Haager Beweisübereinkommen in dieser Form nicht vorgesehen sind. Darüber hinaus wurden mit der EuBVO die rechtlichen Voraussetzungen geschaffen, um eine Übermittlung von Ersuchen und sonstigen Mitteilungen auf elektronischem Wege durchzuführen. Schließlich sieht die EuBVO im Grundsatz eine unmittelbare Kommunikation zwischen ersuchendem und ersuchtem Gericht vor, während das Haager Beweisübereinkommen den zeitaufwendigen Weg über nationale Zentralstellen vorsieht.[1039]

[1035] Siehe oben 3. Kapitel 2. Teil VII 3.
[1036] Hierzu 3. Kapitel 3. Teil I.
[1037] Vgl. oben 3. Kapitel 2. Teil III 3 c.
[1038] Vgl. oben 3. Kapitel 3. Teil II.
[1039] Siehe oben 3. Kapitel 3. Teil III.

4. Im Hinblick auf die Dokumentenvorlegung ermöglicht die EuBVO ab dem 1. Januar 2004 erstmalig die Durchführung von Beweisaufnahmen im deutsch-englischen Rechtshilfeverkehr. Eine Sonderregelung wie der Erledigungsvorbehalt des Art. 23 HBÜ i.V.m. § 14 Abs. 1 AusfG ist nicht existent.

VII. Die Einführung eines im Ausland belegenen Dokumentes in einen deutschen Zivilprozess richtet sich gemäß dem lex-fori-Prinzip grundsätzlich nach deutschem Zivilverfahrensrecht.[1040] Für den Fall, dass deutsches Verfahrensrecht und englisches materielles Recht Anwendung findet, sind die Vorschriften der ZPO im Wege der verfassungskonformen Auslegung dahin gehend zu interpretieren, dass dem englischen materiellen Recht Geltung verschafft wird.[1041] Der Beweisantrag des Beweisführers hat sich hierbei danach zu richten, ob es sich bei dem betreffenden Dokument um eine Urkunde im Sinne der §§ 415 ff. ZPO oder um ein Augenscheinobjekt im Sinne der §§ 371 ff. ZPO handelt. [1042]

Die Entscheidung des Gerichts darüber, ob die Beweisaufnahme im Inland oder im Ausland durchgeführt werden soll, richtet sich grundsätzlich nach Zweckmäßigkeitsgesichtspunkten. Eine Beweisaufnahme im Inland sollte vorrangig in Betracht gezogen werden, wenn viel dafür spricht, dass das im Ausland belegene Dokument freiwillig ins Inland verbracht werden wird.[1043] Alternativ kommt hier in Betracht, dass das Prozessgericht die Beweisaufnahme unmittelbar im Ausland vornimmt.[1044] Ist hingegen damit zu rechnen, dass die Vorlegung der beweiserheblichen Dokumente nur unter Anwendung von Zwangsmitteln erfolgen wird, ist regelmäßig die Beweisaufnahme durch das ersuchte Gericht zu bevorzugen.[1045] Die beweisbelastete Partei sollte die diesbezüglichen Zweckmäßigkeitsgesichtspunkte eruieren und dem Prozessgericht vortragen.

Als Verteidigungsmöglichkeit der Partei, die zur Vorlegung eines Dokumentes verpflichtet werden soll, kommt zunächst das Bestreiten der Behauptung in Betracht, das Dokument befinde sich in ihrem Besitz. Darüber hinaus kann die Partei das Vorliegen der Voraussetzungen der im Einzelfall anzuwendenden Anspruchsnorm bestreiten.[1046] Eine zwangsweise Durchsetzung der Vorlegung eines Dokumentes ist nach deutschem Zivilverfahrensrecht ohnehin nicht möglich.[1047]

Soll die Beweisaufnahme hingegen durch das ersuchte Gericht nach den Vorschriften der EuBVO durchgeführt werden, so ist die Anwendung von Zwangsmitteln in den Fällen und dem Umfang möglich, den das Recht des Mitgliedstaa-

---

[1040] Vgl. 4. Kapitel 1. Teil I 1 a.
[1041] Hierzu siehe oben 4. Kapitel 1. Teil I 1 b dd.
[1042] Siehe oben 4. Kapitel 1. Teil I 2 a.
[1043] Vgl. oben 4. Kapitel 1. Teil I 2 b aa.
[1044] Hierzu 4. Kapitel 1. Teil I 2 b bb (2).
[1045] Vgl. 4. Kapitel 1. Teil I 2 b bb (1).
[1046] Hierzu oben 4. Kapitel 1. Teil II 1 a aa.
[1047] Siehe oben 4. Kapitel 1. Teil II 1 a bb.

tes des ersuchten Gerichts diesbezüglich vorsieht. In England kommen hier Sanktionen wegen Missachtung des Gerichts in Betracht.[1048]
An dem Zivilverfahren unbeteiligte Dritte können von einem ausländischen Gericht grundsätzlich nicht zur Vorlegung eines Dokumentes verpflichtet werden. Selbst die Androhung von Zwangsmitteln wäre unzulässig.[1049] Wird die Beweiserhebung von einem deutschen Gericht durchgeführt, kann der Dritte sich lediglich auf die in der EuBVO vorgesehenen Weigerungsrechte berufen. Greifen diese in dem konkreten Fall nicht, muss er damit rechnen, dass ein Ordnungsgeld bzw. Ordnungshaft nach deutschem Recht gegen ihn festgesetzt wird.[1050]

VIII. Unmittelbare Auswirkungen auf die Anwendung der ZPO im deutschen Zivilprozess wird die EuBVO zunächst nicht haben.[1051] Mittelbar zwingt die Anwendung der EuBVO die deutschen Gerichte jedoch zu einer Auseinandersetzung mit der im englischen Zivilprozess vorgesehenen allgemeinen prozessualen Editionspflicht. Eine solche allgemeine Editionspflicht ist der deutschen ZPO auch nach der Neufassung der §§ 142, 144 ZPO durch die ZPO-Reform[1052] fremd. Ermessensleitend hat das deutsche Gericht hier insbesondere den Grundsatz der Parteiherrschaft, das Verbot einer ausforschenden Beweiserhebung sowie die berechtigten Belange des Geheimnis- und Persönlichkeitsschutzes zu beachten.[1053]
Im Hinblick auf die Entwicklung eines umfassenden europäischen Zivilverfahrensrechts stellt die EuBVO lediglich einen Teil der Maßnahmen dar, die derzeit umgesetzt werden bzw. für die Zukunft geplant sind.[1054] Die in der EuBVO selbst vorgesehene Weiterentwicklung der Verordnung wird sich insbesondere auf die unmittelbare Beweisaufnahme durch das ausländische Prozessgericht beziehen müssen.[1055]

1048 Vgl. oben 4. Kapitel 1. Teil II 2 a.
1049 Hierzu 4. Kapitel 1. Teil III 1.
1050 Siehe oben 4. Kapitel 1. Teil III 2.
1051 Vgl. 4. Kapitel 2. Teil I 1.
1052 BGBl. 2001 I S. 1887 ff.
1053 Hierzu siehe oben 4. Kapitel 2. Teil I 2.
1054 Vgl. 4. Kapitel 2. Teil II 1.
1055 Hierzu 4. Kapitel 2. Teil II 2.

Literaturverzeichnis

Ahrens, Hans Jürgen
Anmerkungen zu LG Göttingen NJW 1979 S. 601, in: NJW 1979 S. 602 f.

Andrews, Neil
Principles of Civil Procedure, London 1994

Arens, Peter
Zur Aufklärungspflicht der nicht beweisbelasteten Partei im Zivilprozess, in: ZZP 96 (1983) S. 1 ff.

Arnheim, Michael/ Stirling, Christopher/ Tromans, Christopher
Civil Courts Practice and Procedure Handbook, Surrey 1999

Arnold, Hans
Die Rechtshilfeordnung für Zivilsachen vom 19.10.1956, in: MDR 1957 S. 385 ff.

Bachmann, Birgit
Rechtsvergleichendes zur Informationsbeschaffung im Zivilprozess und zum Nachlassverfahren, in: IPRax 1996 S. 228 ff.

Baumbach, Adolf/ Lauterbach, Wolfgang/ Albers, Jan/ Hartmann, Peter
Zivilprozessordnung, 61. Auflage, München 2003 (zitiert: Baumbach/Lauterbach-Bearbeiter)

Baumgärtel, Gottfried
Umfang der Darlegungslast, in: MDR 1993 S. 417

Baumgärtel, Gottfried
Handbuch der Beweislast im Privatrecht, 2. Auflage, Köln 1999

Baumgärtel, Gottfried
Zwei wichtige BGH-Entscheidungen zum Ausforschungsbeweis und „Behauptung ins Blaue hinein", in: MDR 1995 S. 987

Beckmann, Ralph
Das Haager Beweisübereinkommen und seine Bedeutung für die Pre-Trial-Discovery, in: IPRax 1990 S. 201 ff.

Behrens, Detlev
Die Nachprüfbarkeit zivilrichterlicher Ermessensentscheidungen, Dissertation Berlin 1979

Berger, Christian
Die EG-Verordnung über die Zusammenarbeit der Gerichte auf dem Gebiet der Beweisaufnahme in Zivil- und Handelssachen (EuBVO), in: IPRax 2001 S. 522 ff.

Bergmann, Margarethe/ Streitz, Siegfried
Beweisführung durch EDV-gestützte Dokumentation, in: CR 1994 S. 77 ff.

Bettermann, August
Hundert Jahre Zivilprozessordnung – Das Schicksal einer liberalen Kodifikation in: ZZP 91 (1978) S. 365 ff.

Blaschczok, Christine
Das Haager Übereinkommen über die Beweisaufnahme im Ausland in Zivil- oder Handelssachen, Dissertation, Hamburg 1986

Blomeyer, Arwed
Zivilprozessrecht, 2. Auflage, Berlin 1985

Blumberg, Phillip I.
The Law of Corporate Groups – Procedural Problems in the Law of Parent and Subsidiary Corporations, 2. Auflage, Boston 1983

Böckstiegel, Karl-Heinz/ Geimer, Reinhold/ Schütze, Rolf A. (Hrsg.)
Der Internationale Rechtsverkehr in Zivil- und Handelssachen Band 1, München, Loseblatt Stand Dezember 1999

Böhmer, Christof
Spannungen im deutsch-amerikanischen Rechtsverkehr in Zivilsachen, in: NJW 1990 S. 3049 ff.

Bomsdorf, Falk
Prozessmaximen und Rechtswirklichkeit, Berlin 1971

Bork, Reinhard
Effiziente Beweissicherung für den Urheberrechtsverletzungsprozess – dargestellt am Beispiel raubkopierter Computerprogramme, in: NJW 1997 S. 1665 ff.

Born, Gary B.
International Civil Litigation in United States Courts, 3. Auflage, Den Haag 1997

Braeuer, Max
Besprechung von Locher, Horst/ Mes, Peter Beck'sches Prozessformularbuch in: FamRZ 1986 S. 426 f.

Bramley, Michelle/ Gouge, Anna
The Civil Justice Reforms one year on, London 2000

Bruns, Rudolf
Zivilprozessrecht, 2. Auflage, München 1979

Cairns, Bernard C.
The Law of Discovery in Australia, Sydney 1984

Canaris, Claus-Wilhelm/ Diederichsen, Uwe (Hrsg.)
Festschrift für Larenz, Karl, München 1983

Chapman, Vivian (Hrsg.)
Chancery Practice and Procedure, Bristol 2001

Chudoba, Gerd
Der ausforschende Beweisantrag, Dissertation, Berlin 1994

Coester-Waltjen, Dagmar
Internationales Beweisrecht – Das auf den Beweis anwendbare Recht in Rechtstreitigkeiten mit Auslandsbezug, Münchener Universitätsschriften – Jur. Fakultät, Abhandlungen zur Rechtswissenschaftlichen Grundlagenforschung Band 53, hrsg. von Gagnér, Sten/ Kaufmann, Arthur/ Nörr, Dieter, 1. Auflage, Ebelsbach 1983

Cohn, Ernst J.
Die Lehre vom Schriftsatz nach englischem Recht, in: ZZP 73 (1960) S. 324 ff.

Colman, Anthony/ Lyon, Victor/ Hopkins, Philippa
The practice and procedure of the commercial court, 5. Auflage, London 2000

Conference de La Haye
Actes et documents de la 11ème session, Den Haag 1970

Cound, John J./ Friedenthal, Jack H./ Miller, Arthur R./ Sexton, John E. (Hrsg.)
Civil Procedure, Cases and Materials, 5. Auflage, St. Paul, Minn., 1989

Cox, Raymond/ Moriarty, Stephen (Hrsg.)
Commercial Court Procedure 2001, London 2000

Cromie, Stephen (Hrsg.)
International Commercial Litigation, 1. Auflage, London 1990

Dauses, Manfred A.
Anmerkungen zu Tribunal de Commerce Paris EuZW 1995 S. 648 f., in: EuZW 1995 S. 649 ff.

Demharter, Johann
Zur Schlüssigkeit der Klage, mit der die Anerkennung der Vaterschaft angefochten wird, in: FamRZ 1985 S. 232 ff.

Derleder, Peter
Kontoüberziehung und Vollmachtmissbrauch im Trennungskonflikt der Ehegatten, in: FuR 1995 S. 301 ff.

Derleder, Peter/ Wosnitza, Rüdiger
Auskunftspflichten der Banken beim Teilzahlungskredit, in: ZIP 1990 S. 901 ff.

Dunz, Walter
Der unzulässige Ausforschungsbeweis, in: NJW 1956 S. 769 ff.

Erman
Bürgerliches Gesetzbuch, hrsg. von Westermann, Harm Peter, Band 1, 10. Auflage, Köln 2000 (zitiert: Erman-Bearbeiter)

Eschenfelder, Eike Dirk
Beweiserhebung im Ausland und ihre Verwertung im inländischen Zivilprozess: zur Bedeutung des US-amerikanischen discovery-Verfahrens für das deutsche Erkenntnisverfahren, Dissertation, Heidelberg 2000

Esser, Guido
Der Ausforschungsbeweis, Dissertation, Bonn 1969

Foskett, David
Settlement under the Civil Procedure Rules, London 1999

Foster, Charles/ Wynn, Toby/ Ainley, Nicholas
Disclosure and Confidentiality: A Practitioner's Guide, London 1996

Friedenthal, Jack H./ Kane, Mary Kay/ Miller, Arthur R.
Civil Procedure, 2. Auflage, St. Paul, Minn., 1993

Gaul, Hans Friedhelm
Besprechung von Peters, Egbert Ausforschungsbeweis im Zivilprozess, in: ZZP 83 (1970) S. 234 ff.

Geimer, Reinhold
Internationales Zivilprozessrecht, 4. Auflage, Köln 2001

Geis, Ivo
Zivilprozessrechtliche Aspekte des elektronischen Dokumentenmanagements, in: CR 1993 S. 653 ff.

Gerhardt, Walter
Beweisvereitelung im Zivilprozessrecht, in: AcP 169 S. 289 ff.

Gehrlein, Markus
Kein Anspruch des Patienten auf Ablichtung seiner Krankenunterlagen, in: NJW 2001 S. 2773 ff.

Gerlis, Stephen M./ Blackford, Robert
The County Court Practitioner 2000, London 2000

Gottwald, Peter
Zur Wahrung von Geschäftsgeheimnissen im Zivilprozess, in: BB 1979 S. 1780 ff.

Gottwald, Peter
Gutachten zum 61. Deutschen Juristentag, Karlsruhe 1996

Gottwald, Peter
Zur Wahrung von Geschäftsgeheimnissen im Zivilprozess, in: BB 1979 S. 1780 ff.

Greger, Reinhard
Discovery am Amtsgericht?, in: ZRP 1988 S. 164 ff.

Grimme, Rainer
Der Anspruch auf Einsichtnahme in (Vertrags-) Urkunden nach § 810 BGB, in: JA 1995 S. 320 ff.

Grunsky, Wolfgang
Grundlagen des Verfahrensrechts, 2. Auflage, Bielefeld 1974

Grunsky, Wolfgang
Lex fori und Verfahrensrecht, in: ZZP 89 (1976) S. 241 ff.

Grunsky, Wolfgang
Anmerkungen zu Blomeyer, Arwed Zivilprozessrecht, in: AcP 186 (1986) S. 523 ff.

Habscheid, Walther J.
Das Recht auf Beweis, in: ZZP 96 (1983) S. 306 ff.

Habscheid, Walther J.
Beiträge zum internationalen Verfahrensrecht und zur Schiedsgerichtsbarkeit, 1. Auflage, Münster 1987

Hähnchen, Susanne
Das Gesetz zur Anpassung der Formvorschriften des Privatrechts und anderer Vorschriften an den modernen Rechtsgeschäftsverkehr, in: NJW 2001 S. 2831 ff.

Hammerl, Christoph
Inländerdiskriminierung, Schriften zum Europäischen Recht Band 38, hrsg. von Magiera, Siegfried und Merten, Detlef, 1. Auflage, Berlin 1997

Hartmann, Peter
Zivilprozess 2001/2002: Hundert wichtige Änderungen, in: NJW 2001 S. 2577 ff.

Hay, Peter
Informationsbeschaffung über schriftliche Unterlagen und Augenscheinsobjekte im Zivilprozess in: Schlosser, Peter (Hrsg.), Die Informationsbeschaffung für den Zivilprozess; Veröffentlichungen der Wissenschaftlichen Vereinigung für Internationales Verfahrensrecht e.V. Band 8, 1. Auflage, Bielefeld 1996

Heidenberger, Peter
Zustellung amerikanischer Punitive-damages-Klagen weiterhin ein Problem in: RIW 1995 S. 705 ff.

Heidenberger, Peter
U.S. Supreme Court wird über die Anwendung des Haager Beweisübereinkommens entscheiden, in: RIW 1986 S. 489 ff.

Henninger, Michael
Die Frage der Beweislast im Rahmen des UN-Kaufrechts – zugleich eine rechtsvergleichende Grundlagenstudie zur Beweislast, Dissertation, München 1995

Henry, David J.
Pretrial Discovery in USA: Exterritorialer Einfluss auf Durchsetzung und Benutzung von gewerblichen Schutzrechten, in: GRUR Int. 1983 S. 82 ff.

Heß, Burkhard
Die Integrationsfunktion des Europäischen Zivilverfahrensrechts, in: IPRax 2001 S. 389 ff.

Heß, Burkhard
Aktuelle Perspektiven der europäischen Prozessrechtsangleichung, in: JZ 2001 S. 573 ff.

Hohloch, Gerhard
Ärztliche Dokumentation und Patientenvertrauen, in: NJW 1982 S. 2577 ff.

Hök, Götz-Sebastian
Discovery-proceedings als Anerkennungshindernisse, Diss. Göttingen 1993

Hollmann, Hermann H.
Auslandszustellung in US-amerikanischen Zivil- und Verwaltungssachen, in: RIW 1982 S. 784 ff.

Jacob, I.H.
The Reform of Civil Procedural Law, London 1982

Jaeckel, Fritz
Die Reichweite der lex fori im internationalen Zivilprozessrecht, Diss. Berlin 1995

Jastrow, Serge-Daniel
Europäische Zustellung und Beweisaufnahme 2004 – Neuregelungen im deutschen Recht und konsularische Beweisaufnahme, in: IPRax 2004 Heft 1

Jauernig, Othmar
Kommentar zum Bürgerlichen Gesetzbuch, 9. Auflage, München 2000 (zitiert: Jauernig-Bearbeiter)

Jauernig, Othmar
Zivilprozessrecht, 27. Auflage, München 2002 (zitiert: Jauernig-Bearbeiter, ZPO)

Jöstlein, Hans
Technische Aufzeichnungen als Beweismittel im Zivilprozess, in: DRiZ 1973 S. 409 ff.

Junker, Abbo
Discovery im deutsch-amerikanischen Rechtsverkehr, Abhandlungen zum Recht der Internationalen Wirtschaft, Band 4, hrsg. von Sandrock, Otto, 1. Auflage, Heidelberg 1990 (zitiert: Junker, Discovery)

Junker, Abbo
Internationales Privatrecht, München 1998 (zitiert: Junker, Internationales Privatrecht)

Junker, Abbo
Der deutsch-amerikanische Rechtsverkehr in Zivilsachen, Zustellungen und Beweisaufnahmen, in: JZ 1989 S. 121 ff.

Karger, Michael
„Discovery" computergespeicherter Daten im US-amerikanischen Zivilprozess, in: CR 1994 S. 660 ff.

Kegel, Gerhard / Schurig, Klaus
Internationales Privatrecht, 8. Auflage, München 2000

Keller, Jan/ Siehr, Hans
Allgemeine Lehren der internationalen Privatrechts, Zürich 1986

Kessel, Christian
Grundsätze des englischen Zivilprozessrechts, in: ZVglRWiss 92 (1993) S. 395 ff.

Kohler, Christian
Der europäische Justizraum für Zivilsachen und das Gemeinschaftskollisionsrecht, in IPRax 2003 S. 401 ff.

Kreuzer, Karl F. (Hrsg.)
Festschrift für Zajtay, Imre, Tübingen 1976

Kropholler, Jan
Internationales Privatrecht, 4. Auflage, Tübingen 2001, (zit.: Kropholler, Intern. Privatrecht)

Kropholler, Jan
Europäisches Zivilprozessrecht, 6. Auflage, Heidelberg 1998 (zitiert: Kropholler, Europ. Zivilprozessrecht)

Lang, Johannes
Die Aufklärungspflicht der Parteien des Zivilprozesses vor dem Hintergrund der europäischen Rechtsvereinheitlichung, Untersuchungen zum Europäischen Privatrecht Band 1, 1. Auflage, Berlin 1999

Lang, Wilhelm
Bild- und Tonträger, Bielefeld 1960, (zitiert: Lang, Bild- und Tonträger)

Lange, Dieter G./ Black, Stephen F.
Der Zivilprozess in den Vereinigten Staaten – Ein praktischer Leitfaden für deutsche Unternehmen, 1. Auflage, Heidelberg 1987

Lange, Hans Dieter
Zum Umfang der Substantiierungspflicht im Zivilprozess, in: DRiZ 1985 S. 247 ff.

Leipold, Dieter
Anmerkungen zu BGH ZZP 105 (1992) S. 500 ff., in: ZZP 105 (1992) S. 507 ff.

Leipold, Dieter
Lex fori, Souveränität, Discovery: Grundfragen des internationalen Zivilprozessrechts, Heidelberg 1989

Lejeune, Mathias
„Personal Jurisdiction“ über ausländische Firmen nach amerikanischem Zivilprozessrecht, in: RIW 1998 S. 8 ff.

Leppin, Klaus H.
Besichtigungsanspruch und Betriebsgeheimnis, in: GRUR 1984 S. 552 ff.

Levine, Julius Byron
Discovery, Oxford 1982

Linke, Hartmut
Internationales Zivilprozessrecht, 2. Auflage, Köln 1995

Looschelders, Dirk
Die Anpassung im Internationalen Privatrecht, hrsg. von der Fakultät für Rechtswissenschaften der Universität, Mannheim, Mannheimer rechtswissenschaftliche Abhandlungen Band 19, Dissertation, Heidelberg 1995

Lorenz, Stephan
Die Neuregelung der pre-trial-Discovery im US-amerikanischen Zivilprozessrecht – Inspiration für den deutschen und europäischen Zivilprozess?, in: ZZP 111 (1998) S. 35 ff.

Lorenz, Stephan
Eigentümer-Besitzer-Verhältnis als auskunftsbegründendes Rechtsverhältnis?, in: NJW 1994 S. 173 f.

Lowenfeld, Andreas F.
Discovery-Verfahren und internationale Rechtshilfe, in: IPRax 1984 S. 51 ff.

Lüderitz, Alexander
Ausforschungsverbot und Auskunftsanspruch bei der Verfolgung privater Rechte Tübingen 1966

Lutter, Marcus/ Oppenhoff, Walter/ Sandrock, Otto/ Winkhaus, Hanns (Hrsg.)
Festschrift für Ernst C. Stiefel, München 1987

Malzer, Hans Michael
Zivilrechtliche Form und prozessuale Qualität der digitalen Signatur nach dem Signaturgesetz, in: DNotZ 1998 S. 96 ff.

Mankowski, Peter/ Tarnowski, Natascha
Zum Umfang der besonderen Beweiskraft öffentlicher Urkunden, in: JuS 1992 S. 826 ff.

Mansel, Heinz-Peter
Anmerkungen zu Dirk Looschelders, Die Anpassung im Internationalen Privatrecht, in: FamRZ 1997 S. 1198 f.

Matthews, Paul/ Malek, Hodge M.
Disclosure, 2. Auflage, London 2001

McDonald, Kevin M.
Discover the Opportunities – US Discovery im Prozess, in: RIW 2000 S. 212 ff.

Michel, Helmut
Der Schriftsatz des Anwalts im Zivilprozess, in: JuS 1981 S. 895 ff.

Mössle, Klaus P.
Extraterritoriale Beweisbeschaffung im internationalen Wirtschaftsrecht – Eine vergleichende Untersuchung unter besonderer Berücksichtigung des US-amerikanischen und deutschen Rechts, Studien zum Handels-, Arbeits- und Wirtschaftsrecht Band 12, hrsg. von Hopt, Klaus J./ Lieb, Manfred/ Westermann, Harm Peter, 1. Auflage, Baden-Baden 1990

Morweiser, Stephan
Discovery und materiellrechtlicher Auskunftsanspruch im deutschen Unterhaltsprozess, in: IPRax 1992 S. 65 f.

Müller, Rosmarie
Der Ausforschungsbeweis, Dissertation, Zürich 1991

Münch, Joachim
Die „neue“ ZPO: bedeutende Änderungen im zivilgerichtlichen Verfahrensrecht (Teil I), in: DStR 2002 S. 85 ff.

Münchener Kommentar
Kommentar zum Bürgerlichen Gesetzbuch, hrsg. von Rebmann, Kurt/ Säcker, Franz Jürgen/ Rixecker, Roland,
Band 1 §§ 1-354, 2. Auflage, München 2000
Band 2 §§ 355-802, 2. Auflage, München 2000
Band 5 §§ 705-853, 3. Auflage, München 1997
(zitiert: MünchKomm-Bearbeiter, BGB)

Münchener Kommentar
Kommentar zur Zivilprozessordnung, hrsg. von Lüke, Gerhard/ Wax, Peter
Band 1 §§ 1-354, 2. Auflage, München 2000
Band 2 §§ 355-802, 2. Auflage, München 2000
(zitiert: MünchKomm-Bearbeiter, ZPO)

Murphy, Peter
Murphy on Evidence, 7. Auflage, London 2000

Nack, Armin
Indizienbeweis und Denkgesetze, in: NJW 1983 S. 1035 ff.

Nagel, Heinrich/ Gottwald, Peter
Internationales Zivilprozessrecht, 4. Auflage, Köln 1997

Nikisch, Arthur
Zivilprozessrecht, 2. Auflage, Tübingen 1952

Noelle-Neumann, Elisabeth
Über offene Fragen, Suggestivfragen und andere Probleme demoskopischer Erhebungen für die Rechtspraxis, in: GRUR 1968 S. 133 ff.

O'Hare, John/ Hill, Kevin
Civil Litigation, 10. Auflage, London 2001

Olzen, Dirk
Die Wahrheitspflicht der Parteien im Zivilprozess, in: ZZP 98 (1985) S. 403 ff.

Oppermann, Thomas
Europarecht, 2. Auflage, München 1999

Palandt, Otto
Bürgerliches Gesetzbuch, 62. Auflage, München 2003 (zitiert: Palandt-Bearbeiter)

Pantle, Norbert
Die Beweisunmittelbarkeit im Zivilprozess, Dissertation Freiburg 1990

Paulus, Christoph
Discovery, Deutsches Recht und das Haager Beweisübereinkommen , in: ZZP 104 (1991) S. 396 ff.

Peters, Egbert
Ausforschungsbeweis im Zivilprozess, Köln 1966

Peters, Egbert
Beweisvereitelung und Mitwirkungspflicht des Beweisgegners, in: ZZP 82 (1969) S. 200 ff.

Peters, Egbert
Besprechung von Lüderitz, Alexander Ausforschungsverbot und Auskunftsanspruch bei Verfolgung privater Rechte, in: ZZP 81 (1968) S. 294 ff.

Pfeiffer, Axel
Hätte Columbus gewusst, was aus seiner „discovery“ wird..., in: GRUR Int. 1999 S. 598 ff.

Pfeil-Kammerer, Christa
Deutsch-amerikanischer Rechtshilfeverkehr in Zivilsachen – Die Anwendung der Haager Übereinkommen über Zustellungen und Beweisaufnahmen im Ausland, 1. Auflage, Tübingen 1987

Picton Howell, Zoë
Prozessieren in England und Wales: “Discovery”, in: RIW 1996 S. 1011 ff.

Plant, Charles
Blackstone's Civil Practice, 2. Auflage, London 2001

Prütting, Hanns
Die Grundlagen des Zivilprozesses im Wandel der Gesetzgebung, in: NJW 1980 S. 361 ff.

Prütting, Hanns
Gegenwartsprobleme der Beweislast, München 1983

Redeker, Helmut
Geschäftsabwicklung mit externen Rechnern im Bildschirmtext, in: NJW 1984 S. 2391 ff.

Reimann, Mathias
Beyond Fishing – Weitreichende Neuerungen im amerikanischen Discovery-Verfahren, in: IPRax 1994 S. 152 ff.

Reitz, John C.
Grundlegende Unterschiede zwischen dem deutschen und dem U.S.-amerikanischen Zivilprozessrecht: Vorzüge, die sich ausschließen?, in: ZZP 104 (1991) S. 381 ff.

Rempp, Ansgar C./ Lienemeyer, Max
Auswirkungen der Änderungen der US-amerikanischen „Rules of Civil Procedure“ unter Berücksichtigung des deutsch-amerikanischen Rechtsverkehrs, in: ZVglRWiss 94 (1995) S. 383 ff.

Reufels, Martin J.
Pre-trial discovery-Maßnahmen in Deutschland: Neuauflage des deutsch-amerikanischen Justizkonflikts?, in: RIW 1999 S. 667 ff.

RGRK
Das Bürgerliche Gesetzbuch, herausgegeben von Mitgliedern des Bundesgerichtshofes, Band 2 Teil 4, 12. Auflage, Berlin 1989 (zitiert: RGRK-Bearbeiter)

Rippert, Stephan K.
Das Beweisverfahren im amerikanischen Recht; in: RIW 1993 S. 626 ff.

Rixen, Hermann
Die Anwendung ausländischen Verfahrensrechts im deutschen Zivilprozess; Dissertation, Regensburg 1999

Röhm, Heinrich/ Koch, Robert
Neuere Entwicklungen im US-amerikanischen Zivilprozessrecht; in: RIW 1995 S. 465 ff.

Rogers, Davis Fletcher
Pre-action Discovery; London 1991

Roggenbuck, Susanne
US-amerikanische Discovery im deutschen Zivilprozess?; in: IPRax 1997 S. 76 ff.

Rosenberg, Leo/ Schwab, Karl Heinz/ Gottwald, Peter
Zivilprozessrecht; 15. Auflage, München 1993

Rossnagel, Alexander
Die Sicherheitsvermutung des Signaturgesetzes; in: N JW 1998 S. 3312 ff.

Rumberg, Carsten/ Eicke, Tim
Der "Woolf Report" – Reform des englischen Zivilprozesses; in: RIW 1998 S. 19 ff.

Schaaff, Petra
Pre Trial Discovery im englischen Recht; in: RIW 1988 S. 844 f.

Schaaff, Petra
Discovery und andere Mittel der Sachverhaltsaufklärung im englischen Pre-Trial-Verfahren im Vergleich zum deutschen Zivilprozess; Schriften zum Prozessrecht Band 80; 1. Auflage, Berlin 1983

Schack, Haimo
Einführung in das US-amerikanische Zivilprozessrecht, 2. Auflage, München 1995 (zitiert: Schack, US-Zivilprozessrecht)

Schack, Haimo
Internationales Zivilverfahrensrecht, 3. Auflage, München 2002 (zitiert: Schack, Int. Zivilverfahrensrecht)

Scheuerle, Wilhelm
Anmerkungen zu BGH JZ 1963 S. 32, in: JZ 1963 S. 33 f.

Schilken, Eberhard
Zivilprozessrecht, 3. Auflage, Köln 2000

Schilken, Eberhard
Ansprüche auf Auskunft und Vorlegung von Sachen im materiellen Recht und im Verfahrensrecht, in: Jura 1988 S. 525 ff.

Schlosser, Peter (Hrsg.)
Die Informationsbeschaffung für den Zivilprozess, Veröffentlichungen der Wissenschaftlichen Vereinigung für Internationales Verfahrensrecht Band 8, 1. Auflage, Bielefeld 1996

Schlosser, Peter
Das Bundesverfassungsgericht und der Zugang zu Informationsquellen im Zivilprozess, in: NJW 1992 S. 3275 ff.

Schlosser, Peter
Internationale Rechtshilfe und rechtsstaatlicher Schutz von Beweispersonen, in: ZZP 94 (1981) S. 369 ff.

Schlosser, Peter
Die lange deutsche Reise in die prozessuale Moderne, in: JZ 1991 S. 599 ff.

Schlosser, Peter
EuGVÜ – Europäisches Gerichtsstands- und Vollstreckungsübereinkommen mit Luganer Übereinkommen und den Haager Übereinkommen über Zustellung und Beweisaufnahme, 1. Auflage, München 1996

Schmidt, Karsten
Anmerkungen zu BGH JuS 1995 S. 648, in: JuS 1995 S. 648

Schmitthoff, Clive M.
Der Zivilprozess als Schlüssel zum englischen Rechtsdenken, in: JZ 1972 S. 38 ff.

Schneider, Egon
Beweis und Beweiswürdigung, 5. Auflage, München 1994

Schneider, Egon
Die Urkundenvorlage im Prozess, in: MDR 1992 S. 20

Schönke, Adolf/ Kuchinke, Karl
Zivilprozessrecht, 9. Auflage, Karlsruhe 1969

Schramm, Carl
Die geschlossene Fragestellung beim demoskopischen Test, in: GRUR 1968 S. 139 ff.

Schreiber, Klaus
Die Urkunde im Zivilprozess, Berlin 1982

Schulte, Bernd H.
(In-) Kompetenzen des Verwaltungsrichters bei der örtlichen Augenscheinseinnahme, in: NJW 1988 S. 1006 ff.

Schulze, Götz
Dialogische Beweisaufnahmen im internationalen Rechtshilfeverkehr, in: IPRax 2001 S. 527 ff.

Schulze, Götz
Die zukunftsbezogene Auslegung des geltenden Insolvenzrechts, in: NJW 1998 S. 2100 ff.

Schuppenhauer, Rainer
Beleg und Urkunde – ganz ohne Papier?, in: DB 1994 S. 2041 ff.

Schütze, Rolf A.
Rechtsverfolgung im Ausland, 3. Auflage, Heidelberg 2002

Schütze, Rolf A.
Zur Verteidigung im Beweiserhebungsverfahren in US-amerikanischen Zivilprozessen, in: WM 1986 S. 633 ff.

Schwarze, Jürgen (Hrsg.)
EU-Kommentar, 1. Auflage, Baden-Baden 2000

Sime, Stuart
A Practical Approach to Civil Procedure, 4. Auflage, London 2000

Sobich, Philip
Die Civil Procedure Rules 1999 – Zivilprozessrecht in England, in: JZ 1999 S. 775 ff.

Stadler, Astrid
Schriftliche Zeugenaussagen und pre-trial discovery im deutschen Zivilprozess, in: ZZP 110 (1997) S. 137 ff.

Stadler, Astrid/ Münch, Joachim
Diskussion über Walder ZZP 103 (1990) S. 322 ff., in: ZZP 103 (1990) S. 350 ff.

Staudinger, Julius von
Kommentar zum Bürgerlichen Gesetzbuch, Zweiter Band §§ 779 – 811, 13. Auflage, Berlin 1997 (zitiert: Staudinger-Bearbeiter)

Steeger, Winfried
Die zivilprozessuale Mitwirkungspflicht der Parteien beim Urkunden- und Augenscheinsbeweis, Dissertation Hamburg 1990

Stein/Jonas
Zivilprozessordnung, Band 4, Teilband 2 §§ 348-510b, 21. Auflage, Tübingen 1999 (zitiert: Stein/Jonas-Bearbeiter)

Stiefel, Ernst C.
„Discovery"-Probleme und Erfahrungen im Deutsch-Amerikanischen Rechtshilfeverkehr, in: RIW 1979 S. 509 ff.

Streinz, Rudolf
Europarecht, 5. Auflage, Heidelberg 2001

Stürner, Michael
What so exhausts finances, patience, courage, hope..., Zur Reform des englischen Zivilprozessrechts, in: ZVglRWiss 99 (2000) S. 310 ff.

Stürner, Rolf
Die Gerichte und Behörden der USA und die Beweisaufnahme in Deutschland, in: ZVglRWiss 81 (1982) S. 159 ff.

Stürner, Rolf
Rechtshilfe nach dem Haager Beweisübereinkommen für Common Law-Länder, in: JZ 1981 S. 521 ff.

Stürner, Rolf
Anmerkungen zu U.S. Supreme Court JZ 1987 S. 984 ff., in: JZ 1987 S. 988 ff.

Stürner, Rolf
Parteipflichten bei der Sachverhaltsaufklärung im Zivilprozess, in: ZZP 98 (1985) S. 237 ff.

Stürner, Rolf
Parteipflichten bei der Sachverhaltsaufklärung im Zivilprozess; in: ZZP 98 (1985) S. 237 ff.

Stürner, Rolf
Die Aufklärungspflicht der Parteien des Zivilprozesses; Tübingen 1974

Stürner, Rolf
Entwicklungstendenzen der zivilprozessualen Beweisrechts und Arzthaftungsprozess; in: NJW 1979 S. 1225 ff.

Stürner, Rolf/ Brand, Astrid
Die Besondere Entscheidung: Die amerikanische Beweisaufnahme in Deutschland; in: Jura 1983 S. 422 ff.

Stürner, Rolf/ Stadler, Astrid
Anmerkungen zu BGH JZ 1985 S. 1096; in: JZ 1985 S. 1101 ff.

Taupitz, Jochen
Prozessuale Folgen der „vorzeitigen" Vernichtung von Krankenunterlagen; in: ZZP 100 (1987) S. 287 ff.

Tief, Julia
Discovery und Informationspflichten der Parteien in der Internationalen Schiedsgerichtsbarkeit; Frankfurt am Main 1996

Thomas, Heinz/ Putzo, Hans/ Reichold, Klaus/ Hüßtege, Rainer
Zivilprozessordnung; 24. Auflage, München 2002 (zitiert: Thomas/Putzo-Bearbeiter)

Thorn, Karsten
Entwicklungen des Internationalen Privatrechts 2000-2001; in: IPRax 2002 S. 349 ff.

Triebel, Volker / Zons, Jörg
Discovery of Documents im internationalen Schiedsverfähren - Theorie und Praxis; in: BB 2002 Beilage 7 zu Heft 46/2002 S. 26 ff.

Trittmann, Rolf / Leitzen, Mario
Haager Beweisübereinkommen und pretrial discovery: Die zivilprozessuale Sachverhaltsermittlung unter Berücksichtigung der jeweiligen Zivilprozessrechtsreformen im Verhältnis zwischen den USA und Deutschland; in: IPRax 2003 S. 7 ff.

Unterreitmayer, Josef
Der Rechtshilfeverkehr mit dem Ausland in Zivil- und Handelssachen; in: RPfleger 1972 S. 117 ff.

Veltins, Michael A.
Anwendung der Regeln des Haager Beweisübereinkommens in internationalen Gerichtsverfahren mit den USA nur noch in Ausnahmefällen?; in: DB 1987 S. 2396 ff.

Volken, Paul
Die internationale Rechtshilfe in Zivilsachen; 1. Auflage, Zürich 1996

von Bar, Christian/ Mankowski, Peter
Internationales Privatrecht; Band 1 – Allgemeine Lehren; 2. Auflage, München 2003

von der Groeben, Hans/ Thiesing, Jochen/ Ehlermann, Claus-Dieter (Hrsg.)
Kommentar zum EU-/EG-Vertrag; Band 1; 5. Auflage, Baden-Baden 1999

von Hoffmann, Bernd
Internationales Privatrecht; 6. Auflage, München 2000

von Hülsen, Hans-Viggo
Gebrauch und Missbrauch US-amerikanischer „pre-trial discovery“ und die internationale Rechtshilfe, in: RIW 1982 S. 225 ff.

Vorwerk, Volkert
„Verfahrensvereinfachung“ im Zivilprozess zu Lasten der Justiz und der Parteien, in: MDR 1996 S. 870 ff.

Ward, Richard
Walker & Walker's English Legal System, 8. Auflage, London 1998

Wasserburg, Klaus
Die ärztliche Dokumentationspflicht im Interesse des Patienten, in: NJW 1980 S. 617 ff.

Weber, Albrecht
Das Gesetz zur Vereinheitlichung des Unterhaltsrechts minderjähriger Kinder, in: NJW 1998 S. 1992 ff.

Westermann, Harm Peter (Hrsg.)
Erman – Bürgerliches Gesetzbuch, Band 1, 10. Auflage, Köln 2000 (zit.: Erman-Bearbeiter)

White Book
Civil Procedure Volume 1, hrsg. von The Right Honourable Lord Justice May, London 2002

Wieczorek, Bernhard
Zivilprozessordnung und Nebengesetze, Zweiter Band §§ 253-510c, 2. Auflage, Berlin 1976

Zeiss, Walter
Die Verwertung rechtswidrig erlangter Beweismittel, in: ZZP 89 (1976) S. 377 ff.

Zöller, Richard
Zivilprozessordnung, 23. Auflage, Köln 2002 (zitiert: Zöller-Bearbeiter)

Abkürzungsverzeichnis

a.A.	anderer Ansicht
a.a.O.	am angegebenen Ort
Abs.	Absatz
AC	Law Reports, Appeal Cases, House of Lords and Privy Council, seit 1890
AcP	Archiv für die civilistische Praxis
a.E.	am Ende
AG	Amtsgericht
All ER	All England Law Reports
Alt.	Alternative
Anm.	Anmerkung
AnwBl	Anwaltsblatt
AppCas	Law Reports, Appeal Cases, House of Lords, 1875-1890
Art.	Artikel
ArztR	Zeitschrift für Arztrecht
B&C	Barnewall & Cresswell's Reports, King's Bench, 1822-1930
B&S	Best and Smith's Reports, Queen's Bench, 1861-1870
BAG	Bundesarbeitsgericht
BB	Der Betriebs-Berater
Bd.	Band
Beav	Beavan's Report, Rolls Court, 1838-1866
BGB	Bürgerliches Gesetzbuch
BGBl.	Bundesgesetzblatt
BGH	Bundesgerichtshof
BGHZ	Entscheidungen des Bundesgerichtshofs in Zivilsachen
BPatG	Bundespatentgericht
BPatGE	Entscheidungen des Bundespatentgerichts
BR-Drucks.	Bundesrat-Drucksache
BT-Drucks.	Bundestag-Drucksache
BVerfG	Bundesverfassungsgericht
BVerfGE	Entscheidungen des Bundesverfassungsgerichts
BVerwG	Bundesverwaltungsgericht
CA	Court of Appeal
CBNS	Common Bench Reports, New Series, 1856-1865
CCR	County Court Rules 1981
Ch	Law Reports, Chancery Division
Ch. App.	Law Reports, Chancery Appeals, 1865-1875
ChD	Law Reports, Chancery Division, 1875-1890
CLJ	Cambridge Law Journal
CLP	Current Legal Problems
Cl&Fin	Clark and Finnelly's Reports, House of Lords, 1831-1846
CMLR	Common Market Law Review
CPA	Civil Procedure Act
CPR	Civil Procedure Rules
CR	Computer und Recht
DB	Der Betrieb
D.C.	Divisional Court
ders.	derselbe
d.h.	das heißt

DJT	Deutscher Juristentag
DNotZ	Deutsche Notar-Zeitschrift
DRiZ	Deutsche Richter-Zeitung
DStR	Zeitschrift für Deutsches Steuerrecht
EG	Europäische Gemeinschaften
Einf.	Einführung
Einl.	Einleitung
EngRep	The English Reports
etc.	et cetera
EuBVO	EG-Verordnung Nr. 1206/2001 des Rates vom 28. Mai 2001 über die Zusammenarbeit zwischen den Gerichten der Mitgliedstaaten auf der Gebiet der Beweisaufnahme in Zivil- oder Handelssachen
EuZW	Europäische Zeitschrift für Wirtschaftsrecht
FamRZ	Zeitschrift für das gesamte Familienrecht
ff.	folgende
FG	Finanzgericht
Fn.	Fußnote
FRCP	Federal Rules of Civil Procedure
FS	Festschrift
FSR	Fleet Street Reports
FuR	Familie und Recht
GesO	Gesamtvollstreckungsordnung
GG	Grundgesetz
ggf.	gegebenenfalls
GK	Gemeinschaftskommentar
grds.	grundsätzlich
GRUR	Zeitschrift für gewerblichen Rechtsschutz
HarvLR	Harvard Law Review
HBÜ	Haager Übereinkommen über die Beweisaufnahme im Ausland in Zivil- oder Handelssachen
HGB	Handelsgesetzbuch
HL	House of Lords
h.M.	herrschende Meinung
hrsg.	herausgegeben
Hrsg.	Herausgeber
ICQL	International and Comparative Law Quaterly
i.d.F.	in der Fassung
i.d.R.	in der Regel
ILM	International Legal Materials
InsO	Insolvenzordnung
IPRax	Praxis des Internationales Privat- und Verfahrensrechts
i.S.d.	im Sinne des
i.S.v.	im Sinne von
i.V.m.	in Verbindung mit
JA	Juristische Arbeitsblätter
JP	Justice of the Peace and Local Government Review
JR	Juristische Rundschau
JuS	Juristische Schulung
JW	Juristische Wochenschrift
JZ	Juristen-Zeitung
KB	Law Reports, King's Bench Division, 1900-1952
KG	Kammergericht

KO	Konkursordnung
LG	Landgericht
lit.	litera
LJ	Law Journal Newspaper
LJCh	Law Journal, Chancery, 1831-1946
LJEx	Law Journal, Exchequer, 1831-1875
LJKB/QB	Law Journal, King's / Queen's Bench, 1831-1946
LM	Nachschlagewerk des Bundesgerichtshofs in Zivilsachen, herausgegeben von Lindenmaier und Möhring
LQR	Law Quaterly Review
LT	Law Times Reports, 1859-1947
MDR	Monatszeitschrift für Deutsches Recht
MLR	Modern Law Review
m.w.N.	mit weiteren Nachweisen
MünchKomm	Münchener Kommentar
NJW	Neue Juristische Wochenschrift
NJW-RR	Neue Juristische Wochenschrift, Rechtsprechungs-Report Zivilrecht
NLJ	New Law Journal
Nr.	Nummer
NRW	Nordrhein-Westfalen
o.	order
OLG	Oberlandesgericht
QB	Law Reports, Queen's Bench Division, 1891-1901 und seit 1952
QBD	Law Reports, Queen's Bench Division, 1875-1890
r.	rule
RabelsZ	Rabels Zeitschrift für ausländisches und internationales Privatrecht
RG	Reichsgericht
RGZ	Amtliche Sammlung der RG-Rechtsprechung in Zivilsachen
RGBl.	Reichsgesetzblatt
RIW	Recht der internationalen Wirtschaft
Rn.	Randnummer
RPfleger	Rechtspfleger
RSC	Rules of the Supreme Court 1965
Rspr.	Rechtsprechung
s.	siehe
S.	Satz oder Seite
SCP	Supreme Court Practice
Sim	Simon's Reports, Chancery, 1826-1852
str.	streitig
TLR	The Times Law Reports, 1884-1952
u.a.	und andere
u.ä.	und ähnliche
umstr.	umstritten
unstr.	unstreitig
USA	Vereinigte Staaten von Amerika
v.	versus
vgl.	vergleiche
VersR	Zeitschrift für Versicherungsrecht
WLR	Weekly Law Reports
WM	Zeitschrift für Wirtschafts- und Bankrecht, Wertpapiermitteilungen
WN	Law Reports, Weekly Notes, 1866-1952
WR	Weekly Reporter, 1852-1906

WuM	Wohnungswirtschaft und Mietrecht
z.B.	zum Beispiel
ZIP	Zeitschrift für Wirtschaftsrecht
zit.	zitiert
ZPO	Zivilprozessordnung
ZPO-RG	Gesetz zur Reform des Zivilprozesses vom 27. Juli 2001
ZRP	Zeitschrift für Rechtspolitik
ZVglRWiss	Zeitschrift für vergleichende Rechtswissenschaft
ZZP	Zeitschrift für den Zivilprozess

STUDIEN ZUM VERGLEICHENDEN UND INTERNATIONALEN RECHT

Herausgeber: Bernd von Hoffmann, Erik Jayme und Heinz-Peter Mansel

Band 1 Ferdinand Henke: Die Datenschutzkonvention des Europarates. 1986.

Band 2 Peter Czermak: Der express trust im internationalen Privatrecht. 1986.

Band 3 Peter Kindler: Der Ausgleichsanspruch des Handelsvertreters im deutsch-italienischen Warenverkehr. Eine rechtsvergleichende und kollisionsrechtliche Untersuchung. 1987.

Band 4 Wilhelm Denzer: Stellung und Bedeutung des Engineers in den FIDIC-Bauvertragsbedingungen. 1988.

Band 5 Marijan-Maximilian Lederer: Die internationale Enteignung von Mitgliedschaftsrechten unter besonderer Berücksichtigung der französischen Enteignungen 1982. 1989.

Band 6 Rainer Esser: Klagen gegen ausländische Staaten. 1990.

Band 7 Chang Jae-Ok: Auf dem Weg zu einer Materialisierung des Immateriellen ? Personen-, Persönlichkeitsschutz und Geldersatz des immateriellen Schadens in rechtsvergleichender Hinsicht am Beispiel des koreanischen und japanischen Zivilrechts unter besonderer Berücksichtigung des deutschen Rechts. 1990.

Band 8 Paul-Frank Weise: Lex mercatoria. Materielles Recht vor der internationalen Handelsschiedsgerichtbarkeit.1990.

Band 9 Werner Born: Der Auftrittsvertrag für Musikgruppen im Bereich der Rock- und Popmusik. 1990.

Band 10 Ralf Erich Jürgens: IPR und Verfassung in Italien und in der Bundesrepublik Deutschland. 1990.

Band 11 Rainer Gildeggen: Internationale Schieds- und Schiedsverfahrensvereinbarungen in Allgemeinen Geschäftsbedingungen vor deutschen Gerichten. 1991.

Band 12 Klaus Grabinski: Die kollisionsrechtliche Behandlung des Durchgriffs bei rechtlich verselbständigten Unternehmen in privater oder öffentlicher Hand. 1991.

Band 13 Dieter Stummel: Konkurs und Integration. Konventionsrechtliche Wege zur Bewältigung grenzüberschreitender Insolvenzverfahren. 1991.

Band 14 Joachim Güntzer: Die Rechtsstellung des Geschäftsführers im spanischen Aktienrecht. Die Neuregelung des spanischen Aktienrechts nach dem Beitritt Spaniens zur EG. 1991.

Band 15 Sabine Isenburg-Epple: Die Berücksichtigung ausländischer Rechtshängigkeit nach dem Europäischen Gerichtsstands- und Vollstreckungsübereinkommen vom 27.9.1968. Untersuchungen zum Anwendungsbereich von Art. 21 EuGVÜ unter schwerpunktmäßiger Behandlung der Frage nach der Bestimmung eines europäischen Streitgegenstandsbegriffs. 1992.

Band 16 Ulrich Nickl: Die Qualifikation der culpa in contrahendo im Internationalen Privatrecht. 1992.

Band 17 Theo Rauh: Leistungserschwerungen im Schuldvertrag. Eine rechtsvergleichende Untersuchung des englischen, US-amerikanischen, französischen und deutschen Rechts unter besonderer Berücksichtigung der gerichtlichen Praxis. 1992.

Band 18 Bernadette Chaussade-Klein: Vorvertragliche "obligation de renseignements" im französichen Recht. 1992.

Band 19 Josef Sievers: Verbraucherschutz gegen unlautere Vertragsbedingungen im französischen Recht. Vom Code civil zum "Code de la consommation" – die Entstehung eines Sonderprivatrechts für Verbraucher. 1993.

Band 20 Achim Schäfer: Grenzüberschreitende Kreditsicherung an Grundstücken, unter besonderer Berücksichtigung des deutschen und italienischen Rechts. 1993.

Band 21 Eugenio Hernández-Breton: Internationale Gerichtsstandsklauseln in Allgemeinen Geschäftsbedingungen. Unter besonderer Berücksichtigung des deutsch-südamerikanischen Rechtsverkehrs (dargestellt am Beispiel Argentinien, Brasilien und Venezuela). 1993.

Band 22 Ingo Reng: Unterhaltsansprüche aufgrund nichtehelicher Lebensgemeinschaft – Internationales Privatrecht und ausländisches materielles Recht. 1994.

Band 23 Stefanie Roloff: Die Geltendmachung ausländischer öffentlicher Ansprüche im Inland. 1994.

Band 24 Katharina Ludwig: Der Vertragsschluß nach UN-Kaufrecht im Spannungsverhältnis von Common Law und Civil Law. Dargestellt auf der Grundlage der Rechtsordnungen Englands und Deutschlands. 1994.

Band 25 Malte Diesselhorst: Mehrparteienschiedsverfahren. Internationale Schiedsverfahren unter Beteiligung von mehr als zwei Parteien. 1994.

Band 26 Manfred Kost: Konsensprobleme im internationalen Schuldvertragsrecht. 1995.

Band 27 Wolff-Heinrich Fleischer: Das italienische Wettbewerbsrecht und die Probleme des selektiven Parfümvertriebs unter Berücksichtigung der Rechtslage in Frankreich und Deutschland. 1995.

Band 28 Angelika Fuchs: Lateinamerikanische Devisenkontrollen in der internationalen Schuldenkrise und Art. VIII Abschn. 2 b) IWF-Abkommen. 1995.

Band 29 Jacques Matthias Aull: Der Geltungsanspruch des EuGVÜ: "Binnensachverhalte" und Internationales Zivilverfahrensrecht in der Europäischen Union. Zur Auslegung von Art. 17 Abs. 1 S. 1 EuGVÜ. 1996.

Band 30 Hartmut Ost: EVÜ und fact doctrine. Konflikte zwischen europäischer IPR-Vereinheitlichung und der Stellung ausländischen Rechts im angelsächsischen Zivilprozeß. 1996.

Band 31 Stefan Wagner: Die Testierfähigkeit im Internationalen Privatrecht. 1996.

Band 32 Wolfgang Jakob Hau: Positive Kompetenzkonflikte im Internationalen Zivilprozeßrecht. Überlegungen zur Bewältigung von *multi-fora disputes*. 1996.

Band 33 Markus Schütz: UN-Kaufrecht und *Culpa in contrahendo*. 1996.

Band 34 Volker Geyrhalter: Das Lösungsrecht des gutgläubigen Erwerbers. Ein "vergessener" Kompromiß und die Auswirkungen auf das heutige deutsche Recht unter besonderer Berücksichtigung des internationalen Sachenrechts. 1996.

Band 35 Andreas Kramer: Abwicklungsstörungen bei Kaufverträgen. Die Lieferung vertragswidriger Sachen im deutschen und italienischen Recht. 1996.

Band 36 Petra Krings: Erfüllungsmodalitäten im internationalen Schuldvertragsrecht. 1997.

Band 37 Tonja Gaibler: Der rechtsgeschäftliche Irrtum im französischen Recht. 1997.

Band 38 Dirk Otto: Rechtsspaltung im indischen Erbrecht. Bedeutung und Auswirkungen auf deutsch-indische Nachlaßfälle. 1997.

Band 39 Gregor W. Decku: Zwischen Vertrag und Delikt. Grenzfälle vertraglicher und deliktischer Haftung dargestellt am Beispiel der Berufs- und Expertenhaftung zum Schutze des Vermögens Dritter im deutschen und englischen Recht. 1997.

Band 40 Ulrike Höpping: Auswirkungen der Warenverkehrsfreiheit auf das IPR unter besonderer Berücksichtigung des Internationalen Produkthaftungsrechts und des Internationalen Vertragsrechts. 1997.

Band 41 Andreas Bartosch: Die vermögensrechtlichen Beziehungen der Ehegatten bei bestehender Ehe im englischen Recht – Eigentum, Besitz, Schuldvertrag. 1997.

Band 42 Helene Boriths Müller: Die Umsetzung der europäischen Übereinkommen von Rom und Brüssel in das Recht der Mitgliedstaaten. Dargestellt am Beispiel Deutschlands und Dänemarks. 1997.

Band 43 Bernd von Hoffmann / Myong-Chang Hwang (eds.): The Public Concept of Land Ownership. Reports and Discussions of a German-Korean Symposium held in Seoul on October 7-9, 1996. 1997.

Band 44 Oliver Heeder: Fraus legis. Eine rechtsvergleichende Untersuchung über den Vorbehalt der Gesetzesumgehung in Deutschland, Österreich, der Schweiz, Frankreich und Belgien unter besonderer Berücksichtigung des Internationalen Privatrechts. 1998.

Band 45 Heinrich Schütt: Deliktstyp und Internationales Privatrecht. Dargestellt an grenzüberschreitenden Problemen der Arzthaftung. 1998.

Band 46 Axel Steiner: Die stillschweigende Rechtswahl im Prozeß im System der subjektiven Anknüpfungen im deutschen Internationalen Privatrecht. 1998.

Band 47 Martina Schulz: Der Eigentumsvorbehalt in europäischen Rechtsordnungen. Rechtsvergleichende Untersuchung des deutschen, englischen und französischen Rechts unter besonderer Berücksichtigung von Erweiterungen und Verlängerungen. 1998.

Band 48 Karin Dreher: Die Rechtswahl im internationalen Erbrecht. Unter besonderer Berücksichtigung des italienischen IPR-Reformgesetzes N. 218 vom 31. Mai 1995. 1999.

Band 49 Giuliano Gabrielli: Das Verhältnis zwischen der Anfechtung wegen Eigenschaftsirrtums und den Gewährleistungsansprüchen im deutschen, österreichischen und italienischen Recht. 1999.

Band 50 Bernd von Hoffmann / Myong-Chan Hwang (eds.): Developments in Land Law. Reports and Discussions of a German-Korean Symposium held in Berlin and Trier on July 21-24, 1997. 1999.

Band 51 Volker Heidbüchel: Das UNCITRAL-Übereinkommen über unabhängige Garantien und Standby Letters of Credit. Vergleiche mit den Richtlinien der Internationalen Handelskammer, dem deutschen, englischen und US-amerikanischen Recht. 1999.

Band 52 Jan Christoph Nordmeyer: Pflichtteilsansprüche und Wiedervereinigung. Eine systematische Analyse der Ausgleichsansprüche nach BGB-Pflichtteilsrecht unter besonderer Berücksichtigung der durch den Wiedervereinigungsprozeß eingetretenen Wertveränderungen. 1999.

Band 53 Bettina Linder: Vertragsabschluß beim grenzüberschreitenden Verbraucherleasing. 1999.

Band 54 Almontasser Fetih: Die zivilrechtliche Haftung bei Vertragsverhandlungen. Eine rechtsvergleichende Studie zum deutschen, französischen, ägyptischen und islamischen Recht. 2000.

Band 55 Sona Rajani: Die Geltung und Anwendung des Gemeinschaftsrechts im Vereinigten Königreich von Großbritannien und Nordirland. Der Grundsatz der Parlamentssouveränität im Wandel. 2000.

Band 56 Joachim Kayser: Gegenmaßnahmen im Außenwirtschaftsrecht und das System des europäischen Kollisionsrechts. Eine Analyse der EU-Abwehrverordnung gegen die Auswirkungen extraterritorialer Rechtserstreckung eines Drittlandes. 2001.

Band 57 Albrecht Conrad: Qualifikationsfragen des Trust im Europäischen Zivilprozeßrecht. 2001.

Band 58 Bernd Borgmann: Die Entsendung von Arbeitnehmern in der Europäischen Gemeinschaft. Wechselwirkungen zwischen Kollisionsrecht, Grundfreiheiten und Spezialgesetzen. 2001.

Band 59 Aleksandar Jaksic: Arbitration and Human Rights. 2002.

Band 60 Islamisches und arabisches Recht als Problem der Rechtsanwendung. Symposium zu Ehren von Professor Emeritus Dr. iur. Omaia Elwan. Veranstaltet vom Institut für ausländisches und internationales Privat- und Wirtschaftsrecht der Universität Heidelberg und der Gesellschaft für Arabisches und Islamisches Recht e.V. Herausgegeben von Herbert Kronke, Gert Reinhart und Nika Witteborg. 2001.

Band 61 Patrick Fiedler: Stabilisierungsklauseln und materielle Verweisung im internationalen Vertragsrecht. 2001.

Band 62 Werner Mangold: Die Abtretung im Europäischen Kollisionsrecht. Unter besonderer Berücksichtigung des spanischen Rechts. 2001.

Band 63 Eike Dirk Eschenfelder: Beweiserhebung im Ausland und ihre Verwertung im inländischen Zivilprozess. Zur Bedeutung des US-amerikanischen discovery-Verfahrens für das deutsche Erkenntnisverfahren. 2002.

Band 64 Bernd Ehle: Wege zu einer Kohärenz der Rechtsquellen im Europäischen Kollisionsrecht der Verbraucherverträge. 2002.

Band 65 Heiko Lehmkuhl: Das Nacherfüllungsrecht des Verkäufers im UN-Kaufrecht. 2002.

Band 66 Jochen Nikolaus Schlotter: Erbrechtliche Probleme in der Société Privée Européenne. IPR-Harmonisierung im einheitlichen Europäischen Rechtsraum. 2002.

Band 67 Konrad Ost: Doppelrelevante Tatsachen im Internationalen Zivilverfahrensrecht. Zur Prüfung der internationalen Zuständigkeit bei den Gerichtsständen des Erfüllungsortes und der unerlaubten Handlung. 2002.

Band 68 Tobias Bosch: Die Durchbrechungen des Gesamtstatuts im internationalen Ehegüterrecht. Unter besonderer Berücksichtigung deutsch-französischer Rechtsfälle. 2002.

Band 69 Ursula Philipp: Form im amerikanischen Erbrecht. Zwischen Formalismus und harmless error. 2002.

Band 70 Christian Stefan Wolf: Der Begriff der wesentlich engeren Verbindung im Internationalen Sachenrecht. 2002.

Band 71 André Fomferek: Der Schutz des Vermögens Minderjähriger. Ein Vergleich des deutschen und des englischen Rechts unter Berücksichtigung des schottischen und irischen Rechts. 2002.

Band 72 Nicolas Blanchard: Die prozessualen Schranken der Formfreiheit. Beweismittel und Beweiskraft im EG-Schuldvertragsübereinkommen in deutsch-französischen Vertragsfällen. 2002.

Band 73 Markus Dreißigacker: Sprachenfreiheit im Verbrauchervertragsrecht. Der Verbraucher im Spannungsfeld zwischen kultureller Identität und Privatautonomie. 2002.

Band 74 Vassiliki Myller-Igknay: Auskunftsansprüche im griechischen Zivilrecht. Auswirkungen im deutsch-griechischen Rechtsverkehr sowie im deutschen internationalen Privat- und Verfahrensrecht. 2003

Band 75 Stefan Bruinier: Der Einfluss der Grundfreiheiten auf das Internationale Privatrecht. 2003.

Band 76 Nika Witteborg: Das gemeinsame Sorgerecht nichtverheirateter Eltern. Eine Untersuchung im soziologischen, rechtsgeschichtlichen, verfassungsrechtlichen, rechtsvergleichenden und internationalen Kontext. 2003.

Band 77 Peter Stankewitsch: Entscheidungsnormen im IPR als Wirksamkeitsvoraussetzungen der Rechtswahl. 2003.

Band 78 Jan Wilhelm Ritter: Euro-Einführung und IPR unter besonderer Berücksichtigung nachehelicher Unterhaltsverträge. Eine Untersuchung mit Blick auf das deutsche, französische und schweizerische Recht. 2003.

Band 79 Wolf Richard Herkner: Die Grenzen der Rechtswahl im internationalen Deliktsrecht. 2003.

Band 80 Ira Ditandy: Internationale Zuständigkeit. Neuregelung durch die LOPJ 1985. Vergleich mit dem europäischen Vorbild und Auswirkungen auf das spanische internationale Zivilverfahrensrecht. 2003.

Band 81 Andrea Verena Schefold: Werbung im Internet und das deutsche Internationale Privatrecht. 2003.

Band 82 Klaus Herkenrath: Die Umsetzung der Richtlinie 93/13/EWG über missbräuliche Klauseln in Verbraucherverträgen in Deutschland, dem Vereinigten Königreich, Frankreich und Italien. Auswirkungen nationaler Umsetzungstechniken auf dem Harmonisierungserfolg. 2003.

Band 83 Alexander Thünken: Das kollisionsrechtliche Herkunftslandprinzip. 2003.

Band 84 Barbara v. Daumiller: Die Rechtswahl im italienischen internationalen Erbrecht: und ihre Auswirkungen im deutsch-italienischen Rechtsverkehr. 2003.

Band 85 Robert Mödl: Macht, Verantwortlichkeit und Zurechnung im Konzern. Eine rechtsvergleichende Untersuchung auf der Grundlage des deutschen, spanischen und US-amerikanischen Rechts. 2003.

Band 86 Ursula Kerpen: Das Internationale Privatrecht der Persönlichkeitsrechtsverletzungen. Eine Untersuchung auf rechtsvergleichender Grundlage. 2003.

Band 87 Barbara Ploeckl: Umgangsrechtsstreitigkeiten im deutsch-französischen Rechtsverkehr. Bestehende internationale und nationale Regelungen und der geplante *europäische Besuchstitel*. 2003.

Band 88 Katrin Wannemacher: Die Außenkompetenzen der EG im Bereich des Internationalen Zivilverfahrensrechts. Der räumliche Anwendungsbereich des Art. 65 EGV am Beispiel der EuGVO und der EheVO. 2003.

Band 89 Maren B. Eilinghoff: Das Kollisionsrecht der ungerechtfewrtigten Bereicherung nach dem IPR-Reformgesetz von 1999. 2004.

Band 90 Patrick Niehr: Die zivilprozessuale Dokumentenvorlegung im deutsch-englischen Rechtshilfeverkehr nach der deutschen und der englischen Prozessrechtsreform. 2004.

FSC
www.fsc.org
MIX
Papier | Fördert gute Waldnutzung
FSC® C083411

Kolibri 360 GmbH
Ferdinand-Jühlke-Straße 7
99095 Erfurt, Deutschland
produktsicherheit@kolibri360.de

Druck:
CPI Druckdienstleistungen GmbH
im Auftrag der
Kolibri 360 GmbH
Ferdinand-Jühlke-Str. 7
99095 Erfurt